特殊地质隧道建造关键技术

周铁军 齐 兵 艾祖斌 主编

科 学 出 版 社

北 京

内 容 简 介

本书界定了特殊地质隧道，阐述了瓦斯隧道、石膏质岩隧道及层状围岩特殊地质隧道的概念及特点；基于隧址区地质信息、超前地质预报及掌子面现场揭露情况，提出了多源数据融合的隧道精细化动态地质模型建立方法；提出了瓦斯隧道突出危险性预测方法和隧道揭煤瓦斯高效抽采关键技术，建立了瓦斯隧道揭煤安全保障体系，构建了瓦斯隧道揭煤瓦斯抽采效果评价体系；研究了石膏岩对隧道支护结构的腐蚀特性及不同环境因素条件下石膏岩的时变行为，揭示了石膏岩的腐蚀特性和时变机理，建立了相应的时变本构模型，结合隧道时变因子和时变灾害判据，建立了隧道全寿命周期时变可靠度理论体系；基于层状围岩结构类型及层状岩体的地质特征，分析了水平层状围岩的失稳形式，提出了水平层状围岩隧道全过程动态模拟的方法、初期支护参数优化方法及全过程模拟的爆破参数优化方法。

本书可供土建类、地质工程类相关领域的学生、教师及研究人员参考。

图书在版编目（CIP）数据

特殊地质隧道建造关键技术 / 周铁军，齐兵，艾祖斌主编. — 北京：科学出版社，2023.5
ISBN 978-7-03-075510-0

Ⅰ. ①特… Ⅱ. ①周… ②齐… ③艾… Ⅲ. ①隧道施工 Ⅳ. ①U455

中国国家版本馆 CIP 数据核字（2023）第 080609 号

责任编辑：陈　杰／责任校对：彭　映
责任印制：罗　科／封面设计：墨创文化

科 学 出 版 社 出版

北京东黄城根北街 16 号
邮政编码：100717
http://www.sciencep.com

成都锦瑞印刷有限责任公司印刷
科学出版社发行　各地新华书店经销

*

2023 年 5 月第 一 版　　开本：787×1092 1/16
2023 年 5 月第一次印刷　　印张：17 3/4
字数：421 000
定价：189.00 元
（如有印装质量问题，我社负责调换）

编　委　会

前　言

随着经济的不断发展，我国的基础建设也进入了崭新的时期，隧道穿山越岭的优点也愈发明显。近年来隧道的建设更是向着长度更长和地质条件更复杂的方向发展，由于西南地区存在大量的溶洞、煤层、采空区、断层破碎带、膨胀岩及层状围岩等复杂特殊地质，隧道修建过程中，地质灾害层出不穷，给隧道施工和人员安全管理带来了巨大的挑战。针对隧道穿越特殊地质风险，本书从瓦斯、膨胀岩及层状围岩三个方面提出了特殊地质隧道施工保障技术体系，解决了特殊地质隧道施工难题，极大地提高了特殊地质隧道施工的安全性和经济性。

本书基于中电建路桥集团有限公司科研项目，凝聚和总结了公司在修建特殊地质隧道中提出的关键技术；围绕瓦斯、膨胀岩及层状围岩三类特殊地质，采用理论研究和现场应用相结合的方式系统介绍了瓦斯、膨胀岩及层状围岩隧道施工中的关键技术，重点解决了瓦斯、膨胀岩及层状围岩特殊隧道的施工问题，为类似隧道施工提供了理论依据和工程参考。

感谢各位编写人员在本书编写过程中从不同角度提出了宝贵建议。同时，感谢科学出版社对本书的出版提供的支持和帮助。此外，本书在编写过程中，参考引用了同行公开发表的相关文献和技术资料，在此表示感谢。

由于笔者编写时间有限，对理论和实践的认知水平有限，书中难免存在疏漏之处，敬请读者及行业专家批评指正。

目　　录

理论篇

应用篇

| 理 论 篇 |

第1章　特殊地质隧道简介

1.1　特殊地质隧道定义

特殊地质主要是指不利于隧道工程施工的特殊地质环境，如膨胀岩、软弱黄土、溶洞、断层及含瓦斯煤层。隧道在开挖过程中，穿越膨胀岩、软弱黄土、溶洞、断层及含瓦斯煤层等特殊地质段，统称为特殊地质隧道。随着隧道向大埋深、特长方向发展，特殊地质隧道不断增加，特殊地质隧道给隧道设计和施工带来巨大的困难和挑战，对隧道施工技术提出了更高的标准和要求。

1.2　特殊地质隧道分类

根据特殊地质隧道的定义可知，特殊地质隧道种类繁多，本节将选取隧道施工中常见的特殊地质隧道进行分析，主要包括瓦斯隧道、石膏岩隧道和层状围岩隧道。

1.2.1　瓦斯隧道

1. 瓦斯的定义

瓦斯是指从煤(岩)涌入隧道的有毒有害气体，包括隧道开挖过程中形成的气体，以及空气与矿物、其他材料之间的化学反应、生物化学反应所形成的气体的总称。各种类型的瓦斯具有不同的成因和性质，其中一部分(甲烷及其同系物、H_2、CO、H_2S)是可燃的，与空气混合可形成爆炸混合物；另一部分(CO、NO、H_2S、NH_3、乙酸、汽油蒸气、汞和砷的蒸气)是有毒的，对人体有危害。

2. 隧道瓦斯来源

1) 甲烷

甲烷是腐殖型有机物在成煤过程中产生的。在漫长的地质年代中，煤中的瓦斯大部分逸散和释放，据试验室测定，煤层瓦斯含量最高不超过 $60m^3/t$。隧道内的甲烷一般主要来自煤层及顶底板的邻近煤层和煤线，少量来自岩层。

2) 重烃

重烃是煤变质过程中的伴生气体，煤的变质程度不同，其重烃含量亦有差异，以中等变质煤的含量最多；同时，重烃在煤中的分布不是均匀的。在煤的开采过程中，部分重烃气体能够解吸并从煤体中释放出来进入隧道开挖空间。

3) 二氧化碳

二氧化碳也是成煤过程中的伴生气体，有些煤层中甲烷与二氧化碳混生，赋存于较深的煤层，有时甲烷与二氧化碳赋存量均很大；地表生物圈内生物化学氧化反应产生的二氧化碳，溶解于地下水并被挟带至煤系地层。此外，有机物(坑木等)的氧化、碳酸盐岩的水解，以及瓦斯和煤尘爆炸等均能产生二氧化碳。二氧化碳的次要来源有：人的呼吸，人均 1h 呼出 50L 二氧化碳；爆破作业，1kg 硝铵爆炸时，产生 150L 二氧化碳(贵州路桥集团有限公司，2013)。

4) 一氧化碳

成煤过程中不产生一氧化碳，但在个别煤层已发现有微量的一氧化碳。隧道内一氧化碳的主要来源是爆破与隧道内火灾，1kg 炸药爆炸后约生成 100L 一氧化碳；其次是瓦斯、煤尘爆炸以及支架、坑木燃烧，当 $1m^3$ 木材不完全燃烧时，能生成 $500m^3$ 的一氧化碳。

5) 硫化氢

隧道内硫化氢的来源为：有机物的腐烂；硫化矿物的水解；含硫矿物的氧化、燃烧；在含硫矿体中爆破以及从含硫矿层中涌出等。

3. 瓦斯隧道的定义及分类

1) 瓦斯隧道的定义

在勘探、施工过程中，若通过地质勘查及施工过程中的检测证明隧道内存在瓦斯，则该隧道确定为瓦斯隧道。

2) 瓦斯隧道分类(分级)

结合《公路瓦斯隧道设计与施工技术规范》(JTG/T 3374—2020)，瓦斯隧道分为微瓦斯、低瓦斯、高瓦斯和煤(岩)与瓦斯突出 4 类；瓦斯隧道工区分为非瓦斯工区、微瓦斯工区、低瓦斯工区、高瓦斯工区、煤(岩)与瓦斯突出工区 5 类；瓦斯隧道类别应按瓦斯地层或瓦斯工区的最高类别确定。

微-高瓦斯地层或瓦斯工区类别的判定指标为隧道内绝对瓦斯涌出量，并应符合表 1.1 的规定。

表 1.1　瓦斯地层或瓦斯工区绝对瓦斯涌出量判定指标

瓦斯地层或瓦斯工区类别	绝对瓦斯涌出量 Q_{CH_4} /(m^3/min)
非瓦斯	0
微瓦斯	$0 < Q_{CH_4} < 1.0$
低瓦斯	$1.0 \leqslant Q_{CH_4} < 3.0$
高瓦斯	$3.0 \leqslant Q_{CH_4}$

1.2.2　石膏质岩隧道

含有石膏及硬石膏的石膏质岩作为一种蒸发沉积岩在整个地质沉积历史中有着广泛的分布，根据福特(Ford)等的估计，全球范围内石膏、硬石膏及与它们共生的其他盐岩在陆地上的分布面积能够达到 6000 万 km^2，约占整个地球陆地面积的 50%。从古生代的寒武纪一直到新生代，几乎每个地质时代都有石膏质岩的沉积。因此在隧道的建设中不可避免地会遭遇石膏质岩这种含有硬石膏、石膏的特殊岩类。隧道在建设过程中需穿越石膏质岩层，称为石膏质岩隧道。

石膏质岩是由硬石膏和石膏矿物集合而成的矿物集合体。硬石膏遇到水后便会经水化转变为石膏，石膏在一定的条件下脱去结晶水又转变为硬石膏，所以当同时含有两者时称为石膏质岩，成层出现上述地层就叫作石膏质岩层。依据造岩矿物的不同，石膏质岩可分为石膏岩、硬石膏岩、石膏-硬石膏岩 3 类(黄兴，2017)。石膏质岩具有以下特性。

(1)膨胀性：石膏质岩含有硬石膏矿物，由于硬石膏遇水会发生水化反应，生成石膏，这是一个体积膨胀的过程，进而使得石膏质岩表现出一定的膨胀性，使围岩与衬砌产生变形，对隧道的衬砌产生挤压作用，使二衬混凝土局部受力严重，出现隧道病害，严重影响隧道的安全。

(2)溶蚀性：石膏质岩的溶蚀性指石膏质岩遇水易溶蚀($CaSO_4 \cdot 2H_2O \rightleftharpoons Ca^{2+} + SO_4^{2-} + 2H_2O$)，一方面导致石膏岩随水流失，使隧道内部部分岩体被掏空，另一方面出现的硫酸根离子有一定程度的腐蚀性，会对隧道的钢结构、混凝土等产生腐蚀作用，进而影响隧道质量与安全。

1. 石膏质岩的成因类型

石膏质岩生成于干旱、半干旱气候条件，封闭、半封闭的沉积环境。沉积过程如下：海、潟湖、盐湖被隔离后，当该地区水分蒸发量超过降水量和流入的地表水量的总和时，即水分蒸发量大于水分补充量时，盐水浓度不断升高，当浓度达到一定的程度，在合适的温度条件下，石膏便开始沉积。我国分布的石膏质岩以沉积成因为主，其具体成因类型见表 1.2。

表 1.2　石膏质岩成因类型(卢志诚，1983)

类型	亚型	基本特征
海相沉积	块状、厚层状	石膏(或硬石膏)与碳酸盐岩以块状或厚层状存在，局部与碎屑岩共存
	薄层状	石膏(或硬石膏)以薄的夹层存在于碳酸盐岩及碎屑岩中
湖相沉积	块状、厚层状	红层中的石膏(或硬石膏)，具有少量湖相碳酸盐岩
	薄层、透镜状	石膏(或硬石膏)呈薄层或透镜状，具红色碎屑岩和卤化物
热液交代作用	接触交代变质	在侵入岩和碳酸盐岩接触带发生变质作用，生成石膏和硬石膏
	火山交代	在安山岩、安山凝灰岩和变质石膏质岩中形成透镜状硬石膏，再形成石膏
	区域变质	变质作用形成大理岩、片岩，相应生成硬石膏，再成为石膏
岩溶与次生化作用沉积	洞穴沉积	由岩溶作用、水化作用、重结晶作用生成
	裂隙与脉状沉积	硬石膏水化作用生成次生石膏，多为纤维状

2. 石膏质岩的工程特性

根据石膏质岩固有的物理特性，可将石膏质岩的工程特性归纳为胀缩性、崩解性和流变性等。

1）胀缩性

石膏质岩的胀缩性主要表现为石膏质岩含水量的变化会引起体积的变化。石膏质岩浸水后，黏粒表面水化膜增厚，连接力削弱，颗粒间距增大，就会使石膏质岩产生膨胀现象；风干脱水后，岩体强烈吸收水分，使晶间吸附水层增厚，导致石膏质岩急剧膨胀或崩解。

2）崩解性

石膏质岩的崩解性是指含有黏土矿物的岩体在浸水后出现解体现象的特性。按破坏形式，石膏质岩的崩解可分为膨胀性崩解和楔裂性崩解。膨胀性崩解是指岩体浸水后开始水化膨胀，伴有鳞片状碎屑剥落、分散，浸泡水混浊，最后完全塌散，崩解物呈泥糊状或细微的鳞片状；楔裂性崩解是指浸水后岩体的膨胀不明显，出现大小不等的裂隙，随着裂隙的发展崩解成碎块。

3）流变性

流变性是指石膏质岩矿物组构随时间不断调整，导致其自身应力及应变状态随时间而持续变化的性质。软岩的流变特性主要包括蠕变性、松弛性、强度的时间效应、弹性后效及黏性流动等性质。

3. 石膏质岩隧道病害类型

石膏质岩隧道可以产生如下危害：石膏质岩水化膨胀造成支护结构的破坏；石膏质岩溶出的酸根离子对隧道混凝土支护结构的腐蚀破坏；石膏质岩用作混凝土骨料造成混凝土结构开裂破坏。

石膏质岩造成的病害类型主要有以下几种。

(1) 围岩膨胀坍塌。膨胀岩施工期或运营期，周边岩体向洞内膨胀突出，开挖断面缩小。在地应力和膨胀力的综合作用下，严重时导致坍塌。

(2) 隧道下沉。通常膨胀岩的承载力较低，隧道开挖后，会产生较大下沉变形。

(3) 衬砌变形和破坏。衬砌限制膨胀变形，因此膨胀岩会对衬砌产生膨胀力，严重时会造成拱脚内移、边墙开裂等。

(4) 底鼓。隧道开挖后，地下水更容易流向底部，造成隧道底部岩石膨胀，产生较大的膨胀力，使得隧道底部围岩更易拱出变形。

(5) 钢结构腐蚀。由于地下水的作用或者湿度变化的作用，石膏质岩溶出的硫酸根离子对隧道当中的钢结构产生腐蚀作用，影响其强度。

(6) 混凝土腐蚀、酥化。石膏质岩溶解在水中的硫酸根腐蚀了隧道的混凝土部分，致使其强度降低。

1.2.3 层状围岩隧道

地球表面的岩体大多是由母岩经过风化、剥落、搬运、沉积和成岩作用而形成的沉积岩（周炼，2003）。沉积岩具有典型的层状构造，未受地质作用时一般呈水平状分布（图1.1），在地质构造作用下会出现倾斜、直立甚至翻转。层状岩体在漫长的成岩时期内，由于周围地质环境的剧烈变化，导致各层岩体岩性和力学性质差异显著，突出表现在变形和强度具有明显的各向异性（卢泽霖，2018）。

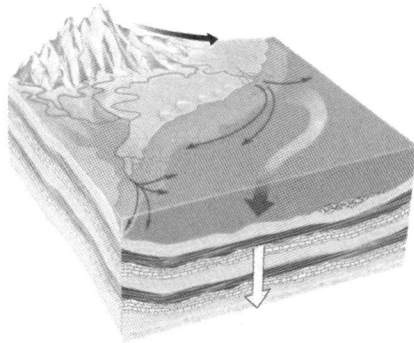

图 1.1　层状岩体的形成

随着我国基础设施建设的快速发展,大量的公路及铁路隧道穿越层状岩层,形成层状围岩隧道。层状围岩隧道开挖时,隧道顶板除受岩体自身的重力以外,还存在上覆岩层所施加的荷载,加上层间介质的黏聚力通常较小,故在水平侧压力和竖向荷载的共同作用下,易引起隧道顶板的变形失稳。

根据矿山压力理论,岩体结构可划分为完整结构、块裂结构、碎裂结构、散体结构及层状结构,这 5 类岩体结构也是水平岩层地区隧道围岩结构的基本类型。

(1)完整结构是指未受或仅受轻微构造变动的厚沉积岩,岩层呈水平或缓倾斜状,节理裂隙发育少,不贯通,很少有断层,层面是主要结构面,且层面间距大。岩体的拉压强度较高,抗变形能力强,岩体的整体强度与岩石强度接近,隧道稳定性好,一般不用支护或局部简单支护。

(2)块裂结构一般为遭受中等构造变动的厚层、中厚层沉积岩,岩层多为水平或倾斜状。该类结构的隧道围岩的节理或小断层发育,它们与层面将隧道围岩切割成块体。这类围岩的变形与破坏由结构面控制,隧道围岩的稳定性取决于节理面或小断层与临空面的组合关系,在构成不利组合时,洞顶稳定性差且极易冒落,隧道围岩的支护难度大。该结构岩体主要出现在断层发育、构造复杂地区。

(3)碎裂结构的围岩除层面发育外,还发育有多结构面,结构面之间贯通性好,将岩体切割得相当破碎。此类围岩整体强度低,开挖后围岩自稳能力差,易出现冒顶破坏。该类围岩常出现于有强烈构造运动并产生严重变形或破裂的岩体中,隧道沿大落差断层开挖时常出现此类围岩。

(4)散体结构岩层是岩体经受剧烈的构造运动后形成的,主要由断层泥、岩粉、岩石碎屑及碎块等组成。上述结构往往出现在大断层交汇处,进而形成破碎带,沿走向、倾斜方向的厚度变化极不规则。这类围岩强度极低,几乎没有自稳能力,自稳时间短,需要超前支护,同时洞体顶板极易出现冒顶破坏,冒落高度大(黄金旺,2010)。

(5)层状结构岩体包括薄层沉积岩和沉积变质岩等。层状结构受两组结构面切割而形成,但由于岩体中层面和片理面比较发育,连续性较好,层理面是主要控制结构面,节理面发育较少,不是主要结构面。这类岩体的力学特征接近于横观同性介质。

水平层状结构岩体是构造较为简单的沉积岩,它可以由单一岩性组成,也可由不同岩性互层或夹层组合而成。层面常有层间错动，层面连接力较弱。层状结构隧道围岩稳定性较好，自稳时间也较长。其破坏形式为顶部弯曲下沉和产生离层，当下沉量较大时，分层出现折断破坏。当断层走向与洞轴线夹角较小时，洞顶最易发生塌方。可以认为，产状平缓的层状岩体在洞顶形成类似组合梁结构，它一经断层切断就形成悬臂式组合梁结构，安全度大为降低。

以层面为结构面的层状岩体的强度主要受岩块强度、结构面强度、岩层面与最大主平面夹角及产生的破坏控制。层状岩体结构分类及特性分别见表1.3、表1.4。

表 1.3　层状岩体结构分类及稳定性表

层状	地质类型	结构面	结构体	破坏机制
互层	软硬相间的互层岩体	节理、软弱夹层	层块体、层体	顺层滑动，岩层弯曲
间层	硬层间夹软层	节理、软弱夹层	层块体、层体	顺层滑动，塌落
薄层	薄层及片状层岩体	层理、片理、软弱夹层	层体、板体、页片体	顺层滑动，岩层弯曲、剥落
软层	均一软弱沉积岩体	层理、节理	板体、页体、碎块体	塑性变形及剪切破坏

表 1.4　层状岩体特性表

层状	基本特性	强度特性	试件效应	动力破坏
互层	强各向异性层体	取决于层面及软层，切层强度高，脆性破裂控制	顺层剪切流变显著	动力破裂及滑动
间层	各向异性层体及夹层体	取决于夹层抗剪强度，切层强度高，并受脆性破裂控制	夹层剪切流变为主	动力破裂及拉开和滑动
薄层	横向各向同性体	取决于层面及节理强度，以及脆性破裂及多层滑动为主	多层滑动流变为主	动力破裂和拉开
软层	横向各向同性体	取决于岩层强度，层理和节理使强度降低，剪切破坏为主	接近均一流变	动力拉开和剪切破坏

1.3　本章小结

本章定义了特殊地质隧道，介绍了常见的瓦斯隧道、石膏质岩隧道及层状围岩特殊地质隧道的相关概念及特点。主要结论如下。

（1）系统阐述了瓦斯的形成过程及物理特性，介绍了隧道瓦斯的来源，确定了瓦斯隧道的分类。

（2）分析了石膏质岩隧道的物理和化学特性，归纳了石膏质岩的成因类型，石膏质岩的工程特性表现为胀缩性、崩解性及流变性，以及石膏质岩隧道容易产生围岩膨胀坍塌、底鼓及衬砌结构腐蚀等病害。

（3）论述了层状围岩的形成演化过程，层状隧道围岩结构的基本类型可划分为完整结构、块裂结构、碎裂结构、层状结构及散体结构。

第 2 章 隧道精细化动态地质模型建立方法

在隧道设计阶段，隧址区的信息主要来自地质调查，包括地质测绘、钻探、物探等手段。在实际操作中，由于地形地貌、运输条件等因素的限制，钻孔分布不均、数量少，钻孔控制范围有限，不能够充分揭露未布置钻孔处和深部岩体的地质特征，导致隧道施工期间的围岩状况与勘察期间提供的围岩状况不一致。因此，需要收集隧道施工前所具备的所有地质资料，建立隧道围岩初始地质模型；在隧道开挖时，基于多源数据融合超前预测掌子面前方一定范围内的地质情况和现场揭露后，与围岩实际地质情况作对比，修正完善该模型。

2.1 隧道多源地质信息特征

2.1.1 初期地质信息

隧道初期地质的具体内容包含以下几个方面。

(1) 地形地貌：隧道一定范围内的地形地貌特征及其成因，地貌单元与岩性、地质构造及不良地质作用等的关系。

(2) 地层岩性：地层时代，各类岩土层的分布、岩性、岩相及成因类型；岩土层正常层序、接触关系、厚度及其变化规律。

(3) 地质构造及地应力：岩层产状及各种构造的分布、形态和规模及空间变化规律；软弱结构面(带)的产状及性质，如断层位置、类型、断距、破碎区宽度及充填胶结情况等；地应力状态(集中、卸荷或稳定)。

(4) 水文地质条件：地下水类型、分布情况和埋藏条件，物理性质和化学成分等。

由以上资料即可获得初期地质描述，其中包含了地形地貌信息、较大的地质构造，但受其获取信息的方法所限，对于钻孔所在区域，其地质信息较为准确，而在钻孔布置稀疏的区域存在部分不明确信息，主要有构造的局部产状以及裂隙、破碎程度的局部情况等，初期三维地质描述可视化模型如图 2.1 所示。

图 2.1　初期三维地质描述可视化模型示意图

2.1.2　地质信息更新

地质描述的更新可分为超前地质预报更新以及现场揭露情况更新两部分。

2.1.2.1　超前地质预报

目前隧道超前地质预报主要包括超前钻探和地质雷达。

1. 超前钻探

超前钻探是一种传统而可靠的最直接的工程地质探测预报方法，是隧道施工中的重要工序，是对其他探测手段成果的验证和补充。超前钻孔能最直接地揭示掌子面前方的地质特征，准确率很高。其通过钻孔钻进速度测试和所采取的钻孔岩心的观察及相关试验获取隧道掌子面前方岩石的强度指标、可钻性指标、地层岩性资料、岩体完整程度及地下水状况等诸多方面的资料。

超前地质钻孔主要采用冲击钻和回转取心钻，二者应合理搭配使用，提高预报准确率和钻进速度。一般地段采用冲击钻。冲击钻不能取心，但可通过冲击器的响声、钻速及其变化、岩粉、卡钻情况、钻杆振动情况、冲洗液的颜色及流量变化等粗略探明岩性、岩石强度、岩体完整程度、溶洞、暗河及地下水发育情况等。复杂地质地段采用回转取心钻。回转取心钻岩心鉴定准确可靠，地层变化情况可准确确定，一般只在特殊地层、特殊目的地段、需要精确判定的情况下使用，如煤层取心及试验、溶洞及断层破碎带物质成分的鉴定、岩土强度试验等。

在水平地质钻孔施钻前要按孔位设计要求用经纬仪准确测量放线，将开孔孔位用红油漆标注在开挖工作面上，孔位布好后，设备就位，接通各动力电源和供风、供水管路，安装电路要由专业电工操作，确保安全，供风管路要连接紧密，无漏气现象。在钻机钻进时应定期检查机器的松动情况，及时调整固定，尽可能避免钻头偏移误差。根据岩石的坚硬程度，调整钻机转速和钻压，坚硬岩石采用较低钻压。在进钻的过程中对不同岩层代表取样留样，并现场记录描述。

2. 地质雷达

地质雷达由主机、收发天线、信号线及系统软件、后处理软件等组成，具体如图 2.2、图 2.3 所示。

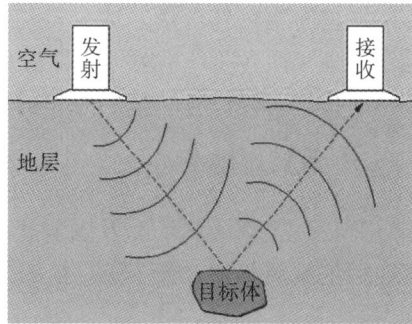

图 2.2　地质雷达　　　　　　　　　　图 2.3　地质雷达基本原理示意图

1）地质分析法

利用断层影响带的特殊节理或集中带的分布规律，通过对断层影响带的系统编录所得经验公式，预报隧道断层破碎带的位置和规模。由于大多数不良地质现象与断层破碎带有密切的关系，故依据断层破碎带推断其他不良地质体的位置和规模。

隧道施工中，及时对其开挖面（掌子面、边墙面和拱顶面）上的各种地质现象进行测绘和记录，利用已挖洞段地质情况来预测前方可能出现的不良地质现象。预测法分为岩层岩性预测法、层位预测法和地质体延伸预测法。

地质分析法可对开挖面地质情况进行如实而准确地反映。其主要内容包括地层岩性、构造和节理裂隙发育情况、地下水状态、围岩稳定性及初期支护采用的方法等。

2）地质雷达探测

地质雷达（ground probing radar，GPR）是一种基于地下介质的电性差异对地下介质或物体内不可见的目标或界面进行定位的电磁技术。发射机通过发射天线向隧道掌子面前方地层定向发射电磁波，电磁波在传播路径上遇到有电性（介电常数和电导率）差异的界面时即发生反射。从不同深度返回的各个反射波由设置在发射天线旁的接收天线所接收，最先接收到的是从发射天线经两根天线所在介质的表面传播到接收天线的直达波，并作为系统的时间起始零点。经过信号处理之后，对于直达波之后反射回来的各个不同时间的反射波，取其时间的一半，乘以该介质的电磁波传播速度即代表反射目标的深度，再根据反射信息特征（反射强度、反射波组合特点以及横向、纵向变化等）判别反射目标的性质。通过对时域波形的采集、处理和分析，可确定地下界面或目标体的空间位置及结构。

因此通过超前地质预报可以获得比地质勘探更为准确的地质信息,这些地质信息主要包含以下内容。

(1)围岩类别及其稳定性:掌子面前方的围岩类别与设计是否吻合,其稳定性如何;不良地质预报及灾害地质;掌子面前方一定范围内有无突水、突泥、岩爆及有害气体等,其范围、规模、性质如何。

(2)水文地质:洞内突涌水量的大小及变化规律,并评价其对环境地质、水文地质的影响;隧洞内有害气体含量、成分及动态变化。

通过超前地质预报,相对地质勘探更准确地获得了掌子面前方20m左右的地质信息,对初期地质描述可以进行较好的修正。

2.1.2.2 现场揭露情况

通过开挖后揭露的掌子面及围岩状况可以获得实际准确的地质信息,因此可以进一步完善修改后的地质描述,最终获得精细化的地质描述,现场揭露情况内容主要包含以下两个方面。

(1)地层岩性:已揭露围岩的地层时代,各类岩土层的分布、岩性、岩相,岩土层接触关系、厚度,风化程度。

(2)地质构造:各类地质构造特征,如褶皱性质与形态、地层完整程度等;断层位置、产状、性质和破碎区宽度、物质成分、含水情况以及它们与隧道的关系;节理裂隙组数、产状、间距、填充物、长度及张开度等。

随着掌子面的推进以及周期性地进行超前地质预报,可以对精细化地质描述进行动态更新。

2.2 多源数据融合的隧道精细化动态地质模型

2.2.1 多源地质数据库

通过隧道地形地貌、地层岩性、地质构造及地应力和水文地质条件获取隧道初期地质信息,结合超前地质预报(超前钻探、地质雷达)、隧道现场掌子面揭露情况及监控测量数据建立多源数据库。随着隧道掌子面的不断推进,隧道多源数据库的信息不断更新,隧道地质模型也不断动态更新。

2.2.2 隧道三维地质模型

结合多源地质数据库中的隧道综合信息,基于当前掌子面的精细化地质描述,可以准确预测掌子面后方20m的地质情况,由此建立隧道精细化动态地质模型,如图2.4所示。

地勘信息

↓

初期地质描述

超前地质预报 →

修正地质描述

现场揭露 →

精细化地质描述

掌子面推进 →

动态精细化地质描述

↓

小范围地质状况预测

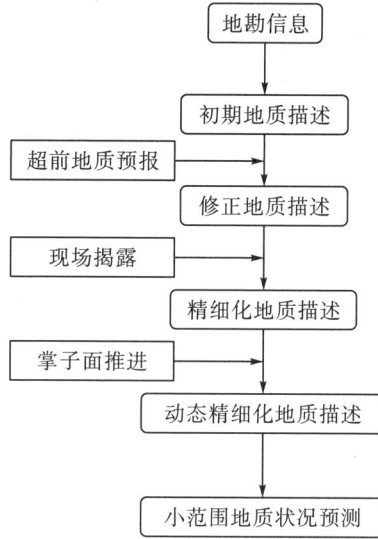

图 2.4　精细化动态地质模型建立示意图

2.3　本　章　小　结

本章基于隧址区地形地貌、地层岩性、地应力及水文地质条件等固有地质信息，结合超前钻探、地质雷达及隧道掌子面现场揭露情况，建立多源数据融合的隧道精细化动态地质模型。主要结论如下。

(1)结合隧址区地形地貌、地层岩性、地应力及水文地质条件等多源地质信息特征建立初期地质模型，综合超前钻探、地质雷达及隧道掌子面现场揭露情况更新地质模型。

(2)构建多源地质数据库，实现隧道开挖与地质模型同步动态更新，准确预测掌子面后一个开挖进尺内的地质情况。

第3章 瓦斯隧道突出危险性预测及控制技术

3.1 煤与瓦斯突出机理

煤与瓦斯突出是煤矿中的一种煤体动力现象，即在极短时间内，煤体向巷道中突然喷出巨量的瓦斯和粉碎的煤，并在煤体中形成某种特殊形状的空洞，喷出的粉煤被瓦斯流所挟带着运动，并造成一定的动力效应(刘亚翀，2013)。煤与瓦斯突出是威胁煤矿安全生产的最严重的自然灾害。自从 1834 年法国发生世界上第一次煤与瓦斯突出以来，40 多个产煤国家陆续发生了煤与瓦斯突出，我国的煤与瓦斯突出极为严重，至今，已发生煤与瓦斯突出万次以上(韩振鹏和范平，2012)。

人类对煤与瓦斯突出机理的研究已达近 200 年，突出机理的假说不少于 40 种，尽管各有差异，但归纳起来主要有下面几种具有代表性的假说。

3.1.1 瓦斯主导学说

瓦斯主导学说认为瓦斯是突出的主要原因，地压和煤的物理力学性能则为突出创造了有利条件(彭海雁，2013)。该类学说主要包括以下 4 种假说。

1. 瓦斯包说

突出的原因在于煤层中存在瓦斯包。瓦斯包中的瓦斯压力比邻近区域要高得多，且包围瓦斯包的煤体透气性极低，使高压瓦斯得以保存。当工作面接近瓦斯包时，高压瓦斯破坏了煤壁，瓦斯携带破碎煤猛烈喷出，发生煤与瓦斯突出。

2. 突出波说

突出是煤层所含潜能的显现，每吨煤所含瓦斯的潜能要比煤层储蓄的弹性变形能大10 倍左右。在煤强度低的区域，煤层中的瓦斯压力大于煤的极限破坏强度，在采掘工作面接近这些区域时，在瓦斯压力作用下，可产生连续破坏煤体的突出波(邓涛，2012)。突出波涉及两种学说：①煤层中存在高压瓦斯含量地带，瓦斯吸附引起了煤体膨胀，增加了煤层应力，且在这样的煤层中透气系数接近 0，当巷道接近这一区域时，应力急剧降低，造成煤的破坏和突出；②突出是由于含有高压瓦斯的煤层，其煤结构不均匀，透气性低的硬煤包围着透气性高的软煤，当巷道工作面接近硬煤和软煤边界时，运动的高压瓦斯就可以冲破煤壁，夹带着碎煤喷出而发生突出。

3. 瓦斯水化物说

在一定温度和压力下，孔隙煤体中有可能形成瓦斯的水化物 $CH_4 \cdot 6H_2O$。当它与水结合时，在 $1m^3$ 的水中可能有 $200m^3$ 的瓦斯。煤层中的瓦斯水化物以不稳定的化合物形式存在，储存着巨大的潜能，受到采动影响能迅速分解，形成高压瓦斯，突破煤体而造成突出(张春华，2007)。

4. 瓦斯运移说

煤是多孔裂隙物质，其中存在大小不等的孔隙，孔隙之间由若干大小裂隙沟通。游离瓦斯存在于孔隙之中，而吸附瓦斯存在于煤的表面。在目前的开采条件下，吸附瓦斯主要存在于微孔隙的表面，因为地压只能对大孔隙和裂隙有压缩变形的作用，所以地压的变化对煤的吸附能力影响很小，而对煤层的透气性则有重大影响。煤层中的大孔隙和裂隙是瓦斯流动的通道，是构成煤层透气性的基本部分。采掘工程开始后必将在井巷两边和前方巷壁上形成应力"三区"，这些重新分布的应力"三区"随工作面的推进而前移。工作面前方应力显现区生成预成裂隙并伴有瓦斯解吸。工作面前方应力显现区煤层中的游离瓦斯和解吸瓦斯在支承压力作用下沿应力转移过程中形成的预成裂隙向前方运移积累，同时，楔子作用的瓦斯在预成裂隙中(或沿煤层层理)运移时不断冲刷，导致裂隙、层理周边煤体破坏成为粉煤(或碎煤)，使得粉煤和瓦斯混合相间积累。采掘工作面不断推进，应力"三区"随工作面的推进而不断前移，工作面前方应力显现区煤层中的游离瓦斯和解吸瓦斯在支承压力作用下沿应力转移过程中形成的预成裂隙向前方不断运移积累，同时不断冲刷破坏裂隙和层理周边煤体，使破坏的粉煤积累。多个采掘工作循环导致支承应力不断前移促使瓦斯运移积累，使工作面前方煤体相互联系的裂隙中形成了大量高压瓦斯和破坏的粉煤。这些积累瓦斯的压力来自自身解吸和积存瓦斯对采掘支承压力挤压的传递(若有地质构造存在，地质构造残余应力同时作用)。当运移瓦斯积累到其瓦斯压力足以导致一定煤岩壁破坏时，此时，当采掘工作继续进行时(特别是放炮、工作面周期来压或初次来压时)，工作面应力向深部转移，在工作面前方形成卸压的瞬间，工作面煤壁三向应力场变为两向或一向，煤岩壁抵抗强度最低，高压瓦斯作用于抵抗强度最低的煤岩壁，导致其破坏发生煤与瓦斯突出(康小兵，2009)。

3.1.2　地应力主导学说

1. 岩石变形潜能说

地质构造带储藏着构造应力，在煤层顶底板的岩层中积蓄着强大的弹性能。当巷道接近厚的岩层弹性变形地区时，围岩像弹簧一样伸张，破碎和粉碎煤体，瓦斯随之大量涌出发生突出，瓦斯在突出过程中仅起辅助作用。

2. 集中应力说

在回采工作面前方的支撑压力带，由于厚的坚硬顶板悬顶突然折断而引起的附加应力，致使煤体在集中应力的作用下遭受破坏而引起突出。

3. 应力叠加说

瓦斯突出是由地质构造应力、自重应力、火山与岩浆活动的热力变形应力、采矿应力和放顶动压等叠加而引起的。该假说是在试验室研究试验的基础上提出的，认为除重力和瓦斯压力外，不存在别的激发突出的原因。突出现象可以解释为煤层状态突然改变，以及煤潜能突然释放所引起的煤层高速破碎。只有在煤突然破碎时，潜能与动能瞬时显现，瓦斯来不及正常排放，并将部分动能传递给煤层，突出才会发生。

发生煤与瓦斯突出的条件有如下两个。

(1)煤的内能 W 和岩石动能 E 足以形成煤向巷道内移动的功 F 和煤的破碎功 U：

$$W + E = F + U$$

沿煤层掘进巷道的情况下，上式变为

$$W = F + U$$

巷道开石门时，变为

$$W + Q = F + U$$

式中，Q 为煤层游离瓦斯内能。

(2)煤的破碎速度 v_1 应大于煤裂隙中瓦斯压力下降的速度 v_2，即 $v_1 > v_2$；在完成煤破碎前，瓦斯压力 P 应比已破碎煤的抛出阻力更高。

$$P = \frac{m\left[g\left(f\cos A + \sin A\right) + v\right]}{s}$$

式中，m 表示煤的质量；s 表示破碎煤块的横断面积；g 表示重力加速度；f 表示煤沿某一表面移动时与该表面的摩擦系数；A 表示煤层倾角；v 表示煤抛出时的加速度。

3.1.3　应力分布不均匀假说

突出是由地应力、瓦斯压力和煤层构造分布的不均匀引起的，而煤层构造是影响煤的强度、透气性和瓦斯含量等瓦斯地质参数的主要因素。

3.1.4　化学本质假说

(1)爆炸说：瓦斯突出是由煤在很深的深度变质时发生的化学反应而引起的。

(2)重碳说：在煤形成时有许多重碳(原子量为 13)及带氢同位素(原子量为 2)的重水，它们所形成的重煤同位素称为重煤原子，当进行开采时能发生突出。

3.1.5　综合作用假说

此假说种类很多，有代表性的是苏联霍多特等于 1976 年提出的假说。其要点如下：①除地层重力、高压瓦斯外，在煤层中不存在任何其他能源，突出是地应力、瓦斯压力和煤的物理力学性能综合作用的结果；②地压破碎煤体是造成突出的首要原因，而瓦斯则起着抛出煤体和搬运煤体的作用，从突出总能量来说，瓦斯是完成突出的主要能源；③试验资料表明，只有煤强度很低，与围岩摩擦力不大时，地压造成的煤的变形潜能才能把煤体破碎形成突出，煤强度是形成突出的一个极为重要的因素。

综上所述，瓦斯是突出的主要因素。因此，治理瓦斯突出的方向是消除高压瓦斯的存在。我国治理瓦斯的行政强制手段是"四位一体"防突。国家煤矿安全监察局要求：国有煤矿中的高瓦斯和煤与瓦斯突出矿井，要严格按照《煤矿瓦斯抽采基本指标》（GB 41022—2021）的要求，制定和落实瓦斯先抽后采的措施，推进高瓦斯和煤与瓦斯突出矿井加大瓦斯抽采力度，真正做到"多措并举、应抽尽抽、抽采平衡"，实现抽、掘、采关系平衡，确保不抽不采，达不到瓦斯抽采指标要求的不采。

3.2　瓦斯隧道突出危险性预测方法

隧道穿越煤系地层时，如何快速准确地测定煤层突出危险性是保障隧道安全施工的前提，其中煤层突出危险性预测指标的选取是关键。根据《铁路瓦斯隧道技术规范》（TB 10120—2019）、《防治煤与瓦斯突出规定》及《公路瓦斯隧道施工及安全技术》等规定（顾德祥，2009），瓦斯隧道开挖工作面突出危险性预测应从瓦斯压力法、钻屑指标法、综合指标法、R 值指标法及钻孔瓦斯涌出初速度测定法 5 种方法中选用两种方法，相互验证。

瓦斯隧道施工时，应在距煤层最小法向垂距 10m（地质构造复杂、岩石破碎的区域应适当加大最小法向距离）处的开挖工作面打瓦斯测压孔，或在距煤层垂距不小于 7m 处的开挖面进行突出危险性预测。经预测后划分为突出危险工作面和无突出危险工作面。

3.2.1　瓦斯压力法

隧道煤层瓦斯压力的测定可采用专用的机械装置测压、液体测压、水泥砂浆封孔测压及黏土测压等方法。

测压孔钻孔流程如下。

（1）在距煤层不少于 10m（垂距）处的开挖工作面打孔，孔径一般取 65～95mm。

（2）从钻孔进入煤层开始，应不停钻直至贯穿煤层。然后清除孔内积水和煤（岩）屑，放入一根刚性导气管，立即进行封孔。

采用黏土或水泥砂浆等封孔测压时，可按下列步骤进行。

（1）在钻孔内插入带有压力表接头的紫铜管，管径为 6～20mm，长度不小于 7m。岩石硬而无裂隙时封孔长度不宜小于 5m，岩石松软或裂隙发育时应增加封孔长度。

（2）将经炮泥机挤压成型的特制柱状炮泥送入孔内，柱状黏土末端距紫铜管末端 0.2～0.5m，每次送入 0.3～0.5m，用堵棍捣实。

（3）每堵 1m 黏土柱打入 1 个木塞，木塞直径小于钻孔直径 10～15mm。打入木塞时应保护好紫铜管，防止折断。

（4）在孔口 0.2～1.0m 处用水泥砂浆封堵。经 24h 水泥凝固后，安上压力表测压，并详细记录压力上升与时间的关系，直到压力稳定。稳定后的压力即为煤层瓦斯压力。

临界指标取 0.74MPa，当煤层瓦斯压力超过 0.74MPa 时，该隧道开挖工作面为突出危险工作面；当煤层瓦斯压力小于 0.74MPa 时，该隧道开挖工作面无突出危险。

3.2.2　钻屑指标法

采用钻屑指标法进行瓦斯隧道突出危险性预测检验时，钻屑量可用质量法或容量法测定。

(1)质量法：在钻孔钻进煤层时，每钻 1m 钻孔，收集全部钻屑，用弹簧秤称量质量。

(2)容量法：在钻孔钻进煤层时，每钻 1m 钻孔，收集全部钻屑，用量具测量钻屑体积。

瓦斯隧道突出危险性预测钻孔布置和取样工艺应符合下列要求。

(1)在岩石段宜采用湿式打钻，钻孔孔径为 50~75mm，见煤后退出钻杆，先用压风将孔内泥浆吹净，再采用干式打钻直至见到煤层顶板或底板。

(2)钻孔数量不得少于 3 个，1 个钻孔位于开挖工作面中部，沿工作面前进方向略偏上布置，另外 2 个钻孔分别位于左上角和右上角，终孔点应位于工作面轮廓线外上部 5m、两侧 3m 以外。

(3)各钻孔每隔 1m 取 1 个煤样以测定钻屑瓦斯解吸指标 K_1 或 Δh_2。当钻孔钻进预定取样深度前 0.2~0.3m 时，用 1mm 和 3mm 分样筛取样进行筛分，将筛分后的 1~3mm 粒径煤样装入煤样杯或煤样瓶中。在孔口开始接煤样的同时启动秒表，直至开始启动瓦斯解吸仪测量时间间隔 t_0，t_0 应满足瓦斯解吸仪给定的要求，测定 K_1 指标要求 $t_0 \leqslant 2min$，测定 Δh_2 指标要求 $t_0 = 3min$。

(4)在钻孔钻至离预定取样深度小于 0.5m 至接取煤样结束前，不允许停止钻进，否则该煤样应作废。打钻过程中，应保持钻进速度稳定，钻进速度保持在 1m/min 左右；同时保持钻进方位、倾角一致，平稳钻进，以免孔壁煤样混入。

钻屑解吸指标 K_1 的测定可按下列步骤进行。

(1)将筛分好的粒径为 1~3mm 的煤样装入瓦斯解吸仪的煤样杯口齐平位置。

(2)将已装煤样的煤样杯置于煤样罐中，盖好煤样罐盖，转动阀门使煤样与大气连通。

(3)秒表计时到时间 t_0，转动阀门使煤样罐与测量系统接通、与大气隔绝，启动仪器；5min 后按仪器提示输入钻孔长度 L、时间 t_0。仪器屏幕显示则为 K_1，单位为 $cm^3/(g \cdot min^{1/2})$。

钻屑解吸指标 Δh_2 的测定可按下列步骤进行。

(1)将筛分好的粒径为 1~3mm 的煤样装入瓦斯解吸仪的煤样瓶刻度线齐平位置。

(2)将已装煤样的煤样瓶迅速装入瓦斯解吸仪测量室，拧紧测量室上盖，然后打开三通阀，使解吸测量室与大气、水柱计均连通，同时打开单通旋塞，使仪器室处于暴露状态，同时观察秒表读数。

(3)秒表计时到 3min 时转动三通阀，使煤样瓶与测量系统接通，与大气隔绝，秒表计时到 5min 时瓦斯解吸仪的示值即为 Δh_2，单位为 Pa。

钻屑解吸指标 K_1 和 Δh_2 预测煤层突出危险性临界值应符合表 3.1 的规定。

表 3.1　钻屑解吸指标 K_1 和 Δh_2 预测煤层突出危险性临界值

煤样	指标临界值	
	$\Delta h_2/Pa$	$K_1/\left[m^3/(g \cdot min^{1/2}) \right]$
干煤样	200	0.5
湿煤样	160	0.4

3.2.3　综合指标法

采用综合指标法进行瓦斯隧道突出危险性预测时应符合下列要求。

(1)在岩石工作面向煤层应至少钻 2 个测压孔，测定煤层瓦斯压力。

(2)在钻测压孔过程中，每 1m 煤孔应采取 1 个煤样，测定煤坚固性系数(f)。

(3)应将 2 个测压孔所得的坚固性系数最小值平均，作为煤层软分层的平均坚固性系数。

(4)应将坚固性系数最小的两个煤样混合后，测定煤的瓦斯放散初速度指标(ΔP)。

煤层突出危险性可按下列两个综合指标判断：

$$\begin{cases} D = \left(\dfrac{0.0075H}{f} - 3 \right)(P - 0.74) \\ K = \dfrac{\Delta P}{f} \end{cases}$$

式中，D 表示煤层的突出危险性综合指标；K 表示煤层的突出危险性综合指标；H 表示开挖工作面埋深，m；P 表示煤层瓦斯压力，取各个测压钻孔实测瓦斯压力的最大值，MPa；ΔP 表示软分层煤的瓦斯放散初速度指标，mmHg；f 表示软分层煤的平均坚固性系数；3 表示应力集中系数；0.0075 表示岩石平均容重与岩石的单向抗压强度的换算值；0.74 表示从大量的突出资料中统计出来的煤层发生突出的临界压力值。

突出危险性综合指标 D 和 K 预测瓦斯隧道突出危险性的临界值应符合表 3.2 的规定。

表 3.2　综合指标 D 和 K 的临界值

瓦斯隧道突出危险性综合指标 D	瓦斯隧道突出危险性综合指标 K	
	无烟煤	其他煤种
0.25	20	15

注：(1)D 的表达式中两个括号内的计算值都为负时，则不论 D 值为多少，都为突出危险煤层；(2)地质勘探进行煤层突出危险性预测时，应为无突出危险煤层。

3.2.4　R 值指标法

采用 R 值指标法进行瓦斯隧道突出危险性预测时应按下列步骤进行。

(1)在工作面钻不少于 3 个直径为 42mm、深度为 10m 的钻孔，钻孔应在软分层中，一个钻孔位于巷道工作面中部，并平行于掘进方向，其他钻孔的终孔点应位于隧道轮廓线外的 2～4m 处。

(2)钻孔每打 1m，测定一次钻屑量和钻孔瓦斯涌出初速度，根据每个钻孔的最大钻屑量和最大瓦斯涌出初速度按下式确定各孔的 R 值。

$$R=(S_{max}-1.8)(q_{max}-4)$$

式中，S_{max} 表示钻孔最大钻屑量，L/m；q_{max} 表示钻孔最大瓦斯涌出初速度，L/min。

(3)临界指标 R_m 取 6，当任何一个钻孔中的 $R \geqslant R_m$ 时，该工作面为突出危险工作面，当 R 为负值时，用单项(取公式中的正值项)指标。

3.2.5 钻孔瓦斯涌出初速度测定方法

1. 测定方法

测定钻孔瓦斯涌出初速度时，采用螺旋钻杆在煤层中钻进 Φ42mm 钻孔，钻进预定深度后，快速完成退出钻杆、送入封孔器、充气封孔等工序，并在 2min 内开始测定规定长度钻孔的瓦斯流量。测定钻孔瓦斯涌出初速度时，测量室的长度为 1.0m。

2. 测定设备

1）封孔装置

(1) 测量室管。测量室管长度为 1.0m。

(2) 封孔器。封孔器应符合《充气式钻孔瓦斯涌出初速度测定装置技术条件》(MT/T 856—2000)中的要求，封孔器压气密封系统的工作压力不小于 0.2MPa，并且在停止充气后每分钟的压力降低值不超过 0.02MPa，应保证封孔段的长度不小于 150mm。每次工作面测定前，应对封孔器的气密性进行检验，检验方法按 MT/T 856—2000 中的要求执行。

(3) 测量管。当瓦斯流量为 5L/min 时，测量装置全部测量管内的总阻力不大于 300Pa。

(4) 压力表。量程为 0～0.6MPa，精度应优于 2.5 级。

2）流量计

流量计量程应为 1～30L/min，精度应优于 2.5 级，流量计应符合国家相应检定规程的规定。

3. 测定流程

1）钻孔布置

在隧道揭煤前，在开挖工作面向前方煤层至少施工 3 个、在倾斜或急倾斜煤层至少施工 2 个 Φ42mm、深 8～10m 的钻孔，测定钻孔瓦斯涌出初速度指标，钻孔每钻进 1m 测定一次钻孔瓦斯涌出初速度。

2）测定步骤

第 1 步，仪器的准备及气密性检验。每次现场测定前，按钻孔深度要求将测定装置的封孔器、测量管、测量室管及流量计等各辅助部件连接好，检查其气密性。气密性检验按 MT/T 856—2000 中的相关规定执行。

第 2 步，钻孔施工。按钻孔布置的相关要求布置钻孔，在每段钻孔钻进前应在钻杆上标识出预定的打钻深度。进钻时应避免钻杆摆动，钻进速度应控制在 0.5～1L/min。

第 3 步，钻孔封孔。钻孔钻进至预定深度(2m 孔深开始)，立即用计时器计时，迅速拔出钻杆，把封孔器送入孔底进行充气封孔。开始测定流量前的全部操作应在 2min 内完成。

第 4 步，流量测定。在封孔操作的同时，将流量计与测量管连接好。在规定时间内完成封孔后，开始测定钻孔瓦斯涌出初速度值。采用瞬时流量计时，应记录开始测定 10s 后的最大值；采用累积流量计时，应记录开始测定后时长为 1min 的读数差值作为测值。

第 5 步，退出封孔器。测定完成后，将气压密封系统泄压，从钻孔中退出封孔器。

第 6 步，下一次测定。上一次测定完成后，按照第 2 步要求继续施工钻孔，钻进至下一次测定深度后，重复第 3～5 步以测定下一次的钻孔瓦斯涌出初速度值，直至测定结束。

4. 测定记录

在测定开始前应测量并记录工作面位置、煤层厚度及有无地质变化等；在测定过程中应详细记录钻孔的位置、方位、倾角、深度、钻孔瓦斯涌出初速度及钻进时有无喷孔、卡钻、夹钻、响煤炮等动力现象。工作面所有钻孔的瓦斯涌出初速度测定完成后，将最大一次的测值作为该工作面的瓦斯涌出初速度测定值。

3.3　瓦斯隧道揭煤防突控制技术

3.3.1　瓦斯隧道揭煤瓦斯高效抽采关键技术

随着我国交通基础设施的建设和发展，我国高速公路建设正在向西部偏远区域腹地深入，穿越煤系地层的隧道越来越多，由于煤系地层地质构造复杂、岩体软弱破碎以及高瓦斯压力的存在，隧道施工中存在瓦斯燃烧、爆炸和煤与瓦斯突出的风险。

隧道在穿越煤层的过程中一般穿煤段相对较短，同时隧道支护一般采用永久性支护，当隧道存在煤与瓦斯突出危险时，必须采取相关措施消除突出危险。瓦斯抽放技术能从根本上消除突出危险，是当前最有效、施工最简单的措施之一，高效的隧道煤层瓦斯快速抽放技术不仅可保障隧道施工高效和安全，同时还可以提高穿煤含瓦斯隧道的建设效率。

隧道施工过程中的瓦斯抽放主要是钻孔超前预抽待揭煤层的瓦斯。对于透气性较好、瓦斯容易抽放的煤层，宜采用本煤层预抽方法，按顺层或穿层布孔方式抽放。对于低透气性煤层，普通的穿层钻孔影响范围有限，卸压程度不高，钻孔流量小，衰减系数大，制约瓦斯抽采效果，为了高效抽采隧道煤层瓦斯，需要一种有效的卸压增透技术。目前强化瓦斯抽采的增透措施主要有水力冲孔、水力压裂、液态二氧化碳相变致裂、深孔预裂爆破等。

3.3.1.1　水力冲孔

1. 水力冲孔增透机理

水力冲孔是利用高压水的冲击能力对钻孔周围煤体进行破碎，在其可控范围内诱导小型突出，利用水流带出大量煤体，逐渐形成一个大尺寸的孔洞，在地应力作用下，使周围煤体向孔洞方向移动，使煤体充分卸压，促进裂隙发育，增大煤层透气性，从而使瓦斯大量解吸和排放。该措施不仅消除了煤层突出动力，还改变了煤层的性质(张国华，2004)。

1)改变含瓦斯煤受力状态

在地层中煤体是封闭的，埋藏于地表以下一定深度的含瓦斯煤体，不仅受到地应力的作用，还受到瓦斯应力场的作用。瓦斯应力作用使煤层内部的孔隙增大，致使煤体变形量增大，因而煤体周围的岩石受到的压力也随之增大，所以在煤与瓦斯突出潜能没有得到充分释放时，存在很高的瓦斯压力梯度，容易造成煤与瓦斯突出。

水力冲孔作用不仅对钻孔周围的煤体结构进行破坏，还利用水流把钻孔内部分破坏煤体冲出钻孔，形成了一定大小的内部孔洞，为深部煤体的疏松提供了空间，同时带走了部分瓦斯。受时间影响，煤体发生蠕变，裂隙扩展形成良好的释放通道，降低煤层瓦斯压力。

瓦斯压力的降低一方面使煤层瓦斯突出潜能降低,另一方面由于煤层吸附瓦斯而扩张的变形开始收缩,致使透气性增大,同时围岩卸压,瓦斯压力梯度降低,使煤与瓦斯突出危险被消除。

2) 扩大煤层卸压范围

水力冲孔后,在地应力的作用下被打破的平衡状态又重新获得新的平衡,如图 3.1 所示,卸压区增大,应力集中区向煤层深部移动,应力梯度减小,从而起到促抽瓦斯的作用。

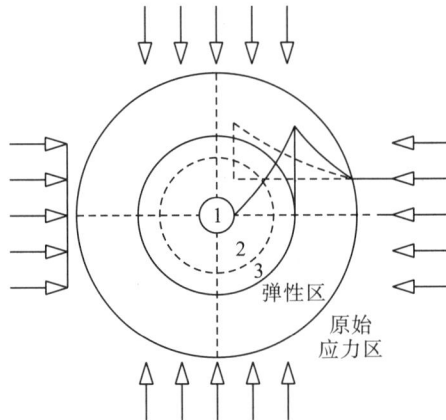

图 3.1　钻孔周围应力状态分布

1—钻孔,半径为 R_1;2—卸压区,半径为 R_2;3—塑性区,半径为 R_3

水力冲孔卸压增透技术形成的孔洞周围应力分布情况和巷道机理相同,冲孔后一段时间内,在孔洞周围一定距离内的煤体形成集中应力,且应力逐渐增大,当达到承受集中应力这部分煤体所能承受的强度极限后,煤体破碎并产生大量裂隙,煤体强度降低,这部分煤体因发生变形和应力得到释放变成卸压区,若卸压区煤体不能承受原始应力以上的载荷,则集中应力就会向煤体深部移动,重新获得新的平衡。

随着应力向煤体深部的传播,集中应力逐渐降低,直至煤体自身应力未发生改变的区域,此时的煤体距采掘面较远,未受到采掘作业的影响,称为原始应力区。

3) 增大煤层孔隙率

孔隙率虽然是决定煤的吸附、渗透和强度性能的重要因素,但也受到破坏程度、地应力等多种因素的影响。因此,通过改变煤体结构和应力状态可以有效地消除煤体发生煤与瓦斯突出的危险。煤体在承受很大压力时处于压缩状态,而随着煤体承载的地应力的减小,煤体在孔隙瓦斯压力张力和本身特性作用下膨胀,孔隙空间变大,原来闭合的孔裂隙展开,瓦斯顺裂隙流动至低压区,瓦斯压力下降,随着瓦斯的释放,煤层体积收缩。

2. 水力冲孔系统工艺流程

1) 水力冲孔设备

高压水射流钻扩一体化装置包括钻杆、特制一体化钻头,在钻机上使用配套钻杆,在钻杆的前端部安装钻扩一体化装置,钻机的后端设有高压密封水尾,并通过管路连接高低压水源转换装置,采用矿用乳化液泵作为水力冲孔用高压水源,为保证冲孔水量,要配备乳化液泵箱。水力冲孔设备如图 3.2 所示。

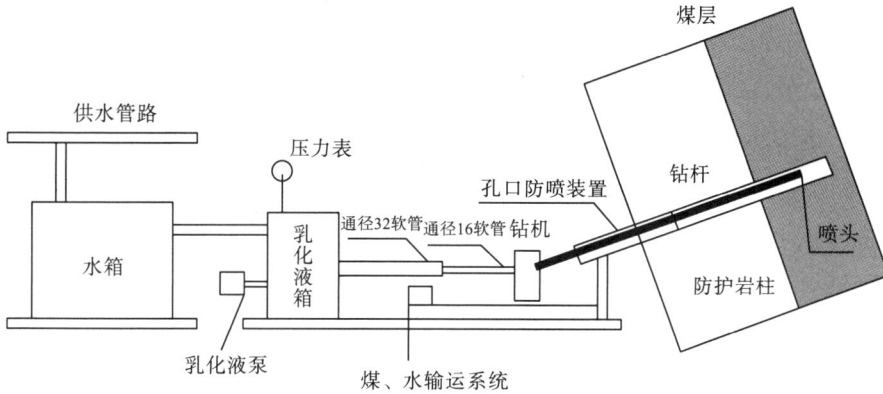

图 3.2　水力冲孔设备

2) 水力冲孔流程

扩前准备。参与水力冲孔的人员必须非常熟悉工艺流程，部分操作人员须经过专门培训，取得相应资格证后才能上岗。钻孔施工前，将特制钻扩一体化钻头、钻杆等设备依次连接，试压成功后开始钻扩一体化施工。

扩孔流程如下。

(1) 采用钻机、钻头施工，在钻进岩石段及黏土岩时，采用常压水洗孔，可根据需要多次进退钻杆，直至清水流出。

(2) 钻进煤层时，若出现喷孔严重的情况，则等待其减弱后再进行水力冲孔。扩孔采用高压水，可以往复匀速推进钻杆、均匀扩孔，扩孔时间根据现场情况而定。

(3) 如果孔内长时间未向外返水和煤渣，可根据以下情形判断。①压力表水压逐渐增大，说明水和煤渣暂时将间隙堵住，这时要注意水和煤渣突然大量喷出，可以慢慢加快钻机转速，并在安全的前提下将钻杆来回进退，以利于排出水、煤。②若压力表水压持续增大 (10~14MPa)，钻机给进困难，则应当停钻、停水，并在安全的情况下逐渐退出钻杆，当孔内向外正常返水和排渣后，继续接钻杆正常冲孔。③如果压力表正常无变化，则说明有串孔的可能性，要检查附近钻孔是否有水返出。如果串孔，则按要求停钻、停水，取出钻杆，冲孔结束。

(4) 扩孔达到要求后，关掉高压泵，停止高压水扩孔，采用静压水清洗钻孔，在保证钻孔通畅的前提下，快速撤除钻杆。采用扩车对扩煤量进行计量，然后运出巷道，保证班次顺利接替。

(5) 在冲孔过程中，通风区必须有专职瓦检员定时对冲孔地点的瓦斯浓度进行检查。当风流中的瓦斯浓度大于或者等于 0.79% 时，应停止扩孔，观察瓦斯变化情况，当其稳定在 0.79% 以下时，才可继续冲孔。若一氧化碳浓度超标 (超过 0.0024%)，应停止扩孔，切断电源，快速撤到安全地点，并立即向有关部门汇报。

3) 水力冲的孔优缺点

(1) 优点：水力冲孔可以提高煤体的孔隙度，提高煤体塑性，出煤量大，卸压效果好，操作便捷，在松软低透气性突出煤层中应用效果更佳。

(2)缺点：破坏工作环境，原有的水力冲孔装备对坚固性系数 $f>1$ 的煤层进行冲孔效果较差，钻冲孔效率较低，劳动强度大。

3.3.1.2 水力压裂

1. 水力压裂原理

在地应力的作用下，向低渗煤层注入高压水进行水力压裂时，会萌生裂缝，随着地应力的改变，煤体力学性质发生改变，水力压裂产生的裂缝也会向不同方向扩展延伸，形成不同类型的裂缝(刘志，2017)。

1)裂隙起裂

水力压裂实施过程中形成的钻孔可以和煤层形成不同的角度，并且煤岩体的性质在钻孔的长度方向上各处均不相同，受煤岩体力学性质和构造变化的影响，钻孔在内水压力作用下的起裂机理也不一样。但是煤层水力压裂时钻孔主要位于煤层中，属于单一介质的沿层钻孔起裂，因此，通过图 3.3 分析煤层钻孔围岩应力状态。

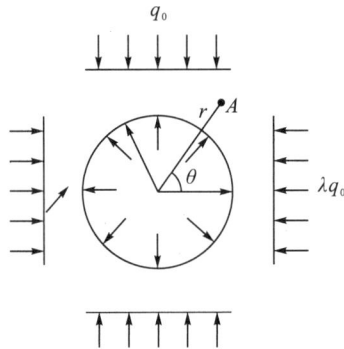

图 3.3　钻孔围岩受力分析图

2)裂隙扩展

高压水使得钻孔发生起裂，从而水会进入煤层，进入煤层的水使煤层的各级弱面面壁产生内水压力，发生膨胀，促使弱面继续扩展和延伸，这一现象的发生必须具备注入水压力不低于渗失水压力这一条件。最终孔隙会在煤层中相互连通，从而形成一个贯通网络，致使煤层产生压裂分解。随着时间的推移，各级弱面在内水压力下完成这一过程，最后出现图 3.4 所示的过程。

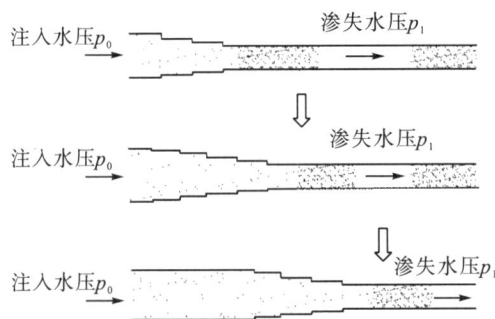

图 3.4　裂隙扩展过程

3）裂隙闭合

煤为应力敏感性介质，水力压裂实施完成以后，随着水的排出和瓦斯的抽采，孔隙流体压力降低，在地应力保持不变的情况下，水力压裂出现的裂缝会出现闭合的现象。煤体的孔隙和裂隙通道与渗透能力的大小息息相关，而孔隙和裂隙的大小及形状又由应力所控制。

2. 水力压裂系统及工艺流程

1）水力压裂设备

压裂系统主要由压裂泵组、水箱、压力表、溢流阀和专用封孔器等组成，如图 3.5 所示。

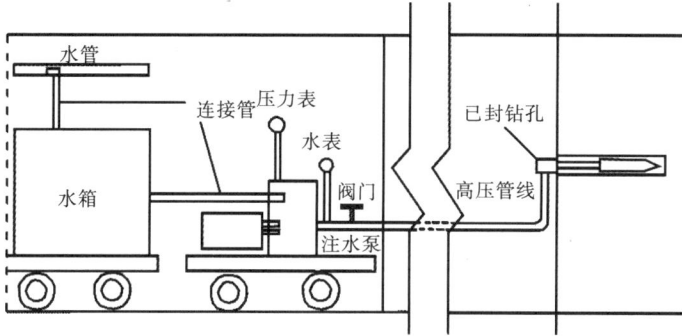

图 3.5　煤层水力压裂设备

2）水力压裂工艺流程

水力压裂前，先施工测试钻孔，将测试孔封孔后再抽放，记录单孔瓦斯流量数据。然后施工压裂孔 1，压裂孔 1 施工完成以后立即封孔开始压裂。水力压裂试验结束之后，打观测孔对孔抽放浓度和流量进行观察，与测试孔得到的数据进行对比分析。然后重复上述步骤对压裂孔 2 进行施工。

准备工作完成后，开始对水力压裂钻孔注水。在水力压裂开始前选取恰当的初始注水压力，随后打开压裂泵开始压裂，在此压裂过程中应当安排专门的监测人员对压力表进行读数以及对水箱内水量变化情况进行观察，同时做好记录。如果一切正常，则可以进行缓慢升压，直至将压力升到确定的起裂压力，等待压力稳定下来之后，停止注水，缓慢卸压，压裂完成。整个水力压裂工艺流程如图 3.6 所示。

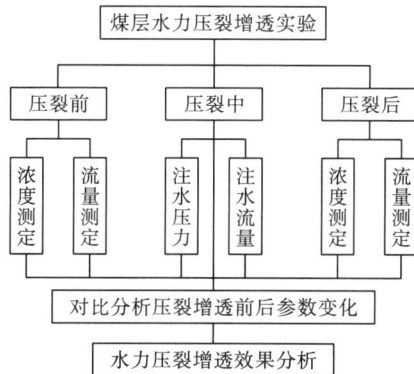

图 3.6　水力压裂工艺流程

3) 水力压裂优缺点

(1) 优点: 增透效果明显, 影响范围广, 还可以防止冲击地压。

(2) 缺点: 煤层中水力压裂产生的裂缝, 很容易在周围应力的作用下闭合; 而且在压裂裂缝周围还会产生应力集中区, 成为瓦斯开采的屏障区。

3.3.1.3 液态二氧化碳相变致裂

液态二氧化碳相变致裂技术利用液态二氧化碳相变产生的瞬时高压气体对预制孔周围煤层施加爆破冲击作用致裂煤层, 对煤中瓦斯进行泄压, 达到降低瓦斯含量, 预防瓦斯突出的目的。

1. 液态二氧化碳相变致裂原理

液态二氧化碳相变致裂技术是利用二氧化碳液相和气相之间的转换释放能量来进行致裂的, 影响二氧化碳相变的因素主要是温度和压力。由此可知液态二氧化碳相变致裂是一个物理变化过程, 属于物理爆破。液态二氧化碳相变致裂原理图如图 3.7 所示。

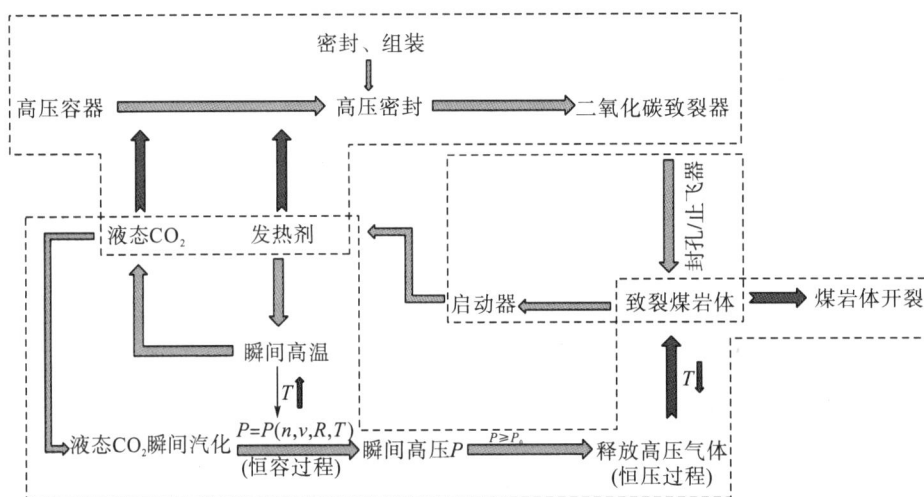

图 3.7　液态二氧化碳相变致裂原理图

首先, 二氧化碳致裂器加入发热管、定压泄能片和密封垫片, 致裂主管两端旋紧充装头和泄能头, 充入适量的二氧化碳后形成高压密闭的容器, 然后通过发爆器产生的微电流激发发热管瞬间产生大量的热。高压液态二氧化碳在活化剂作用下体积迅速膨胀, 在冲破破裂片后迅速转化为气态, 短时间释放的气体膨胀作用能使钻孔边煤体致裂。相变反应过程中产生的应力冲击波在自由面反射后形成反射拉伸波的作用, 使煤岩体周围产生粉碎区和初始裂隙。冲击波转变为应力波继续传播, 产生的大量高压气体沿着初始裂隙中的裂尖进一步扩展, 二次裂隙发育形成爆破裂隙远区。在相变致裂作用下, 气体膨胀引起各质点径向位移, 爆破孔周围发生径向压缩和切向拉伸。当切向张拉应力超过抗拉极限强度时, 煤岩体被破坏产生裂隙, 当冲击波逐渐衰减至小于岩体抗拉强度时, 此时将不再产生新的裂隙。随后高压二氧化碳气体朝着裂隙发展方向侵入, 裂纹扩展后周围压应力逐渐减小。

2. 液态二氧化碳相变致裂及工艺流程

1) 相变致裂设备

致裂系统是整个液态二氧化碳相变致裂装置的核心,这个系统由排气管、连接管、储液管、加热器、套管、接线柱和钻杆等部分组成,系统组成如图 3.8 所示

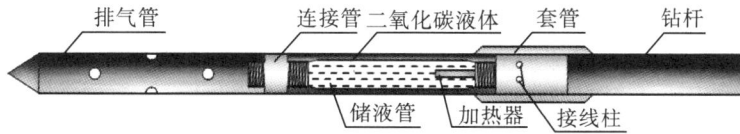

图 3.8　液态二氧化碳相变致裂系统

2) 工艺流程

(1) 布置钻孔。在瓦斯的防治工作中,瓦斯抽采、预裂爆破及水裂化增透等都是在钻孔中实现的,钻孔是否符合工作要求,直接决定了后续工作的成败,因此钻孔布置应符合《防治煤与瓦斯突出规定》中的要求。

(2) 试验前准备工作。在进行液态二氧化碳相变致裂试验前,测定试验区瓦斯浓度、纯量和负压等基本参数,与致裂后数据进行对比。

(3) 安放试验装置。钻孔布置完成后,对液态二氧化碳相变致裂装置进行安装,安装过程中,应遵循以下流程。①检查液态二氧化碳相变致裂装置性能。对储液管设备的导通性能进行检查,若不合格,及时更换;检查排气孔是否堵塞,保持储液管螺纹的清洁,防止螺纹被异物卡住而不能正常推进。对储放一天以上的储液管重新称重,保证管内液态二氧化碳质量在 1kg 以上。②利用钻机的液压夹持器、推进头固定住储液管。在储液管前端安装排气管,后端安装推进杆。调整钻机角度,对准钻孔方向慢速推进至致裂指定位置。

(4) 进行预裂试验。将液态二氧化碳相变致裂装置安放在指定位置后,现场工作人员撤离到安全区域;专职放炮员铺设放炮导线至安全区域,检验导通性后与起爆器连接,在安检员执行"一炮三检"制度且确认无误后,启动起爆器。起爆后再次检测导通性,若显示为断路,则说明预裂爆破已经成功实施。

(5) 致裂工作完成后,工作人员回到试验地点,将推送杆、排气管和储液管等装置退出,重新注液,更换定压泄能片后可重新使用;及时对钻孔进行封孔处理,并进行瓦斯抽取测试工作。

3. 液态二氧化碳相变致裂的优缺点

(1) 优点:操作简单,适应性强,安全高效、经济环保。

(2) 缺点:施工成本较高。

3.3.1.4　深孔预裂爆破

1. 深孔预裂爆破增透机理

深部煤层中瓦斯赋存量大,透气性差,煤层的主要特性表现为低压力、低渗透性、低饱和度及非均质性强,这给深部煤层的瓦斯直接抽采带来了很大的困难。深孔预裂爆破增透技术主要是利用炸药爆炸产生的冲击荷载作用使煤体产生松动和裂隙,促使炮孔附近的

煤体以炮孔直径为中心向四周产生裂隙,依次向外形成粉碎圈、裂隙圈和振动圈,并通过控制孔的作用,进一步增大裂隙的发育范围。深孔预裂爆破增透技术不但能够在煤体中产生裂隙,增加煤层的透气性,而且还能减小煤体赋存的瓦斯的排放压力,降低煤层的瓦斯含量,使煤体内部应力状态重新分布,从而达到增大瓦斯抽采量和提高瓦斯抽采率,保障瓦斯隧道安全施工的目的(沈扬,2011)。

2. 爆破参数

1)炮孔直径

炮孔直径是爆破工程中一项重要的参数,炮孔直径的设置是否合理,直接影响炮孔的数量、钻孔的效率、爆破岩石块度和炸药单耗。炮孔直径的选取应根据爆破现场的实际情况,综合考虑钻进速度、断面大小及炸药性能等因素。选择大直径炮孔可减少炮孔数量,降低工作量,而且装药量相对集中,爆轰稳定性相对提高,一般情况下,接杆凿岩直径为50~75mm,浅孔钻机钻孔直径为80~120mm。

2)炮孔角度

炮孔角度是影响爆破效果好坏的重要因素之一,炮孔角度的大小也直接影响深度的计算。当炮孔倾角较大时,爆破作用的区域变小,爆破效率低下,需要打更多的炮孔来弥补因倾角过大导致的爆破作用区域变小的影响。若炮孔的倾角太小,则沿煤层方向上的爆破作用区域变大,药卷埋入炮孔的位置距离顶板太近,爆破作用太猛,将直接导致顶板粉碎。所以,正确地设置炮孔角度是整个爆破流程中重要的环节之一。

3)炮孔深度

炮孔深度是井下开采中一项重要的爆破参数,炮孔深度的设计是否合理不仅影响掘进循环中各工序的工作量、完成时间和进度,还影响爆破效果和材料的消耗。合理的炮孔深度应根据钻孔速度、钻机技术性能、岩石力学性质、煤层赋存条件等因素综合确定。煤层倾角是影响炮孔深度和切眼深度的主要因素。炮孔深度由炮孔长度的水平投影与炮孔角度余弦的比值来确定。

4)炮眼间排距

爆破炸药的冲击作用必然会在炮孔周围形成一定区域的裂隙圈,裂隙圈范围对爆破效果有很大的影响。当两炮孔的距离太靠近时,一方面,打孔的数量要增加,工作量要增加;另一方面,两炮孔的冲击波叠加,增大了爆破的强度,使得煤体爆破后过于粉碎,不利于管理。为了能使顶板产生裂隙圈,而且不增加工作量和顶板破碎量,必须选择合适的爆破间距。炮眼间排距又称炮眼排数,炮眼间排距应小于2倍裂隙长度,其计算公式为

$$R_{\mathrm{P}} = \left(\frac{vPS_{\mathrm{t}}}{1-v} \right)^{1/\alpha} r_{\mathrm{b}}$$

式中,v 表示泊松比;S_{t} 表示极限拉应力;α 表示应力波衰减值;P 表示应力波初始径向应力峰值;r_{b} 表示炮眼半径;R_{P} 表示松动圈半径。

5)单孔装药量

药包长度和药包直径是决定单孔装药量最直接的因素。为了保护煤层的整体性,药包长度的确定还需考虑煤层的厚度。

3. 深孔预裂爆破的优缺点

(1)优点:缓慢释放瓦斯压力,提高煤体机械强度,若煤坚固性系数大于0.3,软分层厚度小于0.5m,则能取得更好的增透效果。

（2）缺点：工程量大，施工难度高，使用局限性大，代价高，不易推广，而且容易诱导煤与瓦斯突出。

3.3.2　瓦斯隧道揭煤流程

揭穿突出煤（岩）层前，施工单位应做好揭煤专项防突设计，制定突出危险性预测措施、防突措施、防突效果检验措施、安全防护措施和应急预案等，并严格按"四位一体"综合防突措施要求实施（沈扬，2011）。

隧道揭煤整个过程可以分为 3 个阶段（图 3.9）：区域综合防突措施阶段、局部综合防突措施阶段和揭开煤层过煤门阶段。

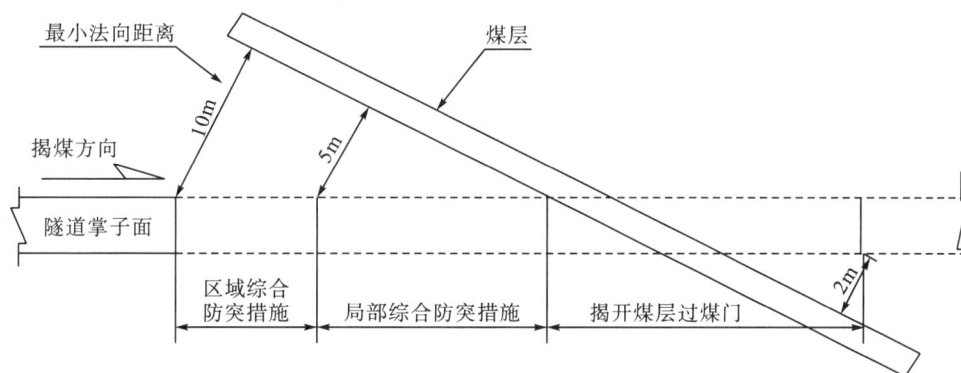

图 3.9　隧道揭煤的过程

1. 隧道揭煤的具体步骤

隧道揭煤流程如图 3.10 所示。

（1）在距煤层最小法向距离 15～20m 处的开挖工作面打设 5 个超前探孔，初探煤层位置。

（2）在距最小法向距离 10m 处进行区域突出危险性预测；打设 4 个超前探孔，并取（煤）心，分别探测开挖工作面前方上部及左、右部位煤层位置。

（3）若预测出有突出危险，则掘进至距最小法向距离 7m 处采取区域防突措施。若预测出无突出危险，则直接掘进至距最小法向距离 5m 进行工作面突出危险性预测。

（4）实施区域防突措施效果检验，若区域措施有效，则掘进至最小法向距离 5m 前进行工作面突出危险性预测；若措施无效，则补充区域防突措施，直到防突措施效果检验有效。

（5）在距最小法向距离 5m 前进行工作面突出危险性预测。

（6）若预测出有突出危险，则采取工作面防突措施；若预测出无突出危险，则边探边掘至距最小法向距离 2m 处。

（7）对工作面防突措施的效果进行考察。

（8）若工作面防突措施的效果考察有效，则边探边掘至距最小法向距离 2m 处；若工作面防突措施的效果考察无效，则补充工作面防突措施后继续进行防突措施效果考察，直到措施有效。

（9）在距最小法向距离 2m 处进行突出危险性验证，若无突出危险，则在采取安全防护措施的前提下揭开煤层；若有突出危险，则补充工作面防突措施，直到措施有效。

（10）采取安全防护措施揭开或穿过煤层，在揭穿煤层过程中连续实施工作面突出危险性预测，直到穿过煤层。

（11）加强隧道支护，直到穿过煤层。

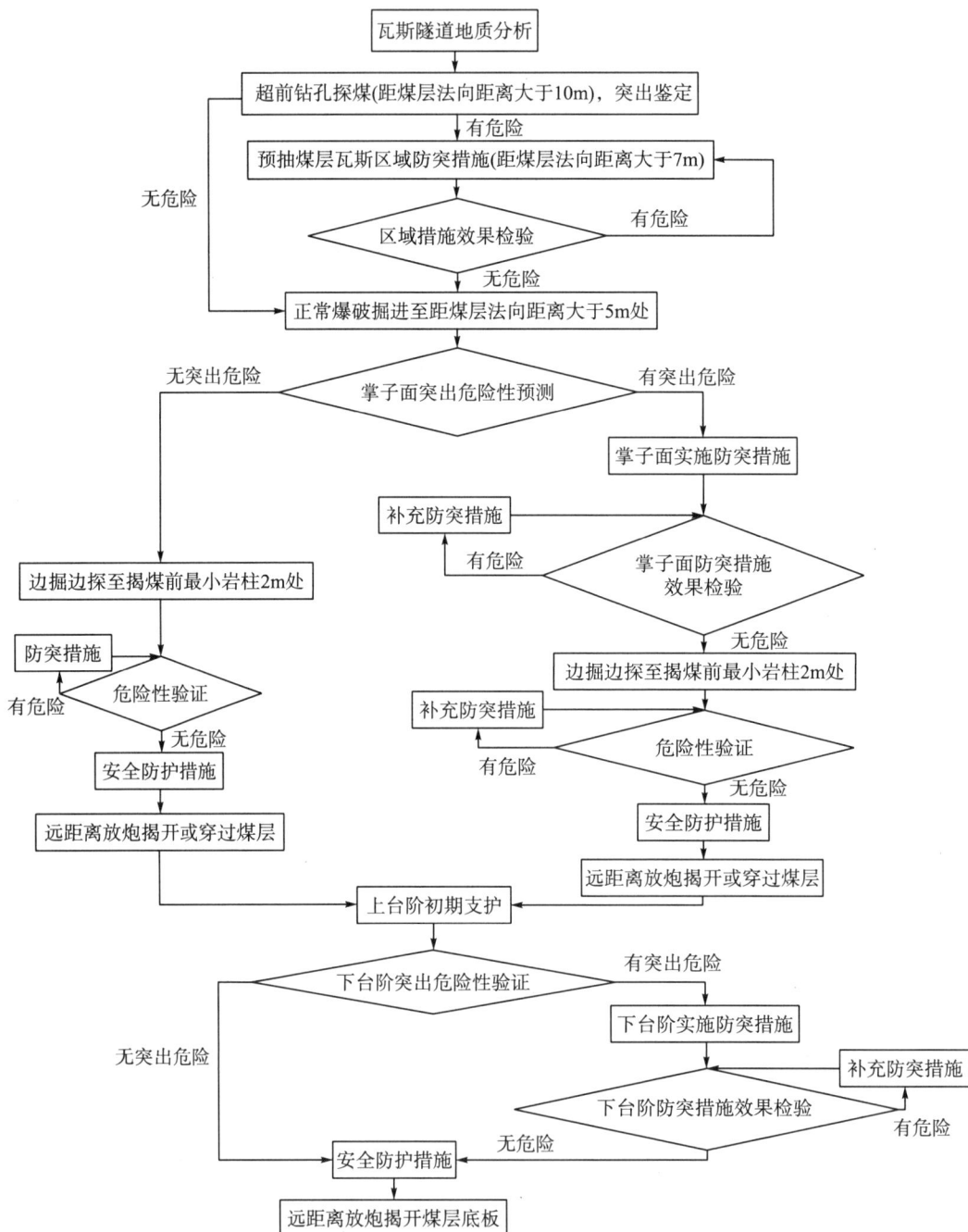

图 3.10   隧道揭煤流程图

2. 预测临界值

开挖工作面突出危险性预测方法中有任何一项指标超过临界指标，该工作面即为突出危险工作面。预测临界指标值应根据当地煤矿的实测临界指标值确定，当无当地煤矿的实测临界指标值时，可参考表 3.3 中所列突出危险性临界值。

表 3.3　揭煤突出危险性预测指标临界值

预测指标	瓦斯压力/MPa	综合指标			钻屑瓦斯解吸指标				R	钻孔瓦斯涌出初速度/(L/min)
		D	K		Δh_2/Pa		K_1/[cm³/(g·min^{1/2})]			
			无烟煤	其他煤种	干煤样	湿煤样	干煤样	湿煤样		
临界值	0.74	0.25	20	15	200	160	0.5	0.4	6	5

3. 突出危险性区域预测

突出危险性区域预测，应根据煤层瓦斯压力进行。如果缺少煤层瓦斯压力实测资料，则可根据煤层瓦斯含量进行预测。预测临界值应根据临近煤矿资料确定，当无资料时，可参考表 3.4 的取值。

表 3.4　根据煤层瓦斯压力或瓦斯含量进行区域预测的临界值

瓦斯压力 P/MPa	吨煤瓦斯含量 W/m³	区域类别
$P < 0.74$	$W < 8$	无突出危险区
除上述情况以外的其他情况		突出危险区

4. 揭煤及隧道掘进

(1) 揭煤前应进行专项揭煤设计，其内容包括：揭煤作业各阶段施工方法、支护措施、组织指挥、抢险救灾预案及远距离爆破安全防护措施等。

(2) 揭开煤层时应采取远距离爆破安全防护措施。远距离爆破应满足下列要求。①采用远距离爆破揭煤时，应制定包括放炮地点、避灾路线及停电、撤人和警戒范围等的专项措施。②远距离爆破揭煤工作面距煤层的最小垂距应符合下列规定：急倾斜煤层 2m、倾斜和缓倾斜煤层 1.5m。如果岩层松软、破碎，则应适当增加垂距。③远距离爆破揭开突出煤层后，仍应按照远距离爆破要求组织施工，直至穿过煤层并进入顶(底)板 5m 以上。

(3) 不同倾角、厚度的煤层可用下列方法揭煤。①急倾斜和倾斜的薄煤层(厚度小于 0.3m)，应一次揭穿煤层全厚。②急倾斜和倾斜的中厚、厚煤层，一次揭煤深度宜为 1～1.3m。③缓倾斜煤层，应一次揭开最小保护厚度的岩柱。当倾角小于 12°，岩柱水平长度较大时，可刷斜面揭开煤层。

(4) 当开挖工作面揭穿厚度小于 0.3m 的突出煤层时，在边探边掘至最小安全岩柱留设断面处并采取必要的安全防护措施后，可直接采用远距离爆破方式揭穿煤层。

(5) 远距离爆破揭开煤层后，若未能一次揭穿进入煤层顶(底)板，则仍应当按照远距离爆破的要求执行，直至完成揭煤作业全过程。打设爆破钻孔前，为防止瓦斯超限，可喷射混凝土临时封闭开挖工作面，然后钻孔。

(6)在半岩半煤和全煤层中掘进应符合下列要求。①每爆破循环进尺不宜超过 2.0m，在全煤层中掘进时应少钻孔、少装药。②在半煤半岩中掘进时应在岩石炮眼中装药，其总药量应为普通爆破药量的 1/3～1/2，煤层中如煤质坚硬需爆破时，宜采用松动爆破。③软弱破碎围岩或过煤层段，应采用超前支护或预注浆，防止坍塌，避免引起突出。④爆破后应及时锚喷支护，支护结构尽快闭合成环，减少瓦斯溢出。

3.3.3　瓦斯隧道揭煤安全保障体系

1. 突出煤层探测

(1)在具有煤(岩)与瓦斯突出危险的地层中施工时，应及时进行隧道工作面地质素描，加强地质分析和预测预报工作。

(2)揭穿突出煤层前，必须对设计标示的突出煤层进行超前探测，准确控制煤层层位，掌握其赋存位置和形态。①在距煤层最小法向距离 15～20m 处的开挖工作面打设 1 个超前探孔，初探煤层位置。②在距初探煤层最小法向距离 10m(地质构造复杂、岩石破碎的区域，应适当加大最小法向距离)处的开挖工作面上，打设 3 个以上的超前探孔，并取岩(煤)心，分别探测开挖工作面前方上部及左、右部位煤层位置。③详细记录岩心资料。按各孔见煤、出煤点确切计算煤层厚度、倾角、走向及与隧道的相对位置关系，并分析煤层顶、底板岩性及地质构造。④收集并掌握探孔施工过程中的瓦斯动力现象。⑤各探孔施工过程应满足下列条件：a.每个探孔应穿透煤层(或煤组)全厚并进入顶(底)板不小于 0.5m；b.正式探测孔应取完整的岩(煤)心，进入煤层后宜用干钻取样；c.各探孔直径不宜小于 76mm；d.观察孔内排出的冲洗液、煤屑变化情况，并做好记录。⑥当需要测定瓦斯压力、瓦斯含量等参数时，超前取心探孔可用作测定钻孔。若二者不能共用，则测定钻孔应布置在工作面各钻孔见煤点间距最大的位置。

2. 瓦斯突出危险性预测

(1)煤(岩)与瓦斯突出工区施工时，应在距煤层最小法向垂距 10m(地质构造复杂、岩石破碎的区域应适当加大最小法向距离)处的开挖工作面打瓦斯测压孔，或在距煤层垂距不小于 7m 处的开挖面进行突出危险性预测。经预测后划分为突出危险工作面和无突出危险工作面。

(2)开挖工作面瓦斯突出危险性预测应从瓦斯压力法、钻屑指标法、综合指标法、R 值指标法、钻孔瓦斯涌出初速度法中选择两种方法，相互验证，且宜选用便于现场操作实施的方法。

开挖工作面突出危险性预测方法中有任何一项指标超过临界指标，该工作面即为突出危险工作面。预测临界指标值应根据当地煤矿的实测临界指标值确定，当无当地煤矿的实测临界指标值时，可参照表 3.3 中所列的突出危险性临界值。

突出危险性区域预测，应根据煤层瓦斯压力进行。如果缺少煤层瓦斯压力实测资料，则可根据煤层瓦斯含量进行预测。预测临界值应根据临近煤矿资料确定，当无资料时，可参考表 3.4 取值。

3. 防突措施效果检验

(1) 防突措施实施后，必须进行效果检验，以确认防突措施是否有效。

(2) 揭煤防突措施效果检验应包括以下两部分内容：①检查所实施的防突措施是否达到了设计要求和符合有关标准规定，将检查措施实施情况和掌握并记录喷孔、卡钻等突出预兆作为措施效果检验文件的内容之一，综合分析、判断；②各检验指标的测定情况及主要数据。

(3) 在实施防突措施效果检验时，检验孔应不少于 3 个，深度应不小于防突措施的钻孔深度。各部位的检验钻孔应布置于所在部位防突措施钻孔密度相对较小、孔间距相对较大的位置，并远离周围各防突措施钻孔或尽可能与周围各防突措施钻孔保持相等距离。在地质构造复杂地带应根据情况适当增加检验钻孔。

(4) 对突出煤层采用全断面一次性排放时，效果检验孔不宜少于 5 个，应分别检验工作面前方上、中、下、左、右各部位的排放效果。当采用分段、分部、分次排放时，每次只检验排放部位的排放效果。

(5) 防突效果检验指标的临界值应根据实测数据确定。检验结果中任何一项指标超标，或在打检验孔时发生喷孔、顶钻、夹钻等动力现象，则认为防突措施无效，必须补充防突措施。

(6) 工作面防突措施效果检验有效时，边探边掘至距煤层最小法向距离 2m 后，应采用工作面预测或措施效果检验的方法进行防突措施的最后验证，边探边掘且钻孔无喷孔、顶钻等异常动力现象时，方可在采取安全防护措施的条件下用远距离爆破一次或分次揭穿煤层。

4. 安全防护措施

1) 远距离揭煤

隧道揭煤过程中必须采取远距离爆破的安全防护措施。在采取远距离爆破时，必须制定关于爆破地点、避灾路线及停电、撤人和警戒范围等的专项措施。

在实施揭煤爆破时，隧道内全部人员必须撤至隧道外，隧道内必须全部断电，隧道口附近 20m 范围内严禁有任何火源。并且在隧道入口拉警戒线，由专人值守，禁止任何人员进入，放炮后进入掌子面检查的时间由技术负责人根据情况确定，但不得少于 30min。

2) 避难硐室

避难硐室是现场工作人员在现场作业过程中突然遇到事故而无法撤退时躲避待救的设施，一般隧道单向开挖长度超过 500m 时应设置避难硐室。隧道避难硐室的具体位置根据实际情况确定，可以选择在两条相邻隧道的人行横洞中设置，也可以另掘硐室。

3) 防护挡栏

防护挡栏是为降低爆破诱发的突出的强度，减少对生产的危害，在掌子面设立的栅栏，可用金属、矸石或木垛等构成。金属挡栏一般由槽钢组成，排列成棚状方格框架，棚状方格尺寸为 0.4m×0.4m，槽钢彼此用卡环固定，使用时在迎工作面的框架上再铺上网眼尺寸为 20mm×20mm 的金属网，然后用木支柱将框架撑成 45°的斜面。

4) 逃生管道

为了预防隧道在开挖或揭煤过程中出现塌方而危及施工人员人身安全，应在Ⅳ级、Ⅴ级以上围岩地段或揭煤过程中预先设置逃生管道。

在隧道的掌子面开挖、锚喷、支护及仰拱部位开挖、浇注混凝土的过程中，均必须确保逃生通道的完好，救生管道设置到位，并随着掌子面的不断掘进而向前移动。

5）安全防护装备

多数灾害事故在发生初期，波及范围和危害程度都较小，作为发生事故时个人自救的必要装备，高瓦斯隧道必须配备个人安全防护装备。个人安全防护装备主要包括安全帽、纯棉防护服、矿灯、口罩、便携式自救器及便携式瓦检仪等。在隧道揭煤过程中，所有作业人员必须佩戴必要的安全防护装备。

6）压风自救系统

高瓦斯隧道揭煤过程中有时会出现瓦斯异常大量涌出，在大多数事故中，职工伤亡均由瓦斯导致的窒息引起。因此，在目前技术上尚不能完全杜绝瓦斯异常大量涌出的情况下，应建立压风自救系统，使工人在充满瓦斯的巷道中能够及时自救。空气压缩机应设置在隧道进口和出口的地面工业场所内，每个隧道洞口至掘进施工作业迎头均铺设风压管路，并设置供气三通阀门，供气三通阀门间隔不大于 50m；隧道施工揭煤与过煤层段时，在距掘进工作面 25~40m 的巷道内、爆破地点、撤离人员与警戒人员所在位置等地点至少设置一组压风自救装置。

7）严格控制瓦斯含量

隧道瓦斯浓度临界值为 0.5%，当瓦斯浓度超过 0.5% 时，隧道存在较大的安全隐患，因此建议采取相关措施，具体隧道瓦斯浓度限值及超限处理措施见表 3.5。

表 3.5　隧道瓦斯浓度限值及超限处理措施

施工地域	限值	超限处理措施
低瓦斯工区	0.5%	超限处 20m 内停工，检查原因，加强通风
局部瓦斯聚集	2.0%	超限处 20m 内停工，断电，撤人，加强通风
掌子面风流中	1.0%	停止电机钻孔
	1.5%	超限处停工，撤人，切断电源，加强通风
掌子面附近 20m 风流中	1.0%	禁止装药放炮
掌子面回风流中	1.0%	停工，撤人，检查原因
掌子面放炮后风流中	1.0%	加强通风，不得进人

3.3.4　瓦斯隧道揭煤瓦斯抽采效果评价体系

3.3.4.1　基于抽采指标的揭煤瓦斯抽采效果评价体系

瓦斯隧道揭煤抽采效果评价是评判煤层瓦斯抽采工作是否达标的重要过程，是决定是否停止抽采的主要依据。根据《煤矿瓦斯抽采达标暂行规定》和《煤矿瓦斯抽采基本指标》（GB 41022—2021）的相关要求，瓦斯隧道大断面揭煤瓦斯抽采时，应对实际的煤层瓦斯抽采效果进行分析评价，以有效指导和保障隧道开挖工作面的安全高效施工(图 3.11)。

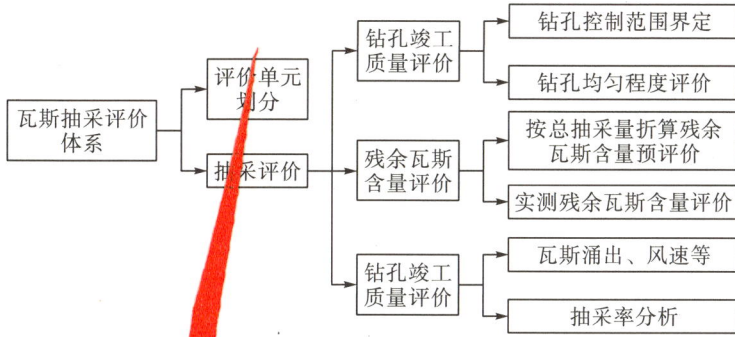

图 3.11 瓦斯隧道抽采评价流程图

1. 评价单元的划分

为了实现评价的精细化，在进行瓦斯抽采效果评价前，需要对隧道揭煤区域内不同抽采条件下的地点进行评价单元划分。将抽采钻孔有效控制范围内钻孔间距、钻孔布置参数基本相同和预抽时间基本一致的区域划为一个评价单元。预抽期间对同一评价单元内的瓦斯抽采量进行单独计量。此外，在评价单元划分过程中使断层、陷落柱等地质构造带独立于其他区域，单独划分为评价单元。

2. 评价指标

参考《煤矿瓦斯抽采基本指标》（GB 41022—2021）、《防治煤与瓦斯突出规定》、《煤矿安全规程》、《预抽回采工作面煤层瓦斯防治煤与瓦斯突出措施效果评价方法》（MT 1037—2007）的相关要求，隧道瓦斯抽采效果的检验标准主要有残余瓦斯压力、残余瓦斯含量及瓦斯抽采率，也可以将三者一起作为检验标准，其中瓦斯抽采率是辅助标准。

《煤矿安全规程》中的相关规定表明，对于突出煤层来说，其有效性检验标准为瓦斯抽采率，当瓦斯隧道进行揭煤作业时，应该将工作面预测法与瓦斯预抽率相结合，对煤层瓦斯抽采情况进行复核。

对煤层瓦斯抽采效果进行检验时所使用的残余煤层瓦斯含量必须是通过实际测量得到的相关数据，而且不能大于该评价单元始突深度处的原始含量，在满足实际情况的前提下能够把残余瓦斯含量作为分段性检验标准进行检验。

对煤层瓦斯抽采效果进行检验时所使用的残余煤层瓦斯压力不能大于该评价单元始突深度处的原始压力值，若没有相关原始值，则残余瓦斯压力不能超过 0.74MPa。

3. 评价指标的计算

1）残余瓦斯压力

对于同一评价单元，只有当残余瓦斯压力计算值小于临界值时，方可现场实测残余瓦斯压力效果指标。瓦斯抽采后煤的残余瓦斯压力计算如下：

$$W_{CY} = \frac{ab(P_{CY}+0.1)}{1+b(P_{CY}+0.1)} \times \frac{100-A_d-M_{ad}}{100} \times \frac{1}{1+0.31M_{ad}} + \frac{\pi(P_{CY}+0.1)}{\gamma P_a}$$

式中，W_{CY} 表示残余瓦斯含量，m^3/t；a、b 表示吸附常数；P_{CY} 表示煤层残余相对瓦斯压力，MPa；P_a 表示标准大气压力，0.101325 MPa；A_d 表示煤的灰分，%；M_{ad} 表示煤的水分，%；π 表示煤的孔隙率，m^3/m^3；γ 表示煤的容重(假密度)，t/m^3。

2) 残余瓦斯含量

对于同一评价单元，只有当残余瓦斯含量计算达到临界值以下后，方可进行现场实测残余瓦斯含量效果指标。瓦斯抽采后煤的残余瓦斯含量计算如下：

$$W_{CY} = \frac{W_0 G - Q}{G}$$

式中，W_{CY} 表示煤的残余瓦斯含量，m^3/t；W_0 表示煤的原始瓦斯含量，m^3/t；Q 表示评价单元钻孔抽放瓦斯总量，m^3；G 表示评价单元参与计算的煤炭储量，t。

评价单元参与计算的煤炭储量的计算公式如下：

$$G = (L + 2R)(l + R)m\gamma$$

式中，L 表示评价单元煤层的走向长度，m；l 表示评价单元抽采钻孔控制范围内煤层的平均倾向长度，m；R 表示抽采钻孔的有效影响半径，m；m 表示评价单元的平均煤层厚度，m；γ 表示评价单元煤的密度，t/m^3。

3) 瓦斯抽采率

$$n_m = \frac{Q_{mc}}{Q_{mf}} \times 100\%$$

式中，n_m 表示瓦斯抽采率，%；Q_{mc} 表示瓦斯月平均采量，m^3；Q_{mf} 表示原始瓦斯储存量，m^3。

4. 评价体系的建立

首先，在隧道揭煤瓦斯抽采效果评价前，需要对区域内不同抽采条件下的地点进行评价单元划分；其次，对抽采钻孔竣工质量进行评价，对钻孔的控制范围、布孔均匀程度等进行分析；再次，根据残余瓦斯含量等进行评价；最后，根据瓦斯抽采率等分析抽采效果。

5. 评价效果

对于隧道突出煤层，当评价范围内所有测点测定的煤层残余瓦斯压力或残余瓦斯含量都小于预期的防突效果达标的瓦斯压力或瓦斯含量，且施工测定钻孔时没有喷孔、顶钻或其他动力现象，同时瓦斯抽采率符合表 3.6 的规定时，评判隧道突出煤层评价范围预抽瓦斯防突效果达标；否则，判定以超标点为圆心、半径 100m 范围未达标。预期的防突效果达标瓦斯压力或瓦斯含量按煤层始突深度处的瓦斯压力或瓦斯含量取值，没有考察出煤层始突深度处的煤层瓦斯压力或含量时，分别按照 0.74MPa、8m^3/t 取值。

表 3.6   隧道揭煤瓦斯抽采率应达到的指标

揭煤工作面绝对瓦斯涌出量 Q/(m^3/min)	瓦斯抽采率/%
$5 \leqslant Q < 10$	$\geqslant 20$
$10 \leqslant Q < 20$	$\geqslant 30$
$20 \leqslant Q < 40$	$\geqslant 40$
$40 \leqslant Q < 70$	$\geqslant 50$
$70 \leqslant Q < 100$	$\geqslant 60$
$100 \leqslant Q$	$\geqslant 70$

3.3.4.2　基于数学方法的揭煤瓦斯抽采效果评价体系

隧道瓦斯抽采系统是一个复杂的动态系统，合理地分析系统运行因素，评价隧道瓦斯抽采效果，能够发现抽采系统中存在不足的地方，进而针对评价结果提出合理有效的改进措施，调整和改造隧道瓦斯抽采系统，因此，安全高效的隧道瓦斯抽采效果评价对于隧道瓦斯抽采有着至关重要的作用。

1. 瓦斯抽采效果评价指标体系的建立

科学和全面的评价指标，是达到评价目的的前提，建立瓦斯抽采系统评价指标体系是评价的基础和关键，直接影响评价结果的正确性、合理性、科学性。评价指标太少，虽使评价过程简单易行，但很难全面反映评价对象的客观情况；评价指标太多，会增加评价指标的评价难度和评价指标结构的复杂程度，并且会掩盖主要的评价因素。因此，科学、全面和适宜地确定评价指标具有非常重要的意义。

1) 评价指标建立原则

瓦斯抽采评价系统是一个相对复杂的系统，对瓦斯抽采系统进行综合评价是一个非常复杂的工作，能否科学合理地建立瓦斯抽采系统评价指标体系，对提高瓦斯抽采系统抽采能力、工作水平、安全性都起到了至关重要的作用。结合实践，建立一套科学、合理的指标体系必须符合以下几个原则。

(1) 系统性原则。瓦斯抽采评价系统是一个完整的系统，所以，在建立评价指标体系时，必须围绕瓦斯抽采效果。建立的评价指标体系应具有科学严谨的层次结构，各个评价指标间的隶属关系在层次结构中能够清晰地看出，这样便于确定评价指标的权值及衡量方案的效果。

(2) 科学性原则。必须依照理论知识分析和遵守客观规律获得评价指标，形成知识与经验的互补，不遵守客观规律，只凭个人主观地确定评价指标是不可取的。

(3) 全面客观性原则。瓦斯抽采系统是一个复杂的、变化的、动态的系统，工作中系统不断地发生变化，以致变量很多，所以在建立评价指标时，应确保建立的评价指标能准确地反映出瓦斯抽采系统的状态。

(4) 定性与定量相结合的原则。在瓦斯抽采系统中，有些评价指标是可以测量出来的，这些评价指标是定量的，而其他的评价指标却测量不出来，是定性的，对于这些定性的评价指标显然不能只做定性分析而忽略定量分析，任何事物的发展变化过程都是质变和量变的统一。在设计指标体系时，应该采用定性与定量相结合的原则。

2) 评价指标的建立

(1) 煤层因素。对于隧道瓦斯抽采效果而言，煤层是一个基本的影响因素。简单来说，煤层厚度不同，煤层中原始瓦斯含量和瓦斯压力不同，绝对瓦斯涌出量和相对瓦斯涌出量不同。通过合理的瓦斯抽采方法及参数，抽采出的瓦斯量不同，瓦斯抽采效果也就不同。

(2) 抽采系统。抽采系统对于瓦斯抽采效果而言十分重要，结合相关研究资料发现对于瓦斯抽采系统而言，抽采管径、管网阻力、抽采流量、抽采时间及抽采负压 5 个因素占据十分重要的地位。

(3) 钻孔工艺。在瓦斯抽采效果影响因素中钻孔工艺因素也很重要，选择合理的钻孔间距、钻孔孔径及封孔质量才能更好地保证瓦斯抽采质量，同时封孔应满足密封性好、操作方便和材料经济的要求。

(4) 抽采管理。在抽采过程中，管理者统筹人员安排，设计人员设计瓦斯抽采方案，技术人员素质和管理制度决定了是否按照设计进行合理抽采，影响着瓦斯抽采效果。

(5) 抽采效果。参考《煤矿瓦斯抽采基本指标》(GB 41022—2021)发现，残余瓦斯含量、残余瓦斯压力和瓦斯抽采率是衡量瓦斯抽采效果的重要指标。

通过分析上述影响因素对隧道瓦斯抽采效果的影响，依据《煤矿瓦斯抽采基本指标》(GB 41022—2021)及《煤矿瓦斯抽采达标暂行规定》，结合专家意见确定隧道瓦斯抽采效果评价指标体系。其中一级指标 1 个，二级指标 5 个，三级指标 22 个，隧道揭煤瓦斯抽采效果评价指标体系如图 3.12 所示。

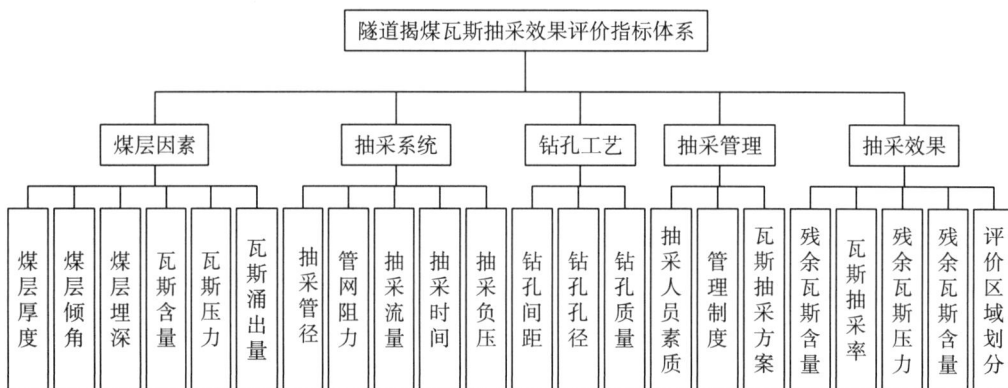

图 3.12 隧道揭煤瓦斯抽采效果评价指标体系

2. 隧道揭煤瓦斯抽采效果评价方法

在瓦斯隧道施工中由于施工条件复杂多变、地质环境恶劣以及外界环境的影响，隧道施工风险具有随机性和模糊性的特点，难以采用准确的量化数据表达。层次分析通过引入量化的计算公式，能准确分析风险发生的概率和后果等级，对保证隧道施工安全具有重大意义。

1) 层次分析法的基本原理

美国运筹学家萨蒂(Saaty)于 20 世纪 70 年代提出了层次分析法(analytic hierarchy process，AHP)。层次分析法是将半定性、半定量问题转化为定量问题的有效途径，它将各种因素层次化，并逐层比较多种关联因素，为分析和预测事物的发展提供可靠的定量依据。该方法适用于对多准则、多目标或无结构特征的复杂问题的决策分析，广泛用于管理评价、事故致因分析、科研成果及安全评价等方面。

层次分析法属于运筹学范畴，其基本思想是首先提出复杂系统的各主要影响因素，并将这些因素按其相互关系以及隶属关系构造递阶层次分析结构模型，然后对各因素间的相对重要性进行判断，通过排序计算对问题进行处理。

2）层次分析法的基本步骤

目前，层次分析法在隧道工程中应用时通常采取与专家打分法结合使用的方式。首先邀请一定数量的专家对风险评估模型中底层风险因素发生的概率相对大小及后果非效用值进行打分，然后结合层次分析法中各层次风险权重进行计算，计算得出的各风险因素的风险系数作为衡量风险因素和风险水平的最终指标，最后根据风险等级评定标准对各风险因素进行等级判断。具体流程如图 3.13 所示。

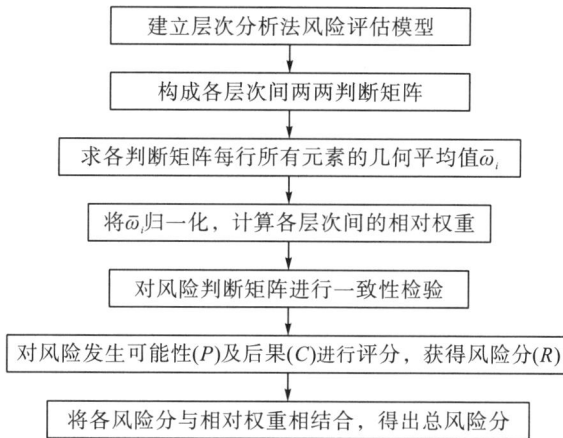

图 3.13　专家打分与层次分析法综合评估方法流程图

（1）建立层次结构模型。

综合评价是一项十分复杂的工作，能否科学合理地建立综合评价模型，对于评价结果至关重要。科学合理的评价模型必须符合系统性、科学性、全面客观性、针对性、突出性及定性与定量相结合等原则。通常将各个因素按照不同的属性自上而下地分解成若干层次，即目标层、准则层、指标层，如图 3.14 所示。

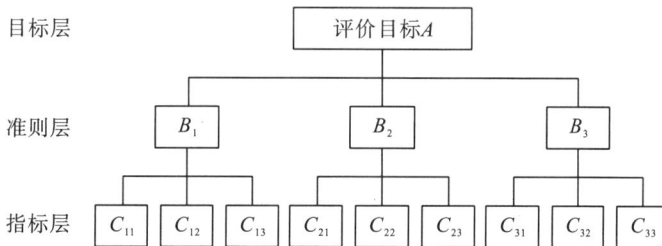

图 3.14　层次结构模型示意图

目标层，即最高层，是解决问题的总目标；准则层，即若干中间层，为实现总目标所涉及的中间措施、准则；指标层，即最底层，是解决问题时所选用的各种方案、措施。

（2）构造判断矩阵。

将每个待评价问题划分成有序的层次结构后，对于上一层次各因素，考虑与其相关的下层因素并两两比较判断，将判断结果通过引入合适的标度用数值表示出来，写入矩阵，即为判断矩阵。所以，判断矩阵表示针对上一层次某因素，本层次与其有关因素之间的相对重要性。

假定 A 层因素 A_k 与下一层中的 $A_1, A_2, \cdots, A_n$ 有联系，得到判断矩阵 A：

$$A = \begin{bmatrix} a_{11} & a_{12} & \cdots & a_{1n} \\ a_{21} & a_{22} & \cdots & a_{2n} \\ \vdots & \vdots & & \vdots \\ a_{n1} & a_{n2} & \cdots & a_{nn} \end{bmatrix}$$

在层次分析法中，为了使决策判断定量化，对同一层次评价指标进行两两比较时，引用了 1～9 位标度法，见表 3.7。

表 3.7 判断矩阵标度及其含义

标度 a_{ij} 的取值	标度的含义
1	因素 A_i 与 A_j 同样重要
3	因素 A_i 比 A_j 稍重要
5	因素 A_i 比 A_j 较重要
7	因素 A_i 比 A_j 很重要
9	因素 A_i 比 A_j 极端重要
2,4,6,8	上述两两相邻判断矩阵的中间值

(3) 权重值的确定。

求判断矩阵 A 中各行元素之乘积 M_i，$M_i = \prod_{j=1}^{n} a_{ij}$。

计算 M_i 的 n 次方根：$W_i = \sqrt[n]{M_i}$。归一化处理：$w_i = W_i \Big/ \sum_{i=1}^{n} W_i$，则 $\boldsymbol{W} = (w_1, w_2, \cdots, w_n)^{\mathrm{T}}$ 即为所求的特征向量，其中各元素分别为各因素的权重系数。

(4) 一致性检验。

计算判断矩阵 A 的最大特征根 $\lambda_{\max}$：

$$\lambda_{\max} = \sum_{i=1}^{n} \frac{A_i W_i}{n w_i}$$

计算一致性指标 CI：

$$\mathrm{CI} = \frac{\lambda_{\max} - n}{n - 1}$$

计算随机一致性比例：

$$\mathrm{CR} = \frac{\mathrm{CI}}{\mathrm{RI}}$$

式中，RI 为判断矩阵的平均随机一致性指标。1～10 阶判断矩阵的 RI 取值见表 3.8。

表 3.8　1～10 阶判断矩阵的 RI 取值表

阶数	1	2	3	4	5	6	7	8	9	10
RI	0	0	0.52	0.89	1.12	1.26	1.36	1.41	1.46	1.49

　　当 CR<0.1 时即可认为该单层次判断矩阵具有满意的一致性,说明单层次判断矩阵的构造符合数学逻辑,可以依据该矩阵进行权值的计算,否则就要重新调整判断矩阵,然后再次进行一致性检验,直至满足 CR<0.1。

　　指标层风险因素的打分包括风险因素发生概率 P 值和风险发生后果 C 的分值。打分标准参见表 3.9。将各风险源的相对权重与其风险分相乘便得到总风险分值,最后根据风险等级指标判断风险等级。

表 3.9　风险等级标准

参数	风险等级				
	一级	二级	三级	四级	五级
风险评分	40	60	80	90	100
风险等级指标	0～<60	60～<70	70～<80	80～<95	95～100

3.4　本章小结

　　本章归纳并系统阐述了煤与瓦斯突出机理的 5 种学说(假说),提出了 5 种瓦斯隧道突出危险性预测方法和瓦斯隧道揭煤瓦斯高效抽采关键技术,建立了瓦斯隧道揭煤流程及瓦斯隧道揭煤安全保障体系,构建了瓦斯隧道揭煤瓦斯抽采效果评价体系。主要结论如下。

　　(1)煤与瓦斯突出机理主要包括瓦斯主导学说、地应力主导学说、应力分布不均匀假说、化学本质假说及综合作用假说。

　　(2)瓦斯隧道突出危险性预测方法可分为瓦斯压力法、钻屑指标法、综合指标法、R 值指标法和钻孔瓦斯涌出初速度测定方法。

　　(3)瓦斯隧道揭煤瓦斯高效抽采关键技术细分为水力冲孔、水力压裂、液态二氧化碳相变致裂及深孔预裂爆破技术。详细介绍了瓦斯隧道揭煤流程,制定了区域综合防突措施、局部综合防突措施和揭开煤层过煤门措施,并提出了一系列瓦斯隧道揭煤安全保障体系。

　　(4)依据《煤矿瓦斯抽采基本指标》(GB 41022—2021)及《煤矿瓦斯抽采达标暂行规定》,结合专家意见,选取煤层厚度、煤层倾角及瓦斯含量等 22 个指标,建立了隧道揭煤瓦斯抽采效果评价指标体系,并采用层次分析法计算风险等级。

第4章　石膏质岩隧道灾害控制及优化设计技术

4.1　石膏质岩对隧道支护结构的腐蚀特性

无论是石膏还是硬石膏，遇水都能溶解出硫酸根离子。硫酸根离子随着地下水流动，与支护结构接触，腐蚀支护结构。根据现有资料，石膏质岩对混凝土具有强腐蚀性，对钢筋具有微腐蚀性，必须采取防腐蚀措施。因此，进行支护结构腐蚀特性研究具有重要意义。

4.1.1　混凝土腐蚀效果试验

混凝土的腐蚀机理既包括物理作用也包括化学作用。可见混凝土腐蚀机理较为复杂，很多因素都对硫酸盐侵蚀混凝土有影响。因此选取重点因素，设计正交试验，研究各因素对硫酸盐侵蚀混凝土影响的强弱，为防止硫酸盐侵蚀混凝土提供理论依据。

1. 混凝土腐蚀机理简介

石膏质岩对混凝土的腐蚀作用机理十分复杂，目前比较受认可的是物理腐蚀作用和化学腐蚀作用两种。

1) 物理腐蚀作用

石膏质岩的主要成分为 $CaSO_4$ 或 $CaSO_4 \cdot H_2O$。在地下水的溶蚀作用下，围岩中的 $CaSO_4$ 进入地下水，地下水中的 $CaSO_4$ 溶液沿混凝土的孔隙渗入混凝土中，在环境湿度较低或者隧道内存在干湿循环状态时结晶析出，对混凝土孔壁造成极大的结晶压力，从而引起混凝土的膨胀开裂。

2) 化学腐蚀作用

石膏质岩的主要成分为 $CaSO_4$ 或 $CaSO_4 \cdot H_2O$，在地下水的溶蚀作用下，产生大量的 SO_4^{2-}，所以其对混凝土的化学腐蚀作用主要是 SO_4^{2-} 对混凝土的化学腐蚀作用。SO_4^{2-} 对混凝土的化学腐蚀破坏作用主要有以下两种形式。

(1) 当环境中的硫酸根离子浓度不大时，会发生盐破坏，即钙矾石膨胀破坏或高硫铝酸钙膨胀破坏，其实质为水泥中的铝酸三钙和石膏质岩溶出的硫酸根离子反应生成钙矾石，反应式如下：

$$4CaO \cdot Al_2O_3 \cdot 12H_2O + 3SO_4^{2-} + 2Ca^{2+} + 2H^+ + 20H_2O \longrightarrow 3CaO \cdot Al_2O_3 \cdot 3CaSO_4 \cdot 33H_2O$$

生成物的体积比反应物大 1.5 倍或更多，呈针状结晶，引起很大的内应力，其破坏特征是表面出现几条比较粗大的裂缝。

(2) 当环境中的硫酸根离子浓度较大（SO_4^{2-} 浓度大于 1000mg/L）时，会发生石膏膨胀破坏。石膏质岩溶出的硫酸根离子可与混凝土中的 $Ca(OH)_2$ 反应生成石膏晶体，反应式如下：

$$Ca(OH)_2 + SO_4^{2-} + 2H_2O \longrightarrow CaSO_4 \cdot 2H_2O + 2OH^-$$

生成的 $CaSO_4 \cdot 2H_2O$ 体积增大 1.24 倍，导致混凝土及水泥硬化浆体因内应力而破坏，其破坏特征是构筑物表面没有粗大的裂纹但是遍体溃散，即使 SO_4^{2-} 的浓度不高，但是若混凝土处于干湿交替的状态，石膏晶体膨胀破坏也易发生，因为水分蒸发导致石膏结晶的形成，这也是一种物理腐蚀作用(任松等，2018c)。

2. 试验条件及方法

石膏质岩对混凝土的腐蚀机理复杂，涉及很多因素，包括混凝土强度、抗渗等级、C_3A 含量、水压、时间及硫酸根浓度。据此设计正交试验研究各因素对腐蚀效果的影响。

1) 试验方案

在各领域的科学试验中，对于受多种因素影响的研究，为了分析各个影响因素之间的关系，往往需要做各种试验来得到最优的条件组合。对于影响因素较少的试验，如一个或两个因素，设计、实施和分析比较简单，但对于三个或三个以上的因素，为了试验的客观可靠性，需要做全面的试验，则试验规模将非常庞大而且烦琐。例如，有 5 个影响因素的试验，每个影响因素取 4 个水平，则需要做 $4^5=1024$ 个组合的全面试验，显然这会给试验带来很大困难。正交试验设计通过巧妙地安排试验可以很好地解决这一问题，实现由较少次数的试验得到同样的统计效果。

根据前期分析，影响混凝土腐蚀程度的因素主要包括两个方面：一方面是混凝土本身的因素，如强度、抗渗等级、C_3A 含量等；另一方面是外在环境因素，如水压、温度、离子浓度、其他离子等。基于礼让隧道的实际情况，本试验考虑了 5 个因素，混凝土本身因素两个(抗渗等级、C_3A 含量)，外在因素三个(水压、溶液浓度、时间)。每个因素考虑 5 个水平，腐蚀试验本来就是一个极其漫长的过程，为了缩短试验周期、减少试验次数，选择正交试验方案(表 4.1)。

表 4.1　多因素混凝土腐蚀效果正交试验方案

方案	混凝土抗渗等级	C_3A 含量/%	水压/MPa	时间/d	溶液浓度/(mg/L)
水平 1	P4	2.5	0	10	500
水平 2	P6	4.0	0.4	20	1000
水平 3	P8	5.5	0.8	30	1500
水平 4	P10	7.0	1.2	40	2000
水平 5	P12	8.5	1.6	50	2500

根据礼让隧道的设计资料，严重腐蚀地段，混凝土的抗渗等级设计为 P8，一般情况下，P6 以上认为是抗渗混凝土，因此选取抗渗等级的 5 个水平为 P4、P6、P8、P10、P12，此范围相对而言易于制作且均匀分布。一般认为高抗硫酸盐混凝土的 C_3A 含量要小于 3.0%，一般混凝土的 C_3A 含量为 8.0%左右。因此，选取 C_3A 含量的 5 个水平为 2.5%、4.0%、5.5%、7.0%、8.5%，以研究不同混凝土品种对混凝土腐蚀性的影响。根据地勘资料，地下水水压为 0.71MPa，因此选择水压的 5 个水平为 0MPa、0.4MPa、0.8MPa、1.2MPa、1.6MPa。根据文献，腐蚀时间达到 10 天后可以看出混凝土试件被腐蚀的效果，考虑到试

验周期等，时间的 5 个水平选择为 10 天、20 天、30 天、40 天、50 天。根据 $CaSO_4 \cdot H_2O$ 溶解度计算，饱和的 $CaSO_4 \cdot H_2O$ 的浓度为 2550mg/L，因此选用其浓度的 5 个水平为 500mg/L、1000mg/L、1500mg/L、2000mg/L、2500mg/L。

腐蚀最直观的表现为强度降低，因此，选择混凝土腐蚀后的强度变化量为试验结果。试验过程中按照试验方案使用试验装置进行腐蚀，完成后将试件烘干，进行强度试验，同时将同组相同参数且未进行腐蚀试验的进行强度试验，得到两个试件的强度值，其值之差认为是混凝土腐蚀后的强度变化量。

2）混凝土试件制备

本试验研究内容包括混凝土不同性质对其腐蚀性的影响，因此采用特制的混凝土，控制混凝土的抗渗等级、C_3A 含量参数。按照正交试验的方式，共制作 25 组试件，每组 5 个。25 组试件参数见表 4.2 的前 4 列。

表 4.2　混凝土腐蚀性试验结果

试验	A	B/%	C/MPa	D/(mg/L)	E/d	第一组试验结果	第二组试验结果
试验 1	P4	2.50	0	500	10	-0.376	-0.805
试验 2	P6	4.00	0.4	1000	20	-2.037	-2.206
试验 3	P8	5.50	0.8	1500	30	-4.280	-4.310
试验 4	P10	7.00	1.2	2000	40	-4.940	-2.221
试验 5	P12	8.50	1.6	2500	50	-5.143	-5.306
试验 6	P4	4.00	0.8	2000	50	-2.111	-1.896
试验 7	P6	5.50	1.2	2500	10	-4.496	-2.980
试验 8	P8	7.00	1.6	500	20	-1.582	-1.926
试验 9	P10	8.50	0	1000	30	-4.742	-4.624
试验 10	P12	2.50	0.4	1500	40	-3.522	-3.198
试验 11	P4	5.50	1.6	1000	40	-2.773	-2.728
试验 12	P6	7.00	0	1500	50	-2.673	-4.163
试验 13	P8	8.50	0.4	2000	10	-3.117	-4.939
试验 14	P10	2.50	0.8	2500	20	-3.678	-2.830
试验 15	P12	4.00	1.2	500	30	-1.437	-0.662
试验 16	P4	7.00	0.4	2500	30	-1.928	-2.623
试验 17	P6	8.50	0.8	500	40	-4.056	-3.942
试验 18	P8	2.50	1.2	1000	50	-3.159	-2.411
试验 19	P10	4.00	1.6	1500	10	-2.824	-2.293
试验 20	P12	5.50	0	2000	20	-2.904	-3.504
试验 21	P4	8.50	1.2	1500	20	-5.559	-3.084
试验 22	P6	2.50	1.6	2000	30	-3.028	-2.669
试验 23	P8	4.00	0	2500	40	-2.498	-3.978
试验 24	P10	5.50	0.4	500	50	-2.639	-2.773
试验 25	P12	7.00	0.8	1000	10	-1.487	-1.492

注：A 代表抗渗等级，B 代表 C_3A 含量，C 代表水压，D 代表硫酸根浓度，E 代表时间。

按照岩石试验的规范，设计试件为圆柱体，直径为 50mm，高度为 100mm。通过浇筑成型，采用手工切割，打磨加工而成。试件如图 4.1 所示。

图 4.1　混凝土试件图(见彩版)

3) 腐蚀试验装置

本试验采用自行研制的腐蚀性试验装置，该装置通过气瓶提供气压、减压阀调节气压来控制作用在水面上的气压，进而达到控制装置中水压的目的；通过压紧环压紧密封圈来防止试件漏水。通过将支撑外壳做成水浴箱，控制装置内整体的温度，达到研究多种因素共同作用下混凝土腐蚀性的目的。试验装置图如图 4.2 所示。

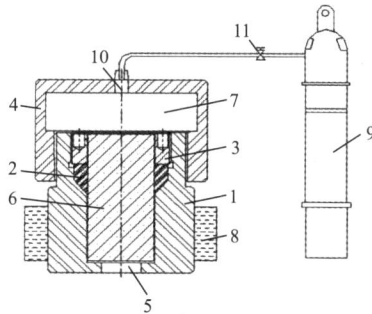

图 4.2　腐蚀性试验装置图

1—底座；2—密封圈；3—压紧环；4—螺母帽；5—排水口；6—圆柱形试件；

7—环形腔体；8—支撑外壳；9—气瓶；10—转接口；11—减压阀

3. 试验前后试件表面分析

在试验前后，对试件表面进行拍照，对比发现，在试件的表面会产生明显变化。主要表现在以下 4 个方面。

(1) 在进行试验前，按照岩石试验标准对试件进行加工，用砂纸等进行打磨，将表面磨平；试验后，试件表面变得粗糙，用手可以直接感触到试件表面的凹凸感。这是由混凝土试件表面的腐蚀反应与可溶物的溶解造成的。

(2) 试验结束后，试件表面原有的孔洞变大。

(3) 试件原本为棱角明显的标准圆柱形岩石试件；试验结束后试件棱角不再明显，严重的甚至发生破坏。这是由试件边缘位置与硫酸根溶液的相对接触面积比较大，腐蚀反应程度较高造成的。

（4）试件表面的颜色发生变化，相比试验前试件表面颜色变黄、变暗，这是由硫酸根离子与混凝土的反应以及试验装置的锈蚀双重因素造成的。

以第一组试验 3 为例，试验前后试件的图片如图 4.3 所示。

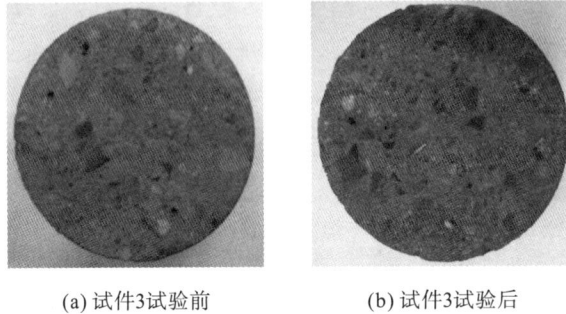

(a) 试件3试验前　　　　　(b) 试件3试验后

图 4.3　试件 3 试验前后对比图（见彩版）

4. 极差分析

根据试验方案，需要进行 25 组试验，并且每组试验各重复 1 次，共进行 50 次混凝土腐蚀性试验，试验结果见表 4.2。

极差分析又称为直观分析，简称 R 法，它包括计算和判断两个步骤，具体内容如图 4.4 所示。

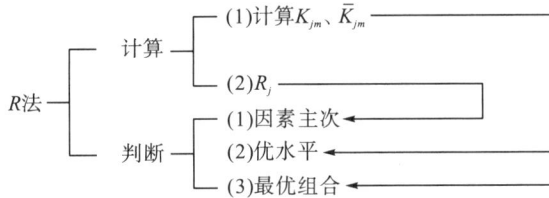

图 4.4　极差分析法内容示意图

图 4.4 中，K_{jm} 为第 j 列因素 m 水平所对应的试验指标 y_{jm} 之和；$\bar{K}_{jm}$ 为 K_{jm} 的平均值；R_j 为第 j 列因素的极差，即第 j 列因素各水平下的指标值的最大值与最小值之差。

$$\begin{cases} K_{jm} = \sum_{n=1}^{m} y_{jm} \\ \bar{K}_{jm} = \dfrac{\sum_{n=1}^{m} y_{jm}}{m} \\ R_j = \max(\bar{K}_{j1}, \bar{K}_{j2}, \cdots, \bar{K}_{jm}) - \min(\bar{K}_{j1}, \bar{K}_{j2}, \cdots, \bar{K}_{jm}) \end{cases} \quad (4.1.1.1)$$

由 K_{jm} 的大小可以判断 j 因素的优水平和各因素的优水平组合，即最优组合。由 R_j 的大小可以判断第 j 列因素出现水平变动时，试验指标的变动幅度。R_j 越大，说明该因素对试验指标的影响越大，因此也就越重要。于是依据极差 R_j 的大小，就可以判断因素的主次。以

j 因素的各个水平为横轴，$\overline{K}_{jm}$ 为纵轴，画出各因素的估算边界值图后可以直观地看出各个因素对试验结果的影响情况。按照上述方法，对试验结果进行分析，结果见表 4.3。

表 4.3　极差分析表

参数	A	B	C	D	E
$\overline{K}_1$	−2.388	−2.567	−3.027	−2.020	−2.481
$\overline{K}_2$	−3.225	−2.194	−2.898	−2.766	−2.931
$\overline{K}_3$	−3.220	−3.339	−3.008	−3.591	−3.030
$\overline{K}_4$	−3.356	−2.503	−3.095	−3.133	−3.386
$\overline{K}_5$	−2.865	−4.451	−3.027	−3.546	−3.227
R	0.968	2.257	0.197	1.571	0.905

由表 4.3 可以看出，$R_B>R_D>R_A>R_E>R_C$，各因素对混凝土强度变化量影响大小排序为 C_3A 含量＞硫酸根浓度＞抗渗等级＞时间＞水压。本试验条件下造成强度变化量最大的因素水平组合为 $A_4B_5C_4D_3$。

根据估算边界值图可以得出各因素与混凝土被腐蚀后的强度变化量之间的大致关系（图 4.5）。随着混凝土的抗渗等级的增大，混凝土被腐蚀后强度变化量先变大、后变小，造成这种情况的原因可能是在比较低的抗渗等级下，试件内并不密实，当硫酸根离子与混凝土成分发生反应时，生成物体积的增大并不会导致试件发生损坏，而当抗渗等级较大时，试件内部很密实，腐蚀反应后生成物的体积增大会导致试件内部发生破坏；C_3A 含量是对混凝土腐蚀性影响最大的因素，随着硫酸根离子浓度的增大，混凝土强度变化量迅速变大，但是并不是均匀变化的；水压对试件的影响比较小，随着水压的增加，混凝土强度变化量并没有大的变化，可能是因为试件的尺寸较小，在较小的水压下腐蚀性溶液能轻易地进入试件内部；随着硫酸根离子浓度的增大，混凝土被腐蚀后强度变化量增大，到最后趋于平稳，这可能是因为采用的是 $CaSO_4 \cdot 2H_2O$，其是微溶的，虽然从溶解度上计算硫酸根离子浓度可以达到 2500mg/L，但在达到 2000mg/L 以上时，浓度增加就不再明显了。随着时间的增加，试验结果表明试件的强度变化量逐渐增加。

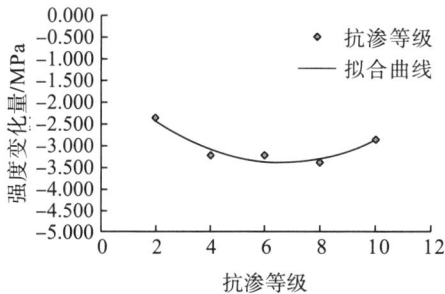

(a) 抗渗等级

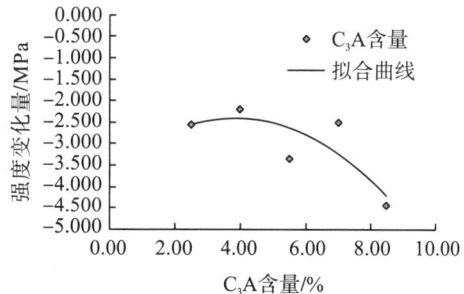

(b) C_3A 含量

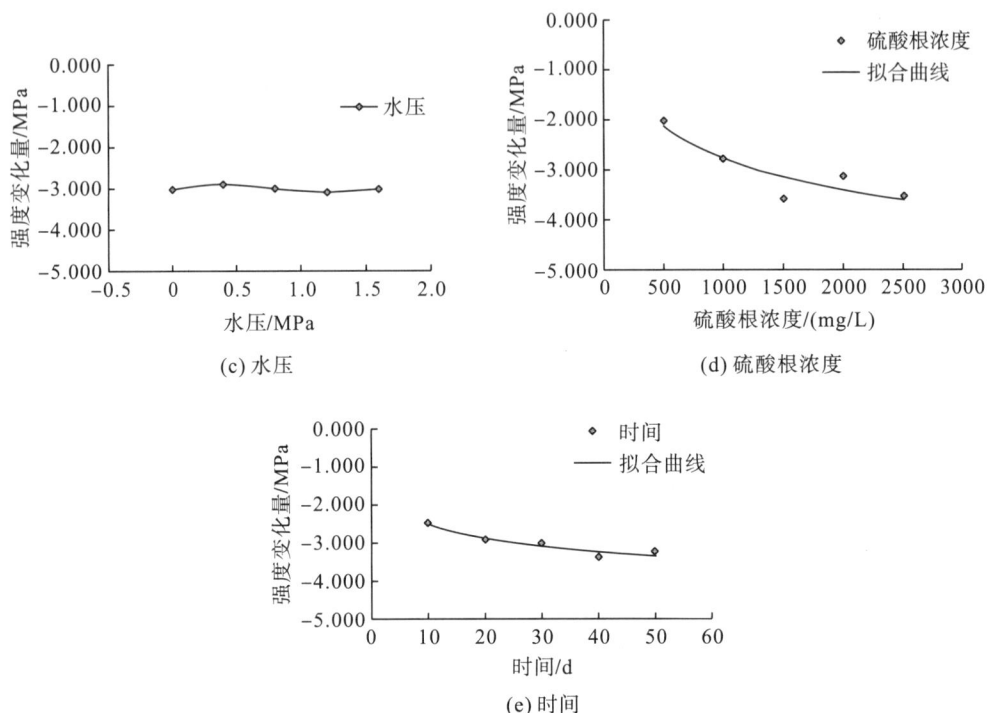

(c) 水压

(d) 硫酸根浓度

(e) 时间

图 4.5 强度变化量与各因素水平的关系图

5. 方差分析

混凝土腐蚀效果试验方案采用的是正交试验方案，可以使用 SPSS 做方差分析。SPSS 的全称是 statistical program for social sciences，即社会科学统计程序。SPSS 统计分析过程包括描述性统计、均值比较、一般线性模型、相关分析、回归分析、对数线性模型、聚类分析等几大类，本次试验采用的是 SPSS 的单变量方差分析，即一般线性模型中的单变量分析。试验分析结果如下。

分析过程中若某因素对应的 Sig.小于显著性水平 0.05，则认为其对结果的影响是极其显著的，显著性水平小于 0.1 的认为其对结果的影响是显著的。从方差分析结果表可以看出，溶液浓度、C_3A 含量对混凝土腐蚀后强度变化量的影响是极其显著的；水压对混凝土腐蚀后强度变化量的影响是显著的；抗渗等级、时间对混凝土腐蚀后强度变化量的影响不显著。但是，并不能说时间对混凝土腐蚀后强度变化量没有影响，许多工程均表明若时间足够长，则其对混凝土腐蚀后强度变化量的影响一定是巨大的。从分析结果(表 4.4)还可以看出，本次方差分析的 R^2 较小，说明模型拟合度较低，这是试验过程中考虑的因素过多，误差较大所致。

表 4.4 混凝土腐蚀试验结果方差分析表

源	III型平方和	df	均方	F	Sig.
校正模型	71.384a	24	2.974	2.188	0.029
截距	514.034	1	514.034	378.151	0.000

续表

源	III型平方和	df	均方	F	Sig.
抗渗等级	2.339	4	0.585	0.430	0.785
C_3A 含量	19.451	4	4.863	3.577	0.019
水压	13.856	4	3.464	2.548	0.064
溶液浓度	29.464	4	7.366	5.149	0.030
时间	4.315	4	1.079	0.794	0.540
误差	33.983	25	1.359		
总计	617.442	46			
校正的总计	105.368	45			

$R^2 = 0.677$（调整后的 $R^2 = 0.368$）

4.1.2　钢筋腐蚀效果试验

石膏质岩地层对钢筋有微腐蚀作用。影响石膏质岩对钢结构的腐蚀性的主要因素有腐蚀溶液的性质、干湿循环状态、钢结构的防护措施。除此之外，还有其他因素会对钢结构的腐蚀性造成影响，如试件表面情况、溶液 pH 等。针对石膏质岩地层对钢筋腐蚀效果影响的主要因素，选取前 3 个因素，设计钢筋腐蚀效果试验，研究各因素对钢筋腐蚀性影响的强弱。

1. 试验条件及方法

1）试验方法

根据影响钢筋腐蚀性的主要因素，进行两组试验，第一组研究不同浓度对钢筋腐蚀性的影响，第二组研究不同干湿循环对钢筋腐蚀性的影响。两组试验具体情况如下。

（1）研究不同的侵蚀溶液浓度对腐蚀性的影响。分别将试件放入浓度为 500mg/L、1000mg/L、1500mg/L 的硫酸钙溶液中，观察其腐蚀情况。

（2）研究不同干湿循环状态对腐蚀性的影响。将试件放入浓度为 500mg/L 的溶液中，其中一个每浸泡一天取出暴露在空气中一天，另一个每浸泡两天取出暴露在空气中两天，还有一个一直在侵蚀溶液中浸泡。

试验时间定为 4 周（即 28 天），拍照对比试验前后表面变化，测量试件的质量变化，以此来反映其所受的腐蚀程度。

2）试件准备

采用长度为 10cm、直径为 12mm 的钢筋进行试验。试验前，将试件浸泡在盐酸中 20min 进行除锈，然后用纱布手工打磨去除盐酸浸泡以后还未清除的锈迹直至试件表面光滑，看不出锈迹。试验试件如图 4.6 所示，试验中图片如图 4.7 所示。

图 4.6　钢筋试件（见彩版）

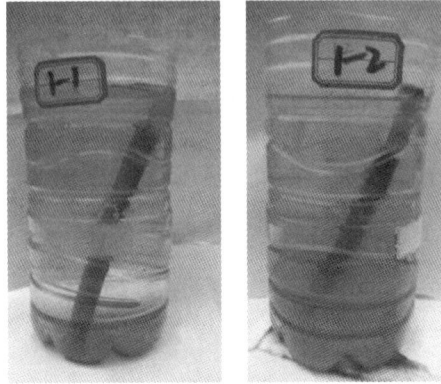

图 4.7　钢筋腐蚀性试验图（见彩版）

2. 钢筋腐蚀前后表面分析

试验前后对钢筋进行拍照，对比试件腐蚀前后表面情况的变化，如图 4.8 所示。可以看出，各个试件都已经锈蚀到看不出金属光泽，表面蒙上了一层黄褐色的锈迹，28 天就腐蚀到这个程度说明硫酸根离子对钢筋的腐蚀性比较强。

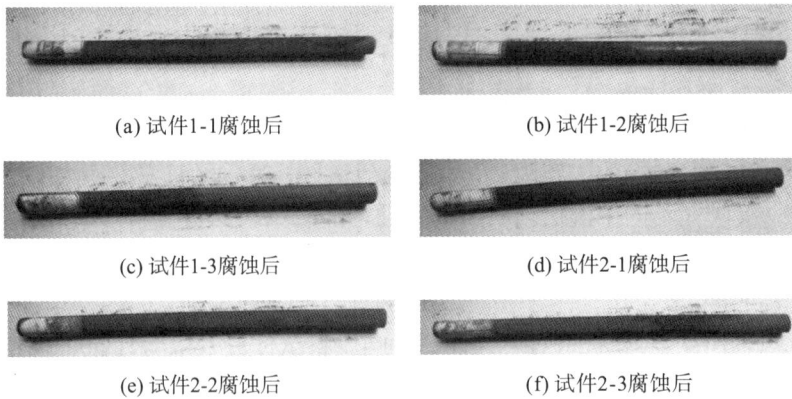

(a) 试件1-1腐蚀后

(b) 试件1-2腐蚀后

(c) 试件1-3腐蚀后

(d) 试件2-1腐蚀后

(e) 试件2-2腐蚀后

(f) 试件2-3腐蚀后

图 4.8　试验后试件（见彩版）

3. 钢筋质量变化分析

根据试验方案，钢结构腐蚀效果试验共进行 6 组（表 4.5）。

表 4.5　钢筋腐蚀性试验结果表

条件	试件编号	试验条件	试验前质量/g	试验后质量/g	质量增加量/g	质量增加百分比/%
不同浓度	1-1	浓度：0	122.742	122.784	0.042	0.034
	1-2	浓度：500mg/L	109.87	109.984	0.114	0.104
	1-3	浓度：1000mg/L	116.702	116.82	0.118	0.101
浓度 500mg/L 条件下，不同干湿状态	2-1	一直在水中	137.644	137.722	0.078	0.057
	2-2	浸一天放一天	117.378	117.706	0.328	0.279
	2-3	浸两天放两天	138.098	138.524	0.426	0.309

由试验数据可以得到以下结论。

(1)从第一组试验可以看出,试件 1-1 的质量增加百分比最小,仅为 0.034%,试件 1-2、试件 1-3 的质量增加百分比很大,分别达到 0.104%和 0.101%,所以腐蚀性溶液的浓度越大,对钢筋的腐蚀性越强,而试验中腐蚀性溶液的浓度在 0～500mg/L 时试件的质量增加百分比随浓度的增大而增加较多,而 500～1000mg/L 时基本没有变化,因此认为当浓度达到一定的程度后对腐蚀性的影响就不再增强了。

(2)从第二组试验可以看出,试件 2-1 的质量增加百分比最小,为 0.057%,试件 2-2、试件 2-3 的质量增加百分比很大,分别达到 0.279%和 0.309%,可以看出干湿循环条件下硫酸根离子对钢筋的腐蚀性更强,干湿循环的频率不同其腐蚀程度也不尽相同(吴建勋,2018)。

4.2　石膏质岩时变特性试验

4.2.1　持续供水条件下吸水-膨胀演化试验

1. 试件制备

试验用岩块来自福源石膏矿的硬石膏岩。参考岩石力学膨胀试验方法,岩块被加工成直径为 61mm、高度为 20mm 的圆饼形试件。为了避免提前激活膨胀特性,试件加工过程中,采用风钻的方法钻取,风洗的方法切割。

2. 试验装置及方法

(1)轴向膨胀应变测量。采用南京智龙科技开发有限公司的 TWJ 数据采集处理系统。该系统由计算机、传感器、伺服电路、局域网组成,可与固结仪的千分表连接,实现自动采样的功能,最小能测得 0.001mm 的变形,并能对数据进行处理,如图 4.9 所示。

图 4.9　试验装置

(2)侧向膨胀应力测量。采用 FSR400 薄膜型电阻式压力传感器测量侧向膨胀应力,如图 4.10(a)所示。该传感器的电阻值随薄膜区压力的增大而减小,电阻-压力对应关系如图 4.10(b)所示。通过读取电阻值,可间接获得所测压力。传感器最大能测得 5MPa 的压力。

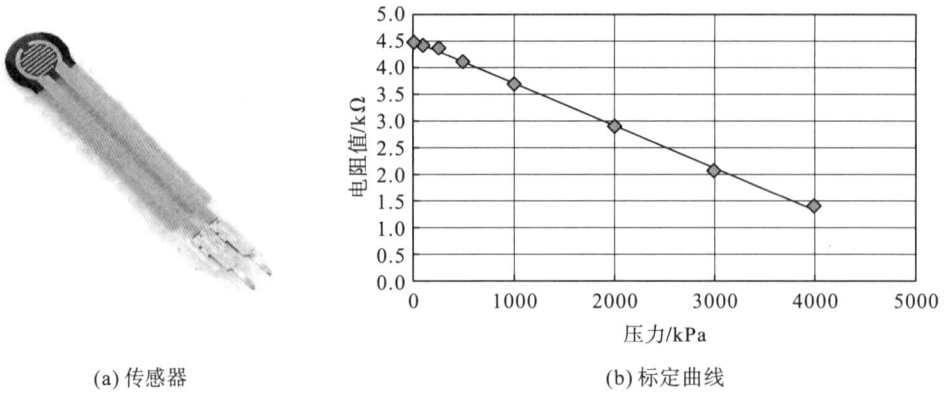

(a) 传感器

(b) 标定曲线

图 4.10　FSR400 薄膜型电阻式压力传感器

　　加工后的试件置于 40℃烘干箱中，烘至质量不再变化，记录质量，记为 M_{r1}；把试件置于直径为(61+0.5)mm 的刚性环刀中，并在环刀内壁安装 FSR400 压力传感器；把组装好的试件放入固结仪水盒中，安装轴向千分表；缓慢向水盒里注水，直至水面高出试件 5mm。通过 TWJ 数据采集系统记录时间与千分表的位移值，同时使用万用表读取 FSR400 传感器的电阻值。本试验的目的是观察硬石膏岩在持续供水条件下的长期膨胀特性，为了消除供水量对膨胀性的影响，在试验过程中通过滴管向水盒内注水，以达到维持液面高度不变的目的。

　　按照表 4.6 的时间方案进行试验。当达到预设的时间时，取出试件，记录质量，记为 M_{r2}。再把试件置于 40℃烘干箱中，烘干至质量不再变化，记录试件质量，记为 M_{r3}。

表 4.6　试件的膨胀时间

编号	O-1	O-2	O-3	O-4	O-5	O-6	O-7	O-8	O-9
试验时间/d	7	14	21	35	49	63	77	98	119

3. 数据处理

　　通过位移值变化可得轴向膨胀应变，通过电阻值变化可得侧向膨胀应力。通过 M_{r1}、M_{r2}、M_{r3} 值，可计算出吸水率、结晶水率、自由水率以及水化率，分别为

$$A = \frac{M_{r2} - M_{r1}}{M_{r1}} \times 100\% \tag{4.2.1.1}$$

$$A_c = \frac{M_{r3} - M_{r1}}{M_{r1}} \times 100\% \tag{4.2.1.2}$$

$$A_f = A - A_c \tag{4.2.1.3}$$

$$h_y = \frac{163(M_{r3} - M_{r1})}{36M_{r1}} \times 100\% \tag{4.2.1.4}$$

式中，A 是吸水率，其值为自由水率与结晶水率之和；A_c 是结晶水率；A_f 是自由水率；h_y 是水化率，即参与水化反应的硫酸钙的质量与硬石膏岩的干质量的比值。

需要说明的是，岩石吸水膨胀过程中质量增加，$M_{r2}-M_{r1}$ 是增加的水的质量，包括赋存于岩石表面、内部孔隙中的自由水的质量，以及硫酸钙水化反应增加的结晶水的质量。在 40℃ 条件下，岩石只会失去自由水，不会失去结晶水，因此，吸收的自由水的质量是 $M_{r2}-M_{r3}$。处理后的数据见表 4.7。

表 4.7　处理后的数据

编号	试验时间/d	吸水率/%	结晶水率/%	自由水率/%	水化率/%	终止时轴向膨胀应变/%	终止时侧向膨胀应力/kPa
O-1	7	3.79	2.92	0.87	13.23	0.72	470.15
O-2	14	5.67	4.97	0.70	22.51	0.92	684.82
O-3	21	8.59	7.86	0.72	35.60	1.35	997.58
O-4	35	7.13	6.54	0.59	29.60	1.17	865.88
O-5	49	9.26	8.78	0.48	39.76	1.71	1128.06
O-6	63	7.65	7.19	0.46	32.57	1.73	1287.90
O-7	77	10.45	10.05	0.40	45.52	2.09	1466.21
O-8	98	11.46	11.04	0.42	50.00	2.04	1550.00
O-9	119	11.51	11.17	0.34	50.56	2.26	1679.95

4. 膨胀规律分析

各试件的轴向膨胀应变-时间关系和侧向膨胀应力-时间关系分别如图 4.11 和图 4.12 所示。图中各试件的膨胀应变随着时间的增加而持续增大，即使是膨胀时间最长的 O-9 试件，试验进行到第 119 天时其膨胀仍未完成。观察各曲线的斜率可知，膨胀应变增量初期逐渐增大，之后逐渐减小，最后保持在一个相对稳定的值。图 4.12 中各试件的侧向膨胀应力也随时间的增加而持续增大。与膨胀应变增量的变化规律相似，膨胀应力增量也是先增大再减小最后保持在一个相对稳定的值。

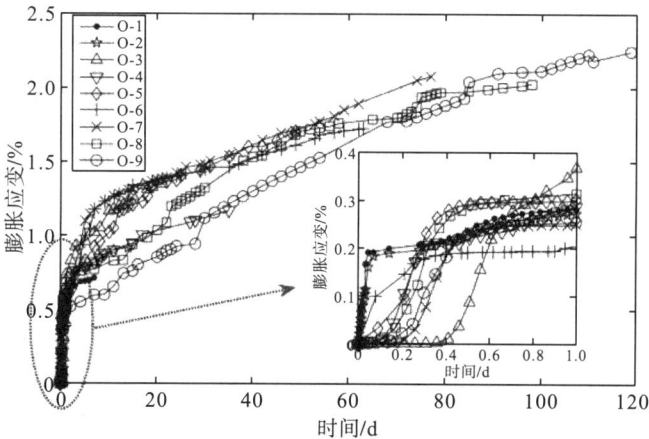

图 4.11　轴向膨胀应变-时间关系

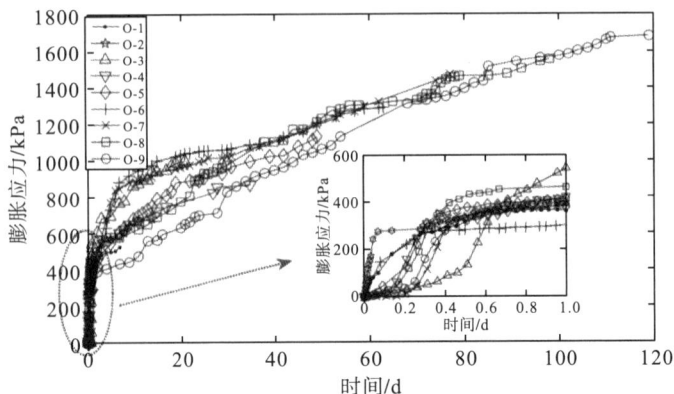

图 4.12　侧向膨胀应力-时间关系

　　硬石膏的膨胀过程是一个复杂的物理-化学反应过程。在水向岩石浸入的过程中，硬石膏的膨胀既受物理膨胀效应的影响，又受化学膨胀效应的影响。一方面，水分子渗入晶层之间，形成水化膜夹层，造成体积增大；另一方面，当岩石基质周围的钙离子浓度达到水化条件时，生成 $CaSO_4 \cdot 2H_2O$，导致岩石膨胀。当岩石基质完全与水接触后，造成膨胀的原因只有化学效应。由于 $CaSO_4$ 水化速率较稳定，所以硬石膏岩轴向膨胀应变和侧向膨胀应力都会以一个相对稳定的速率持续增大。试验过程中为保持液面高度不变，向固结仪水盒中注水，水会不断渗入硬石膏岩基质周围，使得 $CaSO_4$ 能持续溶解，水化反应持续进行，膨胀持续增大。

　　图 4.13 是各试件的侧向膨胀应力与轴向膨胀应变之间的关系。由图可知，侧向膨胀应力随轴向膨胀应变的增大而增大，且二者线性相关性显著，可用一过原点的直线分别对图中数据进行拟合。拟合结果见各图中公式，式中 σ_{ls} 是侧向膨胀应力，ε_{as} 是轴向膨胀应变。σ_{ls} 与 ε_{as} 的比值在 61976～73731。图 4.14 是各试件在试验终止时的侧向膨胀应力和轴向膨胀应变的关系，两者也表现出明显的线性相关性。

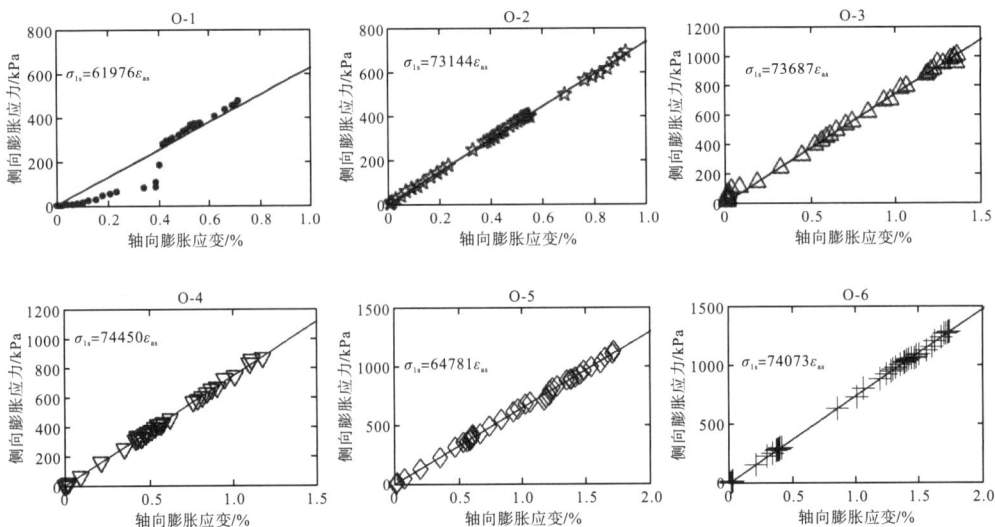

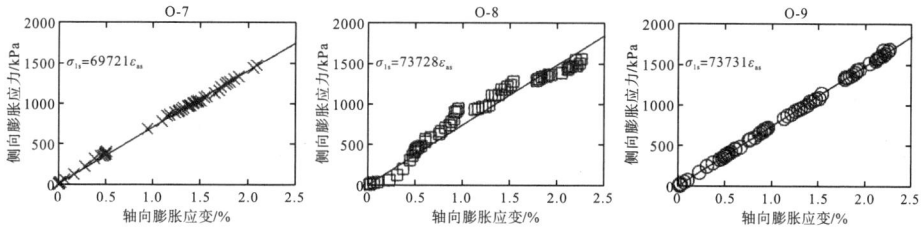

图 4.13　侧向膨胀应力与轴向膨胀应变的关系

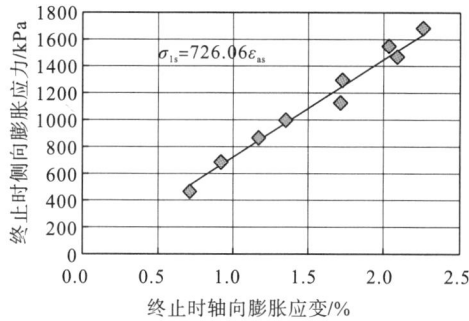

图 4.14　试验终止时的侧向膨胀应力与轴向膨胀应变的关系

5. 吸水过程分析

图 4.15 是试验终止时各试件的含水状态。由图 4.15 可知，随着时间增加，各试件终止时的吸水率和结晶水率逐渐增大，且前期增大较快，后期增大较慢。第 7 天的吸水率、结晶水率分别为 3.79% 和 2.92%，第 119 天的吸水率和结晶水率分别为 11.51% 和 11.17%，分别增大了 203.69% 和 282.53%。随着时间增加，终止时自由水率逐渐减小。第 7 天的自由水率为 0.87%，而第 119 天的自由水率为 0.34%，减小了 60.92%。图 4.16 是试验终止时结晶水率和自由水率分别占吸水率的比例。由图 4.16 可知，随着时间增加，结晶水率占吸水率的比例逐渐增大，由第 7 天的 77.07% 增大到第 119 天的 97.02%，而自由水率占吸水率的比例逐渐减小，由第 7 天的 22.93% 减小到第 119 天的 2.98%。把结晶水率的值代入式 (4.2.1.4) 可计算出硬石膏岩的水化率。硬石膏岩水化率随时间的变化如图 4.17 所示。硬石膏岩水化率与结晶水率具有相同的变化规律：随着时间增加水化率逐渐增大，且前期增大较快，后期增大较慢。硬石膏岩在第 7 天的水化率为 13.23%，在第 119 天的水化率为 50.56%。

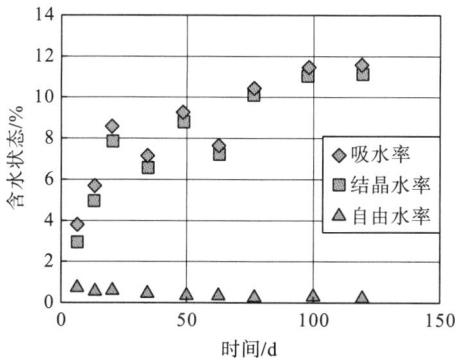

图 4.15　试验终止时各试件的含水状态

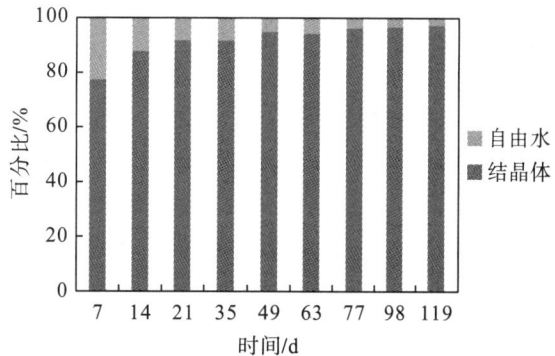

图 4.16　结晶水率和自由水率分别占吸水率的比例

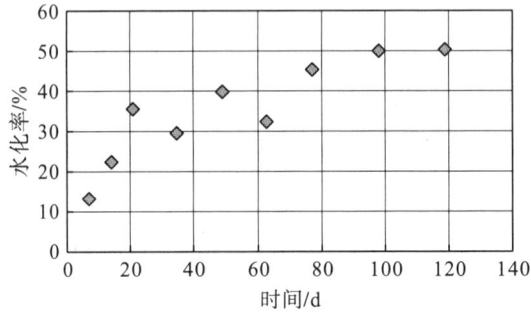

图 4.17　硬石膏岩水化率与时间的关系

无论是物理膨胀效应还是化学膨胀效应,吸水率都是硬石膏岩膨胀的根本原因,因此,分析吸水率和膨胀性之间的关系。图 4.18 是轴向膨胀应变和侧向膨胀应力与吸水率之间的关系。由图 4.18 可知,轴向膨胀应变及侧向膨胀应力都随吸水率的增大而逐渐增大,且二者与吸水率之间的线性关系显著。

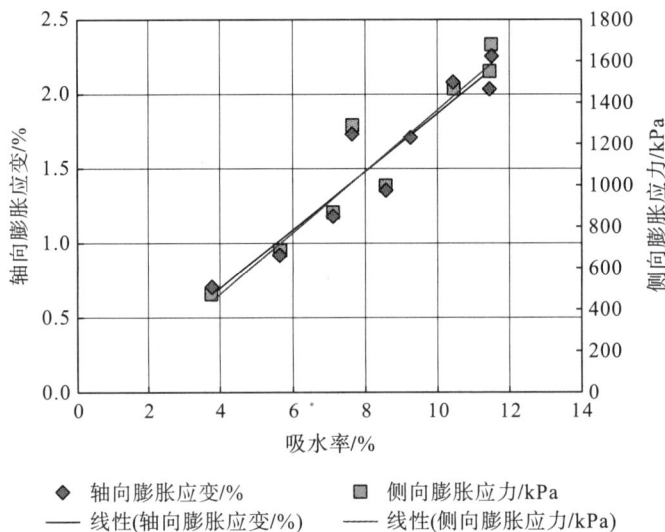

图 4.18　轴向膨胀应变和侧向膨胀应力与吸水率之间的关系

4.2.2　压力作用下吸水-膨胀演化试验

细观膨胀机理指出:①硬石膏岩的膨胀过程,并不是简单的 $CaSO_4$ 水化反应,而是一个动态过程,包括 $CaSO_4$ 晶体溶解过程、离子迁移过程,以及 $CaSO_4 \cdot 2H_2O$ 晶体析出过程;②析出的 $CaSO_4 \cdot 2H_2O$ 晶体会填补基质间的空隙,起到"密封"作用,阻碍水的持续渗入,对膨胀的进一步发生起阻碍作用。由以上两点可知,水的渗入过程直接影响硬石膏岩的膨胀过程,而影响水渗入过程的直接外因就是水压。因此,研究压力水作用下硬石膏岩宏观膨胀特性具有重要的理论意义。

在实际工程中，隧道硬石膏围岩也常承受压力水的作用，如图 4.19 所示。图中环绕临空面的围岩微元的膨胀状态可简化成：环向膨胀变形被约束，产生附加的膨胀应力；径向靠近隧道临空面处可自由膨胀，而远离临空面处承受压力水作用。因此，设计室内试验，研究压力水作用下硬石膏岩的膨胀性，不仅具有理论意义，也对实际工程具有指导意义。

鉴于以上原因，通过自行设计的考虑水压的膨胀试验仪，研究不同水压条件下硬石膏岩的轴向膨胀变形和侧向膨胀力的变化过程，并研究水压对膨胀后的含水状态的影响。

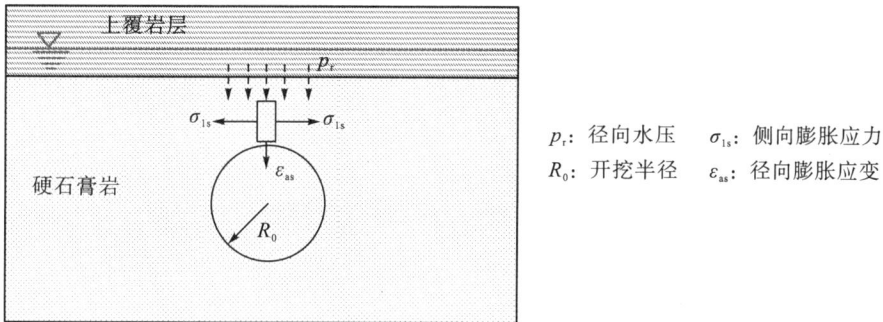

图 4.19　隧道硬石膏围岩在水压作用下膨胀

1. 考虑水压的膨胀试验仪研发

针对硬石膏岩在压力水作用下的膨胀过程，采用自行设计的试验装置，进行不同水压条件下的膨胀测试，仪器结构如图 4.20 所示。仪器上部是由气瓶、阀门和压力表组成的压力系统，可对水箱中的水加压，达到提供稳定水压的目的，加压范围是 0～5MPa。试件上端部嵌入密封圈中，保证水箱中的水只能从试件横截面通过，而不能从试件的侧壁通过。试件中部嵌入刚性卡箍中，卡箍内壁和试件外壁间贴有 FSR400 薄膜型电阻式压力传感器；该传感器的电阻值随薄膜区压力的增大而减小，通过读取电阻值，可间接获得试件侧向膨胀应力。仪器底部采用千分表测量试件下端部的轴向膨胀变形(任松等，2018b)。

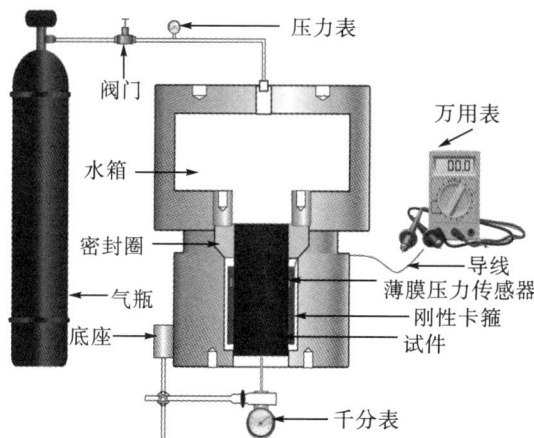

图 4.20　考虑水压的膨胀试验仪

该装置的优势：①通过气瓶释放的压力对水加压，达到提供稳定水压的目的；②装置加工成本低，加工方式简易，可加工多个，同时试验，达到缩短总试验时间的目的；③既能测得轴向膨胀变形又能测得侧向膨胀力。

2. 试验方法及方案

(1)测量加工后试件的质量，记为 M_{r0}。把加工后的试件置于 40℃烘干箱中，烘干至质量不再变化，记录此时的质量，记为 M_{r1}。

(2)根据 M_{r0} 和 M_{r1} 计算天然含水率，挑选天然含水率相近的试件进行试验。把烘干后的试件嵌入卡箍中，并在卡箍内壁安装 FSR400 压力传感器；把组装后的试件放入多功能膨胀仪中，先安装顶部的密封圈和水箱，再安装底部的轴向千分表；向水箱中加满蒸馏水，之后按照表 4.8 的试验方案施加气压；通过千分表记录试件轴向变形，同时使用万用表读取 FSR400 传感器的电阻值。试验过程如图 4.21 所示。

(3)当千分表和电阻值连续 3 天都不再变化时，则认为膨胀过程结束，取出试件，测量质量，记为 M_{r2}。再把试件置于 40℃烘干箱中，烘干至质量不再变化，记录此时的质量，记为 M_{r3}。

表 4.8   试件承受的水压

试件编号	P-1	P-2	P-3	P-4	P-5	P-6
水压/MPa	0	0.1	0.2	0.3	0.4	0.5

图 4.21   硬石膏岩在压力水作用下的膨胀性测试

3. 数据处理

通过位移值变化可得轴向膨胀应变，通过电阻值变化可得侧向膨胀应力。通过 M_{r1}、M_{r2}、M_{r3} 值，可计算出吸水率、结晶水率、自由水率以及水化率。

针对膨胀后再烘干的试件，通过单轴压缩试验，可得其单轴抗压强度和弹性模量。所有处理后的试验数据见表 4.9。整个试验过程中，试件下端面未观测到渗流水。

表 4.9　处理后的数据

水压/MPa	膨胀起始时间/d	吸水率/%	结晶水率/%	自由水率/%	水化率/%	最大轴向膨胀应变/%	最大侧向膨胀应力/kPa	弹性模量/GPa	峰值强度/MPa
0.0	1.771	0.448	0.060	0.388	0.272	0.083	174.497	0.422	6.343
0.1	1.042	0.499	0.087	0.412	0.393	0.096	206.711	1.461	8.547
0.2	0.250	0.552	0.129	0.423	0.582	0.122	236.242	2.262	9.789
0.3	0.083	0.667	0.251	0.416	1.137	0.170	284.564	2.571	20.279
0.4	0.083	0.690	0.418	0.272	1.892	0.196	322.148	2.820	23.125
0.5	0.042	0.790	0.709	0.081	3.212	0.299	335.570	3.937	28.661

4. 水压对吸水-膨胀演化过程的影响

不同水压条件下的轴向膨胀应变-时间关系和侧向膨胀应力-时间关系分别如图 4.22 和图 4.23 所示。由图可知，轴向膨胀应变与侧向膨胀应力都随时间增加先逐渐增大，再缓慢增大，最后保持稳定。水压越大，前期轴向膨胀应变的增量和侧向膨胀应力的增量越大：0MPa 水压条件下，试件在第 5 天时膨胀应变仍然为 0，膨胀应力仅有 8.1kPa，而 0.5MPa 水压条件下，第 5 天的膨胀应变为 0.08%，膨胀应力高达 265.7kPa。水压越大，试验终止时的轴向膨胀应变和侧向膨胀应力也越大：试验终止时，0MPa 和 0.5MPa 水压条件下的最大轴向膨胀应变分别是 0.083% 和 0.299%，最大侧向膨胀应力分别是 174.5kPa 和 335.6kPa。试验前期以及终止时的轴向膨胀应变和侧向膨胀应力都随水压的增大而增大，可见水压能增强硬石膏岩的膨胀性。

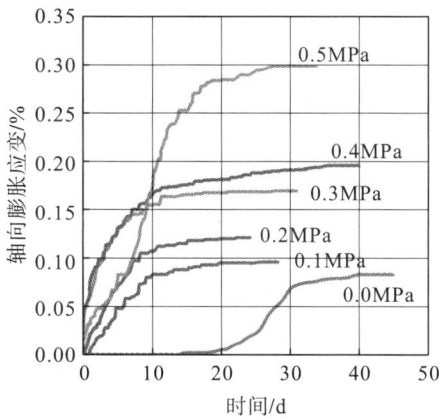

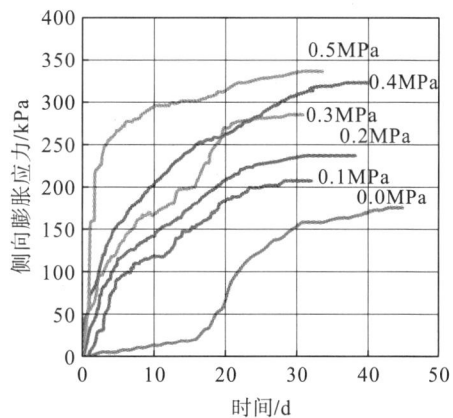

图 4.22　不同水压条件下轴向膨胀应变-时间关系　图 4.23　不同水压条件下侧向膨胀应力-时间关系

图 4.24(a) 是膨胀起始时间与水压的关系。由图可知，水压越大膨胀起始时间越短。说明水压对激活膨胀具有积极的作用。这是因为水压越大，水越容易渗入岩石的内部，渗入的水与 $CaSO_4$ 晶体发生物理、化学作用，导致硬石膏岩膨胀。膨胀起始时间与水压的拟合关系式见图 4.24(a) 中的公式。式中，t_q 是膨胀起始时间，p 是水压，R^2 是相关系数。

图 4.24(b) 是最大轴向膨胀应变与水压的关系，图 4.24(c) 是最大侧向膨胀应力与水压的关系。由图可知，最大轴向膨胀应变和最大侧向膨胀应力随水压的增大而增大，两者与水压的关系可以很好地被线性拟合。

(a) 膨胀起始时间与水压的关系

(b) 最大轴向膨胀应变与水压的关系

(c) 最大侧向膨胀应力与水压的关系

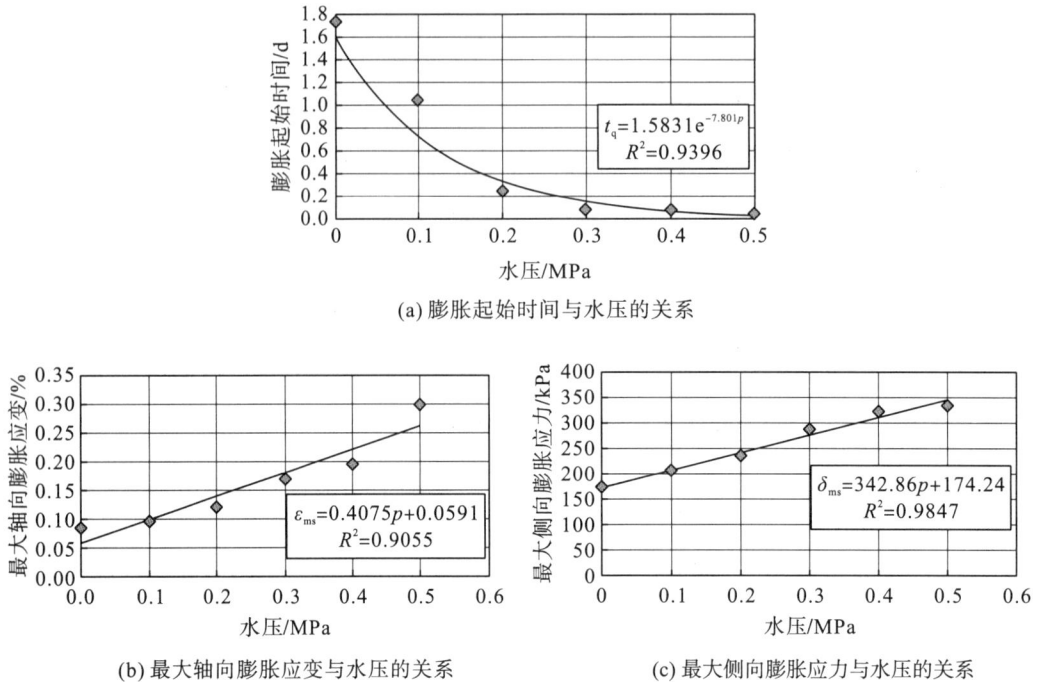

图 4.24   水压对膨胀性的影响

　　膨胀后硬石膏岩的含水状态如图 4.25 所示。试验终止时的吸水率、结晶水率随水压的增大而增大，而自由水率随水压的增大而减小：0MPa 水压条件下自由水率接近吸水率，而 0.5MPa 条件下结晶水率接近吸水率。吸水率随水压的增大而增大，这是因为水压越大，水越易渗入岩石基质的孔隙中。渗入孔隙中的水，先以自由水的状态存在，只有当基质周围的自由水达到一定比例时，才有 $CaSO_4 \cdot 2H_2O$ 生成。低水压条件下，渗入的水相对较少，大部分基质周围的自由水率不能达到水化条件，因此，自由水率占总吸水率的比例比结晶水率占的比例高。随着水压增大，更多的水渗入孔隙中，达到水化条件的基质逐渐增多，结晶水率逐渐增大，自由水率逐渐减小。又因为生成的 $CaSO_4 \cdot 2H_2O$ 会减小基质之间的孔隙，阻碍水的进一步渗入，所以必然会有部分基质周围残留有自由水，且残留量不足以满足水化条件。

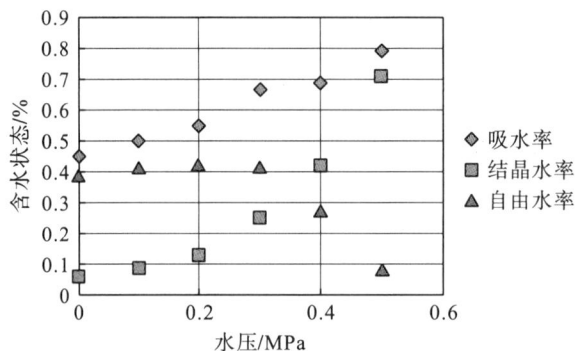

图 4.25   不同水压条件下硬石膏岩膨胀后的含水状态

　　图 4.26、图 4.27 分别为吸水率与最大轴向膨胀应变和最大侧向膨胀应力的关系图,分别利用一过坐标轴原点的直线,对两图中的数据进行拟合,拟合结果见相应图中的公式及直线,其中 R^2 是拟合相关系数。对比两图中 R^2 的大小可知,吸水率与最大轴向膨胀应变之间的相关性不显著,而与最大侧向膨胀应力之间的线性相关性显著。这是因为本试验相比常规的膨胀试验,在轴向膨胀应变的测量方法上有所不同。常规膨胀试验中,试件的一个端面被完全约束,另一个端面所测的膨胀应变就是总的轴向膨胀应变。而本试验为了研究水压的影响,原被约束的端面(即试件的上端面)现承载一定的水压,在水压较小的情况下,该端面仍能产生一定的向上的膨胀变形,而这部分变形不能被下端面的千分表测得,这就造成所测得的轴向膨胀变形比实际值偏小。

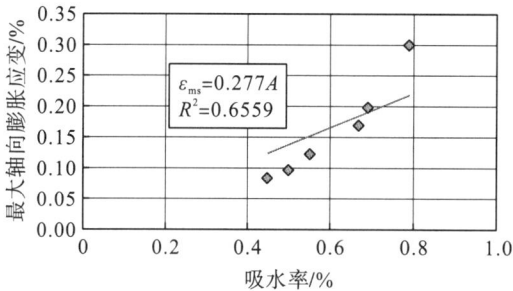

图 4.26　吸水率与最大轴向膨胀应变的关系

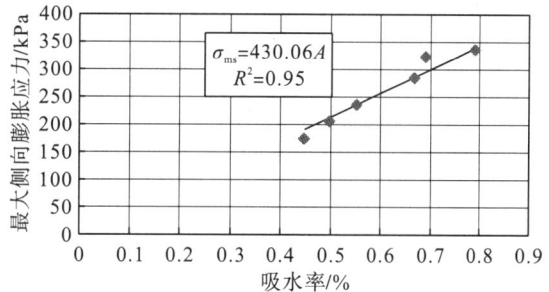

图 4.27　吸水率与最大侧向膨胀应力的关系

4.2.3　吸水-膨胀演化本构模型

1. 吸水演化方程

　　O 系列和 T 系列各试件在试验终止时的吸水率、结晶水率和自由水率如图 4.28 所示。在忽略试件个体差异的条件下,图 4.28 可被认为是初始湿度不变的条件下硬石膏岩的吸水演化规律,其中 O 系列浸水条件为初始湿度无穷大,T 系列为 6.62% 的初始湿度。

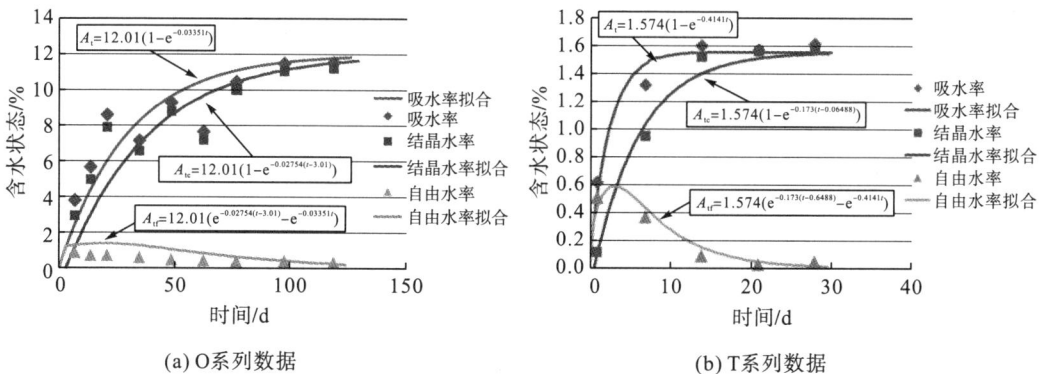

(a) O 系列数据

(b) T 系列数据

图 4.28　吸水演化方程拟合

　　图 4.28 中各曲线的值不同,但变化趋势相似。两图中,吸水率初期快速增大,后期缓慢增大,整个曲线表现出指数型特征。岩石遇水初期,水快速渗入较大的孔隙,所以初期吸水率增长快;当较大的孔隙被水填满后,水进一步渗入微孔隙中,而这一过程较缓慢,

所以岩石吸收、容纳水的能力下降，吸水率增长缓慢；伴随着硬石膏结晶密封作用，吸水率最终会趋于固定值。因此，可用一过原点且有最大值的指数函数描述吸水率随时间的变化规律(任松等，2017)，具体如下：

$$A_t = A_{max}(1 - e^{-at}) \tag{4.2.3.1}$$

式中，A_t 是 t 时刻的吸水率；A_{max} 是膨胀终止时刻的吸水率；a 是吸水系数，用于描述吸水快慢。

初期渗入的水都是自由水，吸水率等于自由水率；随着岩石中 $CaSO_4$ 和水接触，一段时间后自由水开始生成结晶水。结晶水率逐渐上升，自由水率逐渐下降；后期渗入的自由水全部转化成结晶水，吸水率等于结晶水率，自由水率等于 0，因此可用一个与时间轴正轴相交的指数函数描述结晶水率随时间变化的规律，具体如下：

$$A_{tc} = A_{max}(1 - e^{-b(t-t_h)}) \qquad (t > t_h) \tag{4.2.3.2}$$

式中，A_{tc} 是 t 时刻的结晶水率；b 是结晶系数，用于描述结晶快慢；t_h 是起始膨胀时刻。由式(4.2.3.1)减式(4.2.3.2)可得自由水率随时间变化的规律：

$$A_{tf} = A_{max}(e^{-b(t-t_h)} - e^{-at}) \qquad (t > t_h) \tag{4.2.3.3}$$

式中，A_{tf} 是 t 时刻的自由水率。

用式(4.2.3.2)和式(4.2.3.3)分别对图中的数据进行拟合，得拟合结果。

对于 H 系列各试件，在所研究的水压范围内，其在试验终止时的吸水率(也是最大吸水率)随初始湿度的增加而增大，前期增大明显，后期增大缓慢。

对于 P 系列各试件，在所研究的水压范围内，其最大吸水率与水压呈线性关系，如图 4.29 所示。由图可知，水压增大，最大吸水率增大，即式(4.2.3.1)中 A_{max} 增大，这是因为水压有利于水向岩石内部渗入。另外，随着水压的增大，岩石达到相同膨胀变形或膨胀力的时间缩短，说明水压能提高膨胀速率，也说明水压对岩石的吸水速率有影响：水压越大，吸水越快，即式(4.2.3.1)中参数 a 越大。为了建模的方便，可假定水压和参数 a 之间也存在线性关系。综上分析，建立水压作用下的吸水率演化方程如下：

$$A_t = (\Delta A p + A_{p0})(1 - e^{-(a_{p0} + \Delta ap)t}) \tag{4.2.3.4}$$

式中，ΔA 是反映吸水能力的参数；A_{p0} 是 0MPa 水压条件下岩石的最大吸水率；a_{p0} 是 0MPa 水压下的吸水系数；Δa 是反映吸水系数随水压变化的参数。

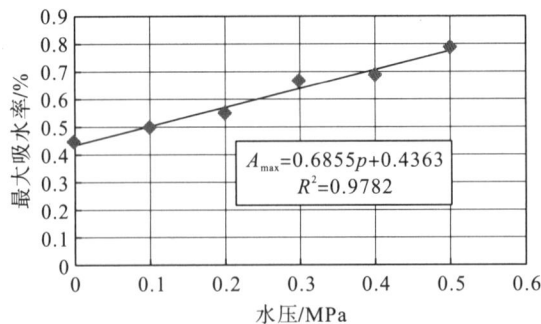

图中公式：
$$A_{max} = 0.6855p + 0.4363$$
$$R^2 = 0.9782$$

图 4.29　最大吸水率与水压的关系

2. 膨胀模量

湿度应力场理论为分析岩体遇水作用产生的应力-应变场奠定了数学、力学基础，其基本思想是膨胀岩吸水后体积膨胀类似于材料的温度效应，其主要假设是膨胀应力-应变关系服从胡克(Hooke)定律。基于湿度应力场理论，在此分析侧限轴向自由膨胀过程中应力-应变关系。

广义 Hooke 定律如下：

$$\begin{cases} \varepsilon_{11} = \dfrac{1}{E}[\sigma_{11} - \nu(\sigma_{22} + \sigma_{33})] \\[2mm] \varepsilon_{22} = \dfrac{1}{E}[\sigma_{22} - \nu(\sigma_{11} + \sigma_{33})] \\[2mm] \varepsilon_{33} = \dfrac{1}{E}[\sigma_{33} - \nu(\sigma_{11} + \sigma_{22})] \end{cases} \tag{4.2.3.5}$$

式中，σ_{ij} 是应力分量；ε_{ij} 是应变分量，$i, j = 1,2,3$；E 是弹性模量；ν 是泊松比。

假设岩石各向同性膨胀，定义 ε_s 为无约束条件下的自由膨胀应变。如图 4.30 所示，试验中的膨胀过程可以看作是从状态一经过状态二到达状态三。在侧限条件下 $\varepsilon_s = \varepsilon_{22} = \varepsilon_{33}$，$\sigma_{ls} = \sigma_{22} = \sigma_{33}$；轴向上自由膨胀，因此 $\sigma_{11} = 0$；轴向膨胀应变为自由膨胀应变与侧向压力作用下的应变之和，因此 $|\varepsilon_{11}| + \varepsilon_s = \varepsilon_{as}$。把上述各等式代入式(4.2.3.5)，化简可得

$$\sigma_{ls} = \frac{E\varepsilon_{as}}{1 + \nu} \tag{4.2.3.6}$$

$$\varepsilon_s = \frac{1 - \nu}{1 + \nu}\varepsilon_{as} \tag{4.2.3.7}$$

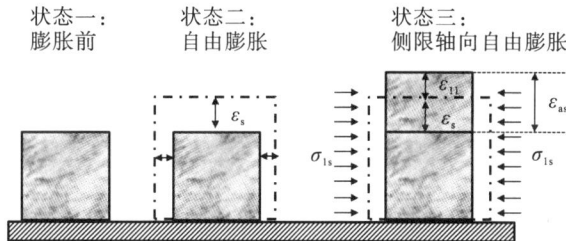

图 4.30　膨胀过程示意图

式(4.2.3.6)是侧限轴向自由膨胀过程中的侧向膨胀应力和轴向膨胀应变之间的关系式。当膨胀阶段的泊松比与单轴压缩试验中的取值相同时，代入膨胀试验中的 σ_{ls} 和 ε_{as}，可计算出相应的弹性模量。该弹性模量实际上是膨胀阶段的变形模量，在此定义为膨胀模量，用符号 E_s 表示，则式(4.2.3.6)变为式(4.2.3.7)。取硬石膏岩单轴试验泊松比的平均值为 0.311、O 系列膨胀试验的最大侧向膨胀应力及最大轴向膨胀应变，代入式(4.2.3.6)和式(4.2.3.7)，得 O 系列膨胀试验的膨胀模量及自由膨胀应变，见表 4.10。可知，硬石膏岩的膨胀模量远小于其弹性模量。

$$\sigma_{ls} = \frac{E_s \varepsilon_{as}}{1+\nu} \tag{4.2.3.8}$$

表 4.10　O 系列膨胀模量及自由膨胀应变

参数	试件编号								
	O-1	O-2	O-3	O-4	O-5	O-6	O-7	O-8	O-9
膨胀时间/d	7	14	21	35	49	63	77	98	119
吸水率/%	3.79	5.67	8.59	7.13	9.26	7.65	10.45	11.46	11.51
泊松比	0.311	0.311	0.311	0.311	0.311	0.311	0.311	0.311	0.311
膨胀模量/MPa	86.13	97.38	96.59	96.59	86.25	97.49	91.87	99.63	97.52
自由膨胀应变/%	0.38	0.49	0.71	0.62	0.90	0.91	1.10	1.07	1.19

3. 吸水-膨胀演化本构模型

湿度场理论基于"膨胀岩吸水后体积膨胀类似于材料的温度效应"，采用式(4.2.3.9)描述膨胀应变：

$$\varepsilon_s = \alpha \Delta w \tag{4.2.3.9}$$

式中，α 是线膨胀系数；Δw 是湿度变化量，即吸收的水的质量与岩石干质量的比值，这与本书所提到的吸水率的定义相同，因此可用 A_t 代替 Δw 来描述硬石膏岩浸水至 t 时刻的膨胀应变，具体如下：

$$\varepsilon_s = \alpha A_t \tag{4.2.3.10}$$

把式(4.2.3.10)代入式(4.2.3.7)，再代入式(4.2.3.8)可得

$$\sigma_{ls} = \frac{E_s \alpha A_t}{1-\nu} \tag{4.2.3.11}$$

式(4.2.3.11)描述了吸水率与膨胀应力之间的关系。当不考虑水压作用时，把吸水演化方程式(4.2.3.1)代入式(4.2.3.11)得

$$\sigma_{ls} = \frac{E_s \alpha A_{max}(1-e^{-at})}{1-\nu} \tag{4.2.3.12}$$

当考虑水压作用时，把吸水演化方程式(4.2.3.4)代入式(4.2.3.11)得

$$\sigma_{ls} = \frac{E_s \alpha (\Delta Ap + A_{p0})(1-e^{-(a_{p0}+\Delta ap)t})}{1-\nu} \tag{4.2.3.13}$$

4.3　考虑吸水-膨胀演化的隧道围岩-支护演化模型

围岩-支护作用机制是正确认识支护结构对围岩进行有效支护的基础理论。工程实践表明，围岩的膨胀性增加隧道临空面的位移和支护结构的受力，严重情况下导致隧道衬砌侵限、破坏以及底板隆起等灾害，降低隧道可靠性。研究膨胀岩的围岩-支护模型，可以借此指导穿越此类围岩的隧道设计和施工，以及隧道稳定性和可靠性分析。本节基于硬石

膏岩的室内试验研究结果，专门针对硬石膏岩，考虑其吸水-膨胀演化特性，系统地研究围岩弹-膨胀演化、弹-塑-膨演化以及弹-脆-膨演化本构特征条件下围岩的应力和位移分布的理论解，建立相应的围岩演化模型。随后结合支护结构特征方程，获得 3 种考虑吸水-膨胀演化的硬石膏岩隧道围岩-支护演化模型。

4.3.1 围岩的弹-膨胀模型

1. 模型建立

1) 问题描述

在经典的圆形轴对称隧道弹性变形问题的基础上，针对硬石膏围岩的吸水-膨胀演化特征，研究圆形轴对称隧道弹-膨胀围岩的变形及应力分布特征，具体问题描述如下：如图 4.31 所示，在连续、均质且各向同性的硬石膏围岩中开挖一个半径为 R_0 的圆形隧道，隧道围岩承受 P_0 的静水压力（即地应力），临空面承受均匀的支护压力 P_s；隧道开挖导致径向应力 σ_r 和环向应力 σ_θ 的重分布；围岩各点的最大吸水率沿着径向分布且是径向坐标 r 的函数。在此涉及 3 种不同的最大吸水率分布函数 W，分别是初始湿度随 r 逐渐增大（工况 1）、沿 r 均匀分布（工况 2）、随 r 逐渐减小（工况 3）。其中 w_{0i} 是 $r=R_0$ 处的初始湿度；硬石膏围岩吸水膨胀导致 σ_r 和 σ_θ 持续变化。

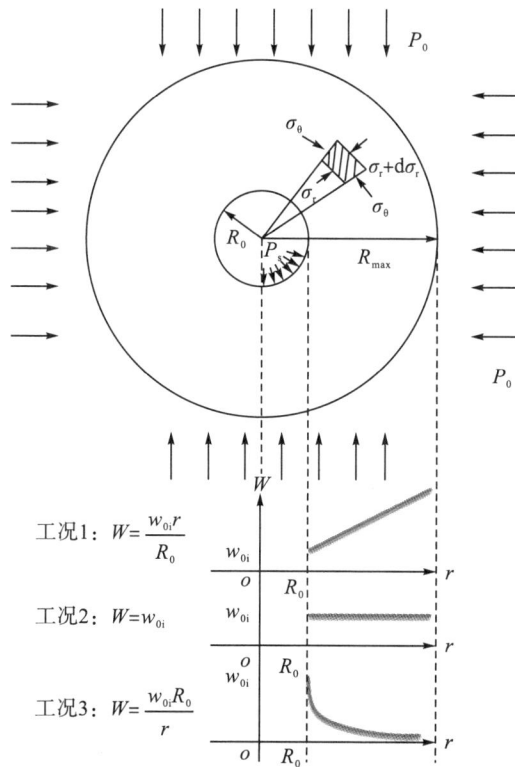

图 4.31　圆形轴对称弹-膨胀围岩隧道

2) 模型假设

为解决上述圆形轴对称弹-膨胀围岩问题，借鉴湿度应力场理论，并在其本构关系中嵌入硬石膏岩吸水率与时间的关系，建立围岩弹-膨胀模型。该模型引入湿度应力场理论的原有假设，即下面所列的(1)、(2)和(3)，为简化硬石膏岩吸水-膨胀演化特征，增加假设(4)、(5)。

(1) 湿度应力场和应力场是准耦合的。

(2) 在一定含水率范围内的硬石膏岩，力学性质不变，即各力学参数不随吸水率变化。

(3) 应力-应变关系服从 Hooke 定律。

(4) 地下水是静态分布的，不考虑地下水的渗流过程。

(5) 暂不考虑水压对吸水-膨胀的影响。初始湿度小于饱水率时，水能被硬石膏岩完全吸收。

3) 基本方程

由于平衡微分方程只与物体的受力有关，与产生力的原因无关，因此平衡方程与圆形轴对称隧道弹性围岩的相同，如式(4.3.1.1)所示。

$$\frac{\mathrm{d}\sigma_\mathrm{r}}{\mathrm{d}r} + \frac{\sigma_\mathrm{r} - \sigma_\theta}{r} = 0 \tag{4.3.1.1}$$

由于应变与位移之间的关系与引起位移的原因无关，因而其几何方程也与圆形轴对称隧道弹性围岩的几何方程相同，如式(4.3.1.2)所示。

$$\begin{cases} \varepsilon_\theta - \dfrac{u_\mathrm{r}}{r} = 0 \\ \varepsilon_\mathrm{r} - \dfrac{\mathrm{d}u_\mathrm{r}}{\mathrm{d}r} = 0 \end{cases} \tag{4.3.1.2}$$

式中，ε_θ 为环向应变；ε_r 为径向应变；u_r 是围岩径向位移。

4) 本构方程

湿度应力场模拟围岩膨胀时，认为围岩膨胀阶段的变形模量与弹性模量相同，基于应变叠加原理，建立了膨胀本构模型，其在平面应变问题中的极坐标形式如下：

$$\begin{cases} \sigma_\mathrm{r} = \dfrac{(1-\nu)^2 E}{(1-2\nu)(1-\nu^2)}\left(\varepsilon_\mathrm{r} + \dfrac{\nu}{1-\nu}\varepsilon_\theta\right) - \dfrac{E\alpha\Delta w}{1-2\nu} \\ \sigma_\theta = \dfrac{(1-\nu)^2 E}{(1-2\nu)(1-\nu^2)}\left(\varepsilon_\theta + \dfrac{\nu}{1-\nu}\varepsilon_\mathrm{r}\right) - \dfrac{E\alpha\Delta w}{1-2\nu} \end{cases} \tag{4.3.1.3}$$

式中，E 为弹性模量；ν 为泊松比；α 是线膨胀系数；Δw 是湿度变化量。硬石膏岩的膨胀阶段的变形模量远小于弹性模量。如图 4.32 所示，若采用相同的变形模量，则会导致计算出的应力偏大。因此，借鉴太沙基有效应力的思想：硬石膏的膨胀性类似于"孔隙水压力"，膨胀效果反映到数学模型上是导致有效应力的减小。岩石实际应力，即有效应力，是弹性应力与膨胀应力之差。引用膨胀模量 E_s 来描述膨胀阶段的应力-应变关系，并用符号 E_e 代替 E 表示弹性模量，则得极坐标系下的本构方程，如式(4.3.1.4)所示。其与式(4.3.1.3)在数学表达式上的差异为采用不同模量描述膨胀应力。

$$\begin{cases} \sigma_r = \dfrac{(1-\nu)^2 E_e}{(1-2\nu)(1-\nu^2)}\left(\varepsilon_r + \dfrac{\nu}{1-\nu}\varepsilon_\theta\right) - \dfrac{E_s\alpha\Delta w}{1-2\nu} \\[3mm] \sigma_\theta = \dfrac{(1-\nu)^2 E_e}{(1-2\nu)(1-\nu^2)}\left(\varepsilon_\theta + \dfrac{\nu}{1-\nu}\varepsilon_r\right) - \dfrac{E_s\alpha\Delta w}{1-2\nu} \end{cases} \tag{4.3.1.4}$$

为描述硬石膏岩的吸水-膨胀演化过程，即在模型中反映膨胀的时变特性，可在本构模型中引入吸水率与时间的关系，即用 A_t 替换式(4.3.1.4)中的 Δw；基于假设(5)，当围岩体单元中水的质量小于该单元中 $CaSO_4$ 被完全水化的耗水量时，该单元中的水能被完全吸收，则可用 W 替换式(4.2.3.12)中的 A_{max}。根据上述代换，获得弹-膨胀本构方程：

$$\begin{cases} \sigma_r = \dfrac{(1-\nu)^2 E_e}{(1-2\nu)(1-\nu^2)}\left(\varepsilon_r + \dfrac{\nu}{1-\nu}\varepsilon_\theta\right) - \dfrac{E_s\alpha W(1-\mathrm{e}^{-at})}{1-2\nu} \\[3mm] \sigma_\theta = \dfrac{(1-\nu)^2 E_e}{(1-2\nu)(1-\nu^2)}\left(\varepsilon_\theta + \dfrac{\nu}{1-\nu}\varepsilon_r\right) - \dfrac{E_s\alpha W(1-\mathrm{e}^{-at})}{1-2\nu} \end{cases} \tag{4.3.1.5}$$

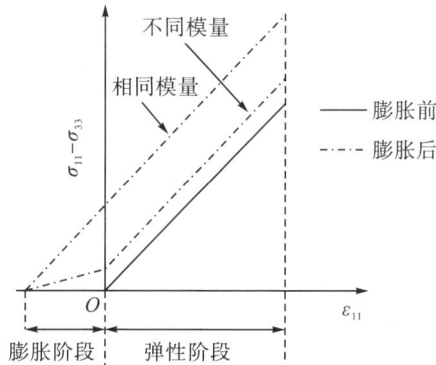

图 4.32 弹-膨胀本构模型示意图

5）边界条件

隧道开挖后，其临空面径向位移等于支护力 P_s。实际工程中，弹-膨胀围岩体的外边界与其相邻围岩体及地应力有关，在此，先针对环向应力为膨胀应力与静水压力之和这一情况进行分析，如式(4.3.1.6)所示。

$$\begin{cases} \sigma_r(r=R_0) = P_s \\ \sigma_\theta(r=R_{max}) = P_0 + E_s\varepsilon_s(r=R_{max}) \end{cases} \tag{4.3.1.6}$$

6）解析解

联立平衡微分方程[式(4.3.1.1)]、几何方程[式(4.3.1.2)]和弹-膨胀本构方程[式(4.3.1.5)]，利用弹性力学理论，可得围岩应力通解表达式：

$$\sigma_r = -\frac{E_e\alpha}{(1-\nu^2)r^2}\left[\int_{R_0}^{r}\frac{E_s}{E_e}W(1-\mathrm{e}^{-at})r\,\mathrm{d}r + C_1\right] + C_2 \tag{4.3.1.7}$$

$$\sigma_\theta = \frac{E_e\alpha}{(1-\nu^2)r^2}\left[\int_{R_0}^{r}\frac{E_s}{E_e}W(1-\mathrm{e}^{-at})r\,\mathrm{d}r + C_1 - \frac{E_s}{E_e}W(1-\mathrm{e}^{-at})r^2\right] + C_2 \tag{4.3.1.8}$$

$$C_1 = \frac{R_{\max}^2 R_0^2 (1-v^2)\left\{\sigma_\theta(r=R_{\max}) - P_s - \dfrac{E_e\alpha}{(1-v^2)R_{\max}^2}\left[\displaystyle\int_{R_0}^{R_{\max}} \dfrac{E_s}{E_e}W(1-e^{-at})r\,\mathrm{d}r - \dfrac{E_s}{E_e}W(1-e^{-at})R_{\max}^2\right]\right\}}{E_e\alpha(R_0^2 + R_{\max}^2)}$$

$$\text{(4.3.1.9)}$$

$$C_2 = \frac{E_e\alpha}{(1-v^2)R_0^2}C_1 + P_s \qquad\qquad \text{(4.3.1.10)}$$

式中，C_1、C_2 为通解参数，可通过边界条件，即式(4.3.1.6)确定。

根据式(4.3.1.7)和式(4.3.1.8)可求解出环向应变 ε_θ，把 ε_θ 代入几何方程中可得围岩的径向位移 u_r；考虑开挖后的位移是由开挖后的应力增量所造成的，而原岩应力部分并不引起新的位移，采用应力增量(即用 σ_r 和 σ_θ 减去静水压力 P_0)，获得开挖后径向位移表达式：

$$u_r = \frac{1-v^2}{E_e}\left[(\sigma_\theta - P_0) - \frac{v}{1-v}(\sigma_r - P_0)\right]r + \alpha(1+v)\frac{E_s}{E_e}W(1-e^{-at})r \qquad \text{(4.3.1.11)}$$

7) 参数取值

为了展示模型计算结果，并研究硬石膏岩吸水-膨胀演化特性对隧道围岩应力分布及变形的影响，以硬石膏岩室内试验结果及礼让隧道设计为基础选取参数，模拟围岩的膨胀演化过程。各参数选取规则如下：E_e 和 v 分别取硬石膏岩单轴试验的平均值作为模拟用的基准值；w_{0i} 取隧道 ZK14+660 断面处的硬石膏岩的天然含水率的平均值作为模拟用基准值；E_s 取 O 系列膨胀试验中膨胀模量的平均值；线膨胀系数 α 以及吸水系数 a 都取自 O 系列膨胀试验；根据礼让隧道现场条件，隧道开挖半径 R_0、硬石膏围岩最大厚度 $R_{\max}$ 和静水压力 P_0 分别取 5m、20m 和 8MPa。各参数的取值列举于表 4.11。

表 4.11   模拟用参数基准值

E_e/GPa	v	w_{0i}/%	E_s/MPa	α	a	R_0/m	$R_{\max}$/m	P_0/MPa
4.903	0.311	0.814	94.383	0.001	0.034	5	30	8

8) 无支护作用下的吸水-膨胀演化

取支护力 $P_s=0$，取时间 t 分别为 0 天、1 个月和 1 年，模拟上述 3 种工况的围岩应力分布特征及变形特征。图 4.33 是各工况下弹-膨胀围岩隧道的应力及径向位移分布。

图 4.33(a)、图 4.33(d) 为工况 1 的模拟结果。随着时间增加，隧道环向、径向应力曲线及位移曲线都向 Y 轴正方向移动，说明膨胀性使围岩的应力值和径向位移值增大。在隧道临空面处径向应力保持不变，这是因为隧道内边界条件为恒定力，径向可产生膨胀变形，不产生膨胀力。由图 4.33(d) 可看出，隧道临空面处位移明显增大，由 $t=0$ 天的 1.01cm 增大到 $t=30$ 天的 1.19cm。隧道临空面处环向应力增大显著，这是因为隧道环向应力相互约束，产生膨胀应力。

图 4.33(b)、图 4.33(e) 为工况 2 的模拟结果。随着时间增加，隧道环向应力曲线、径向应力曲线及位移曲线也都有向 Y 轴正方向移动的趋势。临空面处径向应力恒定，环向应力和径向位移随膨胀时间的增加而增大。相比于工况 1，工况 2 中由膨胀导致的应力和位移增大相对较少，这主要是因为工况 2 含水状态为均匀分布，且其 w_{0i} 值为工况 1 中的最小值，造成工况 2 条件下围岩膨胀性不明显。

　　图 4.33(c)、图 4.33(f)为工况 3 的模拟结果。在图 4.33(c)中很难观察到应力的明显变化，这同样是由于所设置的 w_{0i} 较小造成的。工况 3 中初始湿度随围岩半径的增大而减小，w_{0i} 最大值仅为 0.814%，所以围岩的膨胀应变较小，相应的膨胀应力更小(陈钒等，2017)。

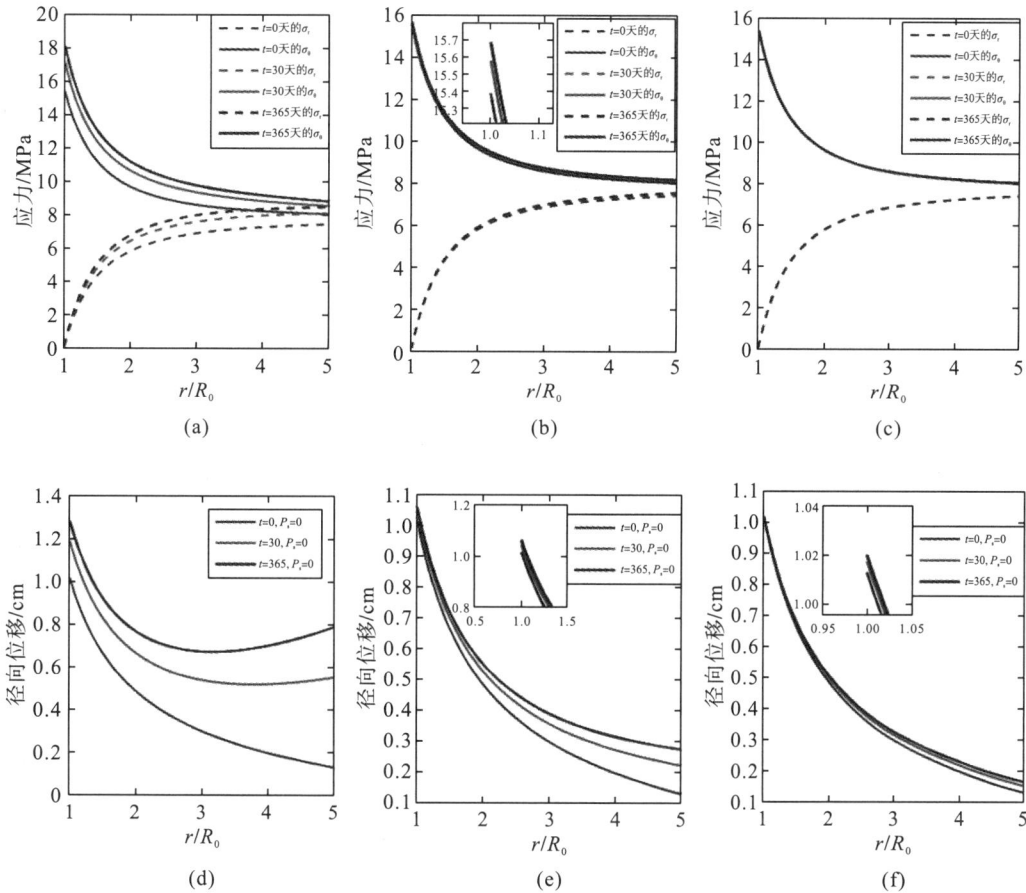

图 4.33　各工况下弹-膨胀围岩隧道的应力及位移分布(见彩版)

9)支护力的抗膨胀作用

　　上述各工况中，工况 1 的膨胀性较明显，以此为基础，分析支护力对抵抗膨胀性的作用。分别以 0MPa、1MPa 和 2MPa 的 P_s，模拟工况 1 在膨胀 30 天的应力分布和径向位移分布，图 4.34 为模拟的结果。图 4.34(a)中，支护力作用下隧道径向应力曲线上移，环向应力曲线下移；临空面处隧道径向应力等于支护压力，环向应力下降。在 P_s 等于 0MPa、1MPa 和 2MPa 时，临空面处的应力差(环向应力减径向应力)分别为 17.06MPa、15.13MPa 和 14.21MPa。由以上分析可知，支护作用能够降低环向应力，提高径向应力，缩小应力差值。图 4.34(b)中临空面处的位移在支护力作用下，也出现明显的下降。在支护力的作用下径向位移曲线的中部出现下凹的趋势，且支护力越大，下凹越明显。这是因为隧道内外边界都受压力，导致中间部分的径向位移减小。

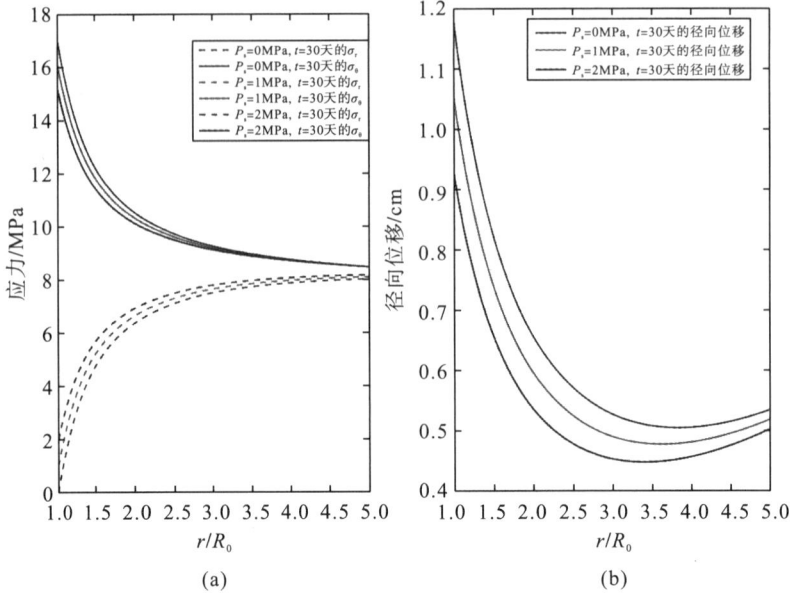

图4.34　支护力作用下工况1的应力及径向位移分布(见彩版)

2. 围岩响应曲面分析

在经典的圆形轴对称隧道理论中,围岩响应曲线(ground respond curve,GRC)反映了支护力与临空面位移之间的关系,能有效指导隧道设计和现场施工。对于硬石膏围岩,其在吸水膨胀过程中的应力和位移分布曲线都会随时间发生相应的变化,这种变化必然会导致它的GRC随时间变化,如图4.35所示。当把任意时刻下的GRC连接起来时,会构成一个曲面。定义此曲面为围岩响应曲面(ground respond surface,GRS),如图4.36所示。该曲面表示支护力、膨胀时间和临空面径向位移三者间的关系,能够反映膨胀演化过程中围岩-支护体系的动态变化,可用于指导硬石膏围岩的隧道设计和现场施工。本节针对工况1,模拟弹-膨胀模型中关键参数对GRS的影响,分析模拟结果,验证模型的自洽性。

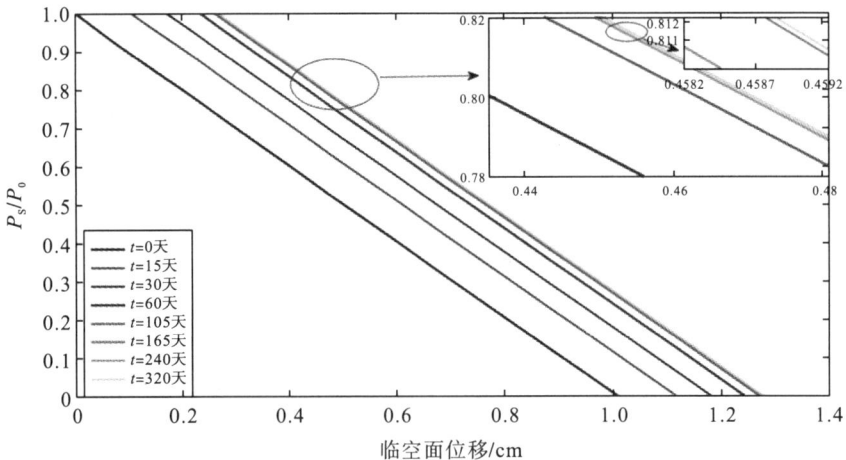

图4.35　不同时间下工况1的GRC(见彩版)

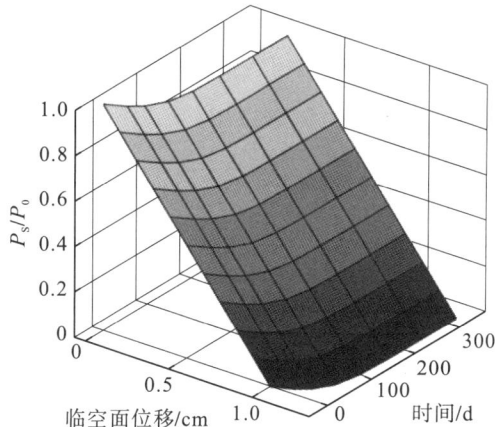

图 4.36　工况 1 的围岩响应曲面

E_e 分别取 1GPa、5GPa 和 7GPa，其他值取基准值，模拟工况 1 的 GRS，如图 4.37(a) 所示。在同一时间，相同的支护力条件下，隧道临空面径向位移随着弹性模量的增大而减小，围岩响应曲面整体向位移减小的方向偏移。图 4.37(b) 是 E_s 分别取 45MPa、95MPa 和 145MPa，其他值为基准值条件下的 GRS。由图可知，在相同时间、同一支护力作用下，隧道临空面的位移随膨胀模量的增大而增大，围岩响应曲面整体向着位移增大的方向移动，说明膨胀模量对围岩的膨胀变形具有促进作用。保持基准值不变，吸水系数 a 分别取 0.0001、0.001 和 0.01，相应的 GRS 如图 4.37(c) 所示。在相同支护力作用下，达到相同临空面径向位移所需的时间随系数 a 的增大而缩短。GRS 随 a 的增大向时间减小的方向

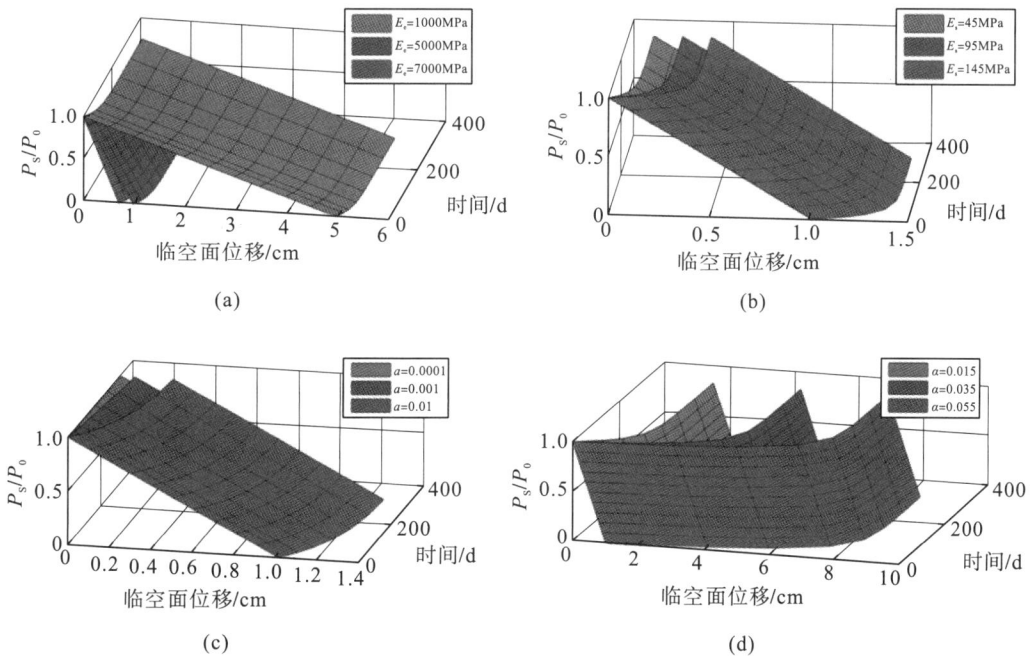

(a)

(b)

(c)

(d)

图 4.37　各参数对围岩响应曲面的影响

扩张。图 4.37(d) 是线膨胀系数对 GRS 的影响。在同一时间及支护作用条件下，隧道临空面位移随着线膨胀系数的增大而增大，围岩响应曲面整体向远离位移零点处偏移，由此可知线膨胀系数对围岩膨胀的发生具有积极的作用。

4.3.2 围岩的弹-塑-膨模型

围岩的弹-膨胀模型能够模拟出围岩应力及径向位移的分布，但是其未考虑围岩的破坏过程。实际工程中，围岩达到屈服强度后，发生破坏，应力不再显著增大，而破坏后临空面的位移显著增大，这一过程对隧道稳定性的影响是至关重要的。因此，本节通过理论分析，建立围岩的弹-塑-膨模型，研究和分析膨胀演化过程对围岩塑性破坏的影响。

4.3.2.1 模型建立

1. 问题描述

如图 4.38 所示，圆形轴对称弹-塑-膨围岩与圆形轴对称弹-膨胀围岩相同的是，在连续、均质且各向同性的硬石膏围岩中开挖一个半径为 R_0 的圆形隧道，围岩地应力为 P_0，隧道临空面承受均匀的支护压力 P_s；围岩各点的初始湿度分布函数 W，分别随 r 的增大而逐渐增大(工况 1)、沿 r 均匀分布(工况 2)、随 r 的增大而逐渐减小(工况 3)。不同的是，圆形轴对称弹-塑-膨围岩考虑了硬石膏围岩的塑性破坏，围岩模型为弹-塑-膨本构模型，如图 4.39 所示。因此，支护力小于初始屈服应力时，隧道围岩出现塑性区，且根据本构关系，塑性区内应变增大，应力不再变化。

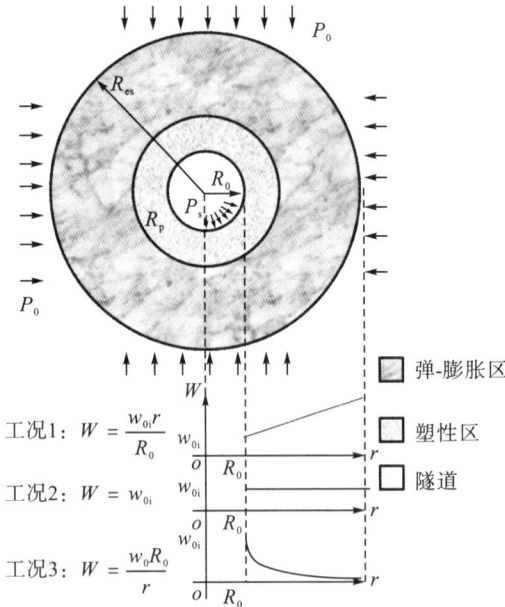

工况1：$W = \dfrac{w_{0i}r}{R_0}$

工况2：$W = w_{0i}$

工况3：$W = \dfrac{w_0 R_0}{r}$

图 4.38 圆形轴对称弹-塑-膨围岩隧道

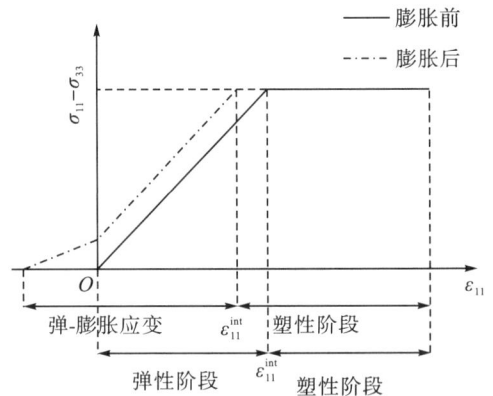

图 4.39 围岩弹-塑-膨本构模型

2. 模型假设

为了简化问题，在围岩-支护的弹-膨胀模型的基础上，增加如下假设：①塑性区的弹性应变增量和膨胀应变增量与弹-膨胀区的相同；②相比塑性应变，弹性应变与膨胀应变相对较小。

3. 弹-膨胀区分析

该模型的弹-膨胀区的平衡微分方程、几何方程以及本构方程与弹-膨胀围岩隧道的相同，分别为式(4.3.1.1)、式(4.3.1.2)和式(4.3.1.5)。该区域的外边界 $r=R_{es}$ 处，环向应力为膨胀应力与静水压力之和；该区域的内边界与塑性区的外边界相交，交界面处的径向应力与环向应力应服从屈服准则，因此，边界条件可表述如下：

$$\begin{cases} \sigma_\theta \mid_{r=R_{es}} = P_0 + E_s \varepsilon_s \\ f(\sigma_\theta \mid_{r=R_p}, \sigma_r \mid_{r=R_p}) = 0 \end{cases} \tag{4.3.2.1}$$

式中，R_p 是塑性区半径；f 是屈服准则。本模型采用岩石常用的 M-C 准则，其二维极坐标的表达式如下：

$$f(\sigma_r, \sigma_\theta) = \sigma_\theta - Q\sigma_r - 2c\sqrt{Q} = 0 \tag{4.3.2.2}$$

式中，$Q = (1+\sin\phi)/(1-\sin\phi)$，$\phi$ 是岩石的内摩擦角；c 是岩石的黏聚力。

4. 塑性区分析

1) 塑性区应力关系

本模型的塑性阶段为理想塑性，所以塑性区的环向应力与径向应力都符合屈服准则，即式(4.3.2.2)。平衡微分方程只与物体的受力有关，所以塑性区应力关系也符合式(4.3.1.1)。联立式(4.3.2.2)和式(4.3.1.1)，并代入塑性区内边界条件 $r=R_0$ 时，$\sigma_r = P_s$，可得

$$\sigma_\theta = -\frac{2c\sqrt{Q}}{Q-1} + \left(P_s + \frac{2c\sqrt{Q}}{Q-1}\right) Q \left(\frac{r}{R_0}\right)^{Q-1} \tag{4.3.2.3}$$

$$\sigma_r = -\frac{2c\sqrt{Q}}{Q-1} + \left(P_s + \frac{2c\sqrt{Q}}{Q-1}\right) \left(\frac{r}{R_0}\right)^{Q-1} \tag{4.3.2.4}$$

2) 塑性区位移

基于假设①，塑性区总的径向应变和环向应变能分解成塑性应变、弹性应变和膨胀应变，如下式：

$$\begin{cases} \varepsilon_r = \varepsilon_r^p + \varepsilon_r^e + \varepsilon_r^s \\ \varepsilon_\theta = \varepsilon_\theta^p + \varepsilon_\theta^e + \varepsilon_\theta^s \end{cases} \tag{4.3.2.5}$$

式中，上标 p、e 和 s 分别对应塑性、弹性和膨胀。

基于假设②，塑性区流动法则有效。经典的非关联流动法则可用来分析塑性区，其平面应变条件下的极坐标表达式如下：

$$\varepsilon_r^p + \beta\varepsilon_\theta^p = 0 \tag{4.3.2.6}$$

式中，$\beta = (1+\sin\psi)/(1-\sin\psi)$，$\psi$ 是膨胀角。

由于应变与位移之间的关系与引起位移的原因无关，塑性区径向应变及环向应变仍然满足几何方程，即式(4.3.1.2)。联立式(4.3.1.2)和式(4.3.2.5)，可得

$$\frac{\mathrm{d}u_\mathrm{r}}{\mathrm{d}r} + \beta \frac{u_\mathrm{r}}{r} = z(r) \tag{4.3.2.7}$$

式中，$z(r) = \varepsilon_\mathrm{r}^e + \varepsilon_\mathrm{r}^s + \beta(\varepsilon_\theta^e + \varepsilon_\theta^s)$，对式(4.3.2.7)积分，并代入边界条件 $r = R_\mathrm{p}$ 时，$u_\mathrm{r} = u_\mathrm{int}$，可得

$$u_\mathrm{r} = \frac{1}{r^\beta} \int_{R_\mathrm{p}}^r r^\beta z(r) \mathrm{d}r + u_\mathrm{int} \left(\frac{R_\mathrm{p}}{r} \right)^\beta \tag{4.3.2.8}$$

式中，u_int 是弹塑性交界处的位移；函数 $z(r)$ 是塑性区非塑性应变(在本模型中包括弹性和膨胀应变)间的关系式，如果获得其关于 r 的具体表达式，则可对式(4.3.2.8)积分，求得模型的径向位移。

通常情况下，有两种定义 $z(r)$ 的方法：第一种是基于假设(1)，认为塑性区的非塑性应变和非塑性区的应变具有相同的关系式，则可根据弹-膨胀区的应变关系式确定 $z(r)$，即在式(4.3.1.5)中代入塑性区的径向应力和环向应力；第二种，定义塑性区的非塑性应变与交界点处的始终相同，即在式(4.3.1.5)中代入交界点处的径向应力和环向应力。

4.3.2.2 围岩的膨胀演化过程

1. 参数取值

为了展示模型的计算效果，并研究硬石膏岩吸水-膨胀演化特性对隧道围岩应力分布及变形的影响，以及对围岩塑性圈的影响，将各参数代入式(4.3.2.8)中，并基于硬石膏岩的三轴试验结果，增加与岩石塑性相关的参数，见表 4.12。

表 4.12 模拟用的塑性相关参数的基准值

c/MPa	ϕ /(°)	ψ /(°)
3.13	35.71	$(2/3)\phi$

2. 无支护作用下的吸水-膨胀演化

取支护力 $P_\mathrm{s}=0$，取时间 t 分别为 0 天、1 个月和 1 年，模拟 3 种工况的围岩应力分布特征及变形特征。图 4.40 是各工况下弹-塑-膨围岩隧道的应力及径向位移分布，图中*号为岩石的峰值点，也是塑性半径处。

图 4.40(a)、图 4.40(d)为工况 1 的模拟结果。随着时间增加，隧道环向、径向应力曲线及位移曲线都向 Y 轴正方向移动，说明膨胀性使围岩的应力值和径向位移值增大；图中 0 天、1 个月、1 年的塑性半径分别位于 1.065 倍、1.09 倍和 1.105 倍半径处，可见随着膨胀的增加，塑性半径增大。由于支护力恒定，隧道临空面处径向应力不变。图 4.40(a)按时间递增顺序，其环向应力曲线对应的峰值点依次为 14.38MPa、16.00MPa 和 16.68MPa。可见随着膨胀的增加，围岩环向峰值应力增大。各环向应力达到峰值后，以相同的斜率向下跌落。图 4.40(d)中 0 天、1 个月和 1 年的径向位移曲线在临空面处的值分别为 1.395cm、1.267cm 和 1.037cm，均大于相同条件下的弹-膨胀模型的计算结果，这预示着弹-塑-膨模型比弹-膨胀模型评估出的围岩临空面位移值大。

　　图 4.40(b)、图 4.40(e) 为工况 2 的模拟结果。工况 2 与工况 1 具有相似的规律：随着时间增加，隧道环向应力曲线、径向应力曲线及位移曲线也都有向 Y 轴正方向移动的趋势；随着膨胀的增加，塑性半径增大；临空面处径向应力恒定，环向应力和径向位移随膨胀时间的增长而增大；随着膨胀的增加，围岩环向峰值应力增大，各环向应力达到峰值后，以相同的斜率向下跌落。但是，由于含水状态均匀分布，且 w_{0i} 值相对较小，造成模拟出的膨胀效应没有工况 1 的明显。

　　图 4.40(c)、图 4.40(f) 为工况 3 的模拟结果。图 4.40(c) 中临界面附近环向应力曲线随膨胀的增大而下移，这是因为隧道内边界含水量大于隧道外边界，造成内部膨胀大于外部膨胀。工况 3 很难观察到应力和位移的明显变化，这同样是由于所设置的 w_{0i} 较小造成的。

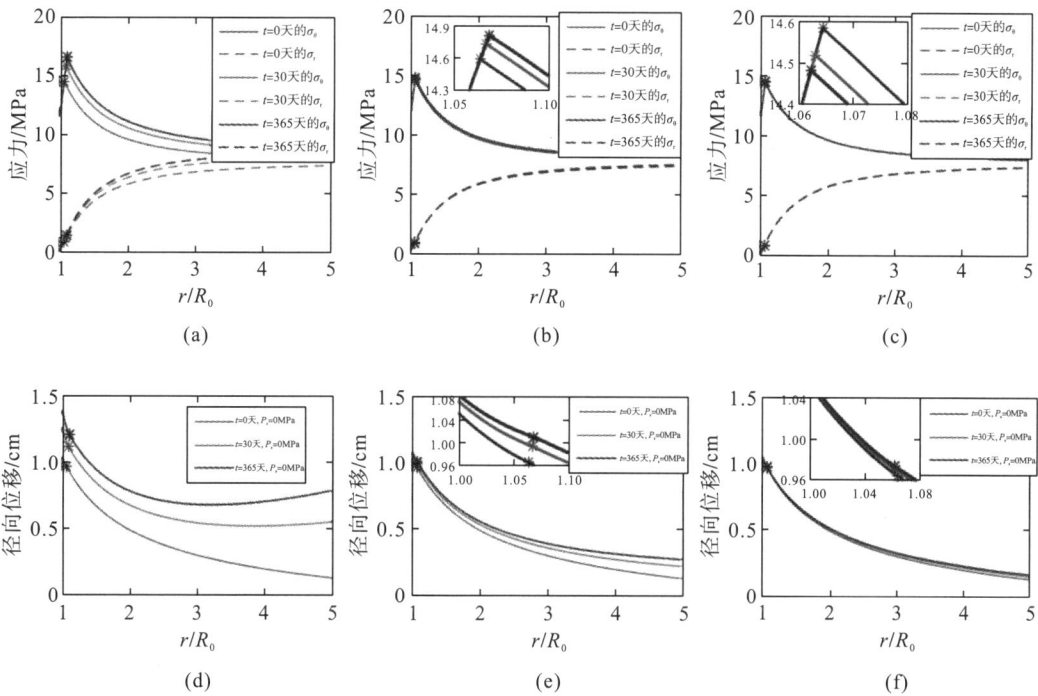

图 4.40　各工况下弹-塑-膨围岩隧道的应力分布及位移分布(见彩版)

　　上述各工况中，工况 1 的膨胀性较明显，以此为基础，分析支护力对抵抗膨胀性的作用。分别以 0MPa、1MPa 和 2MPa 的 P_s，模拟工况 1 在膨胀 30 天的应力分布和径向位移分布，如图 4.41 所示。图 4.41(a) 中，支护力作用下隧道径向应力曲线上移，环向应力曲线下移；临空面处隧道径向应力等于支护压力。当 P_s 等于 0MPa 和 1MPa 时，环向应力峰值分别为 15.93MPa 和 16.01MPa，塑性半径分别位于 1.091 倍和 1.011 倍隧道半径处，说明支护力能够提高围岩的环向峰值应力，减小塑性半径。当 P_s 增大到 2MPa 时，无塑性破坏，围岩应力曲线处于弹-膨胀阶段。图 4.41(b) 中围岩的径向位移曲线随支护力的增大而下移，说明支护力能够减小径向位移。按支护力递增顺序，临空面处的径向位移依次为 1.267cm、1.058cm 和 0.930cm，说明支护力有利于减小隧道临空面位移。相同条件下，弹

-膨胀围岩模型的临空面径向位移依次为 1.180cm、1.053cm 和 0.930cm，可见考虑塑性破坏计算出的临空面径向位移大于围岩弹-膨胀模型。

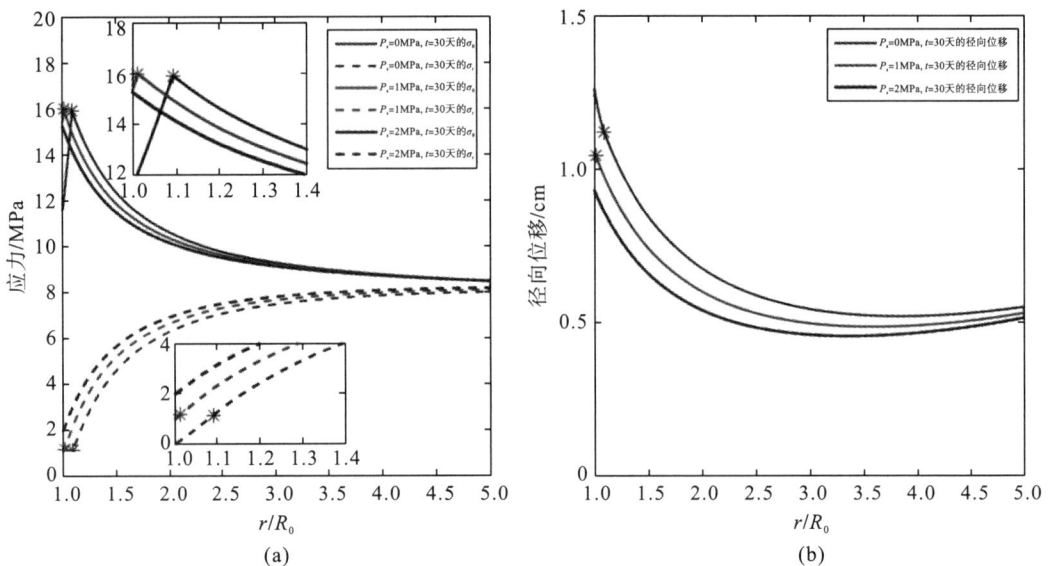

图 4.41　支护力作用下工况 1 的应力及径向位移分布（见彩版）

4.3.2.3　围岩响应曲面影响分析

E_e 分别取 3GPa、5GPa 和 7GPa，其他参数取基准值，模拟工况 1 的 GRS，如图 4.42（a）所示。在同一时间，相同的支护力条件下，隧道临空面径向位移随着弹性模量的增大而减小，围岩相应曲面整体向位移减小的方向偏移。图 4.42（b）是 E_s 分别取 45MPa、95MPa 和 145MPa，其他值为基准值条件下的 GRS，由图可知，在相同时间、同一支护力作用下，隧道临空面的位移随膨胀模量的增大而增加，围岩响应曲面整体向着位移增大的方向移动，说明膨胀模量对围岩的膨胀变形具有促进作用。保持基准值不变，吸水系数 a 分别取 0.0001、0.001 和 0.01，相应的 GRS 如图 4.42（c）所示，在相同支护力作用下，达到相同临空面径向位移所需的时间随系数 a 的增大而缩短，GRS 随 a 增大向时间减小的方向扩张。图 4.42（d）是线膨胀系数对 GRS 的影响。在同一时间及支护力作用条件下，隧道临空面位移随着线膨胀系数的增大而增大，围岩响应曲面整体向远离位移零点处偏移，由此可知线膨胀系数对围岩膨胀性的发生具有积极的作用。保持基准值不变，吸水系数黏聚力 c 分别取 2.13MPa、3.13MPa 和 4.13MPa，相应的 GRS 如图 4.42（e）所示，图中各 GRS 曲面上部重合，下部随黏聚力增大向临空面位移减小的方向偏移。这是因为当支护力较大时，围岩不发生塑性破坏；而当支护力较小时，围岩产生塑性破坏，塑性区的大小和径向位移随黏聚力的增大而减小。图 4.42（f）是内摩擦角对 GRS 的影响，其规律与黏聚力的规律相似，各 GRS 曲面上部重合，下部随内摩擦角的增大向临空面位移减小的方向偏移。

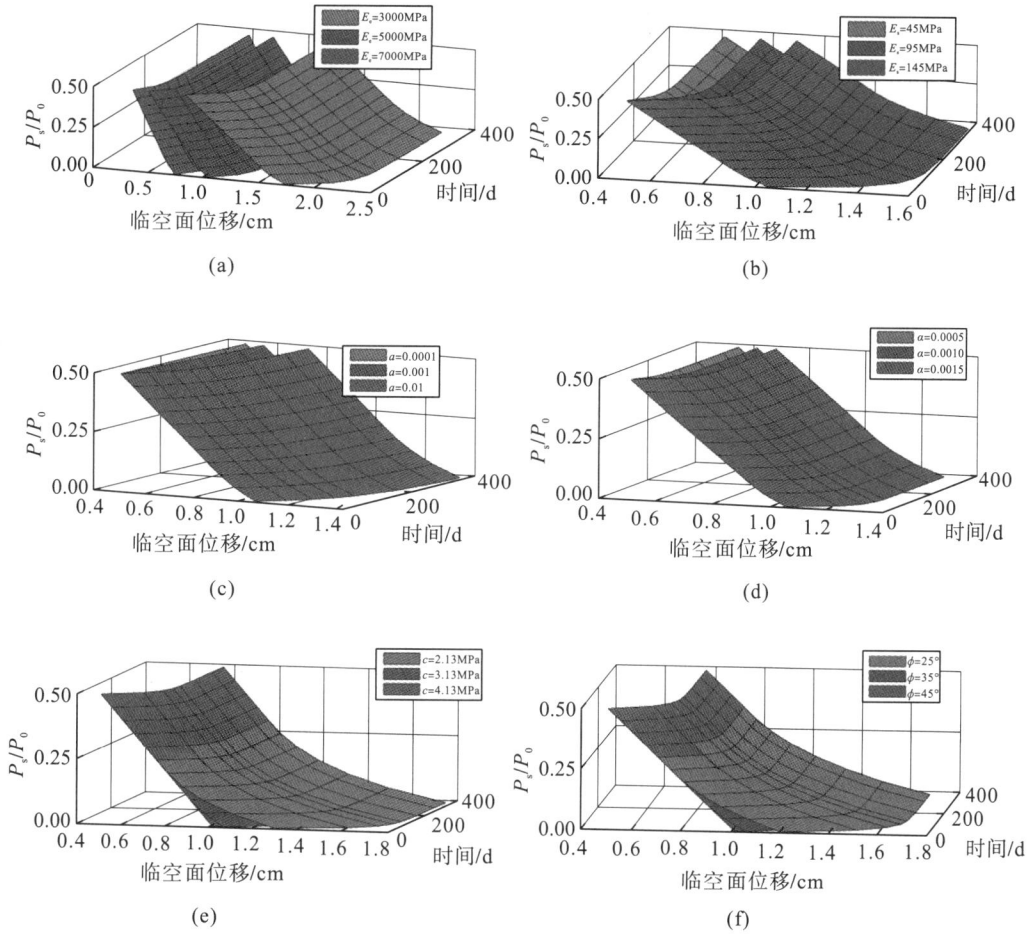

图 4.42　各参数对围岩响应曲面的影响

4.3.3　围岩的弹-脆-膨模型

由硬石膏岩单轴试验研究可知，实际情况下，硬石膏破坏后表现出明显的弹-脆性特征，即破坏前无明显征兆，达到峰值点后出现应力的快速跌落现象。综合硬石膏三轴试验结果可知，围岩脆性破坏后强度降到一较低水平，即残余强度阶段，且下降过程中伴有明显的应变软化现象。事实上，岩土材料在广义上都呈现出应变软化力学行为，因此，采用理想弹塑(脆)性分析和实际情况具有一定的差异。基于此，本节综合考虑硬石膏围岩的弹性、伴有应变软化的脆性破坏以及吸水-膨胀演化特性，建立围岩弹-脆-膨模型。

4.3.3.1　模型建立

1. 问题描述

弹-脆-膨围岩与圆形轴对称弹-塑-膨围岩相同的是，在连续、均质且各向同性的硬石膏围岩中开挖一个半径为 R_0 的圆形隧道，围岩地应力为 P_0，隧道临空面承受均匀的支

护压力 P_s；围岩可划分为塑性区和弹-膨胀区；围岩各点的初始湿度分布函数 W 分别随 r 增大而逐渐增大(工况 1)、沿 r 均匀分布(工况 2)、随 r 增大而逐渐减小(工况 3)。不同的是，弹-脆-膨围岩塑性区不是理想塑性模型，而是考虑了应变软化的弹-脆-膨本构模型(图 4.43)。因此，支护力小于初始屈服应力时，部分围岩出现脆性破坏，隧道围岩出现塑性区，且根据本构关系，塑性区内具有应变软化特征。

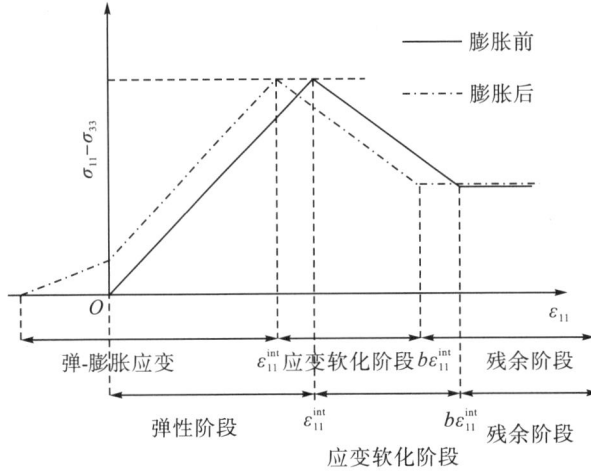

图 4.43　考虑应变软化的弹-脆-膨围岩本构模型

2. 模型假设

为简化问题，在圆形轴对称弹-膨胀围岩隧道模型的基础上，增加如下假设：①塑性区的弹性应变增量和膨胀应变增量与弹-膨胀区相同；②岩石应变软化阶段的绝对长度不变，即残余点处应变是峰值点处应变的整数倍。

3. 弹-膨胀区分析

该模型的弹-膨胀区的平衡微分方程、几何方程以及本构方程与 4.3.1 节中弹-膨胀围岩隧道的相同。该区域的外边界 $r=R_{es}$ 处，环向应力为膨胀应力与静水压力之和；该区域的内边界与塑性区的外边界相交，交界面处的径向应力与环向应力应服从屈服准则，因此，边界条件可表述如下：

$$\begin{cases} \sigma_\theta \mid_{r=R_{es}} = P_0 + E_s \varepsilon_s \\ f_p(\sigma_\theta \mid_{r=R_p}, \sigma_r \mid_{r=R_p}) = 0 \end{cases} \tag{4.3.3.1}$$

式中，R_p 是塑性区半径；f_p 是峰值点的屈服准则。

4. 塑性区分析

1) 塑性区应变

塑性区平衡微分方程仍然服从式(4.3.3.1)，而总的径向应变和环向应变能分解成塑性应变、弹性应变和膨胀应变，如下式：

$$\begin{cases} \varepsilon_r = \varepsilon_r^p + \varepsilon_r^e + \varepsilon_r^s \\ \varepsilon_\theta = \varepsilon_\theta^p + \varepsilon_\theta^e + \varepsilon_\theta^s \end{cases} \tag{4.3.3.2}$$

　　基于假设①，塑性区的弹性应变和膨胀应变增量与弹-膨胀区的总应变增量相同，可由式(4.3.1.5)化简而得。把式(4.3.1.5)化简成应变关于应力的表达形式，并减去地应力 P_0，再代入式(4.3.3.2)中，可得

$$\begin{cases} \varepsilon_r = \varepsilon_r^p + \dfrac{1-\nu^2}{E_e}\left[(\sigma_r - P_0) - \dfrac{\nu}{1-\nu}(\sigma_\theta - P_0)\right] + \dfrac{E_s}{E_e}(1+\nu)\alpha W(1-e^{-at}) \\[4mm] \varepsilon_\theta = \varepsilon_\theta^p + \dfrac{1-\nu^2}{E_e}\left[(\sigma_\theta - P_0) - \dfrac{\nu}{1-\nu}(\sigma_r - P_0)\right] + \dfrac{E_s}{E_e}(1+\nu)\alpha W(1-e^{-at}) \end{cases} \tag{4.3.3.3}$$

　　2) 屈服准则及流动法则

　　本模型中，采用经典的 M-C 准则及非相关流动法则。针对轴对称问题，该屈服准则在极坐标系中的表达式如式(4.3.3.4)所示，流动法则如式(4.3.3.5)所示。

$$f(\sigma_r, \sigma_\theta) = \sigma_\theta - Q(\eta)\sigma_r - 2c(\eta)\sqrt{Q(\eta)} \tag{4.3.3.4}$$

$$\varepsilon_r^p + \beta(\eta)\varepsilon_\theta^p = 0 \tag{4.3.3.5}$$

式中，$Q = (1+\sin\phi)/(1-\sin\phi)$，$\phi$ 是硬石膏岩的内摩擦角；c 是岩石的黏聚力；$\beta = (1+\sin\psi)/(1-\sin\psi)$，$\psi$ 是膨胀角；η 是软化参数。

　　在塑性区，从峰值点(对应 $\eta = 0$)增加到残余点(对应 $\eta = \eta^*$)的过程中，假设硬石膏岩的材料参数的值随应变的增加而线性减小，如此可得

$$\overline{z} = \begin{cases} z_p - (z_p - z_r)\dfrac{\eta}{\eta^*}, & 0 \leqslant \eta \leqslant \eta^* \\[3mm] z_p, & \eta \geqslant \eta^* \end{cases} \tag{4.3.3.6}$$

式中，$\overline{z}$ 代表 ϕ、c 和 ψ 三者中任意一个；η^* 是软化阶段向残余强度阶段过渡点处的软化参数；下标 p 和 r 分别对应材料参数的峰值和残余值。

　　因此，式(4.3.3.4)的具体表达式如下：

$$\sigma_\theta|_{r=R_p} - \frac{1+\sin\phi_p}{1-\sin\phi_p}\sigma_r|_{r=R_p} - 2c_p\sqrt{\frac{1+\sin\phi_p}{1-\sin\phi_p}} = 0 \tag{4.3.3.7}$$

　　3) 软化参数

　　软化参数 η 定义为最大和最小主塑性应变之差，具体如下：

$$\eta = \varepsilon_\theta^p - \varepsilon_r^p \tag{4.3.3.8}$$

　　把式(4.3.3.3)代入式(4.3.3.8)可得软化参数的表达式，具体如下：

$$\eta = \varepsilon_\theta - \varepsilon_r - \frac{1-\nu^2}{E_e}(\sigma_\theta - \sigma_r) \tag{4.3.3.9}$$

　　参数 η^* 定义如下：

$$\eta^* = (b-1)\varepsilon_\theta^{in} \tag{4.3.3.10}$$

式中，b 是定义的常数，用以描述应变软化阶段的长度；ε_θ^{in} 是弹-膨胀区和塑性区交界面处的环向应变。

　　4) 边界条件

　　塑性区内边界的径向应力与支护压力相等。塑性区外边界与弹-膨胀区相交，其径向应力和环向应力应该服从屈服准则。因此，塑性区的边界条件如下：

$$\begin{cases} \sigma_\theta \mid_{r=R_0} = P_s \\ f_p(\sigma_\theta \mid_{R_p}, \sigma_r \mid_{R_p}) = 0 \end{cases} \tag{4.3.3.11}$$

4.3.3.2 求解方法

本模型中，根据隧道弹-膨胀区的应力-应变关系，可以通过把边界条件式(4.3.3.1)代入式(4.3.1.7)、式(4.3.1.8)和式(4.3.1.11)中，获得弹-膨胀区的解析解。对于塑性区(图4.44)，由于数学上的复杂性，不易获得其应力-应变分布的解析解，但是通过把塑性区分解成多个细小的圆环，基于相邻两环间应力-应变关系和应变-位移关系，以及外边界 r_1 和内边界 r_i 处的边界条件，可得应变软化区内应力-应变分布及位移分布的近似解。

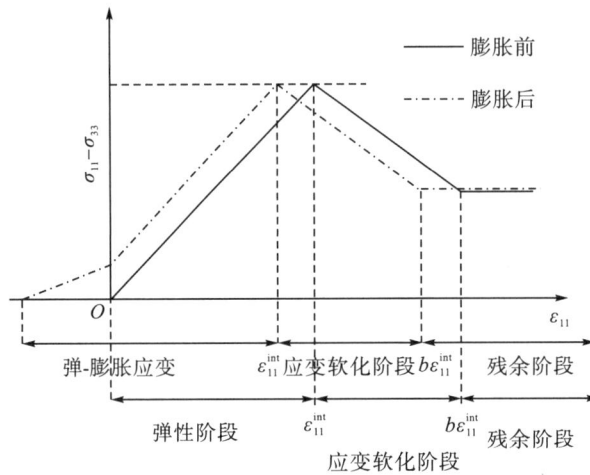

图 4.44 经典的塑性区圆环

针对轴对称问题，当每层圆环足够细时，r 与应变间的关系如下：

$$\frac{r_j}{r_{j-1}} = \frac{2\varepsilon_{\theta(j-1)} - \varepsilon_{r(j-1)} - \varepsilon_{r(j)}}{2\varepsilon_{\theta(j)} - \varepsilon_{r(j-1)} - \varepsilon_{r(j)}} \tag{4.3.3.12}$$

根据平衡微分方程和屈服条件，可得应变软化区的应力关系如下：

$$\frac{d\sigma_r}{dr} = \frac{\sigma_\theta - \sigma_r}{r} = \frac{\overline{Q}\sigma_r - \sigma_r + \overline{Y}}{r} \tag{4.3.3.13}$$

式中，$\overline{Q} = (1+\sin\overline{\phi})/(1-\sin\overline{\phi})$，$\overline{Y} = 2\overline{c}\cos\overline{\phi}/(1-\sin\overline{\phi})$。因此，两环之间的应力关系可表示如下：

$$\frac{\sigma_{r(j-1)} - \sigma_{r(j)}}{r_{j-1} - r_j} = \frac{\frac{1}{2}(\overline{Q}-1)(\sigma_{r(j-1)} + \sigma_{r(j)}) + \overline{Y}}{\frac{1}{2}(r_{j-1} + r_j)} \tag{4.3.3.14}$$

分解式(4.3.3.14)可得 $\sigma_{r(j)}$ 关于 $\sigma_{r(j-1)}$ 的表达式，具体如下：

$$\sigma_{\mathrm{r}(j)} = \frac{\left[\dfrac{r_{j-1}+r_j}{2} - \dfrac{(r_{j-1}-r_j)(\overline{Q}-1)}{2} \right]\sigma_{\mathrm{r}(j-1)} - \overline{Y}(r_{j-1}-r_j)}{\dfrac{r_{j-1}+r_j}{2} + \dfrac{(r_{j-1}-r_j)(\overline{Q}-1)}{2}} \tag{4.3.3.15}$$

令环向应变增量如下式：

$$\mathrm{d}\varepsilon_\theta = \varepsilon_{\theta(j)} - \varepsilon_{\theta(j-1)} \tag{4.3.3.16}$$

则在 r_j 处的径向应变增量可表示为

$$\mathrm{d}\varepsilon_{\mathrm{r}(j)} = \mathrm{d}\varepsilon_{\mathrm{r}(j-1)}^{\mathrm{es}} - \overline{\beta}(\mathrm{d}\varepsilon_{\theta(j)} - \mathrm{d}\varepsilon_{\theta(j-1)}^{\mathrm{es}}) \tag{4.3.3.17}$$

式中，$\overline{\beta} = (1+\sin\overline{\psi})/(1-\sin\overline{\psi})$；$\varepsilon_{\mathrm{r}(j-1)}^{\mathrm{es}}$ 和 $\mathrm{d}\varepsilon_{\theta(j-1)}^{\mathrm{es}}$ 分别是 r_{j-1} 处径向和环向的弹-膨胀应变增量。

令 $\mathrm{d}\varepsilon_\theta$ 等于任意一微小值，则通过式(4.3.3.16)、式(4.3.3.17)可分别计算出 $\varepsilon_{\theta(j)}$、$\varepsilon_{\mathrm{r}(j)}$、$r_j$ 和 u_j。重复迭代该计算，可得应变软化区的各圆环的位移和应变。其中，r_j 处的弹-膨胀应变，根据式(4.3.3.3)，可由下式计算：

$$\begin{cases} \varepsilon_{\mathrm{r}(j)}^{\mathrm{es}} = \varepsilon_{\mathrm{r}}^{\mathrm{p}} + \dfrac{1-\nu^2}{E_{\mathrm{e}}}\left[(\sigma_{\mathrm{r}(j)}-P_0) - \dfrac{\nu}{1-\nu}(\sigma_{\theta(j)}-P_0) \right] + \dfrac{E_{\mathrm{s}}}{E_{\mathrm{e}}}(1+\nu)\alpha W(1-\mathrm{e}^{-at}) \\[4mm] \varepsilon_{\theta(j)}^{\mathrm{es}} = \varepsilon_{\theta}^{\mathrm{p}} + \dfrac{1-\nu^2}{E_{\mathrm{e}}}\left[(\sigma_{\theta(j)}-P_0) - \dfrac{\nu}{1-\nu}(\sigma_{\mathrm{r}(j)}-P_0) \right] + \dfrac{E_{\mathrm{s}}}{E_{\mathrm{e}}}(1+\nu)\alpha W(1-\mathrm{e}^{-at}) \end{cases} \tag{4.3.3.18}$$

在迭代过程中，r_j 处的软化参数可由下式近似估算：

$$\eta = \varepsilon_{\theta(j-1)} - \varepsilon_{\mathrm{r}(j-1)} + \frac{1+\nu}{E_{\mathrm{e}}}(\sigma_{\mathrm{r}(j-1)} - \sigma_{\theta(j-1)}) \tag{4.3.3.19}$$

4.3.3.3　围岩的膨胀演化过程

1. 参数取值

为了展示模型的模拟效果，并研究弹-脆-膨围岩应力分布及变形的影响，基于硬石膏岩的三轴试验结果，增加描述岩石残余强度阶段的参数，见表 4.13。

表 4.13　与应变软化相关的参数

c_{r}/MPa	$\phi_{\mathrm{r}}/(^\circ)$	$\psi_{\mathrm{r}}/(^\circ)$	η^*
0.9	10.8	$(2/3)\,\phi_{\mathrm{r}}$	3.5

2. 无支护作用下的吸水-膨胀演化

取支护力 $P_{\mathrm{s}}=0\mathrm{MPa}$，取时间 t 分别为 0 天、1 个月和 1 年，模拟 3 种工况的围岩应力分布特征及变形特征。图 4.45 是各工况下弹-脆-膨围岩隧道的应力及径向位移分布，图中 *号为岩石的峰值点，也是塑性半径处。

图 4.45(a)、图 4.45(d) 为工况 1 的模拟结果。随着时间增加，隧道的环向应力曲线、径向应力曲线及位移曲线都向 Y 轴正方向移动，说明膨胀性使围岩的应力值和径向位移值增大；图中 0 天、1 个月、1 年的塑性半径分别位于 1.348 倍、1.579 倍和 1.727 倍半

径处，可见随着膨胀的增加，塑性半径增大。由于支护力恒定，隧道临空面处径向应力不变。图 4.45(a)按时间递增顺序，其环向应力曲线对应的峰值点依次为 14.71MPa、16.05MPa 和 16.81MPa。可见随着膨胀的增加，围岩环向峰值应力增大。各环向应力达到峰值后，先垂直跌落，再以相同的斜率减少至一定值 2.176MPa。图 4.45(d)中 0 天、1 个月和 1 年的径向位移曲线在临空面处的值分别为 1.777cm、2.493cm 和 2.931cm，均大于相同条件下的弹-膨胀及弹-塑-膨模型的计算结果，预示着弹-脆-膨模型比弹-膨胀模型评估出的围岩临空面位移值大。

图 4.45(b)、图 4.45(e)为工况 2 的模拟结果。工况 2 与工况 1 具有相似的规律：随着时间增加，隧道环向应力曲线、径向应力曲线及位移曲线也都有向 Y 轴正方向移动的趋势；随着膨胀的增加，塑性半径增大；临空面处径向应力恒定，环向应力和径向位移随膨胀时间的增加而增大；随着膨胀的增加，围岩环向峰值应力增大，各环向应力达到峰值后，先垂直跌落，再以相同的斜率减少至一定值。但是，由于含水状态呈均匀分布，且 w_{0i} 值相对较小，造成模拟出的膨胀效应没有工况 1 的明显。

图 4.45(c)、图 4.45(f)为工况 3 的模拟结果。图 4.45(c)中临界面附近环向应力曲线随膨胀的增大而下移动，这是因为隧道内边界含水量大于隧道外边界，造成内部膨胀大于外部膨胀。工况 3 很难观察到应力和位移的明显变化，这同样是由于所设置的 w_{0i} 较小造成的。

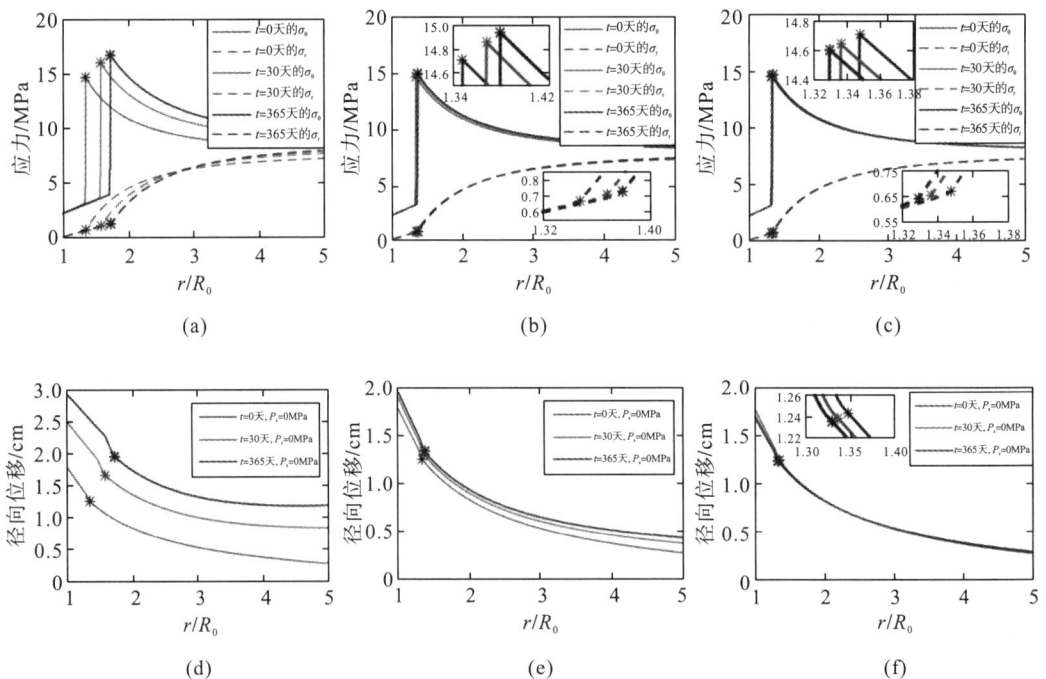

图 4.45　各工况下弹-脆-膨围岩隧道的应力分布及位移分布(见彩版)

上述各工况中，工况 1 的膨胀性较明显，以此为基础，分析支护力对抵抗膨胀性的作用。分别以 0MPa、1MPa 和 2MPa 的 P_s，模拟工况 1 在膨胀 30 天的应力分布和径向位移分布，图 4.46 为模拟的结果。图 4.46(a) 中，支护力作用下隧道径向应力曲线上移，环向应力曲线下移；临空面处隧道径向应力等于支护压力。当 P_s 等于 0MPa 和 1MPa 时，环向应力峰值分别为 16.05MPa 和 16.13MPa，塑性半径分别位于 1.579 倍和 1.009 倍隧道半径处，说明支护力能够提高围岩的环向峰值应力，减小塑性半径。当 P_s 增大到 2MPa 时，无塑性破坏，围岩应力曲线处于弹-膨胀阶段。图 4.46(b) 中围岩的径向位移曲线随支护力的增大而下移，说明支护力能够减小径向位移。按支护力递增顺序，临空面处的径向位移依次为 2.493cm、1.070cm 和 0.930cm，说明支护力有利于减小隧道临空面位移。相同条件下，弹-膨胀围岩模型的临空面径向位移依次为 1.180cm、1.053cm 和 0.930cm，弹-塑-膨围岩模型的依次为 1.267cm、1.058cm、0.930cm。可见在小支护力条件下，按照计算出的临空面位移递减顺序，围岩本构关系依次为弹-脆-膨、弹-塑-膨和弹-膨；当支护力增大后至不再有塑性圈时，3 种模型计算出的临空面位移大小一致。

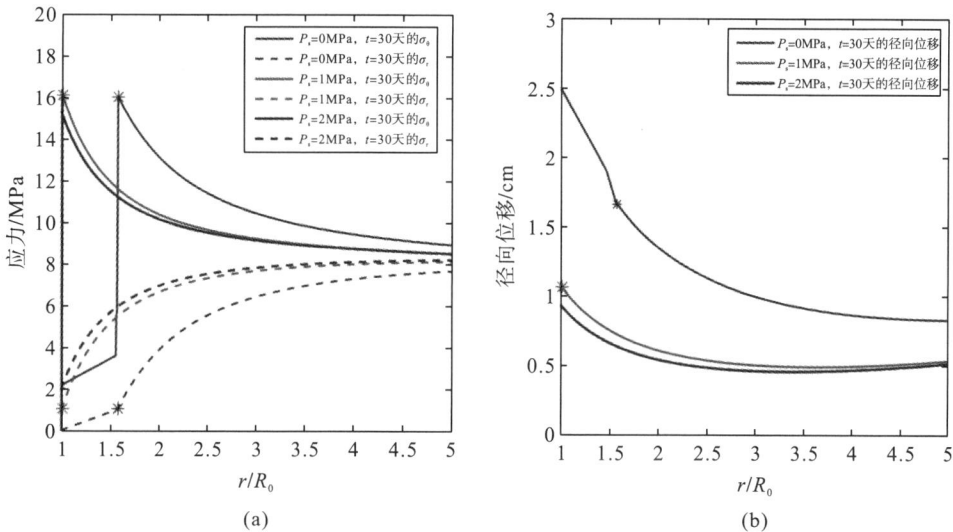

图 4.46 支护力作用下工况 1 的应力及径向位移分布(见彩版)

4.3.3.4 围岩响应曲面

图 4.47 为各参数对围岩响应曲面的影响。E_e 分别取 3GPa、5GPa 和 7GPa，其他参数取基准值，模拟工况 1 的 GRS，如图 4.47(a) 所示。在同一时间，相同的支护力条件下，隧道临空面径向位移随着弹性模量的增大而减小，围岩相应曲面整体向位移减小的方向偏移。图 4.47(b) 是 E_s 分别取 45MPa、95MPa 和 145MPa，其他值为基准值条件下的 GRS。由图可知，在相同时间、同一支护力作用下，隧道临空面的位移随膨胀模量的增大而增加，围岩响应曲面整体向着位移增大的方向移动，说明膨胀模量对围岩的膨胀变形有促进作用。保持基准值不变，吸水系数 a 分别取 0.0001、0.001 和 0.01，相应的 GRS 如图 4.47(c) 所示，在相同支护力作用下，达到相同临空面径向位移所需的时间随系数 a 的增大而缩短，GRS 随 a 增大向时间减小的方向扩张。图 4.47(d) 是线膨胀系数对 GRS 的影响，在同一时间及支护作用条件下，隧道临空面位移随着线膨胀系数的增大而增大，围岩响应曲面整体向远离位移零点处偏移，由此可知线膨胀系数对围岩膨胀的发生具有积极的作用。保持

基准值不变，黏聚力 c 分别取 2.13MPa、3.13MPa 和 4.13MPa，相应的 GRS 如图 4.47(e) 所示，图中各 GRS 曲面上部重合，下部随黏聚力增大向临空面位移减小的方向偏移。这是因为当支护力较大时，围岩不发生塑性破坏；而当支护力较小时，围岩产生塑性破坏，塑性区的大小和径向位移随黏聚力的增大而减小。图 4.47(f) 是内摩擦角对 GRS 的影响，其规律与黏聚力的规律相似，各 GRS 曲面上部重合，下部随内摩擦角的增大向临空面位移减小的方向偏移。保持基准值不变，残余黏聚力 c_r 分别取 0.3MPa、0.9MPa 和 1.5MPa，相应的 GRS 如图 4.47(g) 所示，图中各 GRS 曲面上部重合，下部随残余黏聚力增大向临空面位移减小的方向偏移。图 4.47(h) 是残余内摩擦角对 GRS 的影响，其规律与残余黏聚力的规律相似，各 GRS 曲面上部重合，下部随残余内摩擦角的增大向临空面位移减小的方向偏移。

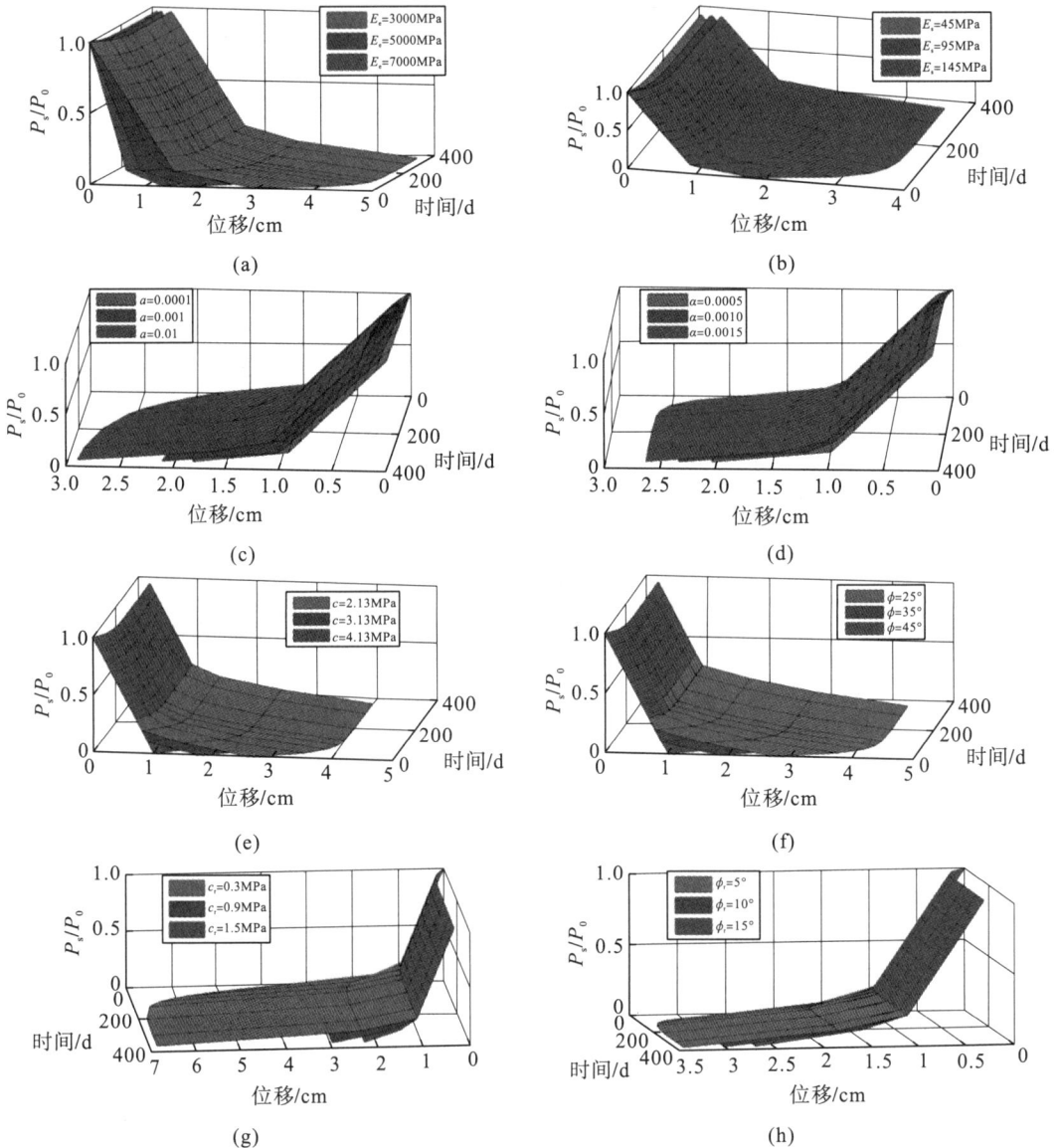

图 4.47 各参数对围岩响应曲面的影响

4.3.4　基于半经验公式的支护结构特征方程

4.3.1 节、4.3.2 节和 4.3.3 节分别基于不同的围岩本构关系，建立了围岩-支护体系中考虑吸水-膨胀演化的围岩模型，本节论述围岩-支护体系中支护结构特征方程。

1. 支护单元特征方程

在著名的新奥法的发展过程中，拉布希维兹(Rabcewicz)等提出了圆形巷道按组合拱原理进行锚喷加固的设计方法，根据隧道断面剪切破坏原理，可以得出相关支护单元的力学表达式。

(1)喷射混凝土最大支护力：

$$P_{\text{shot}} = \frac{\tau_{\text{c}} \, \text{th}_{\text{c}}}{R_0 \cos\left(\dfrac{\pi}{4} - \dfrac{\phi}{2}\right) \sin\varphi_{\text{c}}} \tag{4.3.4.1}$$

式中，τ_{c} 为混凝土抗剪强度，通常取抗压强度的 20%～43%；th_{c} 是喷层厚度；φ_{c} 为喷射混凝土的剪切破坏角，通常为 30°；ϕ 是岩石的内摩擦角。

(2)锚杆最大支护力：

$$P_{\text{bolt}} = \frac{T_{\text{bf}}(\cos\varphi_{\text{r}} - \cos\theta_0)}{S_{\text{c}} S_1 \cos\varphi_{\text{r}}} \tag{4.3.4.2}$$

$$\varphi_{\text{r}} = \frac{\pi}{4} - \frac{\phi}{2} \tag{4.3.4.3}$$

$$\theta_0 = \varphi_{\text{r}} + \frac{\ln\left(\dfrac{R_0 + \text{th}_{\text{r}}}{R_0}\right)}{\tan\varphi_{\text{r}}} \tag{4.3.4.4}$$

$$\text{th}_{\text{r}} = (R_0 + l)\left[\sin\left(\frac{S_{\text{c}}}{2R_0}\right)\tan\left(\frac{\pi}{4} + \frac{S_{\text{c}}}{2R_0}\right) + \cos\left(\frac{S_{\text{c}}}{2R_0}\right) - \frac{\sin\left(\dfrac{S_{\text{c}}}{2R_0}\right)}{\cos\left(\dfrac{\pi}{4} + \dfrac{S_{\text{c}}}{2R_0}\right) - \dfrac{S_{\text{c}}}{2R_0}} \right] \tag{4.3.4.5}$$

式中，l 为锚杆长度；S_{c} 为锚杆环向平均间距；S_1 为沿隧道轴向平均间距；T_{bf} 为锚杆抗拔试验中最终破坏荷载；θ_0 为岩石滑移线最大倾倒角；φ_{r} 为岩石剪切破坏角；th_{r} 为岩石承压拱厚度。

(3)金属网最大支护力：

$$P_{\text{net}} = \frac{\tau_{\text{m}} F_{\text{m}}}{R_0 \cos\left(\dfrac{\pi}{4} - \dfrac{\phi}{2}\right) \sin\varphi_{\text{m}}} \tag{4.3.4.6}$$

式中，τ_{m} 为金属网所用材料抗剪强度；F_{m} 为沿着巷道轴线方向单位长度金属网横截面积；φ_{m} 为金属网所用材料剪切角。

(4)岩石承压拱最大支护力：

$$P_{\text{rock}} = 2R_0 \frac{\text{e}^{(\theta_0 - \varphi_{\text{r}})\tan\varphi_{\text{r}}} - 1}{\sin\varphi_{\text{r}}} \frac{\tau_{\text{r}} \cos l_{\text{r}} - \sigma_{\text{r}} \cos l_{\text{r}}}{L} \tag{4.3.4.7}$$

$$l_r = \frac{\ln\left(\dfrac{R_0 + th_r}{R_0}\right)}{2\tan\varphi_r} \qquad\qquad (4.3.4.8)$$

式中，L 为隧洞跨度；l_r 为岩石承压拱内滑移迹线平均长度；τ_s 和 σ_s 分别为滑动面上的剪应力和正应力。

2. 复合支护结构特征方程

复合支护形式即组合结构在支撑硐室稳定过程中作为一个整体发挥作用，在支护体系极限变形范围内与围岩形成一个约束过程，直到围岩变形超过极限变形则地下工程结构破坏。为近似分析问题，不考虑支护间协调变形特性，把各支护单元的最大支护力相加，得到复合支护的总支护力为

$$P_{com,lim} = P_{shot} + P_{bolt} + P_{rock} + P_{net} \qquad\qquad (4.3.4.9)$$

式 (4.3.4.9) 所得的复合支护总支护力是由支护参数确定的，令其与各围岩力学模型中的支护力 P_s 相等，可解得支护作用下围岩的应力和位移分布。

4.4　石膏质岩隧道衬砌结构时变可靠性分析方法

4.4.1　隧道衬砌结构时变灾害机理

围岩体的时变行为和隧道围岩爆破效果共同构成了二衬外部荷载效应。腐蚀是影响二衬结构抗力的因素。随着时间增加，当二衬结构抗力不足以抵抗其外部荷载效应时，则出现时变灾害。

1. 衬砌结构外部荷载效应时变致灾

1) 围岩时变行为致灾

常规围岩的蠕变行为，使得围岩变形随时间增加而逐渐增大，进而导致作用在二衬结构上的荷载增大；亲水软化性岩石遇水后力学性能下降，使得围岩变形增大，进而导致作用在二衬结构上的荷载增大；膨胀岩遇水后体积增大，导致围岩变形增大，产生作用在二衬上的膨胀力；结构面的流变性可导致岩体整体向隧道内部挤压，增加二衬外部荷载效应。综上可知，时变致灾围岩体的时变行为导致二衬外部荷载效应逐渐增大，当大于二衬抗力时，隧道出现灾害。

2) 爆破作用致灾

隧道工程施工是在有限的范围内进行的，因此实施爆破工程需要解决两个同等重要的问题：①用最有效的方法将既定范围内的岩石进行适度破碎并抛掷，以达到一定的工程目的；②降低爆破对开挖范围以外的岩石的损伤破坏，最大限度地保持岩石原有的强度和稳定性，以实现爆破后围岩的长期稳定。

爆破对围岩外部荷载效应的影响主要有两个方面。

(1) 爆破效果不理想，导致开挖范围外的岩石损伤破坏，降低了岩石的原有强度和稳定性，不利于实现爆破后围岩的长期稳定。

(2)爆破效果不理想,出现超挖、欠挖现象。特别是超挖现象,易造成隧道二衬出现空洞。

2. 衬砌结构抗力劣化致灾

不考虑隧道二衬结构外部荷载效应,其应力边界主要为永久荷载和基本可变荷载之和。腐蚀导致二衬结构承载能力随时间逐渐降低,但二衬所受荷载并不会因此减小。当二衬结构的承载能力降低到一定程度时,将不能再承受所受荷载,二衬结构将发生破坏(范书立,2007)。

4.4.2 可靠性分析基本理论

1. 结构设计中的变量

不同的结构设计类型,结构的特点不同,结构的基本参数也不同。通常情况下结构设计涉及的参数会有很多,一般会忽略一些影响较小的参数,而只考虑影响较大的参数。按照各个参数对结构的作用效应,可以分为两类:①荷载作用参数,分为直接作用(加载于结构表面的荷载)和间接作用(导致结构变形),包括围岩对隧道结构的应力、汽车通过时对隧道产生的附加荷载、地下水压力、温度变化引起的内应力,荷载作用一般用 S 表示,常见的荷载作用参数有弯矩、轴力、变形、剪力等;②结构抗力参数,代表结构能够抵抗外部作用的能力大小,符号为 R,包括抵抗荷载能力、刚度、抗裂程度等,其受材料性质、结构截面面积、结构连接方式的影响。

进行结构设计时,无法明确地获得结构荷载作用参数,也无法控制结构抗力参数达到某一特定值,设计中所涉及的所有参数均应视为随机变量,设计者仅能得到和使用这些参数的统计规律。参数的统计规律是结构可靠性设计和分析的基础。结构随机变量符号为 $X_1, X_2, \cdots, X_n$,$X_i (i=1,2,\cdots,n)$ 代表第 i 个随机变量,根据概率分布拟合度检验得到其概率密度函数和概率分布函数,主要包括均匀分布、正态分布、对数正态分布等。当随机变量间存在函数关系时,多个随机变量可由 $Y=(X_1, X_2, \cdots, X_n)$ 代替。

2. 结构的极限状态及功能函数

结构体在服役阶段的状态分为两种:①可靠状态,代表结构能正常发挥其预定功能;②失效状态,代表结构破坏或无法有效发挥其预定功能。结构从可靠状态转变为失效状态的过程中存在一个临界状态,即极限状态,其在结构可靠性分析过程中极为重要。根据国家标准规范《工程结构可靠性设计统一标准》(GB 50153—2008),结构或者结构的某一部分超过某一特定状态时就达不到设计的某一预期功能要求,而该特定状态被定义为极限状态(杨艳荣,2011)。通俗来说,结构极限状态为临界阈值,低于此阈值,结构处于可靠状态;超过此阈值,结构处于失效状态。结构的极限状态又包含抵抗荷载能力与正常使用两种情况(王泓华,2007)。

抵抗荷载能力极限状态指结构所承受的荷载达到极限时的状态,如隧道衬砌结构承受的外部荷载超过其抵抗荷载能力极限状态要求时,衬砌结构会开裂、破坏,结构的安全性与该状态紧密相关。抵抗荷载能力极限状态对应于结构能够承载的最大荷载力或最大荷载变形。例如,岩土工程结构或者结构的一部分失去平衡(边坡滑移、挡土墙倾斜等)、岩土工程结构因荷载超过其材料强度而破坏或产生较大的不可逆变形、岩土工程结构失去预定功能等状态，代表其超过了抵抗荷载能力极限状态。

正常使用极限状态主要针对结构是否正常使用。结构是否正常使用和其使用功能要求的各种阈值有关。因此，该状态对应的是结构状态达到了正常使用功能要求的各种阈值。例如，岩土工程结构出现变形而损坏其外观、耐久性降低或局部破坏而影响其正常使用、存在振动而影响其正常使用等，代表其超过了正常使用极限状态。

考虑结构的极限状态进行可靠度分析时，先确定基本变量，进而建立结构功能函数。基本变量 $X_1, X_2, \cdots, X_n$ 为影响可靠度的相关因素，功能函数形式为 $Z = g(X) = g(X_1, X_2, \cdots, X_n)$。函数的取值存在 3 种情况，$Z>0$、$Z<0$ 和 $Z=0$，分别对应于结构的 3 种状态，如下式所示：

$$Z = g(X) = g(X_1, X_2, \cdots, X_n) \begin{cases} <0, & 失效状态 \\ =0, & 极限状态 \\ >0, & 可靠状态 \end{cases} \tag{4.4.2.1}$$

结构极限状态方程定义为结构功能函数 $Z = g(X) = g(X_1, X_2, \cdots, X_n) = 0$。式 (4.4.2.1) 中所表达的 3 种结构状态如图 4.48 所示。

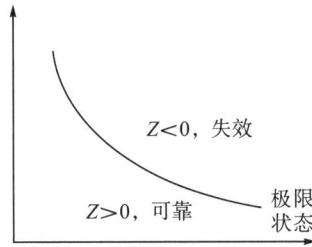

图 4.48　结构功能函数示意图

通过荷载作用 S 和结构抗力 R 建立简化结构功能函数以方便计算，其中综合变量 S 和 R 分别由多个基本变量构成，所构建的结构功能函数简化为

$$Z = R - S \tag{4.4.2.2}$$

3. 结构可靠度

工程结构在规定条件下和规定时间内，完成规定功能的能力称为工程结构的可靠性。一般要求工程结构满足以下 4 个功能要求。

(1) 在正常施工和正常使用时，能承受可能出现的各种力的作用。

(2) 在正常使用时，具有良好的工作性能。

(3) 在正常维护下，具有足够的耐久性能。

(4) 在设计规定的偶然事件发生时和发生后，仍能保持必需的整体稳定性。

工程结构的可靠度从概率的角度定量描述。"规定的时间"对应设计基准期，在此期间工程结构完成规定功能的概率恒定。"规定的条件"包括正常设计、施工和使用的条件。概率统计用于工程结构可靠度的定量评定，具有较好的科学性和合理性。

工程结构的可靠度是其可靠性的度量，P_s 代表可靠概率，对应的失效概率为 P_f。根据统计学原理，对于任意时刻，结构失效与结构可靠是对立事件，其概率关系是互补的，即满足下式：

$$P_f + P_s = 1 \tag{4.4.2.3}$$

若结构参数随机变量 $X_1, X_2, \cdots, X_n$ 的概率密度函数为 $f_X(x_1, x_2, \cdots, x_n)$，结构功能函数为 $Z = g(X_1, X_2, \cdots, X_n)$。那么基于结构可靠度定义和概率论基本原理，结构失效的概率可以表示为

$$P_f = P(Z<0) = \iint_{Z<0} \cdots \int f_X(x_1, x_2, \cdots, x_n) \, dx_1 \, dx_2 \cdots dx_n \tag{4.4.2.4}$$

当各个随机变量 $X_1, X_2, \cdots, X_n$ 互相独立时，失效概率 P_f 又可表示为

$$P_f = P(Z<0) = \iint_{Z<0} \cdots \int f_{X_1}(x_1) f_{X_2}(x_2) \cdots f_{X_n}(x_n) \, dx_1 \, dx_2 \cdots dx_n \tag{4.4.2.5}$$

考虑到结构功能函数 $Z = R - S$，若概率密度函数分别为 $f_R(r)$ 和 $f_S(s)$，概率分布函数分别为 $F_R(r)$ 和 $F_S(s)$，且 R 与 S 相互独立，则结构的失效概率可表示为

$$\begin{aligned} P_f = P(Z<0) &= \iint_{r<s} f_R(r) f_S(s) \, dr \, ds \\ &= \int_0^{+\infty} \left[\int_0^R f_R(r) \, dr \right] f_S(s) \, ds = \int_0^{+\infty} F_R(r) f_S(s) \, ds \end{aligned} \tag{4.4.2.6}$$

也可写为

$$\begin{aligned} P_f = P(Z<0) &= \int_0^{+\infty} \left[\int_r^{+\infty} f_S(s) \, ds \right] f_R(r) \, dr \\ &= \int_0^{+\infty} [1 - F_S(r)] f_R(r) \, dr \end{aligned} \tag{4.4.2.7}$$

结构的基本随机变量数目较多时，直接对其进行积分计算难度很大，所以需要研究便于工程应用且精度较高的计算方法。为此，引入可靠指标的概念。

结构功能函数有两个综合变量 R 和 S，两者都服从正态分布，相应的统计参数均已知时，用 μ_Z 表示结构功能函数的均值，σ_Z 表示结构功能函数的标准差，$f_Z(Z)$ 为结构功能函数的概率密度函数，则结构的失效概率 P_f 表示为

$$\begin{aligned} P_f = P(Z<0) &= \int_{-\infty}^0 f_Z(z) \, dz \\ &= \int_{-\infty}^0 \frac{1}{\sqrt{2\pi}\sigma_Z^2} \exp\left[-\frac{(Z - \mu_Z)^2}{\sigma_Z^2} \right] dz \end{aligned} \tag{4.4.2.8}$$

进行标准正态变换，令 $m = \dfrac{Z - \mu_Z}{\sigma_Z}$，则有 $dZ = \sigma_Z \, dm$，且

$$\begin{cases} Z = -\infty, \quad m = -\infty \\ Z = 0, \qquad m = -\dfrac{\mu_Z}{\sigma_Z} \end{cases} \tag{4.4.2.9}$$

将式 (4.4.2.9) 代入式 (4.4.2.8) 可得

$$P_f = \int_{-\infty}^0 f_Z(Z) \, dz = \int_{-\infty}^{-\frac{\mu_Z}{\sigma_Z}} \frac{1}{\sqrt{2\pi}} \exp\left(-\frac{m^2}{2} \right) dm = \Phi\left(-\frac{\mu_Z}{\sigma_Z} \right) \tag{4.4.2.10}$$

令 $\beta = \dfrac{\mu_Z}{\sigma_Z}$，则

$$P_\mathrm{f} = \Phi(-\beta) = 1 - \Phi(\beta)$$
$$\beta = \Phi^{-1}(1 - P_\mathrm{f}) \tag{4.4.2.11}$$

因此可将可靠指标与可靠概率之间的关系表示为

$$P_\mathrm{s} = 1 - P_\mathrm{f} = 1 - \Phi(-\beta) = \Phi(\beta) \tag{4.4.2.12}$$

式中，β 为可靠度指标，其为大于 0 的无量纲常数。

可靠度指标能够表征工程结构的可靠性，图 4.49 所示为结构可靠度指标与结构可靠度之间的对应关系。根据标准正态分布函数表获得 P_f 与 β 的关系。

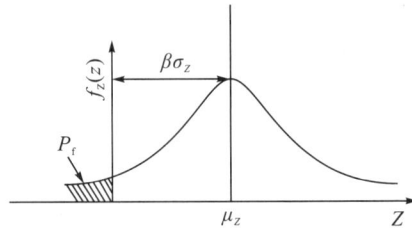

图 4.49　t_0 时刻结构可靠度指标图

4.4.3　基于时变灾害机理的可靠度模型

1. 隧道衬砌结构破坏判定指标

对结构的极限状态进行分析是结构设计实施的前提，一般来说，结构设计都应结合现有条件进行，结构的极限承载能力是结构设计过程中首先要考虑的重要因素之一，其次还应结合结构的正常使用极限来对初次设计结果进行验证和校核，使结构可以长期保持在一个稳定可靠的状态。通常判断隧道二衬结构的极限状态有两种处理方式。

第一种方式是将隧道二衬结构作为偏心杆件受压来进行处理，以二衬结构上某个截面压坏或开裂为研究对象，给出两种极限状态下二衬结构的大偏心承载力的极限状态方程、小偏压承载力的极限状态方程和大小偏心界限状态方程。或者用偏心影响系数来表达以上偏压状态下的二衬结构功能函数。这种方式将二衬结构某截面作为研究对象，当整个截面破坏时，才认为二衬结构发生破坏。如果二衬结构整个截面还未发生完全破坏前，就已经严重影响二衬结构的使用功能及外观状态，则这样的验算结果将偏向于危险；反之，如果二衬结构的某个截面发生完全破坏后，并不影响二衬结构的使用功能及外观状态，则这样的计算结果将偏于保守。

第二种方式是以二衬结构的内力为对象，不允许内力超过规定值，从而建立相应的极限状态方程。显然，作为结构体，结构材料内部某点的应力大小不足以作为判断结构失效的唯一依据。

本书采用塑性区体积比作为二衬结构的破坏判定指标，当结构体的塑性区体积与结构体体积的比值大于给定的限值时，二衬结构失效。

2. 塑性区判定准则

弹塑性理论中，用强度准则来判断材料是否进入塑性状态。

1）莫尔-库仑（Mohr-Coulomb）准则

莫尔-库仑准则是一个重要的准则，属于压剪准则。该准则认为，固体内任一点发生剪切破坏时，破坏面上的剪应力（τ）等于或大于材料本身的抗切强度（C）和作用于该面上的由法向应力引起的摩擦阻力（$\sigma \tan \phi$）之和（鲍先凯和李义，2011），即

$$|\tau| = C + f\sigma = C + \sigma \tan \phi \tag{4.4.3.1}$$

莫尔-库仑准则被认为是最简单且适用范围很广的强度准则。

2）格里菲思（Griffith）准则

格里菲思准则认为，微裂纹广泛分布于玻璃等脆性材料的内部，且呈现出无序分布的特点。当有大小不同的外力作用于材料时，微裂纹会发生不同程度的变形，如果外力持续足够时间或有较大强度，使得微裂纹的变形达到一定极值，则会出现裂纹的扩展、连接、贯通等一系列现象，最终以材料破坏为结果。

格里菲思准则有如下假设：

（1）在脆性材料内随机分布的微裂纹均为扁平椭圆形；

（2）裂纹都呈张开、前后贯通状态，且互不相关；

（3）材料和裂纹都呈各向同性；

（4）按平面应变问题处理，不计中间主应力影响。

根据以上基本思想和基本假设，由能量原理推导出裂纹开始扩展的条件为

$$\sigma_t = \sqrt{\frac{2U_1 E}{\pi(1-v^2)c}} \tag{4.4.3.2}$$

式中，σ_t 表示裂纹开始扩展时，裂纹尖端附近的拉应力；U_1 表示裂纹扩展时的表面比能；E、v 表示弹性模量与泊松比；c 表示裂纹长度的 $1/2$。

3）特雷斯卡（Tresca）屈服准则

受材料的变形性质影响，受力材料是否发生屈服，主要取决于材料承受的最大切应力是否达到了某一恒定值，应力状态的改变并不会影响材料的屈服状态。换言之，进入塑性变形状态的材料，其最大切应力应为一不变的定值，因此 Tresca 屈服准则又称为最大切应力不变条件。

Tresca 屈服准则的数学表达式为

$$\tau_{\max} = \frac{\sigma_s}{2} = K \tag{4.4.3.3}$$

或

$$|\sigma_{\max} - \sigma_{\min}| = \sigma_s = 2K \tag{4.4.3.4}$$

式中，K 为剪切屈服强度，代表屈服状态材料的最大切应力值。

若规定主应力大小顺序为 $\sigma_1 \geqslant \sigma_2 \geqslant \sigma_3$，则有

$$|\sigma_1 - \sigma_3| = 2K \tag{4.4.3.5}$$

如果不知道主应力大小顺序，则 Tresca 屈服准则可表示为

$$\left.\begin{array}{l} \sigma_1 - \sigma_2 = \pm 2K = \pm \sigma_S \\ \sigma_2 - \sigma_3 = \pm 2K = \pm \sigma_S \\ \sigma_3 - \sigma_1 = \pm 2K = \pm \sigma_S \end{array}\right\} \tag{4.4.3.6}$$

式(4.4.3.6)中左边为主应力之差，故又称主应力差不变条件。只要满足式(4.4.3.6)中的任意一个，即认为判断点已经进入塑性状态。

4) 米泽斯(Mises)屈服准则

由于 Tresca 屈服准则并非由完全试验得到的结论，假设条件的引入使得其在数学处理上难以实现。1913 年，Mises 提出了另一个适用性更强的屈服准则。Mises 屈服准则为

$$J_2 = C \tag{4.4.3.7}$$

式中，C 是和材料性质有关的一个常数。

J_2 可由下式表示：

$$J_2 = \frac{1}{6}\left[(\sigma_1 - \sigma_2)^2 + (\sigma_2 - \sigma_3)^2 + (\sigma_3 - \sigma_1)^2\right] \tag{4.4.3.8}$$

材料常数 C 可以通过试验确定。

若做拉伸试验，则在材料屈服时有 $\sigma_1 = \sigma_s$，$\sigma_2 = \sigma_3 = 0$，$J_2 = \frac{1}{3}\sigma_S^2 = C$，所以

$$C = \frac{1}{3}\sigma_s^2 \tag{4.4.3.9}$$

若做纯剪试验，则在材料屈服时有 $\sigma_1 = -\sigma_2 = \tau_s$，$\sigma_3 = 0$，$J_2 = \tau_s^2 = C$，所以

$$C = \tau_S^2 \tag{4.4.3.10}$$

在 π 平面上，Mises 屈服条件表示一个圆，外接 Tresca 正六边形。对于二维平面应力状态，有

$$\sigma_1^2 - \sigma_1\sigma_2 + \sigma_2^2 = \sigma_s^2 \tag{4.4.3.11}$$

Mises 屈服准则认为，中间主应力也会影响材料的屈服状态，因此充分考虑了中间主应力的影响作用。相较于 Tresca 屈服准则，该准则更接近试验结果。

5) 德鲁克-普拉格(Drucker-Prager，D-P)准则

D-P 准则是 Mises 屈服准则的发展和推广。该准则认为，当正八面体上的剪应力达到某临界值时，材料就会产生破坏。这里所谓的正八面体，是在以 3 个主应力 $(\sigma_1, \sigma_2, \sigma_3)$ 为轴的空间坐标系中作的正八面体，其中 8 个等斜面的外法线与 3 个主应力 $(\sigma_1, \sigma_2, \sigma_3)$ 轴有相等的夹角。D-P 准则可表达为

$$\alpha I_1 + \sqrt{J_2} - K = 0 \tag{4.4.3.12}$$

式中，$I_1 = \sigma_x + \sigma_y + \sigma_z = \sigma_1 + \sigma_2 + \sigma_3$，为应力张量第一不变量；$J_2 = \frac{1}{6}\left[(\sigma_1 - \sigma_2)^2 + (\sigma_2 - \sigma_3)^2 + (\sigma_3 - \sigma_1)^2\right]$，为应力偏张量第二不变量；$\alpha$、$K$ 为仅与岩石内摩擦角 ϕ 和黏聚力 c 有关的试验常数。

$$K = \frac{6c\cos\phi}{\sqrt{3}(3 - \sin\phi)} \tag{4.4.3.13}$$

D-P 准则考虑了 3 个主应力对屈服破坏均有影响作用，同时提出高压下的屈服破坏还

与静水压力相关的观点，克服了其他准则的一些弊端。近年来，地下工程领域广泛采用 D-P 准则，在实践领域取得了较好的效果。因此，本章选用 D-P 准则作为隧道衬砌结构的屈服准则。

3. 隧道衬砌结构破坏模式

1）外部荷载作用破坏模式

外部荷载作用破坏模式不考虑围岩及环境对隧道二衬结构的劣化影响。在这种情况下，隧道二衬结构承受 3 类荷载：①永久荷载，包括围岩应力、土压力、结构自重应力及地下水压力等；②基本可变荷载，包括车辆荷载、人群荷载等；③其他可变荷载，主要为围岩特殊性质引起的额外荷载，如石膏质岩引起的膨胀应力。隧道二衬在建设完成初期仅受到永久荷载作用，投入使用后开始受到基本可变荷载的作用，随着时间的推移，围岩特殊性质引起的额外荷载逐渐增加，当二衬结构荷载超过其强度极限时，将发生破坏。其受力情况如图 4.50 所示。

外部荷载作用破坏模式适用于隧道二衬结构防护措施十分到位，可以不考虑二衬自身劣化的隧道。

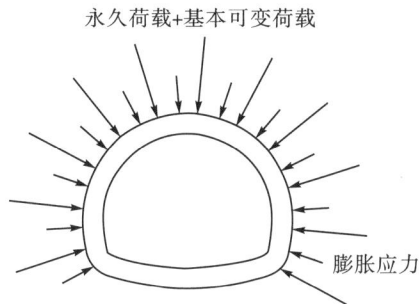

图 4.50　外部荷载作用破坏模式下衬砌结构受力示意图

2）抗力劣化破坏模式

在抗力劣化破坏模式下，不考虑隧道二衬结构承受的其他荷载，其应力边界主要为永久荷载和基本可变荷载之和，记为 str。由于荷载和环境对隧道二衬结构有劣化作用，导致二衬结构承载能力随时间逐渐降低，但二衬所受荷载并不会因此减小，依然为 str。当二衬结构的承载能力降低到一定程度时，将不能再承受所受荷载，二衬结构将发生破坏。此时，二衬结构受力示意图如图 4.51 所示。

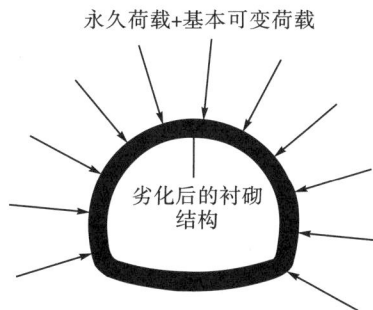

图 4.51　抗力劣化破坏模式下衬砌结构受力示意图

3)综合破坏模式

实际工程中由于隧道防护措施和二衬结构防劣化措施往往不是完全可靠,二衬结构存在劣化,导致二衬结构抗力效应减小;同时,由于围岩时变行为,隧道全寿命周期内二衬结构将受到随时间增加而增加的围岩应力,导致衬砌结构荷载效应增加,直到抗力效应小于荷载效应时,二衬结构将发生破坏。此时二衬结构的受力情况如图 4.52 所示。

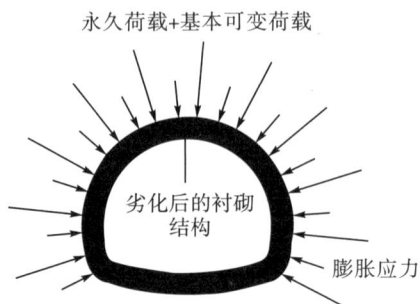

图 4.52　综合破坏模式下衬砌结构受力示意图

4. 衬砌结构时变可靠度功能函数

1)基于塑性区体积比的结构功能函数

一般按照强度理论的思想认为,若抗力效应大于荷载效应,则结构不会失效,按照可靠度基本理论,结构功能函数可以简化为

$$Z = R - S \tag{4.4.3.14}$$

式中,R 表示结构抗力效应;S 表示结构荷载效应。

(1)结构抗力效应。

结构抗力效应 R 为结构在失效临界状态下塑性区体积与结构体积的比值,表示为

$$R = a \tag{4.4.3.15}$$

式中,a 表示结构失效时塑性区与结构体积的比值,称为塑性区临界百分比,可以参考结构体的重要程度通过计算及试验的方法进行确定。

(2)结构荷载效应。

对于给定的结构体,根据弹塑性理论,在确定的边界条件和自身参数下,可以获得其内部各点的应力状态,如下式:

$$\sigma = f(s, p, \mathrm{str}, \mathrm{dis}) \tag{4.4.3.16}$$

式中,σ 表示结构体内部任意点的应力状态;s 表示结构体的形状参数;p 表示结构体的力学参数;str 表示结构体的应力边界条件;dis 表示结构体的位移边界条件。

很明显,各点的应力状态为一个二阶张量,即

$$\sigma = \begin{bmatrix} \sigma_x & \tau_{yx} & \tau_{zx} \\ \tau_{xy} & \sigma_y & \tau_{zy} \\ \tau_{xz} & \tau_{yz} & \sigma_z \end{bmatrix} \tag{4.4.3.17}$$

获得各点应力状态后，采用弹塑性理论中的强度准则判断各点是否进入塑性状态，进入塑性状态的所有点组合起来即为衬砌结构内进入塑性状态部分的总体积，可表示为

$$V_p = \iiint\limits_{m>0} \mathrm{d}x\,\mathrm{d}y\,\mathrm{d}z = \iiint\limits_{m>0} \mathrm{d}v \tag{4.4.3.18}$$

式中，V_p 表示衬砌结构内塑性区的体积；m 表示塑性状态判定量。

m 根据不同的强度准则有不同的表达形式，工程中常采用 D-P 准则判定某点是否进入塑性区：

$$m = \alpha I_1 + \sqrt{J_2} - K \begin{cases} <0, & \text{弹性状态} \\ =0, & \text{临界状态} \\ >0, & \text{塑性状态} \end{cases} \tag{4.4.3.19}$$

式中，I_1 表示应力张量第一不变量；J_2 表示应力偏张量第二不变量；α、K 表示常数。

结构荷载效应 S 等于荷载作用下，结构塑性区体积与衬砌结构总体积的比值，即

$$S = \frac{V_p}{V} \tag{4.4.3.20}$$

式中，V 表示结构总体积。

(3) 基于塑性区体积比的结构功能函数。

根据式(4.4.3.15)和式(4.4.3.20)，便可得到可靠度分析中基于塑性区体积比的结构功能函数：

$$Z = a - \frac{V_p}{V} \tag{4.4.3.21}$$

2) 基于塑性损伤程度的结构功能函数

以上分析中，若衬砌结构内某点处于塑性状态便认为该点失效，并没有考虑其进入塑性状态的程度，若一点进入塑性状态的程度较高，不仅该点失效，还会对周围产生一定的影响。因此，在结构功能函数的构建中应考虑材料塑性损伤程度。

根据岩土力学基本理论，宏观上材料在受到应力作用时，一般经历 3 个阶段，即孔隙裂隙压密阶段、弹性变形阶段、塑性屈服阶段，如图 4.53 所示。

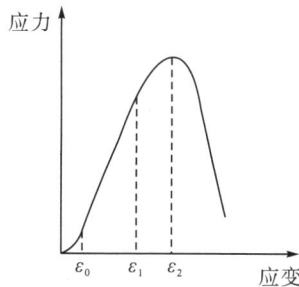

图 4.53　材料内部应力状态

结构体具有确定的边界条件及自身参数，根据弹塑性理论可以获得其内部应变场 ε，根据内部的应变状态，定义材料塑性损伤程度 D，表示如下：

$$D = \begin{cases} 0, & \varepsilon \leqslant \varepsilon_1 \\ \dfrac{\varepsilon - \varepsilon_1}{\varepsilon_2 - \varepsilon_1}, & \varepsilon_1 < \varepsilon \leqslant \varepsilon_2 \\ 1, & \varepsilon_2 < \varepsilon \end{cases} \tag{4.4.3.22}$$

式中，D 表示结构体某点内部损伤度；ε 表示结构内部应变；ε_1 表示结构弹性极限应变；ε_2 表示结构塑性极限应变。

在结构体的形状函数上，对 D 在 x、y、z 三个方向上进行积分，可得到结构体的总体损伤量 D'。

$$D' = \iiint\limits_V D \mathrm{d}x\mathrm{d}y\mathrm{d}z \tag{4.4.3.23}$$

按照结构抗力效应小于结构荷载效应时结构失效的思路，基于塑性损伤程度的结构功能函数可表示为

$$Z = D_0 - D' \tag{4.4.3.24}$$

式中，D_0 表示结构失效极限状态时的总体损伤量，为结构抗力效应 R。

5. 综合破坏模式的时变可靠度模型

在时变可靠度分析中，同时考虑二衬结构外部荷载时变效应和自身抗力劣化，二衬结构的失效概率随着时间的增加而增加，时变失效概率如图 4.54 所示。

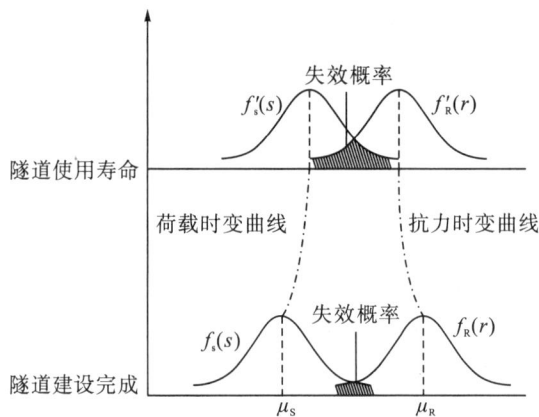

图 4.54　综合破坏模式的时变失效概率示意图

在隧道二衬结构综合破坏模式下，二衬结构既要承受永久荷载、基本可变荷载和围岩时变荷载的作用，又要受到劣化作用。二衬结构强度参数的劣化可以转化为有效承载体积的减小。二者综合作用导致二衬结构有效承载体积部分的荷载效应随时间的增加而增加。综合破坏模式下二衬结构的受力情况如图 4.55 所示。

在综合破坏模式下，可以认为在应力边界条件发生变化的同时隧道衬砌结构劣化后形状参数也发生变化，此时有效承载部分衬砌结构内部应力状态也可以由弹塑性理论获得，即

$$\sigma_t'' = f(s_t', p, \mathrm{str} + \mathrm{strp}_t, \mathrm{dis}) \tag{4.4.3.25}$$

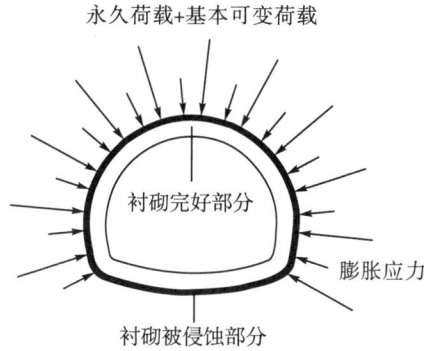

图 4.55　综合破坏模式下衬砌结构等效状态示意图

式中，σ_t'' 表示综合破坏模式下二衬结构应力状态。

此时有效承载部分衬砌结构内部应力仍为一随时间变化的二阶张量，即

$$\sigma_t'' = \begin{bmatrix} \sigma_x(t) & \tau_{yx}(t) & \tau_{zx}(t) \\ \tau_{xy}(t) & \sigma_y(t) & \tau_{yz}(t) \\ \tau_{xz}(t) & \tau_{yz}(t) & \sigma_z(t) \end{bmatrix} \tag{4.4.3.26}$$

二衬结构内塑性区的体积 $V_p(t)$ 仍可用式 (4.4.3.18) 计算，但应力状态需用式 (4.4.3.26) 计算。

在综合破坏模式下，二衬总体积仍为 V_t；劣化后二衬结构失效时，塑性区体积与结构体积的比值仍为 σ_t。因此，隧道二衬结构综合破坏模式基于塑性区体积比的时变结构功能函数可表示为

$$Z(t) = a_t - \frac{V_p(t)}{V_t}$$

4.5　本 章 小 结

本章系统研究了石膏质岩对隧道支护结构的腐蚀特性及不同环境因素条件下石膏质岩的时变行为，揭示了石膏质岩的腐蚀特性和时变机理，建立了相应的时变本构模型；进一步构建了考虑吸水-膨胀演化的隧道围岩-支护演化模型和考虑渗流场的硬石膏围岩吸水-膨胀演化模型；结合隧道时变因子和时变灾害判据，建立了隧道全寿命周期时变可靠度理论体系。主要结论如下。

（1）石膏质岩对混凝土具有强腐蚀性，试验后可以明显地观察到混凝土试件表面出现孔洞增大、颜色加深的现象。极差分析结果显示，各影响因素对混凝土强度变化量影响的大小排序为 C_3A 含量＞硫酸根浓度＞抗渗等级＞时间＞水压。混凝土的强度对混凝土被腐蚀后强度变化量的影响不大，但是基本趋势是随着混凝土强度的增大，混凝土被腐蚀后强度变化量逐渐减小。

(2)持续供水的条件下，石膏质岩能持续膨胀，轴向膨胀应变和侧向膨胀应力随时间不断增大；轴向膨胀应变及侧向膨胀应力的增量初期逐渐增大，之后逐渐减小，最后保持在相对稳定的值；随着时间增加，硬石膏岩吸水率、结晶水率以及水化率逐渐增大，自由水率逐渐减小。在非持续供水条件下，随着初始湿度的增大，硬石膏岩膨胀持续的时间增长，最大轴向膨胀应变和最大侧向膨胀应力增大。膨胀终止时的吸水率和结晶水率增大，而自由水率接近0；随着吸水率的增大，硬石膏岩的轴向膨胀应变、侧向膨胀应力以及抗拉强度都呈增大的趋势。

(3)水压能增强膨胀性：随着水压的增大，最大轴向膨胀应变及最大侧向膨胀应力增大。水压能促进膨胀的激活：水压越大，膨胀起始时间越短，前期的轴向膨胀应变增量及侧向膨胀应力增量也越大；随着水压的增大，硬石膏岩膨胀结束时的吸水率增大，结晶水率逐渐增大并趋于吸水率，而自由水率逐渐减小并趋于0。

(4)将浸水时间、水压作为新的影响因子，以吸水率为桥梁，利用湿度场理论将其引入本构方程中，建立了吸水-膨胀演化本构模型。

(5)把吸水-膨胀演化方程引入圆形轴对称隧道本构模型的极坐标表达式中，建立了考虑吸水-膨胀演化的围岩弹-膨胀模型，并获得其解析解。该模型能够描述围岩应力及位移状态随膨胀时间的动态变化过程。进一步地，在围岩弹-膨胀模型的基础上，考虑围岩的塑性破坏特性，引入理想塑性模型，建立了围岩的弹-塑-膨模型。该模型不仅能描述围岩应力及位移状态随膨胀时间的演化，还能描述膨胀演化对塑性圈的影响。根据硬石膏岩的应力-应变全过程曲线，更进一步考虑岩石破坏后的变形规律，建立了围岩隧道弹-脆-膨模型，并研究获得其近似解的求解方法。该模型考虑了破坏后的应变软化特性，能进一步描述吸水-膨胀演化作用下围岩塑性区内应力和位移的动态变化，更符合实际情况。

(6)将二衬外部荷载时变效应和其自身抗力劣化的时变规律作为因子，构建具有通用性的隧道灾害判据；基于时变灾害判据，建立了隧道时变可靠度功能函数，结合隧道全寿命周期动态模拟方法，构建了隧道全寿命周期时变可靠度理论体系。

第 5 章　水平层状围岩隧道施工优化技术

5.1　水平层状围岩隧道破坏模式

5.1.1　层状岩体地质特征

沉积岩体结构取决于沉积岩形成时的建造和形成后的改造过程,按成因不同沉积岩体结构面可划分为原生结构面、构造结构面和工程结构面。

1. 原生结构面

原生结构面是形成于沉积建造阶段,即在沉积过程中、成岩作用结束之前所形成的构造。原生结构面包括层理、岩层面、不整合面、软弱岩层(张大伟等,2010)。

(1)层理是沉积岩区别于岩浆岩、变质岩的最主要的客观标志,是最重要的原生构造。沉积岩的层理是由其成分、结构、颜色以及结核、包体等在垂向上的变化所表现出来的成层现象。层理的出现说明沉积条件的变化,岩体因层理的存在而呈现出非均一性。层理面是指岩层沉积过程中不同物质的界面。

(2)岩层是指那些顶面和底面由两个沉积不连续面所限定的沉积物层,或是由一个沉积不连续面与一个沉积连续面所限定的沉积物层。因此岩层面为岩层的顶界面和底界面,层面可能是由程度不等的长期的沉积作用中断所引起的,也可能是由沉积物岩性及岩石学特征的相继迅速递变所引起的。

(3)不整合面一般为较大的不连续面,上下地质时代不连续,存在明显的沉积间断和地层缺失。根据形态特征及成因,不整合面可分为平行不整合面、角度不整合面和冲刷不整合面。

(4)软弱岩层是指含有大量黏粒组和力学特征显著弱于上、下岩层的黏土岩类和泥质粉砂岩等。常见的有泥岩、黏土岩、泥质页岩、粉砂质黏土岩及泥质粉砂岩等,大多数属于软岩类,单轴抗压强度低于 30MPa。原生软弱岩层是岩体中最薄弱的部位,也是后期改造中性能最易恶化的部位,对岩体稳定性起着极为重要的控制作用。

2. 构造结构面

沉积岩体成岩后在各种构造运动作用下所产生的破裂面或破碎带,主要包括断层、节理和劈理等,这种结构面对岩体的稳定性产生重要影响。构造结构面是结构面的主要组成部分;构造结构面按照其成因机制和特征不同,可分为张性结构面、剪性结构面和压性结构面(黄金旺,2010)。

1)张性结构面

张性结构面是在张应力作用下形成的破裂面,结构面大多粗糙,结构面的咬合力大,摩擦系数高，常为张性节理、裂隙和正断层等，此类结构面具有以下特征：

(1)产状不稳定，延伸不远，单条节理短而弯曲，常侧列产出；

(2)粗糙不平，无擦痕；

(3)在胶结不太坚实的砾岩或砂岩中，张节理常常绕砾石或沙粒而过；

(4)多开口，一般被矿脉充填，脉宽变化较大，随深度而减小，壁面不平直；

(5)有时呈不规则的树枝状、各种网络状，有时也追踪 X 形节理形成锯齿状节理、单列或共轭式节理。

因此，张性结构面常具有含水丰富、导水性强及抗剪强度高等特征。

2)剪性结构面

剪性结构面是由剪应力作用所形成的破裂面。结构面平坦、光滑，结构面的咬合力小，摩擦系数小，常为剪节理、平移断层等。剪性结构面具有以下特征：

(1)产状较稳定，沿走向和倾角延伸较远；

(2)较平直光滑，有时具有剪切滑动留下的擦痕，未被矿物充填时是平直闭合缝，若被填充，则脉宽较为均匀，壁面较为平直；

(3)发育于砾岩和砂岩等岩石中的剪节理，一般穿切砾石和胶结物；

(4)典型的剪节理常常组成共轭 X 形节理系，X 形节理发育良好时，将岩石切成菱形，剪性结构面往往呈等距排列；

(5)主剪裂面由羽状微裂面组成，羽状微裂面与主剪裂面的交角一般为 10°~15°，相当于内摩擦角的 1/2。

3)压性结构面

压性结构面是在压应力作用下形成的结构面，如断层、剖面为 X 形节理、劈裂面、片理面等，常存在较宽的破碎带和破碎影响带。

工程调查表明，由于构造作用，大多数层状岩体中都分布有连续性较好的层间错动、泥化夹层以及层间裂隙。

泥化夹层是指软弱夹层、软弱岩层中已泥化的部分，它是黏土质岩石由于层间错动而形成的剪切光面或软弱层面被硬岩研磨成岩粉，并经地下水浸泡、软化等作用，使岩质物质成分发生变化而形成的泥塑性软岩。

沉积岩体中的层间错动实质上是具有一定厚度的岩体软弱结构面，它与围岩相比，具有显著低的强度和显著高的压缩性，其抗压强度、抗剪强度和抗拉强度均低于围岩，在开挖影响下层间错动易沿层面脱落，而且总体变形模量小，对工程岩体的变形和沉降起决定性作用。

层状岩体中的层间裂隙如图 5.1 所示，层间裂隙虽然切层性差，规模小，但它们组数多，数量巨大，会产生以下影响：①破坏了岩体的完整性，使岩体的抗剪断强度降低，并为岩体卸荷回弹提供了分离面，容易导致裂隙面张开，使岩体结构松弛，从而大大降低了岩体的变形模量和承载力，增大了岩体的泊松比或侧压系数，使岩体易变形和侧向膨胀；②增加了岩体的透水性，加剧了地下水和风化作用对岩体质量和岩体稳定性的影响，容易导致软弱夹层泥化(宋昌，2015)。

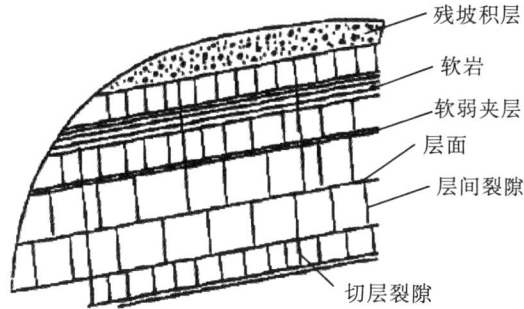

图 5.1　层状岩体结构面分布示意图

3. 工程结构面

沉积岩体由于工程作用和人类活动会产生断裂结构面,如地下开采和开挖等形成的结构面。由于沉积结构面和构造结构面的存在,人类的工程活动除了产生工程结构面,还有可能使构造结构面"活化"和使沉积结构面拉剪、滑动以及开裂,在地下工程中表现为离层破坏,在边坡工程中表现为溃曲破坏、滑动破坏、拉裂破坏。因此上述 3 种结构面是相互联系的,共同决定了岩体结构及岩体特性的复杂性。

5.1.2　层状围岩隧道应力场分析

1. 层状围岩隧道应力场影响因素

多因素的综合作用决定了层状围岩应力场分布,其中主要因素包括岩体的天然应力状态、岩石物理力学性质、岩体结构与构造、地下水作用以及隧道的几何尺寸和施工方案等。将影响因素概括归纳为两大类:地质因素,包括原岩应力、岩石力学性质、岩体结构与构造、地下水作用、物理化学性质以及风化程度等;工程因素,包括隧道断面尺寸与形式、施工方法、支护方式等。它们的具体影响情况描述如下。

(1)原岩应力状态。原岩应力是引起围岩变形、失稳及破坏的根本原因,也是地下工程稳定性分析中的重要初始参数。岩体的本构关系、破坏准则以及应力传播规律等都受其影响。

(2)岩石力学性质。岩块是岩体的基本组成单元,它被各种软弱结构面分割包围,通过结构面与周围的岩块相联结共同构成岩体。岩石的力学性质是指岩石在荷载作用下表现出的强度和屈服值等力学属性。不同性质岩石的变形条件、应力-应变关系、破裂条件等都有很大不同。无论是从已知外力和边界条件去预测围岩变形,还是从变形去推导所受的边界条件和外力,都需要研究岩石的力学性质。

(3)岩体结构。漫长的地质构造运动使岩体中存在大量结构面,其存在破坏了岩体的完整性,也成为岩体强度薄弱环节。结构面的连续性、平整起伏程度、光滑粗糙程度和充填物的物质组成以及胶结情况等都直接影响着岩体的抗剪特性。水平层状岩体具有定向软弱面,侧壁围岩承受的压力相对较小,顶部围岩压力大,破坏常发生在隧道的拱顶位置。

(4)地下水作用。地下水对围岩稳定性的影响表现为水平结构面中存在的易溶胶物,潜蚀充填物中的细小颗粒，使岩石疏松软化，强度降低。同时地下水的存在可能增加动水压力和静水压力，从而降低其稳定性。

（5）岩体物理化学性质。由于风化作用，岩体各强度指标下降，围岩压力也将随之增大。风化作用使得原本相对完整的岩体分裂为破碎体，降低岩石强度和结构面强度。例如，含有蒙脱石的岩体，风化脱水再遇水则崩解为黏土或碎片。

（6）人为因素。虽然断面形状、隧道埋深、开挖方法、支护方式等工程因素不能决定围岩质量的好坏，但是能给应力形式和稳定性带来影响，特别是对于岩体等级较差的围岩影响程度更为明显。

上述各类影响因素中，岩石力学性质等指标对应力分布的影响相对简单，而地下水作用、岩体物理化学性质等因素不具有可控性和普遍性。

2. 层状围岩隧道开挖应力重分布

水平层状围岩隧道开挖后，移走了隧道内原来受力的部分岩体，破坏了围岩初始应力场的平衡状态，围岩从相对静止的状态转变为变动的状态。围岩试图达到一个新的平衡，其应力和应变开始一个新的变化运动，运动的结果是，围岩应力重新分布并向隧道开挖的空间变形。理论和试验证明，隧道开挖后，部分围岩的约束解除，在隧道周围初始应力将沿隧道一定范围重新分布，一般情况下应力形成 3 个区域，即Ⅰ区域、Ⅱ区域和Ⅲ区域。

（1）Ⅰ区域为低应力区，在有裂隙和破碎的岩石中，或松软围岩，由于岩体强度小，隧道开挖后，岩体不能承受急剧增大的周边应力而产生塑性变形，使隧道周边的围岩应力松弛而形成一个应力降低区域，高应力向岩体深处转移，被扰动的这部分岩体开始向隧道内变形，变形值超过一定的值，则出现移动，甚至坍塌。

（2）Ⅱ区域为高应力区，这个区域的岩体也受到了扰动，在应力重分布的过程中这个范围内的岩体应力值升高，但强度尚未破坏，相当于形成了一个承载环，起到承载的作用。

（3）Ⅲ区域为原始应力区，距离隧道较远的岩体未受到开挖的影响，仍处于原始的应力状态。

在极坚硬面完整的围岩中，隧道周边应力急剧增大，由于岩体强度大，未出现如松软破碎岩体那样变形过大和开裂坍塌的情况，因而不存在应力降低区，而只有高应力向原始应力过渡的重分布特点，一般不需要支护结构来提供外加平衡力。对稳定性不同的围岩开挖隧道，情况也有所不同，围岩变化到一定程度后都会暂时稳定下来。

综上所述，隧道的开挖，破坏了围岩原有的平衡，产生变形和应力重分布，这种变化是指为了达到一种新的平衡而处在一种新的应力状态中。

围岩是坚硬致密的块状岩体，当天然应力大于等于或小于单轴抗压强度的 1/2 时，围岩呈弹性变形。可近似视为各向同性、连续、均质的线弹性体，其围岩重分布应力可根据弹性力学计算。根据图 5.2 所示的柯西计算模型可知：

$$\sigma_r = \frac{P}{2}(1+\lambda)\left(1-\frac{r_0^2}{r^2}\right) - \frac{P}{2}(1-\lambda)\left(1-4\frac{r_0^2}{r^2}+3\frac{r_0^4}{r^4}\right)\cos 2\theta \tag{5.1.2.1}$$

$$\sigma_\theta = \frac{P}{2}(1+\lambda)\left(1+\frac{r_0^2}{r^2}\right) + \frac{P}{2}(1-\lambda)\left(1+3\frac{r_0^4}{r^4}\right)\cos 2\theta \tag{5.1.2.2}$$

$$\tau_{r\theta} = \frac{P}{2}(1-\lambda)\left(1 + 2\frac{r_0^2}{r^2} - 3\frac{r_0^4}{r^4}\right)\sin 2\theta \qquad (5.1.2.3)$$

式中，λ 为侧压力系数；P 为天然应力；r 为以隧道断面中心为起点的径向距离；r_0 为隧道圆形断面的半径；σ_r 为径向应力；σ_θ 为切向应力；$\tau_{r\theta}$ 为剪切应力；θ 为所求点到圆心的连线与垂直线的夹角。

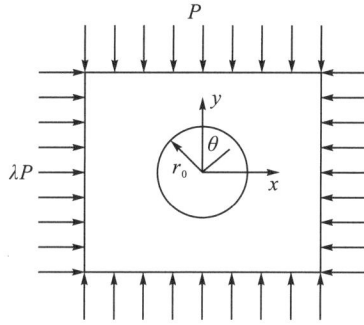

图 5.2　柯西计算模型

从式 (5.1.2.1) 与式 (5.1.2.2) 可以看出，围岩隧道的断面尺寸大小并不影响围岩应力的大小，围岩应力的大小只与隧道断面半径与所求的以断面中心为起点的径向距离的比值直接相关，且与岩石的弹性模量 (E, μ) 无关，由式 (5.1.2.3) 可知，水平层状围岩隧道开挖后在洞壁位置产生较大的切向应力，可以看出应力集中现象将会出现在开挖后洞室的边界附近。

在埋深很大的隧道中，即式 (5.1.2.1)～式 (5.1.2.3) 中 $\lambda=1$ 时，可以简化为

$$\sigma_r = P\left(1 - \frac{r_0^2}{r^2}\right) \qquad (5.1.2.4)$$

$$\sigma_\theta = P\left(1 + \frac{r_0^2}{r^2}\right) \qquad (5.1.2.5)$$

$$\tau_{r\theta} = 0 \qquad (5.1.2.6)$$

通过式 (5.1.2.4) 和式 (5.1.2.5) 可以知道，由于隧道圆形断面的半径 r_0 小于径向距离 r，隧道的天然应力等于隧道的垂直应力，水平层状隧道开挖后围岩中的切向应力大于岩体中的天然应力，并在洞室边界处达到最大值，为天然应力的 2 倍，此时，径向应力 σ_r 小于岩体的天然应力。

对于水平层状岩体，可知围岩的主要结构面是其层理面，影响围岩应力的分布。当 $\theta=0°$ 时，结构面上的径向应力和切向应力均为主应力，水平方向上切应力均为 0，层面上并没有剪应力作用，所以，水平层状岩体的层理面不会发生剪切滑动。

3. 围岩的弹性位移

根据弹性理论，平面应变与位移之间的关系为

$$\varepsilon_r = \frac{\partial u}{\partial r} \qquad (5.1.2.7)$$

$$\varepsilon_\theta = \frac{u}{r} + \frac{1}{r}\frac{\partial v}{\partial \theta} \qquad (5.1.2.8)$$

$$\gamma_{r\theta} = \frac{1}{r}\frac{\partial u}{\partial \theta} + \frac{\partial v}{\partial r} - \frac{v}{r} \qquad (5.1.2.9)$$

平面应变与应力的物理方程为

$$\varepsilon_r = \frac{1}{E}\left[(1-\mu^2)\sigma_r - \mu(1+\mu)\sigma_\theta\right] \qquad (5.1.2.10)$$

$$\varepsilon_\theta = \frac{1}{E}\left[(1-\mu^2)\sigma_\theta - \mu(1+\mu)\sigma_r\right] \qquad (5.1.2.11)$$

$$\gamma_{r\theta} = \frac{2}{E}(1+\mu)\tau_{r\theta} \qquad (5.1.2.12)$$

将 σ_r 和 σ_θ 的值代入式 (5.1.2.10) 和式 (5.1.2.11)，则围岩位移可表示为

$$u = \frac{1-\mu^2}{E}\left[\frac{\sigma_h+\sigma_v}{2}\left(r+\frac{r_0^2}{r}\right) + \frac{\sigma_h-\sigma_v}{2}\left(r-\frac{r_0^4}{r^3}+\frac{4r_0^2}{r}\right)\cos 2\theta\right]$$
$$- \frac{\mu(1+\mu)}{E}\left[\frac{\sigma_h+\sigma_v}{2}\left(r-\frac{r_0^2}{r}\right) - \frac{\sigma_h-\sigma_v}{2}\left(r-\frac{r_0^4}{r^3}\right)\cos 2\theta\right] \qquad (5.1.2.13)$$

$$v = \frac{1-\mu^2}{E}\left[\frac{\sigma_h-\sigma_v}{2}\left(r+\frac{r_0^4}{r^3}+\frac{4r_0^2}{r}\right)\sin 2\theta\right] - \frac{\mu(1+\mu)}{E}\left[\frac{\sigma_h-\sigma_v}{2}\left(r+\frac{r_0^4}{r^3}-\frac{2r_0^2}{r}\right)\sin 2\theta\right] \qquad (5.1.2.14)$$

式中，σ_h 为水平应力；σ_v 为自重应力；v 为围岩内任一点的环向位移；u 为任一点的径向位移；E 为岩体的弹性模量；μ 为泊松比。

分析式 (5.1.2.13) 可知，隧道开挖后，隧道洞壁的径向位移主要与围岩的岩性、初始应力状态有很大关系。

5.1.3 层状围岩隧道变形破坏特征

在层状围岩中修建隧道时，开挖后致使隧道围岩应力重新分布，容易引起隧道围岩的变形失稳。通过对多条隧道统计发现，隧道围岩的破坏形式多种多样，这是由岩体的性质、结构、开挖部位的差别等因素所决定的。

5.1.3.1 层状隧道围岩的破坏模式

1. 隧道围岩的破坏形式

长久以来，国内外的诸多学者围绕隧道围岩的破坏模式进行了广泛的分析和深入的研究。通过分析总结广大学者的研究成果，隧道围岩岩体结构的破坏模式见表 5.1。

1) 岩爆破坏

岩爆是指岩体在应力条件发生改变后突然发生剥落并弹射出来的现象，主要在高应

表 5.1 隧道围岩结构破坏模式

序号	变形机制	破坏模式	力学机制	岩体结构特征
1	块体运动	碎裂松动，滑落	压应力集中致使剪切破裂滑移和破裂松动掉落	层状和散体岩体、裂隙块体
2	松动解脱	松脱塌落	重力及拉应力作用下碎裂岩体散落	块状碎裂结构
3	弯曲折断	弯曲挤入，折断塌落	压应力集中导致弯曲拉裂	层状、软硬互层、薄层状岩体
4	塑性变形	塑性挤出，底鼓收缩	压应力作用下塑性破坏并局部收缩挤出	碎块碎裂结构及层状碎裂结构
5	脆性破裂	岩爆，劈裂，张裂	压力集中导致突发破坏	块状和厚层状，岩性较好

力、脆性岩体中比较常见。岩爆经常出现在隧道埋深较深的隧道中，因为深埋隧道容易出现应力集中现象。岩爆发生时弹射的岩块一般是中厚的不规则片状块体，发生前并无明显征兆。通过大量研究发现，岩爆产生的前提条件是有足够大的地应力且围岩属于脆性岩体。

2）剪切破坏

剪切破坏一般在松散破碎且含有软弱结构面的围岩中比较常见，此类岩体的软弱结构面的抗剪强度较低，当结构面的抗剪强度小于剪应力时，发生剪切破坏。然而，岩性较好的岩体在高应力条件下，当岩体的剪应力超过岩石抗剪强度时，可能会发生剪切破坏，一般表现为隧道的侧壁发生剪切破坏，若支护不及时，则随后破坏会延伸到隧道拱顶，使新的剪切破坏在拱顶发生，进而导致隧道坍塌(卢泽霖，2018)。

3）弯折和挠曲破坏

隧道岩体容易发生围岩弯曲而产生拉伸张裂的破坏，其大多发生在隧道的顶板位置。这是由于隧道顶板位置的上下部岩层由于压应力的作用而分离发生离层现象，在水平薄层状围岩中，弯折破坏是其主要的失稳破坏形式。

4）局部落石破坏

局部落石破坏主要是由于岩块的自重，而围岩应力的变化加速围岩的变形，围岩应力过大，致使隧道围岩主要是拱顶发生松动碎裂，洞壁局部也会发生这种破坏。造成这种破坏发生的因素有很多，如隧道开挖后围岩临空、岩体结构面发育而岩体较破碎、层状岩体沿层面滑动、开挖的扰动、爆破方式的影响等。根据现场隧道施工统计，隧道爆破施工对围岩的稳定性有很大的影响，极易引起隧道发生落石破坏从而导致隧道拱顶塌落，如图 5.3 所示(郭丽英，2008)。

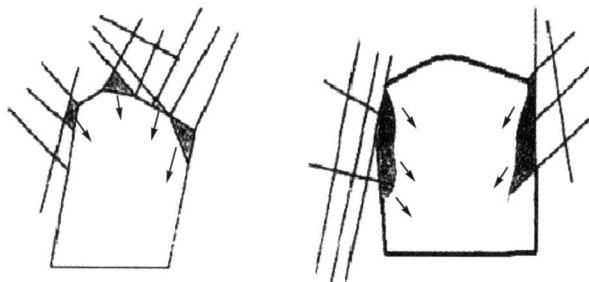

图 5.3 落石破坏
注：图中箭头方向表示落石方向。

5）膨胀破坏

膨胀破坏的主要诱发因素是水，隧道中一些岩体本身具有膨胀性，在遇水的条件下容易发生膨胀，降低岩体的强度指标，从而导致围岩失稳的情况发生，膨胀破坏主要表现为岩体的潮解或膨胀。具有膨胀性的岩体会吸收空气中的水分，在长期与空气的接触中也会发生潮解破坏，膨胀破坏的发生过程是吸水膨胀—风化—解体。

2. 层状围岩隧道的破坏模式

由于层状岩体倾向角度及岩层走向的不同，层状围岩隧道发生破坏的方式也不尽相同。孙广忠教授把层状岩体视为板裂介质，根据层状围岩的结构力学特征将层状围岩隧道的破坏模式分为4种，即顶板弯折、斜顶弯折、边墙弯曲-溃曲、底板鼓起，具体如图5.4所示。

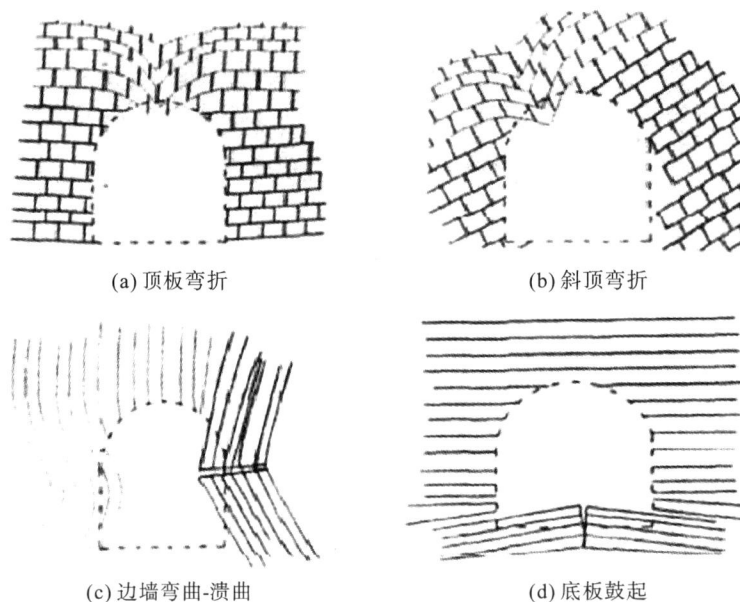

(a) 顶板弯折　　　　　　　　　　　　(b) 斜顶弯折

(c) 边墙弯曲-溃曲　　　　　　　　　　(d) 底板鼓起

图 5.4　层状围岩破坏模式

在岩土结构力学的基础上，根据层状岩体岩层走向和倾斜角度的不同，岩体发生的破坏模式也各不相同，经过分析统计，将层状围岩隧道的破坏模式与破坏位置进行归纳分类，见表5.2。

表 5.2　层状围岩隧道的破坏模式与破坏位置

岩体类型	岩层倾角	破坏模式	破坏位置
水平层状围岩	<10°	变形松弛、弯折破坏(脆性破坏)	隧道顶板
缓倾层状围岩	10°~40°	剥落掉块(脆性破坏)	隧道拱顶
		溃曲破坏为主	隧道洞壁
陡倾层状围岩	>40°	松弛、滑动、倾倒	隧道洞壁
		外鼓、脱落、溃曲破坏	隧道边墙

3. 水平层状围岩隧道破坏模式

水平层状围岩隧道的破坏模式主要有以下两种。

(1)弯折破坏。此类变形破坏是薄层状围岩变形破坏的主要形式，破坏特征如图 5.5 所示。弯折破坏主要是由岩块抗弯能力不够而在一侧产生过大拉应力造成的拉坏。

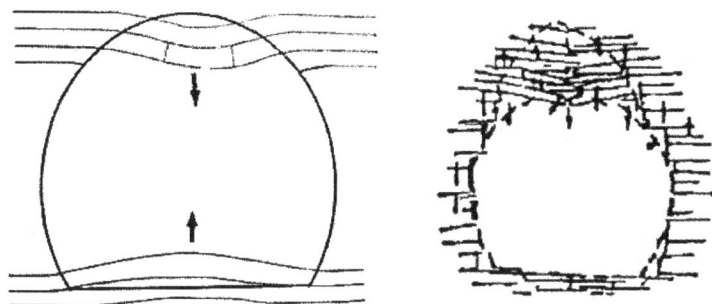

图 5.5　水平层状围岩隧道失稳破坏示意图

注：图中箭头方向表示变形方向。

(2)张裂塌落。通常发生于厚层状或块体状岩体内的洞室拱顶。由于拱顶产生的拉应力集中，当拉应力超过围岩的抗拉强度时，顶拱围岩就会发生张裂破坏。垂直裂缝切割的岩体在自重作用下变得极不稳定，特别是有近水平方向的软弱结构面发育，岩体在垂直方向上的抗拉强度较低时，往往造成顶拱的塌落。

通过分析水平层状围岩隧道破坏模式，可以得出水平层状围岩条件下隧道应该重点考虑拱顶层状岩石以及节理裂隙发育部位的稳定性问题。

5.1.3.2　隧道围岩稳定性判别依据

隧道开挖过程中，地质因素和施工设计因素对隧道围岩的影响较大，判别围岩是否失稳具有一定的难度。由于隧道围岩情况比较复杂，目前还没有形成统一标准的判断依据。本节通过总结广大学者的研究成果，并结合隧道的现场施工，归纳了 4 种隧道失稳的基本判断方法。

1. 位移判别法

(1)隧道周边收敛判断。隧道现场监控量测在隧道工程建设中具有重要的意义，现场监控量测的必测项目主要包括隧道断面的位移收敛和拱顶沉降，通过现场量测和数据处理分析得出隧道收敛和沉降的变化曲线，可以对隧道围岩的稳定性有直观的判别，同时反馈指导隧道的设计与施工。当围岩变形超过隧道位移允许的最大值时，围岩失稳。根据我国《公路隧道施工技术规范》(JTG/T 3660—2020)规定，隧道内洞壁任一点的相对位移值应小于表 5.3 中所列的数值。

表 5.3 隧道周边相对位移允许值

围岩级别	隧道埋深		
	<50m	50~300m	>300m
III	0.10%~0.30%	0.20%~0.50%	0.40%~1.20%
IV	0.15%~0.50%	0.40%~1.20%	0.80%~2.00%
V	0.20%~0.80%	0.60%~1.60%	1.00%~3.00%

(2)隧道围岩位移变化率判断。该方法是借助位移变化率曲线判断围岩的稳定性，当曲线急剧上升或出现拐点时表明围岩即将失稳，必须马上采取支护措施；当曲线趋于平缓或位移变化率趋于 0 时表明围岩已经逐渐稳定，不再发生大的变形，可以进行施工。围岩的初期位移变化率是评价围岩稳定性的指标之一，初期位移的数值越大，说明围岩稳定性越差。

(3)隧道拱顶下沉判断。法国工业部提出了根据拱顶绝对位移来判定拱顶下沉，并给出了相关判别标准值，具体见表 5.4。

表 5.4 法国工业部拱顶绝对位移标准

埋深/m	隧道拱顶沉降值/mm	
	硬质岩石	塑性岩石
10~50	10~20	2~50
50~500	20~60	100~200
>500	60~120	200~500

2. 围岩极限应变判别依据

极限应变是围岩失稳破坏时的应变，也称为界限应变。其判别依据认为围岩应变达到极限是导致围岩失稳的首要原因，通过岩石单轴压缩试验可以得到围岩的极限应变值。

将岩石的应力-应变曲线拟合，得到图 5.6 所示的双曲线，可以表达为

$$\sigma = \frac{\varepsilon}{i + j\varepsilon} \tag{5.1.3.1}$$

式中，$i=1/E_i$，E_i 为初始弹性模量；$j=1/\sigma_n$，σ_n 为极限应力值。

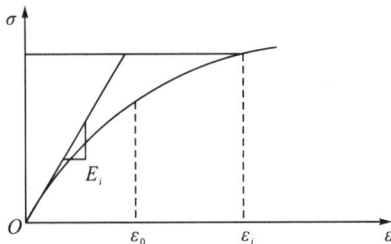

图 5.6 岩石的应力-应变曲线

设 σ_c 为岩石的单轴抗压强度，则有

$$\sigma_c = \frac{R_f}{j} \qquad (5.1.3.2)$$

式中，R_f 表示岩石的破坏比。

极限应变为岩石的单轴抗压强度与初始弹性模量的比值，即

$$\varepsilon_0 = \frac{\sigma_c}{E_i} \qquad (5.1.3.3)$$

式中，ε_0 的变化范围是 $0.1\% \sim 1.0\%$ (极软岩取下限值，极硬岩取上限值)。

3. 围岩强度判别法

一般情况下，脆性岩体施加荷载时，围岩因切应力达到极限强度发生失稳。强度准则是以隧道掌子面周边围岩中最大切向应力达到极限应力值为丧失稳定性的判断标准，因此，要重点考虑底顶板和边墙的切向应力。判别式为

$$\sigma_\theta \leqslant S_C \qquad (5.1.3.4)$$

式中，S_C 为岩体极限抗压强度。

如果 $\sigma_\theta > S_C$，则隧道围岩首先在这一位置发生失稳。

4. 塑性区尺寸判别法

判断围岩的稳定性可以采用判断隧道周边塑性区大小的方式。隧道围岩的位移与塑性区的大小有很大关系，塑性区的大小间接反映隧道围岩的位移情况，因此，可以根据塑性区大小来分析隧道围岩的稳定性。表 5.5 反映了塑性区尺寸与隧道围岩稳定性之间的关系。

表 5.5　围岩塑性区尺寸判别标准

最大深度 L/m	围岩稳定情况
$L \geqslant 1$	很不稳定
$0.4 \leqslant L < 1$	不稳定
$0.2 \leqslant L < 0.4$	中等稳定
$L < 0.2$	稳定

5.1.3.3　结构面对隧道失稳垮塌模式的影响

1. 层理面的影响

在自然环境中，水平层状岩体大多是沉积岩，部分是变质岩。在沉积过程中，隧道顶板的水平层状围岩因为地质构造、环境、温度、矿物成分及颗粒大小的差异性，致使层状岩体的岩性和结构也不同。因此，在隧道开挖中，相邻水平层状围岩的工程力学参数有一定的差别，如岩体的抗拉强度、弹性模量、黏性模量及抗压强度等。隧道开挖后，由于上述岩体间的力学参数的差异，各岩层的变形不能同步，所以拱顶的弯曲折断破坏也不一致。其中，离层现象就是隧道拱顶的层状围岩在层理薄弱带的周围产生分离的现象。水平层状围岩的失稳破坏由于岩层间层理面的存在将更加迅速且剧烈，给施工带来不便。

水平层状围岩隧道开挖后，隧道顶板围岩沿层理面自然脱落，形成较为光滑的平面。此时隧道顶板一侧悬空，下部临空面围岩产生向隧道内的位移，上覆岩层作用在下部岩层

上，形成板或梁的支撑形式并达到应力平衡。但是组成的岩板抗剪切和抗弯曲强度很低，通过力学分析可知，由于上部存在一定的荷载，随着岩板的极限长度不能满足隧道跨度，则出现顶板的断裂、塌落破坏。隧道顶板岩层在第 1 次断裂后，应力转到两侧，上面的岩层又形成新的板或梁形式的平衡结构，其两侧则位于隧道两侧悬臂岩层的上方。隧道两侧岩层悬臂梁在作用力足够大的情况下先发生断裂，岩板的极限长度不能满足隧道的跨度时再次造成隧道拱顶的断裂塌落。因此，隧道拱顶层板就反复发生断裂—转移—断裂，直到达到应力平衡，断裂塌落才停止。当破坏逐渐停止时，上覆岩层的重力随之传递到隧道两侧，形成应力平衡拱。此时，拱上岩体的重力由于平衡拱的存在不会对拱下无支撑的岩体传递荷载，只传到隧道拱脚位置，拱下岩体只产生弯曲下沉。离层现象就是岩层弯曲下沉引起的。

1）层理面力学性质较弱

如图 5.7 所示，上部岩层 A 在荷载作用下的最大挠度为

$$(\omega_A)_{\max} = \frac{5(\gamma_1 h_1 + q_1)L^4}{384 E_A I_A} \tag{5.1.3.5}$$

上部岩层 B 的最大挠度为

$$(\omega_B)_{\max} = \frac{5\gamma_2 h_2 L^4}{384 E_B I_B} \tag{5.1.3.6}$$

式中，E_A、E_B 为岩层的弹性模量；I_A、I_B 为岩层的断面惯性矩。

显然两个岩层间形成离层的条件为

$$(\omega_A)_{\max} < (\omega_B)_{\max} \tag{5.1.3.7}$$

令 $h_3 = ah_1$，$I_A = bh_1^3/12$，$I_B = bh_2^3/12$，则式（5.1.3.7）可改写为

$$\frac{\gamma_1 h_1 + q_1}{E_A h_1^3} < \frac{\gamma_2}{E_B h_2^3} \tag{5.1.3.8}$$

可见，岩层间是否产生离层与上下岩层的弹性模量、上部荷载和上下岩层的厚度有关。当上部荷载和岩层的弹性模量一定，下部岩层厚度小于上部岩层厚度时，易产生离层。当上部荷载和岩层的厚度一定，下部岩层弹性模量小于上部岩层弹性模量时，易产生离层。

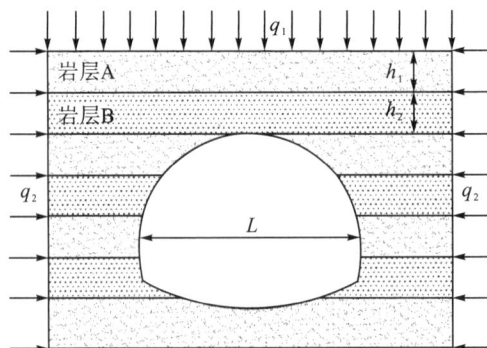

图 5.7　层理面影响下岩层受力图

2) 层理面力学性质较强

隧道顶部岩层发生弯曲下沉时，下位岩层的重力产生拉应力。其拉应力大小为

$$\sigma_{拉} = \gamma_2 h_2 \tag{5.1.3.9}$$

当 $\sigma_{拉} > \sigma_t$（层理面的抗拉强度）时，隧道顶部产生离层弯曲；当 $\sigma_{拉} < \sigma_t$ 时，上下位岩层一起弯曲下沉，形成组合梁。

当上下位岩层一起弯曲下沉时，层面上产生剪应力：

$$\tau = \frac{Q}{2I_Z} \left[\frac{(h_1 + h_2)^2}{4} - d^2 \right] \tag{5.1.3.10}$$

式中，I_Z 为整个截面对中性轴的惯性矩；d 为水平层面到中性轴的距离；Q 为截面上的剪应力。

根据莫尔-库仑准则，两岩层沿层面的抗剪强度为

$$\tau_c = c + \sigma \tan\phi \tag{5.1.3.11}$$

式中，c 为水平层理面间的黏结力；σ 为作用于层面上的正应力；ϕ 为层理面的内摩擦角。

在隧道顶部上下位岩层一起弯曲下沉时，若 $\tau_c \leq \tau$ 且下位岩层的抗弯刚度小于上位岩层，则顶板岩层发生离层弯曲，否则离层不会发生。

2. 节理面的影响

在原生的围岩体中，总是存在不同组合的结构面及裂隙，当拱顶层状围岩发育有近似垂直竖向的裂隙时，即使是较小的微裂隙，有较小的拉应力也会导致裂隙的扩张进而发展成明显的张性裂隙。围岩在张性裂隙及自重作用下，就形成了相当于两端受摩擦作用的梁体，当拱顶围岩的抗拉强度较低，且卸荷产生了张拉应力，裂隙面的摩擦、黏结作用较小时，拱顶节理裂隙区围岩极易形成失稳垮塌。

隧道顶板岩层存在垂直竖向节理，其荷载包括上部荷载和自重（图 5.8）。节理的存在使岩层更加破碎，节理面的抗拉强度远小于完整岩层的抗拉强度，更易导致岩层产生破坏。根据岩层强度控制垮塌模式理论，当顶板岩层所受应力大于节理面的允许抗拉强度时，岩体破坏。当岩层中节理面产生滑动后，滑动岩体不再承受上部荷载作用，而受到两端岩体的挟持作用。当滑动岩体的自重超过岩体所受摩擦力时，岩体滑落垮塌。

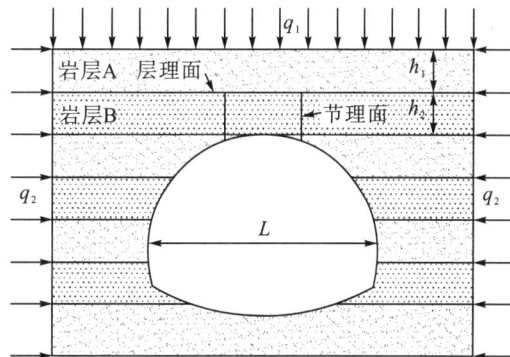

图 5.8　节理面影响下岩层受力图

5.2 水平层状围岩隧道施工优化方法

5.2.1 现代优化理论与方法

现代优化方法凭借其解决复杂优化问题的有效性已经广泛应用到岩土工程的各个领域。现代优化方法包含两个方面的内容：一是建立数学模型；二是数学求解。

5.2.1.1 最优化问题的提出

一个最优化问题可用 3 个参数 (D, F, f) 表示。其中 D 表示决策变量的定义域；F 表示可行解区域，F 中的任何一个元素称为该问题的可行解，$F=\{x|x\in D, g(x)\geqslant 0\}$；$f$ 表示目标函数。满足 $f(x^*)=\min\{f(x)|x\in F\}$ 的可行解 x^* 称为该问题的最优解。最优化问题可用数学模型描述为（董国凤，2006）：

$$\begin{cases} \mathrm{Min} f(x) \\ \mathrm{s.t.}\ g(x)\geqslant 0,\ x\in D \end{cases}$$

式中，$f(x)$ 为目标函数；$g(x)$ 为约束函数；x 为决策变量；D 为决策变量的定义域。

5.2.1.2 最优化问题的求解方法

最优化问题的求解方法可分为传统优化方法和现代优化方法。传统优化方法有许多，如在求解无约束优化问题时常用线性搜索方法、最速下降法、共轭梯度法、Newton 法及变尺度法；在求解线性约束优化问题时用到可行方向法、有效集方法及内点法；在求解非线性约束优化问题时则用到罚函数方法、乘子法及约束变尺度法，还有信赖域方法等。然而在岩土工程中所涉及的大量优化问题用传统优化方法求解并不理想，而且很多实际优化问题的求解非常复杂，这也使得现代优化方法得到了发展的空间，并且成为解决岩土工程最优化问题的一种有力工具。其中，遗传算法、人工神经网络算法和模拟退火算法是目前应用最为广泛的 3 种现代优化方法。

1. 遗传算法

本质上，生物进化过程就是生物群体在其生存环境约束下，通过各个个体的竞争（competition）、自然选择（selection）、杂交（crossover）、变异（mutation）等方式所进行的"物竞天演，适者生存，不适者淘汰"的一种自然优化过程。因此，生物进化的过程，实际上可以认为是某种优化问题的求解过程。遗传算法正是模拟生物的这种自然选择和群体遗传机理的数值优化方法。具体来说，遗传算法把一组随机生成的可行解作为父代群体，把适应度函数（目标函数或它的一种变换形式）作为父代个体适应环境能力的度量，经选择、杂交生成子代个体，后者再经变异，优胜劣汰，如此反复进化迭代，使个体的适应能力不断提高，优秀个体不断向最优点逼近（祁佳，2008）。因此，遗传算法是基于生物遗传进化思想的一种优化方法。遗传算法是一种算法体系，其本身是现代信息处理技术发展的产物，是智能科学体系中的一个学科分支。因此，把遗传算法引入岩土工程优化领域必将带动整个岩土工程学科的发展。

对于一个岩土工程中的优化问题(不妨设求一个函数最小值问题,求最大值问题类似地可以通过简单的符号变换为求最小值问题),一般可描述为带约束条件的数学规划模型:

$$\begin{cases} \min f(X) \\ \text{s.t. } X \in R \\ R \subseteq U \end{cases} \tag{5.2.1.1}$$

式中,$X=[x_1,x_2,\cdots,x_n]^T$为决策变量;$f(x)$为目标函数;U为基本空间;R是U的一个子集。

满足约束条件的解称为可行解(feasible solution),集合R表示由所有满足约束条件的解所组成的一个集合,称为可行解集合。对于式(5.2.1.1)的最优化问题,目标函数和余数条件种类繁多,有的是线性的,有的是非线性的;有的是连续的,有的是离散的;有的是单峰值的,有的是多峰值的。传统方法可能很难求解,而遗传算法可方便地求解。遗传算法是用计算机技术抽象出生物进化过程而逐步发展成为一种具有"生成+检验"特征的新的搜索算法。完整遗传算法的一般运算流程如图 5.9 所示。

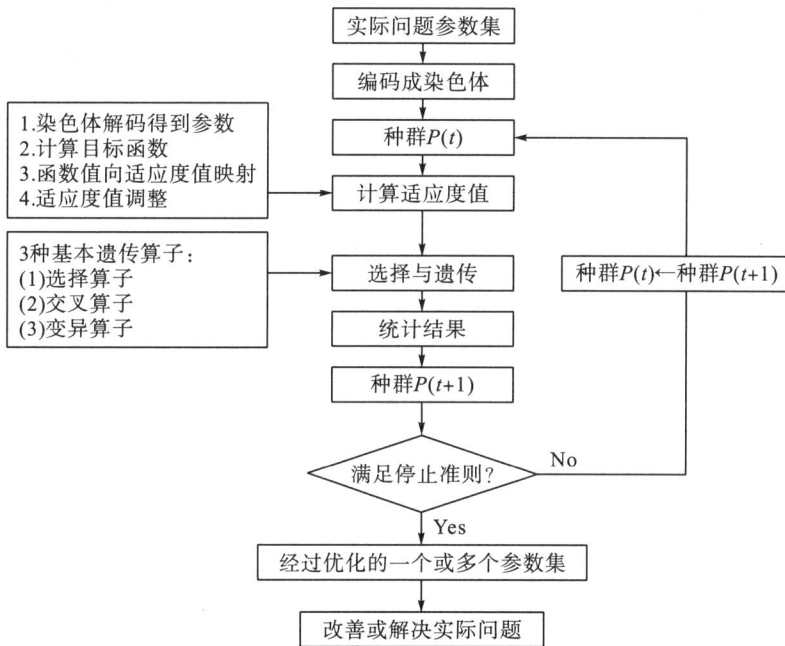

图 5.9　遗传算法运算流程图

由图 5.9 可以看出,使用 3 种遗传算子(选择算子、交叉算子和变异算子)的遗传算法的主要运算过程如下。

步骤 1,编码。解空间中的解数据 x,作为遗传算法的表现形式。从表现型到基因型的映射称为编码。

步骤 2,初始群体的生成。随机产生 N 个初始串结构数据(染色体),每个串结构数据称为一个个体,N 个个体构成了一个群体。遗传算法将这 N 个串结构作为初始点开始迭代。设置进化代数计数器 $t \leftarrow 0$;设置最大进化代数 T;随机生成 M 个个体构成初始群体 $P(0)$。

步骤 3，适应度值评价检测。适应度函数表明个体或解的优劣性。对于不同的问题，适应度函数的定义方式不同。根据具体的问题，计算群体 $P(t)$ 中各个个体的适应度。

步骤 4，选择。将选择算子作用于群体。

步骤 5，交叉。将交叉算子作用于群体。

步骤 6，变异。将变异算子作用于群体。群体 $P(t)$ 经过选择、交叉、变异运算后，得到下一代群体 $P(t+1)$。

步骤 7，终止条件判断。若 $t \leq T$，则 $t \leftarrow t+1$，转到步骤 2；若 $t > T$，则将进化过程中所得到的具有最大适应度的个体作为最优解输出，终止运算。

综上所述，与常规优化方法相比，遗传算法具有如下显著特点。

(1) 遗传算法是从一群初始点开始搜索，而不是从单一的初始点开始搜索，这种机制意味着搜索过程可以有效地跳出局部极值点。特别是当采用有效的能够保证群体多样性的措施时，遗传算法可以很好地将局部搜索和全局搜索协调起来，既可以完成极值点邻域内解的求解，也可以在整个问题空间实施探索，大大提高了得到问题全局最优解的概率。在求解问题时，遗传算法首先要选择编码方式，它直接处理的对象是参数的编码集而不是问题参数本身，搜索过程既不受优化函数连续性的约束，也没有优化函数导数必须存在的要求。通过优良染色体基因的重组，遗传算法可以有效地处理传统上非常复杂的优化函数求解问题。

(2) 遗传算法在搜索过程中使用的是基于目标函数值的评价信息，而不是传统方法主要采用的目标函数的导数信息或待求解问题领域内的知识。遗传算法的这一特点使其成为具有良好普适性和可规模化的优化方法。

(3) 遗传算法具有显著的隐式并行性(implicit parallelism)。遗传算法虽然在每一代只对有限解个体进行操作，但处理的信息量为群体规模的高次方。若遗传算法在每一代对群体规模为 N 的个体进行操作，则实际上处理了多个模式，具有很高的并行性，因而具有显著的搜索效率。

(4) 遗传算法在形式上简单明了，不仅便于与其他方法相结合，而且非常适合于大规模并行计算机运算，因此可以有效地用于解决复杂适应性系统模拟和优化问题。

(5) 遗传算法具有很强的鲁棒性(robustness)，即在存在噪声的情况下，对同一问题的进化算法的多次求解中得到的结果是相似的。遗传算法的鲁棒性在大量的应用实例中得到了充分的验证。

(6) 在所求解问题为非连续、多峰以及有噪声的情况下，能够以很大的概率收敛到最优解或满意解，因而具有较好的全局最优解求解能力。

(7) 对函数的性态无要求，针对某一问题的遗传算法经简单修改即可适用于其他问题。或者加入特定问题的领域内的知识，或者与已有算法相结合，能够较好地解决复杂问题，因而具有较好的普适性和易扩充性。

(8) 遗传算法的基本思想简单，运行方式和实现步骤规范，便于具体使用。

总之，遗传算法本质上是一类智能型优化方法。它直接面向优化问题，与传统优化方法相比，它具有一系列优点，它的结果是一组好的解而不是单个解，这为解的使用者提供了可供选择的机会，因此它特别适合处理岩土学科中复杂的非线性优化问题。具体来说，对于一个岩土工程中的优化问题，只需要选择或编制一种具体的遗传算法方案，按待求问题的目标函数定义一个适应度函数，然后就可以用遗传算法来求解，而不用管实际问题的解空间是否连续、线性或可导，而且遗传算法具有全局优化的能力。因此，遗传算法在处理复杂岩土工程学科问题中具有广泛的应用前景。

2. 人工神经网络算法

人工神经网络是根据生物学中人体神经网络的结构和运行原理而建立起来的一种计算模型，是一种具有大量连接的并行分布式处理系统。通过模拟人脑的学习、记忆、处理问题等方面，神经网络可以通过学习获取相关知识，把知识存储在连接权中，通过不断地学习对知识进行调整，并且根据已经获得的知识处理相应的问题(郭炳跃，2006)。

1) 人工神经网络模型

生物学中，神经元细胞体周围有很多树突和一个轴突。树突和细胞体与其他神经元的轴突相接触，轴突连接到其他神经元的树突或细胞体上面。神经元传递信息靠的是脉冲，当一个脉冲传递到一个神经元的轴突末梢后，向突触间隙释放化学物质，形成电位。当下一个神经元细胞体的周围电位差累积到一个特定的电位，也就是阈值电位时，又会产生新的脉冲并传递到轴突中去，如图 5.10 所示。

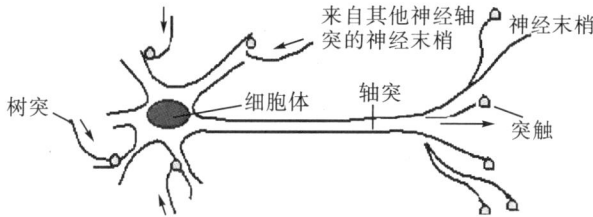

图 5.10　生物神经元

人工神经元是神经网络的处理单元，模型类似于生物学神经元(图 5.11)。它由 3 个基本要素构成：连接权、求和单元、激活函数。

(1) 连接权：每组输入信号输入到神经元模型后所对应的权值。当权值为正数时，表示神经元被激活；当权值为负数时，表示神经元被抑制。

(2) 求和单元：输入信号与连接权相乘后，进行求和，也就是线性组合。

(3) 激活函数：当输入信号的加权和超过阈值 b_k 时，非线性函数被激活，并将神经元的输出控制在一定范围内。

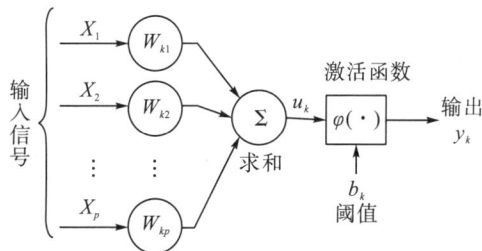

图 5.11　基本神经元模型

图 5.11 表示一个多输入单输出的基本神经元模型，其中 $\boldsymbol{X}=(x_1,x_2,\cdots,x_n)^{\mathrm{T}}$ 为输入信号，$\boldsymbol{W}=(w_1,w_2,\cdots,w_n)^{\mathrm{T}}$ 为神经元的连接权值，u_k 为输入信号的加权，b_k 为阈值。其中

$$u_k = \sum X_i W_{ki} \quad (i=1,2,\cdots,p) \tag{5.2.1.2}$$

$$y_k = \varphi(u_k - b_k) \tag{5.2.1.3}$$

激活函数将输入信号的加权和阈值的差值进行非线性映射，映射结果作为输出信号，一般限制在一定范围内，如 $(0,1)$ 或者 $(-1,1)$。激活函数一般包括阈值函数、分段函数、Sigmoid 函数、双曲正切函数。

2) 人工神经网络结构

人工神经网络的拓扑结构是神经网络的一个重要特性，从连接方式上来看，神经网络的结构主要分为两种。

(1) 前馈型神经网络。前馈型神经网络中的每个神经元接收前一层的输入信号，并且把输出值输出到下一层，整个过程单向传递，没有反馈。前馈型神经网络的节点分为两类：输入单元和计算单元。输入节点与计算节点直接相连，每一个计算单元可以有很多个输入，但是只有一个输出。每一个计算节点的输出可以耦合到其他节点作为输入。通常情况下，前馈型神经网络有 N 层，其中第 $i(1<i<N)$ 层的输入只能与第 $i-1$ 层的输出相连接，最后一层的节点又叫作输出节点。在人工神经网络里，输入节点和输出节点分别负责接收外界信号和向外界发送信号，中间的叫作隐含层。

(2) 反馈型神经网络。反馈型神经网络中，每一个节点都可以作为计算单元，虽然也是多输入单输出，但是输出不但可以连接到下一层作为下一层节点的输入，还可以连接到同层或者前一层作为其他节点的输入。这样的话，在反馈型神经网络中，神经元节点互相连通，成为一个互相连通型神经网络，信号既能够正向传播，也能够反向传播。

从作用上看，前馈型神经网络信号传递过程主要是函数映射，因此可以用作模式识别或者函数逼近。而反馈型神经网络信号传递过程主要是利用能量函数的极小点，如果是利用全部能量极小点，则主要用于联想存储器；如果是利用局部能量极小点，则主要用作求解最优值问题。

3. 模拟退火算法

1) 模拟退火算法的特点

模拟退火算法是对全局优化的数值方法，以前多用于求解旅行商问题 (travelling salesman problem，TSP) ——数学领域中著名问题之一。假设有一个旅行商人要拜访 n 个城市，他必须选择所要走的路径，路径的限制是每个城市只能拜访一次，而且最后要回到原来出发的城市。路径的选择目标是要求得的路径长度为所有路径之中的最小值，即货郎担问题。由于对其全局的最小值进行优化，所以模拟退火算法具有计算准确、运算速度高、不容易陷入局部最小值的特点。

模拟退火算法源于统计物理学，是模拟熔化状态下物体由逐渐冷却至最终达到结晶状态的物理过程。模拟退火算法是利用问题的求解过程与熔化物体退火过程的相似性，采用

随机模拟物体退火过程来完成问题的求解，也就是在控制参数(温度)的作用下对参数的值进行调整，直到所选取的参数值最终使能量函数达到全局极小值。

模拟退火算法与其他搜索方法相比，具有如下特点。

(1)以一定的概率接受优化解。模拟退火算法在搜索策略上与传统的随机搜索方法不同，它不仅引入了适当的随机因素，而且还引入了物理系统退火过程的自然机理。这种自然机理的引入使模拟退火算法在迭代过程中不仅接受使目标函数变"好"的试探点，而且还能以一定的概率接受使目标函数值变"差"的试探点，迭代中出现的状态是随机产生的，并不强求后一状态一定优于前一状态，接受概率随着温度的下降而逐渐增大。传统的方法往往是从解空间的一个初始点开始对最优解的迭代搜索过程。例如，登山法，若一个细微变动能改善质量，则沿该方向前进，否则取相反方向。然而复杂问题会使解空间中出现若干局部最优解，传统的方法很容易限于局部最优解而停滞不前，很多传统的优化算法往往具有确定性，即从一个搜索点到另一个搜索点的转移有确定的转移方法和转移关系，这种确定性往往可能使得搜索点远远达不到最优点，因而限制了算法的应用范围。模拟退火算法是以一种概率的方式来进行搜索，增加了搜索过程的灵活性。

(2)引进算法控制参数。引进类似于退火温度的算法控制参数，它将优化过程分成各个阶段，并决定各个阶段下随机状态的取舍标准，接受函数由梅特罗波利斯算法给出一个简单的数学模型。模拟退火算法的两个重要步骤：一是在每个控制参数下，由前迭代点出发，产生邻近的随机状态，由控制参数确定的接受准则决定此新状态的取舍，并由此形成一定长度的随机马尔可夫链；二是缓慢降低控制参数，提高接受准则，直至控制参数趋于 0，状态链稳定于优化问题的最优状态，从而提高了模拟退火算法全局最优解的可靠性。

(3)使用对象函数值进行搜索。传统搜索算法不仅需要利用目标函数值，而且往往需要目标函数的导数值等其他一些辅助信息才能确定搜索方向，当这些信息不存在时，算法就失效了。而模拟退火算法仅使用由目标函数变换来的适应度函数值，就可确定进一步的搜索方向和搜索范围，无需其他的辅助信息。需要着重指出的是，模拟退火算法的适应度函数不仅不受连续可微的约束，而且其定义域可以任意设定，对适应度函数唯一的要求是对于输入可计算出加以比较的正确的输出。这个特性决定了对于很多无法或很难求导数的函数，或导数不存在的函数的优化问题，以及组合优化问题等，应用模拟退火算法就比较方便。另外，直接利用目标函数值或个体适应度，也可以把搜索范围集中到适应度较高的部分搜索空间，从而提高搜索效率。

2)模拟退火算法的基础

模拟退火算法在求解最优化问题时，先预设一个解 i 及其目标函数 $E(i)$ 分别与固体的一个微观状态 i 及其能量 E_i 等价，在模拟固体退火过程中的问题 T 时，选用算法递减参数 t 控制，这样对于控制参数 t 的每次取值，算法就执行一次梅特罗波利斯算法(metropolis algorithm)，模拟退火算法从预设解 i 出发，求得给定控制参数值时最优化问题的相对最优解(图 5.12)。然后减小控制参数 t 的值，重复执行梅特罗波利斯算法，当控制参数趋于 0 时，便可以求得最优化问题的整体最优解 S(田永军，2007)。

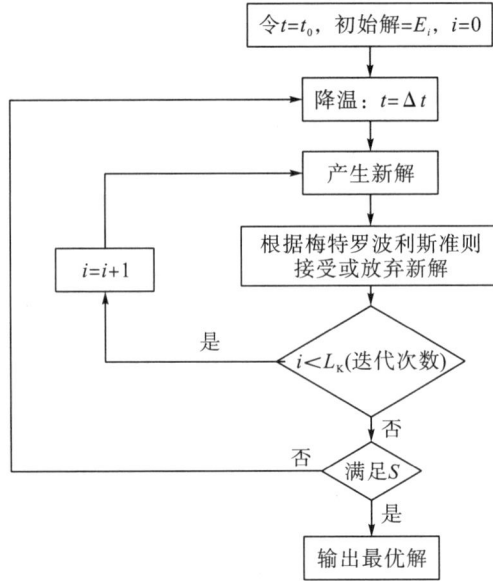

图 5.12　模拟退火算法流程图

模拟退火算法用梅特罗波利斯算法产生组合优化问题解的序列,并用与梅特罗波利斯准则对应的转移概率 P 确定是否接受从当前解 i 到新解 j 的转移。

$$P_t(ij) = \begin{cases} 1 & , \ E(j) \leqslant E(i) \\ \exp\left(\dfrac{-[E(j) - E(i)]}{t}\right), & E(j) > E(i) \end{cases} \tag{5.2.1.4}$$

式中,t 为控制参数;$E(i)$ 和 $E(j)$ 分别为对应状态 i 和 j 时的目标函数值。

如果 $E(j) \leqslant E(i)$,则更新当前解为新解,否则表明新解为恶化解,此时产生一个随机数 η;如果 $P_t(ij) > \eta$,则以新解更新当前解,否则维持当前解。

控制参数 t 的值只要选得充分大,模拟退火算法就可以很快地达到平衡,为使算法进程一开始就达到准平衡,定义初始接受率为

$$x_0 = \frac{\text{接受变换数}}{\text{提出变换数}} \approx 1 \tag{5.2.1.5}$$

由梅特罗波利斯准则可知,这样 t_0 的值就会很大,如若取 $x_0 = 0.8$,则在 $\Delta E = 100$ 时,$t_0 > 448$。

通常由停止准则确定控制参数的终值 t_E。合理的停止准则既要确保算法收敛于某一近似解,又要使最终解具有一定的质量,可用事先确定好的控制参数 t 的个数,即 Mapkob 链的个数或迭代次数 n 作为停止准则。

5.2.2　隧道施工全过程动态模拟方法

1. 有限单元法基本原理

有限单元法是将岩土工程研究对象用分割成一种由多个彼此相联系的单元体所组成

的近似等价物理模型来代替。通过岩体结构以及连续介质力学的基本原理及单元的物理特性建立起表征力和位移关系的方程组，进一步求解方程组，进而得到其基本未知物理量。由此而建立各单元的应力、应变以及其他辅助量值。有限单元法按其所选未知量的类型，即将节点位移作为未知量，还是将节点力作为未知量，或者将两者均作为未知量，可分为位移型、平衡型以及混合型有限单元法。位移型有限单元法易于将复杂问题简单化，且编程求解较为简单，更易于推广到非线性和动力效应等其他方面，因此位移型有限单元法比其他类型的有限单元法使用更为广泛，位移型有限单元法的基本原理如下所述。

对于任意空间问题，单元节点位移列阵 $\{\delta\}^e$ 可表示为

$$\{\delta\}^e = [u_1 \ v_1 \ w_1 \ u_2 \ v_2 \ w_2 \cdots u_m \ v_m \ w_m]^T \tag{5.2.2.1}$$

式中，u_i、v_i、w_i 分别表示单元 e 第 i 个节点沿 x、y、z 方向的 3 个位移分量；m 为单元节点数。

单元内任意一点的位移向量可表示为

$$\{u\} = \begin{Bmatrix} u(x,y) \\ v(x,y) \\ w(x,y) \end{Bmatrix} = [N]\{\delta\}^e \tag{5.2.2.2}$$

式中，$[N]$ 为插值矩阵，可表示为

$$[N] = \begin{bmatrix} N_1 & 0 & 0 & N_2 & 0 & 0 \cdots N_m & 0 & 0 \\ 0 & N_1 & 0 & 0 & N_2 & 0 \cdots 0 & N_m & 0 \\ 0 & 0 & N_1 & 0 & 0 & N_2 \cdots 0 & 0 & N_m \end{bmatrix} \tag{5.2.2.3}$$

根据几何关系，单元应变为

$$\{\varepsilon\} = [\partial]\{u\} = [\partial][N]\{\delta\}^e \tag{5.2.2.4}$$

式中，$[\partial]$ 为微分算子矩阵，它的转置可表示为

$$[\partial]^T = \begin{bmatrix} \dfrac{\partial}{\partial x} & 0 & 0 & \dfrac{\partial}{\partial y} & 0 & \dfrac{\partial}{\partial z} \\ 0 & \dfrac{\partial}{\partial y} & 0 & \dfrac{\partial}{\partial x} & \dfrac{\partial}{\partial z} & 0 \\ 0 & 0 & \dfrac{\partial}{\partial z} & 0 & \dfrac{\partial}{\partial y} & \dfrac{\partial}{\partial x} \end{bmatrix} \tag{5.2.2.5}$$

$\{\varepsilon\}$ 为单元应变列阵，$\{\varepsilon\} = [\varepsilon_x \ \varepsilon_y \ \varepsilon_z \ \gamma_{xy} \ \gamma_{yz} \ \gamma_{zx}]^T$，同时记：

$$[B] = [\partial][N] \tag{5.2.2.6}$$

则可将单元应变矩阵表示为

$$\{\varepsilon\} = [\partial]\{u\} = [B]\{\delta\}^e \tag{5.2.2.7}$$

式中，$[B]$ 称为单元应变矩阵，也称为几何矩阵，一般写为

$$[B] = [B_1 \ B_2 \cdots B_m] \tag{5.2.2.8}$$

式中，

$$[B_i]=\begin{bmatrix} \dfrac{\partial N_i}{\partial x} & 0 & 0 & \dfrac{\partial N_i}{\partial y} & 0 & \dfrac{\partial N_i}{\partial z} \\[3mm] 0 & \dfrac{\partial N_i}{\partial y} & 0 & \dfrac{\partial N_i}{\partial x} & \dfrac{\partial N_i}{\partial z} & 0 \\[3mm] 0 & 0 & \dfrac{\partial N_i}{\partial z} & 0 & \dfrac{\partial N_i}{\partial y} & \dfrac{\partial N_i}{\partial x} \end{bmatrix}^{\mathrm{T}}, \quad i=1,2,\cdots,m \tag{5.2.2.9}$$

式中，$x=\sum\limits_{i=1}^{m}N_i(\xi,\eta,\zeta)x_i$，$y=\sum\limits_{i=1}^{m}N_i(\xi,\eta,\zeta)y_i$，$z=\sum\limits_{i=1}^{m}N_i(\xi,\eta,\zeta)z_i$，则 $[B_i]$ 中各个元素可由对局部坐标系 $\xi\text{-}\eta\text{-}\zeta$ 的坐标求偏导得出，即

$$\begin{Bmatrix} \dfrac{\partial N_i}{\partial x} \\[3mm] \dfrac{\partial N_i}{\partial y} \\[3mm] \dfrac{\partial N_i}{\partial z} \end{Bmatrix} = [J]^{-1} \begin{Bmatrix} \dfrac{\partial N_i}{\partial \xi} \\[3mm] \dfrac{\partial N_i}{\partial \eta} \\[3mm] \dfrac{\partial N_i}{\partial \zeta} \end{Bmatrix} \tag{5.2.2.10}$$

式中，$[J]^{-1}$ 为雅可比矩阵的逆矩阵，该雅可比矩阵为

$$[J]=\begin{bmatrix} \dfrac{\partial x}{\partial \xi} & \dfrac{\partial y}{\partial \xi} & \dfrac{\partial z}{\partial \xi} \\[3mm] \dfrac{\partial x}{\partial \eta} & \dfrac{\partial y}{\partial \eta} & \dfrac{\partial z}{\partial \eta} \\[3mm] \dfrac{\partial x}{\partial \zeta} & \dfrac{\partial y}{\partial \zeta} & \dfrac{\partial z}{\partial \zeta} \end{bmatrix} \tag{5.2.2.11}$$

将式 (5.2.2.7) 代入式 (5.2.2.11) 中，可得单元的应力矩阵为

$$\{\sigma\}=[D]\{\varepsilon\}=[D][B]\{\delta\}^e \tag{5.2.2.12}$$

式中，$\{\sigma\}$ 为应力列阵，$\{\sigma\}=[\sigma_x\ \sigma_y\ \sigma_z\ \tau_{xy}\ \tau_{yz}\ \tau_{zx}]$；$[D]$ 为弹性矩阵。

假设物体(岩土体或构筑结构物体)发生虚位移，单元节点的虚位移为 $\{\delta^*\}$，与之相对应的虚应变为 $\{\varepsilon^*\}$，根据虚功原理可得

$$\iiint_V \{\delta^*\}^{\mathrm{T}}[N]^{\mathrm{T}}\{b\}\mathrm{d}V + \iint_{A_n} \{\delta^*\}^{\mathrm{T}}[N]^{\mathrm{T}}\{\overline{F}\}\mathrm{d}A = \iiint_V \{\varepsilon^*\}^{\mathrm{T}}\{\sigma\}\mathrm{d}V \tag{5.2.2.13}$$

式中，V 为单元体积；A_n 为单元面作用力作用面积；左边第一项积分为体力 $\{b\}$ 在虚位移上所做的虚功，第二项积分是面力 $\{\overline{F}\}$ 在虚位移上所做的虚功。

将式 (5.2.2.13) 化简可得

$$\{\delta^*\}^{\mathrm{T}}\{R\}^e = \{\delta^*\}^{\mathrm{T}}\left(\iiint_V [B]^{\mathrm{T}}[D][B]\mathrm{d}V\right)\{\delta\}^e = \{\delta^*\}^{\mathrm{T}}[k]^e\{\delta\}^e \tag{5.2.2.14}$$

式中，$\{R\}^e$、$[k]^e$ 分别为单元 e 的荷载矩阵和单元刚度矩阵，它们分别可表示为

$$\{R\}^e = \iiint_V [N]^{\mathrm{T}}\{b\}\mathrm{d}V + \iint_{A_n} [N]^{\mathrm{T}}\{\overline{F}\}\mathrm{d}A \tag{5.2.2.15}$$

$$[k]^e = \iiint_V [B]^{\mathrm T}[D][B]\mathrm dV \int_{-1}^1 \int_{-1}^1 \int_{-1}^1 [B]^{\mathrm T}[D][B]\det J\,\mathrm d\xi\,\mathrm d\eta\,\mathrm d\zeta$$
$$= \sum_{l=1}^{m_1}\sum_{p=1}^{m_2}\sum_{s=1}^{m_3}([B]^{\mathrm T}[D][B]\det J)_{lps}W_lW_pW_s \tag{5.2.2.16}$$

式中，m_1、m_2、m_3 分别为 ξ、η、ζ 方向的高斯积分点数目；$(\cdot)_{lps}$ 表示圆括号内函数取值为高斯积分点 $(\xi_l$、η_p、$\zeta_s)$ 处的值；W_l、W_p、W_s 为高斯积分点 $(\xi_l$、η_p、$\zeta_s)$ 处对应的加权因子。

由于 $\{\delta^*\}$ 的任意性，式(5.2.2.14)可写作：

$$\{R\}^e = [k]^e\{\delta\}^e \tag{5.2.2.17}$$

设物体被分割为 n 个单元，则物体的总应变能等于各单元应变能之和，总外力虚功等于各个单元外力虚功之和，根据虚功方程：

$$\sum_{i=1}^n (\{\delta^*\}^{\mathrm T}\{R\}^e) = \sum_{i=1}^n (\{\delta^*\}^{\mathrm T}[k]^e\{\delta\}^e) \tag{5.2.2.18}$$

令式(5.2.2.18)两边与虚位移相乘的矩阵相等，得总体刚度方程为

$$[K]\{U\} = \{R\} \tag{5.2.2.19}$$

式中，$\{U\} = [u_1\,v_1\,w_1\,u_2\,v_2\,w_2\cdots u_{n_1}\,v_{n_1}\,w_{n_1}]^{\mathrm T}$，称为总体位移列阵，$n_1$ 为节点总数；$[K]$ 称为总体刚度矩阵，由各单元的刚度矩阵 $[k]$ 组集而成；$\{R\}$ 称为总体荷载列阵，由各单元的单元荷载列阵组集而成。

对于总体刚度方程，引入边界约束条件对总体刚度方程进行修正后，求解得到总体位移列阵 $\{U\}$，然后由几何方程和本构关系计算各单元的应变和应力分量。

由于隧道衬砌多为曲墙式，而且所受荷载十分复杂，因此，不易用解析的方法得到衬砌各个截面的荷载效应，要对隧道结构进行可靠度分析就必须先考虑好用什么模型来模拟某一功能作用效应，并且要考虑所选取的模型适合实际情况的程度，不同的模型对隧道衬砌结构的分析会造成一定的影响。

2. 隧道结构计算模型

1) 荷载结构模型

荷载结构法将支护结构离散为有限个杆系单元，把地层对结构的连续的约束离散作为有限个作用在节点上的弹性支撑，弹性支撑的刚度由地层抗力系数和弹性支撑所代表的地层范围确定。地层的承载能力越高，作用在结构上的围岩压力就越小，弹性支撑的弹性反力就越大。

该方法多年来广泛应用于围岩松弛和崩塌方面的计算，基于这一方法设计出的隧道已有几千座，其在衬砌内力分析和检算方面也相当成熟，在围岩与衬砌结构相互作用的处理方面有 3 种不同模式：主动荷载模式、主动加被动荷载模式、实际荷载模式。

主动荷载模式主要适用于软弱围岩对结构变形约束能力较差的工程，而实际荷载模式则强调用仪器实地测量得到径向及切向荷载，但测量结果只能针对相似工程。主动加被动荷载模式则考虑了衬砌结构计算中的非线性问题，即围岩与衬砌的相互作用，两者互相影响，此时衬砌在主动荷载和约束反力同时作用下工作，因此该模式可以基本反映出衬砌的实际受力情况。

此外，还有一种方法即弹性支承法。该方法将衬砌结构离散为有限个杆单元，一般先将拱顶处 90°～120° 范围假设为脱离区，该区域不受围岩的约束而自由变形，将其余弹性抗力作用范围内的连续围岩离散成若干互不相关的矩形岩柱，其一边的边长为隧道纵向计算宽度，通常取为单位长度 1m，另一边边长是两相邻衬砌单元长度之和的 1/2。因岩柱的深度和传递轴力无关，因此不作考虑。为了便于计算，用一些具有一定弹性的支撑来代替岩柱，并以铰接的方式支承在衬砌单元之间的节点上，它不承受弯矩，只承受轴力，弹性支撑的设置方向为径向，计算模型如图 5.13 所示。

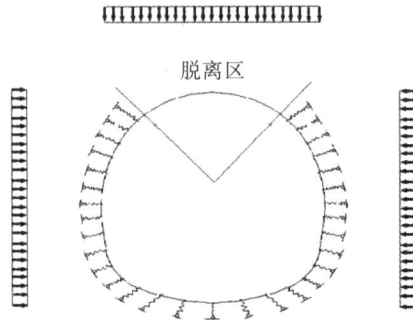

图 5.13　荷载结构法计算模型

弹性抗力大小可以表示如下：

$$R^i = K^i u^i \tag{5.2.2.20}$$

式中，R^i 为节点 i 处弹性抗力大小，kN；u^i 为节点 i 沿围岩面法向方向的位移，m。

荷载结构法概念清晰，计算简便，而且现在的结构大多以梁单元为基础，因此梁单元模拟支护结构的做法和设计人员的理念相吻合，比较容易被人接受。

用假定的弹性抗力来模拟围岩的作用虽然能满足计算精度要求，但是这种方法并不能很好地模拟围岩与支护结构之间的相互作用，在实际计算时大多是对二衬进行计算分析。

在进行可靠度方面的分析计算时，由于弹性抗力系数值本身是一个假定值，在经过大量抽样后，其变异性与实际情况会相差很大，对分析结果有很大影响。

2) 连续介质模型

随着新奥法的引入和发展，越来越多的工程采用地层结构法或收敛限制法等以连续介质力学为基础的方法来对地下工程进行设计和检算。该方法与荷载结构法对围岩和支护的考虑不同，其思想是将地层和衬砌结构看作统一的力学体，即支护结构和围岩作为一个共同受力变形的整体结构存在，围岩在变形并对支护结构产生作用的同时抑制支护结构的变形，较好地反映了围岩和支护结构之间的相互作用。

与荷载结构法不同的是，地层结构法不再考虑围岩的抗力系数，对围岩和支护结构之间的共同作用反映得较为清楚，并且可以控制单元生死，从而对隧道结构进行各种开挖方法的模拟，与现实情况有较好的结合。结构所受围岩压力为地层原始地应力，但很难先确定其大小，对于埋深较浅的地层可以用来自隧道上方土体的自重来计算，随着埋深增大，此时隧道结构所承受的围岩压力很大，而事实上隧道所受压力是围岩自身形成压力拱一定范围内土体的重力，而并不是隧道上方所有土体的重力，因此再计算自重就会有较大偏差。

此外，在利用单元生死功能模拟开挖过程时，存在一个应力释放率大小的问题。由于隧道开挖改变了围岩的原始构造，一部分围岩压力被释放，特别是对于新奥法来说，为了充分利用围岩的自承能力，隧道开挖允许围岩产生一定的变形，并对一定量的围岩压力进行释放，而目前对这个"量"的掌握还处于经验阶段，并不能提供一个可靠的数值。

由于地层结构法本身计算用时较长，因此在可靠度的应用中进行大量抽样时会变得更加复杂，而且围岩中很多变量的变异性很难甚至无法统计，不利于对隧道结构可靠度的分析。

3）收敛约束模型

在连续介质力学理论的基础上，锚杆与喷射混凝土等新型支护系统的涌现导致了隧道新奥法的兴起与发展。在此期间，随着岩石力学理论的不断发展，国内外学者在轴对称问题上获得了比较完善的解析解，他们相继提出了一些适用于锚喷支护的计算与设计方法。这些方法已不再依靠任何一种荷载假定，而是依靠结构与岩体之间的相互作用，是进行围岩稳定性分析的主要方法。在这些方法中，最能直观反映围岩与支护的相互作用的就是收敛约束法。收敛约束法又名特性曲线法，它是伴随着锚喷等柔性支护的应用和新奥法的发展，将弹塑性理论和岩石力学应用到地下工程中，以进一步解释围岩与支护的相互作用过程，是将理论基础、实测数据和工程经验结合为一体的一种较完善的隧道结构设计方法。

收敛约束法的原理如图 5.14 所示。图中横坐标是隧道毛洞内壁（也是支护外缘）的径向位移 u_r；图中上半部分的数值坐标是硐室内壁在围岩原始应力作用下的径向压应力 σ_r，也是支护施加于硐室的反力 p_t，二者大小相等，方向相反。图中下半部分的竖直坐标为时间 t。

图 5.14 中曲线①代表硐室侧壁径向位移 u_r 与侧壁径向压力 σ_r 的关系曲线。此曲线由 3 段不同曲率的曲线组成。起点 σ_0 表示坑道开挖前的原始应力状态。开挖后先经过一段直线段，释放应力和坑壁径向位移（又称收敛）成比例增加，这是弹性变形阶段，周边出现塑性变形，径向位移增长加快，线段进入曲线。塑性区域不断扩大。塑性范围内出现松弛压力，叠加结果使得曲线向上翘曲。这是松软地层典型状态下拱部的围岩特征曲线。如果围岩的强度高，不产生塑性变形或塑性区域很小且没有松弛应力，则不出现曲线和翘曲。曲线②是支护反力 p_t 与洞壁径向位移 u_r 的关系曲线。该曲线表示从支护与洞壁开始接触即开始受力。随着洞壁径向位移的增加，支护的反力（也就是支护受到的压力）也随之增加。到曲线②与曲线①的交点 A，表示支护反力与围岩作用力相平衡，洞壁位移不再发展。此时支护受到的平衡地压力为 p_t^I。如果采取的支护刚度过大，则同样变形下，支护反力（即所受地压力）较快增长，如曲线③所示。此时在交点 B，支护所受的平衡地压力为 P_t^{II}。如果支护时间过晚，在 E 处才起作用，如曲线④所示，交点为 C，则支护将承受较大的松弛地压力 P_t^{III}，而且还可能未等到支护平衡点坑道就会坍塌或者支护破坏。由此可见，支护安设时间、支护本身的刚度及其与围岩接触的好坏均将影响围岩的稳定性和支护所受地压力的大小。最理想的平衡点是曲线①最低处偏左稍高的 A 点，此处支护承受的地压力最小，又能保持围岩的稳定性。

一般收敛约束模型的原理都只用图 5.14 的上半部分，其实加上下半部分更能说明问题。图中曲线⑤是洞壁位移 u_r 随时间变化的曲线，这条曲线可以通过监控量测得到，所以更为直观。这条曲线反映 4 个阶段的位移状态：第 I 阶段是围岩无约束自由变形阶段，变形速度由于没有阻抗而比较快；第 II 阶段初期支护开始起作用，洞壁位移由于支护阻力而减缓；第 III 阶段从支护形成封闭结构开始，支护阻力增加使位移速度大大降低，线型趋于平缓；最后位移趋于稳定，不再增长，进入第 IV 阶段。通常都在初期支护表面若干点之间量测其相对距离的改变，因而第一量测之前的位移值通常是得不到的，则位移-时间曲线因没有支护阻力将快速增长，如曲线⑥所示。当位移超过 A 点的位移值后，由于坑壁松动范围的增加，支护很有可能坍塌，即便不坍塌也可能因为坑壁压力增加而使支护破坏。位移时间曲线⑤和⑥可供施工人员判别围岩和支护变形是否趋于稳定，是一种非常重要的信息，也是新奥法的一个重要环节，它可以通过实际量测得到。因而收敛约束法也被国际隧道协会归纳为以测试为依据的实用法。

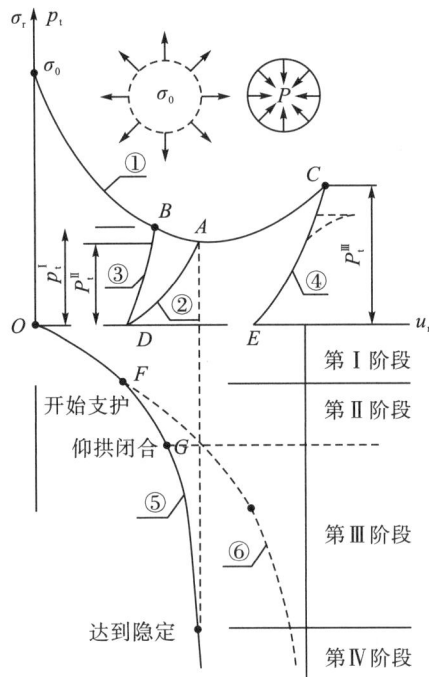

图 5.14　收敛约束模型原理

与其他设计方法相比，收敛约束法有以下优点。

(1) 通过对隧道进行简单的轴对称假设后，位于开挖面附近的围岩与支护的相互作用过程可简化成二维或一维的平面应变问题。

(2) 基于此方法设计的硐室周边围岩变形更接近实际变形。

(3) 能定量给出围岩支护系统在锚喷支护末期洞周收敛的概略值。

(4) 通过控制围岩变形可直观地体现出支护效果。

但是，收敛约束法的基础离不开岩体材料的本构关系特性，这是该方法的要害所在。学界目前正在研究与探索，陆续已有一些这方面的成果出现，但仍有许多基础性问题，因此其应用程度还存在一定的限制。

3. 隧道开挖全过程模拟方法

ANSYS 已在隧道结构的数值模拟中得到广泛应用，并形成一套较完整的理论体系，传统的模拟方法有两种。

(1)视围岩与衬砌为弹塑性体，通过单元格的生死模拟隧道开挖和支护。杀死开挖单元后，直接激活衬砌单元。

(2)根据荷载-结构设计模型，采用弹簧单元模拟围岩与衬砌的相互作用关系。

第一种方法为静态模拟，不能模拟隧道开挖到初衬完成这段过程，也不能体现围岩与初衬相互作用并共同变形这一过程。第二种方法与实际施工中的新奥法不符，且不考虑第三主应力。

根据监测数据，隧道在初期支护建立后其变形是逐渐收敛的，因此，二衬建立后所受应力增加速率也是逐渐减小的，这一过程可以参考岩石的蠕变模型，同时也有试验表明稳定的隧道围岩也处于一种蠕变状态之中。

1)蠕变基本理论研究

对于硬岩和中硬岩，当瞬时施加的蠕变应力小于长期强度时，岩石处于黏弹性应力状态，蠕变具有第 I 阶段和第 II 阶段变形，但第 II 阶段应变速率恒为 0，蠕变最终趋于稳定值，即 $t \to \infty$ 时，$\varepsilon \to \varepsilon_{\text{稳定值}}$，$\dot{\varepsilon}=0$，$\ddot{\varepsilon}=0$，属于稳定蠕变变形。

若岩石应力达到或超过长期强度值，蠕变变形规律与岩石材料受力后呈现出的力学属性特别是蠕变破坏特性有关。

(1)蠕变韧性破坏。对应的蠕变变形过程具有第 I、第 II、第Ⅲ阶段蠕变，而且加速变形阶段持续一定时间后，岩石发生失稳破坏；岩石蠕变变形全过程如图 5.15 所示。图中 t_p 为加速变形的起始时间，ε_p 为稳态蠕变与加速蠕变的分界点，t_{FR} 为岩石的破坏时刻，ε_{FR} 为破坏时刻的应变值。

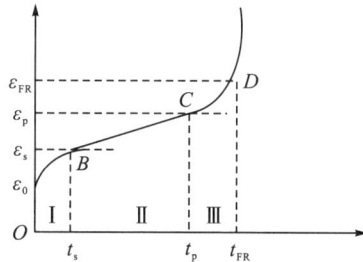

图 5.15　典型蠕变曲线

图 5.15 中在蠕变应力的作用下，应变随时间的变化发生变化。$O \sim \varepsilon_0$ 段为瞬时变形阶段，$\varepsilon_0 \sim B$ 段为过渡蠕变变形阶段(蠕变第 I 阶段)，应变持续增加，发展速度快，但随时间速率在不断降低，即 $\varepsilon>0$，$\dot{\varepsilon}>0$，$\ddot{\varepsilon}<0$；BC 段为稳态蠕变变形阶段(蠕变第 II 阶段)，变形随时间持续发展，变形速率随蠕变应力的不同而不同，通常有 $\varepsilon>0$，$\dot{\varepsilon}>0$，$\ddot{\varepsilon}=0$；CD 段为加速变形阶段(蠕变变形第Ⅲ阶段)，应变快速发展，变形加速度将大于 0，即有 $\varepsilon>0$，$\dot{\varepsilon}>0$，$\ddot{\varepsilon}>0$，而且从 C 点开始岩石内部的微裂隙、孔隙发生扩展、汇聚、贯通，发

展至 D 点岩石完全破坏。基于上述认识,可以认为蠕变全过程曲线中 C 点是变形损伤的开始点,即加速变形阶段,随着岩石损伤的演化与发展,岩石最终由于内部微裂隙、孔隙发生扩展、汇聚、贯通而破坏。

(2)蠕变韧-脆破坏。岩石在蠕变应力作用下,蠕变变形具有第 I 阶段和第 II 阶段蠕变,但第 II 阶段应变速率大于 0,变形持续发展,最终岩石发生破坏失稳,且无明显蠕变第 III 阶段出现。岩石蠕变变形全过程如图 5.16 所示。

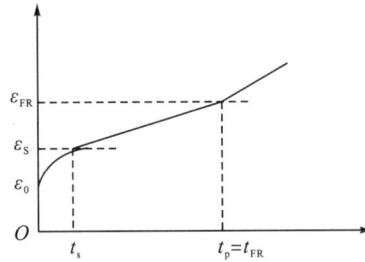

图 5.16　岩石蠕变曲线

(3)蠕变脆性破坏。岩石在瞬时施加较高偏应力的情况下,蠕变变形过程只具有第 I 阶段和短暂的可以忽略不计的加速蠕变阶段,并迅速破坏。如图 5.17 所示,岩石失稳破坏,无明显蠕变第 II 阶段和显著蠕变第 III 阶段。

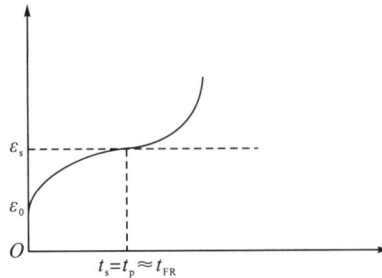

图 5.17　蠕变脆性破坏

由以上对岩石变形全过程的分析可见,岩石所受应力状态不同,其蠕变变形全过程有一定的差异。对于应力达到或超过初始屈服值的蠕变过程,无论岩石变形属性如何,最终均导致岩石破坏,属于非稳定蠕变。根据隧道的使用状态,围岩的状态类似于蠕变的第 I 阶段与第 II 阶段,利用 ANSYS 自带的求解函数进行蠕变分析。

2) ANSYS 蠕变模型

ANSYS 使用隐式和显式积分两种方法来进行蠕变分析,这两种方法均可应用于静态和瞬态分析。隐式蠕变分析方法更强大、更快、更精确,一般推荐使用隐式蠕变分析。它可以处理与温度相关的蠕变常数,同时可以模拟蠕变与等向强化塑性模型。ANSYS 程序提供 13 种隐式蠕变方程,可以通过 TBOPT 值选择对应的蠕变方程。

TBOPT=1 所对应的蠕变方程(初始蠕变方程，应变强化形式)：
$$\varepsilon = C_1\sigma^{C_2}\varepsilon^{C_3}\,\mathrm{e}^{-C_4/T}$$

TBOPT=2 所对应的蠕变方程(第Ⅰ阶段蠕变方程，时间强化形式)：
$$\dot{\varepsilon}_{\mathrm{cr}} = C_1\sigma^{C_2}t^{C_3}\,\mathrm{e}^{-C_4/T}$$

TBOPT=3 所对应的蠕变方程(第Ⅰ阶段蠕变方程，广义指数形式)：
$$\dot{\varepsilon}_{\mathrm{cr}} = C_1\sigma^{C_2}r\,\mathrm{e}^{-rt}$$
$$r = C_5\sigma^{C_3}\,\mathrm{e}^{-C_4/t}$$

TBOPT=4 所对应的蠕变方程(第Ⅰ阶段蠕变方程，广义格雷厄姆(Graham)形式)：
$$\dot{\varepsilon}_{\mathrm{cr}} = C_1\sigma^{C_2}(t^{C_3}+C_4t^{C_5}+C_6t^{C_7})\mathrm{e}^{-C_8/t}$$

TBOPT=5 所对应的蠕变方程(第Ⅰ阶段蠕变方程，广义布莱克本(Blackburn)形式)：
$$\dot{\varepsilon}_{\mathrm{cr}} = f(1-\mathrm{e}^{rt})+gt$$
$$f = C_1\mathrm{e}^{C_2\sigma}$$
$$r = C_3\left(\frac{\sigma}{C_4}\right)^{C_5}$$
$$g = C_6\mathrm{e}^{C_7\sigma}$$

TBOPT=6 所对应的蠕变方程(第Ⅰ阶段蠕变方程，修正的时间强化形式)：
$$\varepsilon_{\mathrm{cr}} = \frac{C_1\sigma^{C_2}t^{C_3+1}\,\mathrm{e}^{-C_4/T}}{C_3+1}$$

TBOPT=7 所对应的蠕变方程(第Ⅰ阶段蠕变方程，修正的应变强化形式)：
$$\dot{\varepsilon}_{\mathrm{cr}} = \left\{C_1\sigma^{C_2}[(C_3+1)\varepsilon]^{C_3}\right\}^{\frac{1}{(C_3+1)}}$$

TBOPT=8 所对应的蠕变方程(第Ⅰ阶段蠕变方程，广义加罗法洛(Garofalo)形式)：
$$\dot{\varepsilon}_{\mathrm{cr}} = C_1[\sinh(C_2\sigma)]^{C_3}$$

TBOPT=9 所对应的蠕变方程(第Ⅱ阶段蠕变方程，指数形式)：
$$\dot{\varepsilon}_{\mathrm{cr}} = C_1\mathrm{e}^{\sigma/C_2}\,\mathrm{e}^{-C_3/T}$$

TBOPT=10 所对应的蠕变方程(第Ⅱ阶段蠕变方程，诺顿(Norton)形式)：
$$\dot{\varepsilon}_{\mathrm{cr}} = C_1\sigma^{C_2}\,\mathrm{e}^{-C_3/T}$$

TBOPT=11 所对应的蠕变方程(第Ⅰ阶段蠕变+第Ⅱ阶段蠕变方程，时间强化形式)：
$$\varepsilon_{\mathrm{cr}} = \frac{C_1\sigma^{C_2}t^{C_3+1}\,\mathrm{e}^{-C_4/T}}{C_3+1}+C_5\sigma^{C_6}t\,\mathrm{e}^{-C_7/T}$$

TBOPT=12 所对应的蠕变方程(第Ⅰ阶段蠕变+第Ⅱ阶段蠕变方程，有理多项式形式)：
$$\dot{\varepsilon}_{\mathrm{cr}} = C_1\frac{\partial\varepsilon_{\mathrm{c}}}{\partial t}$$
$$\varepsilon_{\mathrm{c}} = \frac{cpt}{1+pt}+\dot{\varepsilon}_m t \qquad \dot{\varepsilon}_m = C_2 10^{C_3\sigma}\sigma^{C_4}$$
$$c = C_7\,\dot{\varepsilon}_m^{\,C_8}\sigma^{C_9} \qquad p = C_{10}\dot{\varepsilon}_m^{\,C_{11}}\sigma^{C_{12}}$$

TBOPT=13 所对应的蠕变方程(第Ⅰ阶段蠕变，广义时间强化形式)：

$$\dot{\varepsilon}_{cr} = ft^r \, e^{-C_6/T}$$

$$f = C_1\sigma + C_2\sigma^2 + C_3\sigma^3$$

$$r = C_4 + C_5\sigma$$

以上方程中，r 表示实常数；ε_{cr} 表示等效蠕变应变；$\dot{\varepsilon}_{cr}$ 表示等效蠕变应变对时间的变化率；σ 表示等效应力；T 表示绝对温度，程序内部温度偏移量（TOFFST）被加到所有温度上；$C_1 \sim C_{12}$ 表示通过 TBDADA 命令所输入的材料常数，可由试验测得；t 表示子步的结束时间。

3）隧道开挖全过程模拟方法的步骤及特点

通过蠕变试验，确定其较为符合 TBOPT=11 所对应的蠕变方程（第 I 阶段蠕变+第 II 阶段蠕变方程，时间强化形式），因此将其作为模拟蠕变方程。在此基础上确定了隧道全过程模拟方法的具体步骤。

（1）通过试验（膨胀、蠕变、软化）获得围岩变形与时间的关系。

（2）选用 ANSYS 自带的隐式 11 号蠕变方程对试验结果进行拟合，获得方程的参数。

（3）把蠕变方程嵌入 ANSYS 中，通过设置和控制时间长短，模拟隧道开挖全过程。

ANSYS 隐式 11 号蠕变方程：

$$\varepsilon_{cr} = \frac{C_1\sigma^{C_2}t^{C_3+1}\,e^{-C_4/T}}{C_3+1} + C_5\sigma^{C_6}t\,e^{-C_7/T}$$

式中，ε_{cr} 为岩石等效蠕变应变；t 为时间；σ 为岩石等效应力；e 为自然常数；T 为温度；$C_1 \sim C_7$ 为蠕变参数，可以通过试验拟合得到。

该方法的特征在于视隧道施工过程中的围岩体为一种与时间相关的结构体，因此可借鉴模拟蠕变的方法，模拟不同施工阶段下的围岩的动态变化，进而达到模拟整个隧道开挖过程的目的。

该方法的优点在于：一方面通过控制时间，能够模拟隧道开挖各个阶段，而且模拟过程中能够考虑围岩的膨胀软化特性；另一方面方程中各参数是通过试验确定的，模拟的结果更符合实际情况。

5.2.3 隧道初期支护参数优化方法

1. ANSYS 简介

在工程建筑领域，无论是科学研究还是实际工程应用，由于复杂的地质环境和昂贵的模型试验，大型模拟仿真软件的应用越来越广泛。但是从实用性和使用范围来说，有限单元法则是随着计算机的发展而被广泛应用的一种有效的数值计算方法。

ANSYS 作为通用的商业有限元软件，是一个富集知识和智慧的复杂高科技产品，紧跟计算机硬件、软件发展的最新水平，成为功能丰富、用户界面友好、前后处理和功能完备、使用高效的有限元软件系统，能够有效解决具有复杂工程背景的难题。该软件自 20 世纪 90 年代被引入我国，已经成功应用于国防军工、土木工程、水利、矿山开采等工程领域。ANSYS 采用模块化结构，含有多种有限元分析的能力，包括从简单线性静态分析到复杂非线性动态分析(王海涛, 2008)。一个典型的 ANSYS 分析过程由创建有限元模型、施加载荷并进行求解和查看分析结果 3 个步骤组成。ANSYS 不仅提供了强大的图形用户界面(graphical user interface, GUI)前台应用功能, 而且提供了强大的二次开发接口, 其包括三大开发语言: 用户界面设计语言(user interface design language, UIDL)、ANSYS 参数化设计语言(ANSYS parametric design language, APDL)和用户可编程序特性(user programmable features, UPFs)(白羽, 2014)。

2. 参数化的概念

参数化又称参数驱动, 从一般意义上说, 参数化驱动是一种使用参数快速构造和修改三维几何模型的数值方法。参数化驱动将所有设计要素(如尺寸、约束条件、工程计算条件等)都视为设计参数。对于一个三维模型, 可能参数会十分复杂, 而且数量很多。而实际由设计者控制的, 即能够独立变化的参数一般只有一小部分, 称为独立参数; 其他参数因与独立参数有确定的显式或隐式关系而产生关联, 可以通过固定的函数或相关参数联动表达出来, 称为相关参数。相关参数总是以一定的函数关系式与独立参数发生内在的、必然的联系。一旦独立参数的数值确定, 则相关参数依据相应的函数关系式确定数值。

3. ANSYS 参数化设计语言 APDL

APDL 全称是 ANSYS parametric design language(ANSYS 参数化设计语言)。它是一门可自动完成有限元常规分析操作或通过参数化变量方式建立分析模型的脚本语言, 采用 FORTRAN 程序语法。利用 APDL 语言可以实现参数化建模、施加参数化载荷与求解以及参数化后处理结果的显示, 从而实现参数化有限元分析的全过程, 同时这也是 ANSYS 批处理分析的最高技术。APDL 具有标量参数、数组参数、表达式和函数、分支和循环、重复功能和缩写、宏、用户程序等功能, 用户可根据需要进行组合使用或单独使用。

在参数化的分析过程中可以修改其中的参数以反复分析各种尺寸、不同载荷大小的多种设计方案, 这极大地提高了分析效率。例如, 在优化设计时, 就必须创建参数化的分析流程, 这样才能对其中的设计参数进行优化改进, 达到最优化的设计目标。

APDL 允许复杂的数据输入, 使用户对任何设计或属性分析有控制权, 如尺寸、材料、载荷、约束位置和网络密度等。APDL 扩展了传统有限元分析范围以外的能力, 并扩充了更高级的运算, 包括灵敏度研究、零件库参数化建模、设计修改及设计优化。

总之, 利用 APDL 语言进行有限元分析, 具有许多优点。例如, 可以减少大量的重复工作, 特别适用于经少许修改后需要多次重复计算的场合; 便于保存和携带, 一个 APDL 文件一般最多只有几百千字节, 其数据文件的容量仅为 GUI 数据文件的 1/1000, 无论是在网络上交流还是在现实中交流都很方便; 不受 ANSYS 软件的系统操作平台的限制, 即用户使用 APDL 文件既可以在 Windows 平台上运行, 也可以在 UNIX 或其他的操作平台上运行; APDL 文件不受 ANSYS 软件版本的限制, 一般情况下, ANSYS 软件以 GUI 方式生成的数据文件只能向上兼容一个版本; 在进行优化设计和自适应网格分析时, 必须使用 APDL 文件系统; 利用 APDL 方式, 用户很容易建立参数化的零件库, 有利于快速生成有限元分析模型; 利用 APDL 可以编写一些常用命令的集合(即宏命令), 或者制作快捷键, 并将其放在工具栏上; 可以利用 APDL 从事二次开发。

尽管 APDL 语言有上述优点, 但在使用 APDL 时也会遇到下列问题: 在 ANSYS 软件中对于每个 GUI 方式的操作，基本上都有一个操作命令与之对应，这样就生成了大量的操作命令，要记住这些命令是比较困难的；APDL 文件形式不直观，由于 APDL 属于一种脚本语言，必须要将输入文件中的命令执行完后才能得到结果，这对于不习惯进行程序调试的人来说，容易产生厌烦的心理；在重复执行时也要花费一定的时间。

4. ANSYS 优化方法

在优化过程中，通过引入 3 种变量来阐明所优化的问题，其具体的数学表达式如下。

目标函数最小化：

$$f = f(x_1, x_2, \cdots, x_n) \tag{5.2.3.1}$$

设计变量满足：

$$\underline{x}_i \leqslant x_i \leqslant \overline{x}_i \quad (i = 1, 2, \cdots, N) \tag{5.2.3.2}$$

状态变量满足：

$$g_j \leqslant g_i(x_1, x_2, \cdots, x_N) \leqslant \overline{g}_j \quad (j = 1, 2, \cdots, M) \tag{5.2.3.3}$$

式中，参数 N、M 分别表示设计变量和状态变量的个数。

式 (5.2.3.1) 和式 (5.2.3.2) 表示的是约束极小化问题，以求得极小化目标函数（即 f）的值。满足了式 (5.2.3.2) 和式 (5.2.3.3) 的设计叫作可行性设计，至少一个不满足的设计叫作不可行性设计。目标函数和状态变量是通过采用最小二乘法，并由设计变量逼近求得。使用罚函数的无约束搜索技术，确定最小化设计变量的结构。具体优化程序的总体流程如图 5.18 所示。近似子问题程序的详细流程图如图 5.19 所示。

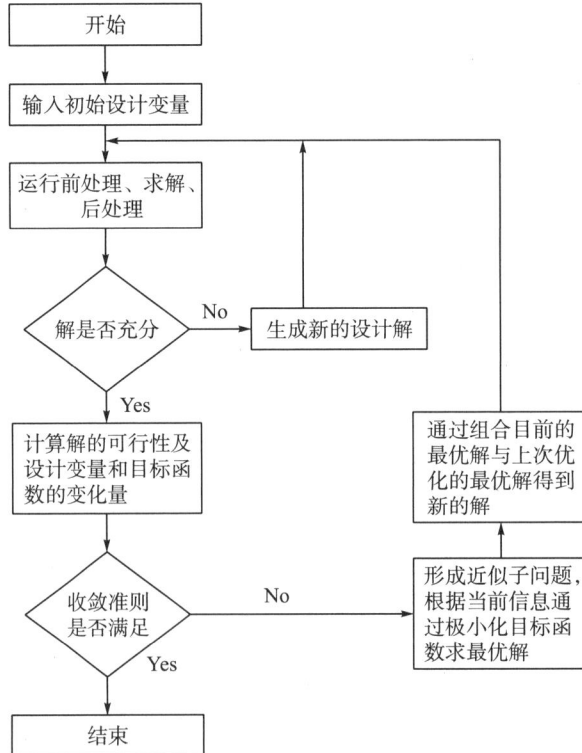

图 5.18　优化程序总体流程图

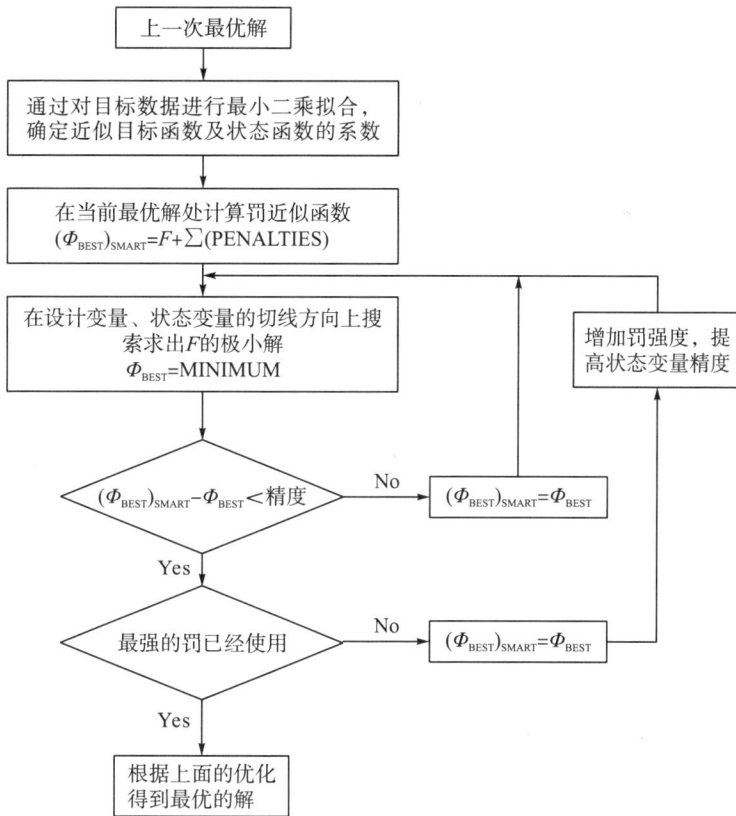

图 5.19　近似子问题流程图

优化方法由于使用了扩展的内点罚函数，使得设计变量和状态变量约束得以保持，并将约束问题转化成了非约束问题。这是因为定义的罚函数在整个设计空间都连续，使其可以从可行域外部和内部收敛，得到一个极小的可行解。对于优化过程中的每一次设计循环，都要将一个无约束函数极小化，并利用上一次无约束函数所得到的结果，这种方法被称为序列无约束极小化技术(sequential unconstrained mininization technology，SUMT)。这一系列的解，是通过不断地加强状态变量罚的强度，并逼近上下限约束的精度而得到的。利用 SUMT 技术，一旦求出了一组设计变量的最小值，则将计算新一组设计变量，以用于下一轮试验性设计，并利用收敛检查来判定是否已经找到了可能的最优解，若找到最优解，则终止优化。

为处理绝大多数优化问题，ANSYS 大型有限元软件提供了两种优化方法，即零阶方法和一阶方法。

(1) 零阶方法。零阶方法是一个很完善的处理方法，也可称为直接法，零阶方法的特点在于它只用到因变量(目标函数和状态变量)的值，而未用到它的偏导数。该方法十分通用，具有可有效处理绝大多数工程问题的优点，但优化过程中，其需要的迭代次数较多。

(2)一阶方法。一阶方法也可称为间接法,与零阶方法不同,其基于目标函数对设计变量的敏感程度,使用了因变量对设计变量的偏导数,更加适用于精确的优化分析。

对于以上两种方法,ANSYS 大型有限元软件提供了一系列从分析到评估再到修正的循环过程。即分析初始设计,根据设计要求对分析结果进行评估并修正。这一循环过程将重复进行直到满足所有设计要求。

除了以上两种优化方法,ANSYS 还提供了一系列优化所需的工具,以提高优化效率。其提供的优化工具如下。

(1)单步运行:实现一次循环,循环过程中求出一个有限元分析解。其优点在于可通过设置多个单次循环,并在每次求解前设置不同的设计变量,以此研究目标函数与设计变量的变化关系。

(2)随机搜索法:实现多次循环,每次循环过程中的设计变量均为随机变量,对此用户可指定最大循环次数以及期望的合理解的数目。该优化主要用于研究整个设计空间,并为以后的优化分析进一步提供合理解。

(3)等步长搜索法:将一个参考设计序列作为起点,进而生成多个设计序列,在每次计算后,在变化范围内将其按单一步长改变设计变量。该工具可以用于评估目标函数和状态变量的整体变化。

(4)乘子计算法:作为统计工具,可以用来生成由各设计变量的极限值组合而成的设计序列。其与称为经验设计的技术具有一定的关联。后者采用的是二阶的整体和部分因子,主要用于计算目标函数和状态变量的相互关系及其影响。

(5)最优梯度法:针对用户所指定的参考设计序列,该工具可以用于计算目标函数及状态变量对设计变量的梯度,还能进一步确定局部的设计敏感性。同时,用户也能采用外部过程,以此替代 ANSYS 优化工具及其方法,也可通过外部过程,将自己的方法和工具嵌入 ANSYS 中进行补充。

在 ANSYS 中,优化设计属于高级应用和方法,所有可以参数化的设计变量都可以进行相应的优化设计。因此,进行参数化建模是优化设计的前提,这需要 ANSYS 的参数化设计语言(APDL)来完成。

实现 ANSYS 优化设计共有两种方法:采用 GUI 交互式地完成,或者采用批处理方法。这两种方法的选择在很大程度上取决于用户是否习惯图形交互方式以及对 ANSYS 程序的熟悉程度。

当用户对 ANSYS 程序的参数化设计语言已经相当熟悉时,就能通过命令输入整个优化文件并通过批处理的方式进行优化。对于需用大量机时的复杂分析任务(如非线性任务)来说,该方法的效率也更高。

另外,交互方式的灵活性更大,而且能够实时看到循环过程的优化结果。当采用 ANSYS 程序的 GUI 方式优化时,首要任务是建立模型所需的分析文件,从而交互式地使用优化处理器所提供的相关功能,以进一步明确设计空间,这也有利于进行后续的优化处理。使用此类初期交互式操作,能够缩小用户的设计空间,优化过程也能更加高效。对于以上方式,分析文件需包含的内容都相同,优化过程中,其数据流向如图 5.20 所示。

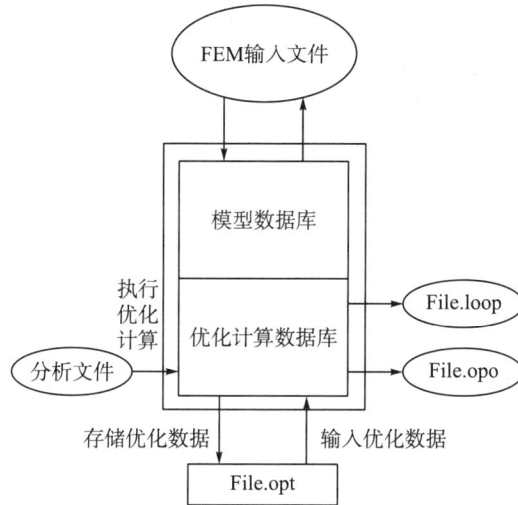

图 5.20　优化过程数据流向图

用户所选用的优化方法(批处理 GUI 方式)不同,优化设计的步骤也将存在细微的差别。其步骤如下。

(1)生成循环过程所需的分析文件。分析文件必须包括分析全过程,即建立参数化模型、求解、后处理提取并确定优化所需的状态变量和目标函数。

(2)在数据库里建立并分析相关参数,使之对应于文件中的变量。此步骤(BEGIN 或 OPT)的做法是标准的,但并非必须采用。

(3)进入 OPT 模块,指定相关分析文件(OPT)。

(4)优化变量的声明。

(5)选择优化工具,明确优化方法。

(6)指定循环方式及其控制方式。

(7)优化分析执行。

(8)设计序列(OPT)结果及其后处理(POST1/POST26)结果查看。

5.3　水平层状围岩隧道爆破优化技术

5.3.1　岩石爆破破岩机理

1. 岩石爆破理论

岩石中炸药的爆炸是在瞬间完成的,作用时间非常短,爆破产生高温高压,同时岩石存在不均质性和各向异性,所以全面、准确地认识岩石的破碎机理是很难的,近年来,不少专家学者对破碎机理进行了研究并提出了各种理论,目前主要的岩石爆破理论有 3 种。

1)爆轰气体膨胀压力作用破坏理论

这种理论从静力学观点出发,认为岩石的破碎主要是由爆轰气体的膨胀压力引起的。其基本观点如下:药包爆炸时,产生大量的高温高压气体,这些爆炸气体产物以极大的压力作用于药包围岩的岩壁上,形成压应力场。当岩石的抗拉强度低于压应力在切向衍生的拉应力时,将产生径向裂隙。作用于岩壁上的压力引起岩石质点的径向位移,由于作用力的不同引起径向位移的变化,在岩石中产生了剪切应力。当岩石抗剪强度小于岩体的切应力时,岩石就会发生剪切破坏(徐海清,2004)。随后在爆生气体推动下形成一个倒锥形漏斗坑,如图5.21所示。

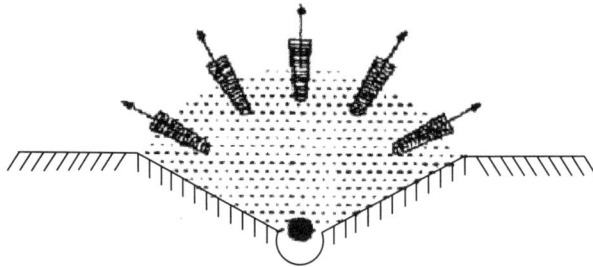

图 5.21　漏斗坑

注:图中箭头表示应力波传播方向。

2)冲击波引起应力波反射破坏理论

该理论以爆炸动力学为基础,认为岩石的破碎主要是应力波造成的。其基本观点如下:爆轰波产生的冲击波和压力作用在周围的岩壁上,在岩壁中很快衰减为应力波。在自由面反射之后,应力波形成反射拉伸波是岩石破坏的主要原因,当拉应力大于岩石的抗拉强度时,岩石就会产生断裂。

炸药爆炸引起周围的岩石粉碎,应力波通过粉碎圈后,它的强度迅速下降到不会引起岩石粉碎,如图 5.22(a)所示。在自由面处应力波反射成为拉伸应力波,虽然波的强度已经较低,但由于岩石的抗拉强度很低,所以仍然足够把岩石拉断。这种破坏方法也称为"片落",如图5.22(b)所示。

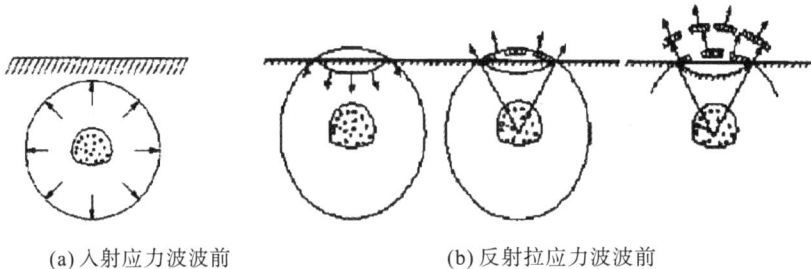

(a) 入射应力波波前　　　　　　　(b) 反射拉应力波波前

图 5.22　反射应力波破坏作用

注:图中箭头表示应力波传播方向。

3)爆轰气体膨胀压力和冲击波引起的应力波共同作用理论

此理论认为,岩石的破坏是应力波和爆轰气体共同作用的结果,其由于更切合实际而被大多数研究者所接受。其观点如下：爆轰波首先作用于药包周围的岩壁上，当爆轰气体的压力足够大时，爆轰气体将推动破碎岩块做径向抛掷，对于不同性质的岩石和炸药，应力波与爆轰气体的作用效果有很大不同。在坚硬岩石、高猛度炸药、耦合装药或装药不耦合系数较小的条件下应力波的破坏作用是主要的；在松软岩石、低猛度炸药、装药不耦合系数较大的条件下爆轰气体的破坏作用是主要的(渠爱巧，2008)。

在实际爆破中，冲击波和爆生气体的共同作用是使岩石破碎的主因。爆破应力波使岩石产生裂隙且使岩石原有裂隙进一步扩大，而爆生气体加速了裂隙的扩展，并主导岩石运动和抛掷。在不同波阻抗岩石中和不同阶段这两种方式起着不同的作用。一般认为，对于致密、坚硬而且阻抗高的岩石，爆破冲击波起的作用更大一些，而对于低阻抗的软岩爆生气体起的作用较大。

2. 岩石的可爆性

岩石的可爆性分级有多种，著名的有普罗托季亚科诺夫(Protodyakonov)提出的以岩石坚固性系数 f 为主要判据的普氏分级，苏哈诺夫在 19 世纪 30 年代针对普氏分级而提出的岩石分级，还有根据岩石本身物理力学性质和炸药爆破参数、爆破工艺新提出的岩石爆破性分级(朱立仁等，2011)。

普氏分级是一个综合性概念，它认为岩石坚固性是岩石的一种抵抗外力的性能，反映采掘作业的难易度。岩石抵抗破碎的相对值用岩石坚固性系数 f 来表征。岩石的抗压能力比抗拉抗剪能力强，因此把岩石的单轴抗压强度极限的 1/10 当作岩石的坚固性系数。

苏氏分级是在岩石坚固性的基础上发展的新的分级方法。它用崩落 $1m^3$ 岩石所消耗的炸药量(kg/m^3)或单位炮眼长度(m/m^3)来表征岩石的爆破性，同时，规定了一系列测试标准条件。根据单位炸药消耗量和单位炮眼长度将岩石分为 16 级。如果需要的炸药单耗量多、单位炮眼长，则岩石难爆；反之，则易爆。同时炸药单耗是一个常量又是一个变数，影响因素有很多。此外，炸药单耗没有很好地反映爆破块度这一重要爆破效果。因此，苏氏分级方法并不能很准确地表示岩石的爆破性。

下面简单介绍利用爆破漏斗试验确定的岩石爆破性指数分级方法和综合考虑岩石裂隙发展状况的岩石爆破破碎性分析法。岩石爆破性分级以能量平衡为准则，根据标准条件下爆破漏斗体积、大块率、小块率、平均合格率试验数据及岩石波阻抗，由式(5.3.1.1)得出岩石爆破性指数的统计计算公式，并按其大小将岩石划分为 5 类。

$$F = \ln\left[\frac{v^{67.22}K_d^{7.42}(\rho c)^{2.03}}{v^{38.44}K_p^{1.89}K_x^{4.75}}\right] \tag{5.3.1.1}$$

式中，F 表示岩石可爆性指数；v 表示爆破漏斗体积，m^3；ρ 表示岩石密度，g/m^3；c 表示岩石声波波速，m/s；K_d 表示大块率，%；K_x 表示小块率，%；K_p 表示平均合格率，%。

3. 爆破的 3 个阶段

(1)第一阶段：爆破后岩石中引起切向拉应力，形成的径向裂隙向着自由面发展，是冲击波的径向压缩阶段，如图 5.23(a)所示。

(2)第二阶段：冲击波的反射而引起的自由面岩石"片落"，如图 5.23(b)所示。第一阶段的冲击波压力为正，在自由面反射时，压力迅速下降为负值，成为拉伸波。在此拉伸波作用下初始裂隙进一步发展，进而导致自由面岩石"片落"。

（3）第三阶段：爆生气体膨胀，如图 5.23（c）所示。爆生气体的超高压使径向初始裂隙迅速扩展，并产生运动和抛掷。前两个阶段产生的小裂隙在此阶段进一步扩张，为破坏过程最后阶段奠定了基础。有研究表明，冲击波能量为炸药总能量的 5%～15%，爆生气体的能量超过炸药总能量的 50%。

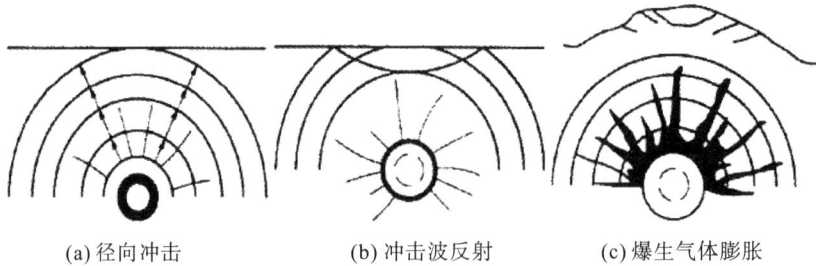

(a) 径向冲击　　　　　　　(b) 冲击波反射　　　　　　(c) 爆生气体膨胀

图 5.23　爆破作用的 3 个阶段

4. 岩石的破坏模式

岩石在爆破过程中受到多种荷载综合作用，目前共有 5 种破坏模式。

(1) 炮孔周围岩石的压碎作用。爆破漏斗研究表明，爆炸产生的冲击波波峰压力值若超过岩石动态抗压强度，则药包邻近的岩石将被压碎，造成粉碎圈。这会损失很多能量，所以粉碎圈范围不会太大。药包直径为 4cm 时，粉碎圈直径一般不大于 2cm。粉碎圈范围随炸药爆轰压力、炸药直径和炮孔直径比值的增大而增大。

(2) 径向裂隙作用。应力波通过粉碎圈后，峰值压力骤减但仍能导致岩石发生强烈的径向压缩，使该部分岩石径向扩张和切向拉伸。若切向拉伸应力大于岩石动态抗拉强度，便生成以 0.15～0.4 倍应力波传播速度伸展的径向裂隙。直至低于岩石动态抗拉强度，裂隙才会停止发展。

(3) 卸载引起的岩石内部破裂作用。当应力波和气体膨胀压力通过后，原来受压缩的岩石受到的压力突然释放，就会使岩石反向移动。若此拉力超过岩石抗拉强度，则会使径向裂隙间岩石中产生切向裂隙及环向破裂。

(4) 反向拉伸波引起的"片落"和引起径向裂隙的延伸应力波传播至自由面时会生成剪切波和拉伸波两种反射波，其能量大小取决于其入射角，岩石通常是被破坏的。

(5) 爆生气体产生的裂隙。爆生气体压力在炮孔周围会产生动态力场，径向裂隙形成时，爆生气体的气楔作用与裂隙尖端上的应力集中加速了裂隙扩展。

5.3.2　隧道爆破效果影响因素分析

1. 炸药性能对爆破效果的影响

炸药的作用是其爆炸时所形成的爆轰波和高压、高温的爆轰产物，对周围介质产生强烈的冲击和压缩作用，使周围岩石发生变形、破坏、运动和抛掷。影响爆破效果的炸药性能指标主要有密度、爆速、爆热和爆炸气体生成量。

提高炸药的爆热和密度，可以增加单位炸药的能量密度，同时提高炸药的猛度、爆速和爆力。根据波阻抗匹配理论，当炸药的波阻抗值与岩石的波阻抗值相匹配时，爆炸波能量完全传入岩体，最大限度地破碎岩体。

不同的炸药密度和爆速对爆炸产生的爆轰压力也不同。爆轰压力是指炸药爆轰时爆轰波波阵面中在 C-J(Chapman-Jouguet)面所测得的压力。在岩石中，特别是在硬岩中爆轰压力会引起炮孔周围的岩石粉碎和破裂，成为岩石继续破裂的先决条件。

爆炸压力是指炸药在完全爆炸后，爆轰气体等产物因膨胀作用对炮孔壁产生的压力，使岩体胀裂、推移和抛掷。

2. 爆破对象的介质特性对爆破效果的影响

爆破对象在这里指的是围岩，其特性包括围岩的物理力学性质、地质地形条件和爆破环境 3 个方面。

1) 围岩物理力学性质

物理性质包括矿岩的密度、波阻抗、孔隙性、风化程度、容重等，它们影响岩体爆破后矿岩的破碎程度和大块率，也影响钻孔爆破的难易程度。例如，风化程度越高，岩石越破碎，钻孔施工难度越大，从而影响到炮孔的质量。

岩石力学性质是指岩石的抗压、抗拉和抗剪强度等。岩石的力学性质是衡量岩石在外力作用下的反应特性指标，代表岩石的强度特性。

2) 地质地形条件

地质条件对爆破效果的影响主要是指岩体的结构面和岩体中的水及地形条件对爆破效果的影响。水在一定程度上会影响炸药性能、装药质量，从而影响爆破效果。同时，有水的情况下，也可抑制爆破时产生的粉尘，改善爆破效果。

由工程地质学可知，岩体的结构面分为三大类：原生的、构造形成的和次生的。结构面对爆破作用的影响可归纳为 6 种，分别为能量吸收、应力集中、应力波反射增强、改变破裂线、泄能和楔入。

地形条件一般指爆区的地面坡度起伏、山体高低、冲沟分布等地形特征。在山坡地形或地形陡峭处爆破时，一部分岩石被抛掷，一部分岩石则会依靠重力作用坍塌、滚落。

3) 爆破环境

爆破环境对爆破效果的影响主要包括自由面和施工环境两个方面。若自由面个数少、自由面小，则爆破受到的夹制性作用大，破碎困难。自由面越大，越有利于应力波的反射，对岩石的破碎越有利。

施工环境是指作业空间的大小、空气质量等，良好的施工环境，有利于保证钻孔、装药等工序的施工质量，从而改善爆破效果。

3. 爆破设计参数对爆破效果的影响

爆破设计参数主要包括炸药单耗、炮孔直径、炮孔深度、孔间距、排间距、最小抵抗线、超深长度、延期时间等。对于一定的岩石，炸药的爆破作用主要与爆破参数及工艺有关，其实际上是通过爆破参数组合和相关爆破工艺来提高炸药爆炸能量的利用率或合理巧妙地利用炸药爆炸的能量，从而改善爆破效果，降低成本。

4. 爆破工艺对爆破效果的影响

爆破工艺主要包括装药结构、炮孔堵塞、起爆位置及起爆顺序等。装药结构是指药包在炮孔内的搁置状态。炮孔堵塞是指针对不同的爆破方法采用炮泥或其他堵塞材料，将装药孔填实，隔断炸药与外界的联系。起爆位置是指起爆药包或起爆点在炮孔上的位置。起爆顺序是指在同次爆破中，不同组药包或不同药包之间按一定顺序起爆。

1) 装药结构对爆破效果的影响

装药结构分为不耦合装药、间隔装药、连续装药 3 种形式。不耦合装药中，爆轰波首先压缩空气，再作用于孔壁，这样孔壁所受到的初始压力下降，不易对岩石产生压缩粉碎作用，对孔壁的破坏作用大大减弱，从而减少了不必要的能量消耗；同时，压缩的空气首先储存一部分能量，然后再释放出来，使得爆轰气体膨胀作用时间延长，能量利用率提高。与连续装药相比，不耦合装药能提高炸药能量的有效利用率，改善岩石破碎的均匀度，并有效地保护围岩。

空气柱间隔装药的爆破作用机理与不耦合装药的爆破作用机理是一样的，所以对爆破效果的影响也是一样的。用炮泥、木垫间隔装药，一方面减小了炮孔装药量，从而减小了对岩体的作用，另一方面也可避免炸药的过度集中，减小对岩石的过度粉碎作用，有利于炮孔中炸药的合理分布，提高炸药能量利用率。

2) 炮孔堵塞对爆破效果的影响

堵塞的目的是保证炸药充分反应，使之产生最大热量，防止炸药不完全爆轰，防止高温高压的爆轰气体过早逸出，使爆炸产生的能量更多地转换成破碎岩体的机械功，从而大大提高对岩石的破碎和整体抛掷作用。

堵塞效果的好坏与堵塞材料的密度(质量)、堵塞长度、颗粒级配等有关。堵塞材料密度越大，长度越长，堵塞效果越好。

3) 起爆药包位置对爆破效果的影响

按起爆药包位置的不同，可以分为正向起爆、反向起爆、中间起爆、多点起爆或导爆索并敷起爆。

工程实践结果表明，爆轰方向和起爆位置是影响爆破效果的重要因素。起爆位置的不同，影响了爆破应力波的分布与作用时间。反向起爆优于正向起爆，因为反向起爆时，炮泥开始运动的时间比正向起爆晚，从而提高了爆炸气体在炮孔内停留的时间，同时增加了岩石内应力波的作用时间。若采用多点起爆，则可以使爆轰波发生相互叠加，或者反向拉伸，从而能够提高岩石的破碎度，但起爆点数目超过一定数值时，破碎度不再明显增加。

5. 不同爆破技术对爆破效果的要求

爆破技术应随着工程需要的不同而改进。不同的矿岩爆破技术，其爆破设计、爆破工艺对爆破效果的要求有很大差别。

1) 掘进爆破

在掘进爆破中，掏槽的方式及其参数是关键，因为它们的好坏直接影响了其他炮眼的爆破效果。掏槽的方式可分为斜眼掏槽和直眼掏槽。斜眼掏槽适用于各种岩层，所需的掏槽眼的数目较少，但深度受到限制，单位耗药量较小，槽眼位置和倾角的精度对掏槽效果的影响较小，爆堆较分散，容易损坏周边设施；直眼掏槽的炮眼垂直于工作面，易于实现多台钻机同时作业和机械化，深度不受巷道断面限制，可以实现中深孔爆破，有较高的炮眼利用率，需要较多的炮眼和炸药，其爆下的岩石较集中，不易崩坏周围的设施。

2) 台阶爆破

台阶爆破中，底盘抵抗线是指台阶的坡底线到第一排炮孔中心轴线的水平距离。它与最小抵抗线是不同的概念，但作用原理是一样的。另外一个对台阶爆破效果有很大影响的因素是钻孔形式，钻孔形式分为倾斜钻孔和垂直钻孔。

3) 预裂爆破和光面爆破

从预裂爆破和光面爆破的实践中可知，影响预裂效果或光面爆破效果的重要因素是岩石性质、孔距、不耦合系数及同时起爆。同时起爆是保证成缝的重要条件之一。在保证裂开缝的前提下，一定孔径的小孔间距的壁面质量远远优于大孔间距的壁面质量。

在预裂爆破或光面爆破中，还有一个重要的施工工艺——在装药孔的附近设置导向孔。其作用是使应力集中、有助于径向裂缝向空孔方向发展，空孔的存在还对其他方向的径向裂缝发展起抑制作用。

工程中，为了防止主爆区的爆破应力波绕过预裂缝破坏保护岩体，预裂缝长度往往要超过爆破边界范围，其值主要取决于预裂爆破的装药量及孔径。

在光面爆破中，影响其效果的另一个重要参数是光爆层厚度，即抵抗线长度。在软弱破碎岩体中，研究已证明应当考虑内圈眼爆破对光爆层的振动损伤，其对光面爆破参数的设计有重大影响。

6. 施工质量对爆破效果的影响

施工质量包括穿孔质量、装药质量和填塞质量。穿孔质量主要是指孔位、孔深、孔向和倾角是否符合设计要求。孔位的偏差主要对抵抗线和孔间距产生影响，其实际上改变了孔网参数，改变了炸药分布和爆炸作用，从而影响了爆破效果。

5.3.3 基于全过程模拟的爆破参数优化方法

由于隧道爆破过程的复杂性、模糊性和不确定性，当试爆条件有限，类似隧道爆破工程经验缺乏时，如何确定合理的隧道爆破参数，预测是否达到设想的爆破周边轮廓平整效果，保证隧道围岩爆破后不会出现较大范围超欠挖现象，以及相关危害是否在可以接受的范围内，都是工程人员十分关心的问题。随着计算机硬件、软件的飞速发展，利用计算机数值模拟技术求得隧道爆破过程的模型解成为可能，通过数值模拟的方法能计算近似解，而且能够模拟岩体的复杂力学特性与结构特性，能分析各种边值问题和施工过程中的问题，进而对工程进行预测和预报。对隧道爆破的动态全过程进行数值模拟，首先要明确隧道爆破问题的实质，然后选择具有特定分析功能的软件。

1. 数值模拟软件简介

基于数值分析理论，目前发展比较成熟的数值模拟方法主要为有限元、离散元和不连续变形分析 3 种，针对每种方法都开发了具有代表性的商用软件，表 5.6 列出了一些常用的模拟软件。

表 5.6 常用的爆破参数数值模拟软件

数值分析方法	软件		积分算法	性能简介
有限元	LS-DYNA		显式为主，隐式为辅	最常用、最成熟的非线性动力分析通用软件
	ABAQUS	Standard	隐式	通用的静态分析能力
		Explicit	显式	对时间进行显式积分，求解动力学方程
离散元	SLM2DEM		—	将结构离散为块体后计算接触信息
不连续变形分析	DDA		—	不连续任意形状块体的接触变形

注：隐式算法指不考虑惯性效应的隐式时间积分方法，对于高度非线性问题无法保证收敛；显式算法为保持收敛，时间步长较小，因此计算时间长。

1）LS-DYNA 求解器的功能

隧道爆破问题是一个极为复杂的高度非线性（几何非线性、材料非线性）问题，但这个问题在 LS-DYNA 中能迎刃而解（图 5.24）。LS-DYNA 拥有拉格朗日（Lagrange）算法、欧拉（Euler）算法，以及两种算法相结合的 ALE 算法，可以实现网格自动重分，克服因单元畸变引起的计算困难，能够准确计算大位移、大转动、大应变；同时还能提供上百种动态材料本构模型，支持用户自定义，满足材料非线性要求；50 多种接触分析方式可选，轻松解决刚性体与（或）柔性体的接触问题和流固耦合的界面问题。基于以上分析，采用 2007 年发布的 LS-DYNA971 求解器，该求解器是目前公认最佳的动力分析计算软件，已经在无数次的模型试验中被证明其计算的可靠性。

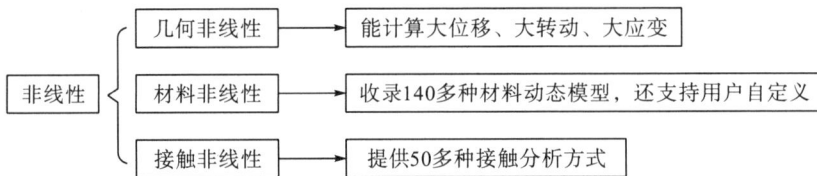

图 5.24 LS-DYNA 强大的非线性功能

2）多软件联合建模求解技术

尽管 LS-DYNA 求解器拥有强大的计算功能，但是其前后处理功能不人性化，修改 K 文件时用户体验较差。1997 年 ANSYS 与 LS-DYNA 合并形成 ANSYS/LS-DYNA，很快拥有了很高的市场占有率。但两个软件间的完美兼容经过了很多个版本（ANSYS14.5 已经可以实现）才实现，因而在不能完全通过 ANSYS 的 GUI 窗口操作或者通过 APDL 完成对 K 文件的修改之前，人们常采取手动修改 K 文件。K 文件是包含所有求解信息（几何、荷载、材料数据）的 SCII 文件，要求十分严格，所以需要借助专业的文本编辑软件，如 PSPad editor。关于 ANSYS 的后处理，在 POST1 中查看应力应变，在 POST26 中绘制时间历程曲线，并不是特别方便，而利用 Livermore 公司为 LS-DYNA 专门开发的后处理器 LPP，可以轻松实现计算结果以图形动画显示和输出，以及关键点应力-应变查看，软件还预留了用户自定义的空间。另外，如果模型比较复杂，则可以使用 AutoCAD 或者 Pro/Engineer 建立实体模型，然后通过数据文件(IGES 或 SAT)导入模型，但应注意单位统一。因此，多软件联合建模求解才是高效准确地模拟隧道爆破的最佳方法，如图 5.25 所示。常用的软件有 AutoCAD 2014、ANSYS/LS DYNA 14.5、LPP 4.0 及 PSPad。

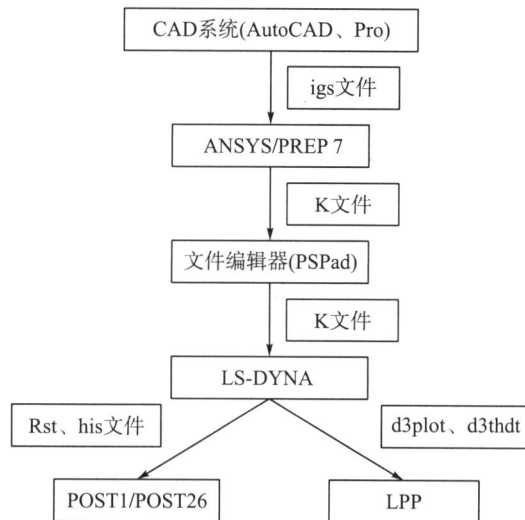

图 5.25　联合建模求解技术流程图

2. 建模前规划方案

在对所要分析的隧道进行三维立体建模之前，首先要根据实际隧道工程的水文地质状况以及地层岩性、围岩等级，并参考隧道爆破设计施工原工程方案，初步拟定爆破参数(各段炮孔个数、起爆顺序、间隔时间、炮孔间距、炮孔直径、不耦合系数、单段最大装药量、循环进尺、装药结构)，然后进行全面的规划分析，即在光面爆破中，内部掏槽孔最先起爆，以形成一个自由面，为后续起爆提供更好的条件，然后是辅助孔、崩落孔起爆，按照起爆时间、起爆段数，由内到外逐层起爆，最后是最外层光爆孔起爆。所以，对于隧道断面爆破全过程动态模拟，必须要考虑各方面的影响，这样才能得到符合工程实际爆破的模拟结果，指导实际工程。

1)爆破参数初拟

充分了解待爆破隧道的自身结构状态和周围环境的客观条件，根据相关类似隧道工程的经验，初步拟定爆破参数，即爆破掏槽孔位置(孔数、间距、装药长度)、辅助孔及周边孔各段炮孔个数、各段炮孔起爆顺序和间隔时间、装药量。为了方便后期进行方案优化，这些参数的输入可配合 APDL 设计语言，赋予规律的字母变量(拼音或英语简写)后引用，单次建模虽然麻烦，但是在多次方案优化修改时会非常高效，同时也方便工程人员之间交流。

2) 数值模拟前的假定

隧道爆破数值模拟中，主要关注的是隧道各爆破参数对最终爆破效果的影响，以便为爆破方案的优化评选和最终的确定提供最直观的指导。而在隧道爆破模拟之前，为了计算规模和时间具有经济性，我们需要做一些假定。

(1) 假定隧道围岩符合相关的弹塑性本构模型、弹性-非理想塑性模型以及非理想变模量模型。

(2) 假定炸药和围岩体之间无相对滑移。

(3) 假定隧道断面上布置药包时的钻孔形式，对结构的受力分析不产生影响。

3) 建模方法的确定

对于埋深较深的隧道，一般要考虑地应力对隧道的影响，研究过程中对模型整体施加初始地应力。

(1) 一般隧道围岩的建模方法。围岩材料是指隧道周围一定范围内，对洞身的稳定有影响的岩(土)体材料。如果要考虑爆破对衬砌的影响，可以采用理论上更为精准的分离式模型，但是砌块与围岩间的黏附强度以及其他试验参数需要通过试验测得，因此砖砌结构普遍采用整体式建模。

(2) 层状围岩隧道的建模方法。对于层状围岩，采用理论上更为精准的分离式模型。首先要确定层状岩之间的黏附强度及内摩擦角，通常采用层状围岩材料间的黏结滑移理论，但该理论还不是十分成熟。另外，相关试验的材料参数，由于受力情况有差异，代表性并不强。总体来说有 3 种模型，每种模型的刚度计算方法、优缺点和适用范围如图 5.26 所示。

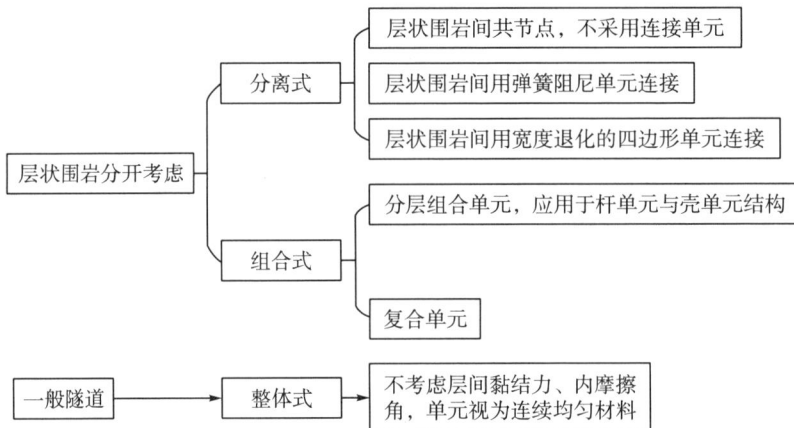

图 5.26 不同的建模实现方法

在实际工程中，隧道可能存在不同类型、不同等级的围岩段，如四面山隧道包含 4 个围岩段：砂泥互层 V 级围岩段、泥岩 V 级围岩段、砂岩 IV 级围岩段、泥岩 IV 级围岩段。对于此类隧道，为了减小计算成本，可以先用整体式模型得到结构爆破效果的宏观模拟，粗调参数；然后选取具有代表性的围岩段，建立共节点分离式模型，进行细部分析，并根据围岩破坏情况，分析局部行为，再细致地调整参数，得到最优方案。

3. 前处理

如果隧道模型不复杂，不需要 igs 文件导入，则前处理所有的工作都可借助 ANSYS 数值模拟软件完成。

1) 单元选取

为了尽可能真实地研究结构受力，最好整个结构都用实体单元，单元实常数可以在单元定义时就设定：APDL 语言调用命令 MP 添加实常数，或在 GUI 窗口里面根据提示填写相关数据。

SOLID164 单元是 ANSYS 专门为显式动力分析开发的 8 节点实体单元，在一定条件下也可以退化为楔形体、四面体、棱锥体，但是计算精度会严重下降，所以在后续网格划分中要格外注意。图 5.22 描述了它的节点位置和其他退化后的变种形态。

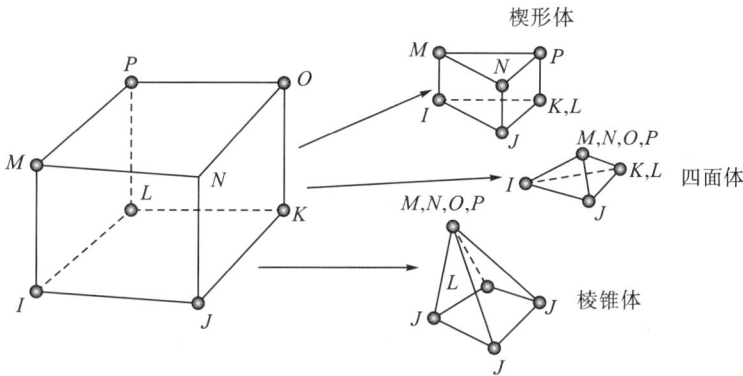

图 5.27　SOLID164 单元几何特性

选择 SOLID164 单元时应注意以下问题。

(1) 尽管 SOLID164 单元能够适应大变形、大位移等极端几何非线性分析，且材料是允许退化的，但是单元不能允许零体积。

(2) 有两个单元选项需要设置：单元算法和单元连续性。

2) 常用材料模型

目前隧道爆破数值模拟中，无论是整体式模型还是分离式模型，岩石材料一般选用的是 PLASTIC_KINEMATIC，因为它所需要输入的参数较少且容易确定，同时还能真实地反映混凝土受拉压、剪切失效过程，但是抗剪极限、断裂韧度、剪切滞留系数这些参数难以确定。现在介绍两种材料模型，为了简化计算，可以把不考虑触地振动的地面和周围建筑物简化成刚体，并定义成 20 号材料 RIGID。

(1) 与应变率相关的隧道塑性材料模型。此模型是与应变率相关的各向同性和(或)随动硬化的混合体，可以考虑失效。通过调整硬化参数 $\beta(0 \leqslant \beta \leqslant 1)$，控制材料在随动硬化和各向同性硬化之间变动，其屈服应力如下：

$$\sigma_y = \left(1 + \frac{\dot{\varepsilon}}{C}\right)\left(\sigma_0 + \beta E_p \varepsilon_p^{\mathrm{eff}}\right)$$

式中，σ_0 表示初始屈服应力；$\dot{\varepsilon}$ 表示应变率；C 表示应变率参数；$\varepsilon_p^{\mathrm{eff}}$ 表示有效塑性应变；E_p 表示塑性硬化模量。

（2）刚体模型（RIGID）。在显式动力学分析中，刚体模型有着非常重要的意义，因为一旦定义了一个刚体，体内所有节点的自由度都耦合到质心上，保留 6 个自由度，节点位移是由整个刚体的运动转换的。

ANSYS APDL 中刚体先用 EDMP、RIGIS 及 MAT 命令，然后用 MP 命令定义材料基本参数：杨氏模量（Ex）、泊松比（NUXY）和密度（DENS）。这里有两点需要注意：①被赋予此材料号的所有单元都自动被定义为刚体；②尽管直观感觉上刚体坚硬无比，但这 3 个基本参数还是应该按照实际的数值确定，不然接触表面的刚度会错误。

3）几何模型的构建

由于隧道断面分布有多段炮孔，导致整体模型十分复杂。因此，需要预先生成几何模型，可以通过图 5.28 中的方法实现。

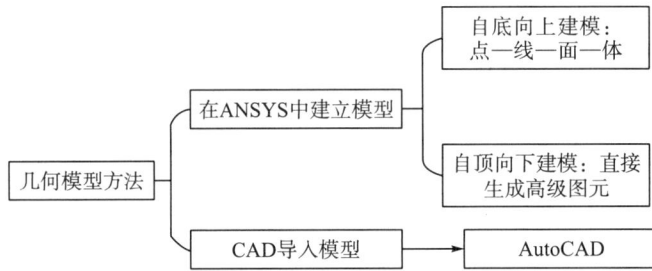

图 5.28　几何建模的方法

4）网格划分

（1）设置单元属性。在定义好需要的单元（TYPE）、材料（MAT）和实常数（REAL）之后，就可以通过 3 种方式（图 5.29）为单元指定属性了。

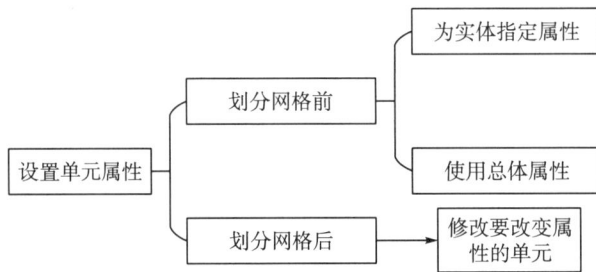

图 5.29　设置单元属性的 3 种方式

（2）网格划分。网格质量决定了模型计算精度和速度，若模型网格质量较差，SOLID164 从六面体退化成四面体，计算精度严重下降。所以在 LS-DYNA 模拟中，不能直接使用自由网格划分，而是先要对体进行多次切割（有时还牵扯到对建模方法的选择），再使用映射或者扫掠的方法生成网格，保证模型的六面体结构。

5）定义接触界面

LS-DYNA 为用户提供了 50 多种接触类型，以满足绝大多数的接触和界面模拟的需要。尤其在模拟层状围岩时，需要选取特定的接触模型。

在 ANSYS/LS-DYNA 中引入了许多种接触类型。这些接触类型包括节点-表面接触、表面-表面接触、单面接触、单边接触及侵蚀接触等。对于隧道爆破整体式建模，不存在层理面，可以不考虑接触问题。但是对于层状围岩来说，由于层与层之间存在接触面，所以一般要考虑接触，通常情况下，主要考虑单面接触与面面接触。

（1）单面接触：指一物体与另一物体的表面接触，在单面接触中，ANSYS/LS-DYNA 程序将自动判定模型中哪处表面发生接触。因此，单面接触相对于其他接触来说，最为简单，无须考虑接触面之间的对应关系，当定义好单面接触时，它允许一个模型的所有外表面都可接触。

（2）表面-表面接触（面面接触）：适合于存在较大面积的物体接触，在考虑相对滑移时比较有优势。

4. 边界与求解

ANSYS/LS-DYNA（显式分析）中所有荷载都与时间有关。

1）施加载荷

隧道爆破过程中，需要考虑的外部荷载只有结构本身的重力，具体施加荷载的步骤如图 5.30 所示。

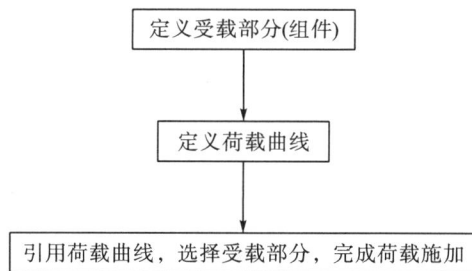

图 5.30 荷载施加流程图

2）定义约束和边界

隧道爆破模型中设置的边界条件比较简单，为了保证模型在计算过程中不出现整体移动，对整个模型左右边界的节点进行了约束，边界在水平方向（X 方向）位移为 0，对于竖直方向（Y 方向），底部位移限制在 SOLID 单元表面上并施加非反射边界条件，以消除模型表面对爆破地震波的反射影响。非反射边界又称为无反应边界或透射边界，在模拟动力分析时，经常需要建立有限域的模型来模拟无限大的空间体。为了防止边界产生的应力波的反射重新进入模型而对模拟结果产生破坏影响，需要在有限域表面单元节点上施加无反射边界条件。

在 ANSYS/LS-DYNA 有限元程序中,无反射边界条件只能应用在材料单元 SOLID164 和 SOLID168 的表面上。在需要施加的表面上选择单元节点组成节点组元,然后施加无反射边界条件,使纵波和横波在此节点组元的边界上都被吸收。

3)求解过程控制

(1)终止时间:终止是指宏观上爆破过程的终止,而不是计算时间的终止。计算时间与节点数量和计算机 CPU 配置有关,有时一个几秒钟的爆破过程,会运算十几个小时,甚至需要采用工作站,因此要想办法合理简化模型。

(2)时间步长控制:决定 CPU 计算时间的最小时间步长($\Delta t_{\min}$),与最小单元($l_{\min}$)和声速(c)有关。

5.3.4　层状围岩隧道爆破效果评价体系及方法

由于隧道需要穿越不同地质环境及不同等级的围岩,因此隧道爆破设计方案不同。许多施工方是依靠工程类比进行开挖爆破,这会使得超欠挖非常严重,并造成周边围岩的损伤,增加后续施工工序,降低生产效率。为了使隧道开挖高效进行,爆破是隧道施工中比较关键的工序。因此,很有必要建立层状围岩隧道爆破效果评价体系及方法。

5.3.4.1　层状围岩隧道爆破效果影响因素识别

1. 光爆孔周边围岩的应变场

光面爆破的原理是掏槽孔和崩落孔最先起爆,周边孔则在其余孔都爆炸后再同时起爆,其中,隧道围岩中埋设的各段炸药爆炸后所产生的冲击波将沿着径向的方向传播到周围岩体,当相邻的炮孔所产生的冲击波在孔与孔中心连接处相遇时,就会产生应力波叠加作用,同时产生沿着切向方向的拉应力,并使得周边围岩产生裂隙,进而导致围岩的损伤。

2. 光爆孔周边围岩的损伤场

依据 Mazars 损伤模型,在多应力作用下,光爆孔爆炸后产生的损伤因子为

$$D_r = \alpha_T D_T + (1 - \alpha_r) D_c \tag{5.3.4.1}$$

式中,D_r 表示受拉产生的损伤(单轴);D_c 表示受压产生的损伤;α_T 表示损伤耦合指数。

沿 i 方向分解应变 ε_i,得

$$\varepsilon_i = \varepsilon_{Ti} + \varepsilon_{Ci}$$

式中,ε_{Ti} 表示正主应力引起的应变;ε_{Ci} 表示负主应力引起的应变。

有效应变为

$$\tilde{\varepsilon} = \begin{cases} \sqrt{\sum_i (\varepsilon_{Ti} + \varepsilon_{Ci})^2}, & \varepsilon_{Ti} + \varepsilon_{Ci} \geqslant 0 \\ 0, & \varepsilon_{Ti} + \varepsilon_{Ci} < 0 \end{cases} \tag{5.3.4.2}$$

$$\alpha_T = \sum_i \frac{\varepsilon_{Ti}(\varepsilon_{Ti} + \varepsilon_{Ci})}{\tilde{\varepsilon}^2} \tag{5.3.4.3}$$

$$D_T = 1 - \frac{\varepsilon_{sh}(1 - A_T)}{\varepsilon_{sh} + (\varepsilon_\theta - \varepsilon_{sh})} - \frac{A_T}{\exp[B_T(\varepsilon_\theta - \varepsilon_{sh})]} \tag{5.3.4.4}$$

$$D_{c} = 1 - \frac{\varepsilon_{sh}(1 - A_{c})}{\varepsilon_{sh} + (-\mu\sqrt{2}\varepsilon_{sh})} - \frac{A_{c}}{\exp[B_{c}(-\mu\sqrt{2}\varepsilon_{r} - \varepsilon_{sh})]} \quad (5.3.4.5)$$

式中，ε_{sh} 表示损伤应变阈值；A_{T}、B_{T} 表示受拉时的材料系数；A_{c}、B_{c} 表示受压时的材料系数。

3. 隧道光面爆破冲击损伤范围

根据相关研究，爆破损伤质点峰值振动速度判据分别见表 5.7～表 5.9。

表 5.7　岩石爆破损伤的 PPV 临界值（一）

质点峰值振动速度/(cm/s)	岩体的损伤效果
≥254	岩体完全破碎
63.5～254	严重的拉伸裂缝及径向裂缝产生
25～63.5	发生轻微的拉伸层裂
<25	完整岩石不会致裂

表 5.8　岩石爆破损伤的 PPV 临界值（二）

岩石类型	单轴压缩强度/MPa	RQD/%	质点振动速度/(cm/s)		
			严重损伤	中等损伤区	轻微损伤区
斑晶花岗岩	14～30	20	>35.5	15.5～35.5	13.0～15.5
Shultze 花岗岩	49	50	>60	35～60	23～35
硬片麻岩	30～55	40	>170	47～170	31～47
软片麻岩	30～85	40	>1240	775～1240	44～775

表 5.9　岩石爆破损伤的 PPV 临界值（三）

岩体损伤表现	损伤程度	质点峰值振动速度/(cm/s)		
		斑岩	页岩	石英岩
台阶面松动岩块的偶尔掉落	没有损伤	12.7	51.0	63.5
台阶面松动岩块的部分掉落	可能有损伤	38.1	25.4	63.5
部分台阶面松动、崩落孔较轻的爆破损伤	轻微的爆破损伤	38.1	25.4	127.0
台阶底部的后冲向破坏、顶部岩体的破裂，台阶面严重破碎，台阶面上可见裂缝的大范围延伸	爆破损伤	63.5 以上	38.1 以上	190.5 以上

4. 层状围岩隧道超欠挖

隧道光面爆破是否存在超挖现象的主要判断依据：以隧道工程要求的设计轮廓线为基准，炸药起爆后，比较爆炸作用下所产生的实际轮廓线与已设定的基准之间的差异，如果爆炸形成的实际轮廓线超出了基准即为超挖，反之，则为欠挖。具体如图 5.31 所示。

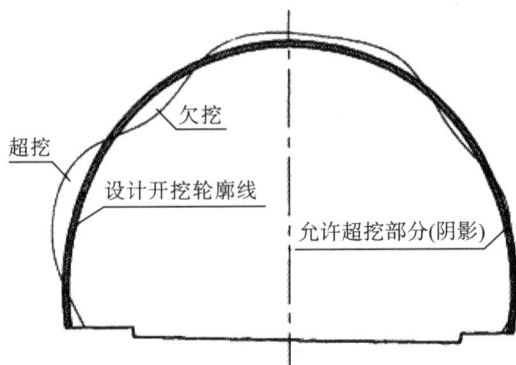

图 5.31 隧道超欠挖示意图

层状围岩隧道由于层理、节理以及软弱夹层的影响，其光面爆破效果不容易控制，因而会产生不同程度的超欠挖现象。

在实际爆破施工的过程中，如果爆破施工中出现较大范围的超欠挖，会对隧道的安全施工造成不利的影响，影响施工的进度及质量。例如，超挖造成出渣量的增加、运输时间的增加等；欠挖则会直接影响后续模筑混凝土衬砌的厚度，并且处理欠挖是相对困难且很危险的。因此，在实际施工中，更多的是超挖而非欠挖，出现这种情况的原因也跟欠挖较难处理有关。

5. 层状围岩隧道光面爆破质量评价标准

由于工程施工现场影响因素的复杂性，如果仅仅通过公式计算很难得到准确可靠的爆炸参数，因此，需要通过现场试验，层层筛选爆破参数，逐步使各项参数向最优化靠近，实现理想的爆破效果。光爆的质量评定标准见表 5.10。

表 5.10 光面爆破质量评价标准

序号	项目	硬岩	中硬岩	软岩
1	围岩剥落程度	无剥落	无剥落	无大坍塌
2	最大线性超挖量/cm	<20	<25	<25
3	局部欠挖量/cm	<5	<5	<5
4	炮孔利用率/%	≥90	≥95	100
5	半眼孔痕率/%	≥80	≥70	≥50
6	轮廓不平整度/cm	—	—	±15
7	距掌子面 1 倍硐径处质点垂向振动速度/(cm/s)	<12	<8	<5

表 5.10 中的 6 个指标分别介绍如下。

(1)围岩剥落程度：隧道爆破后掌子面周围岩石掉块面积与完整围岩面积比值。

(2)最大线性超挖量：隧道围岩爆破后最大超挖处到爆破设计开挖轮廓线的垂直距离。

(3)局部欠挖量：隧道爆破开挖后，隧道爆破开挖轮廓欠挖处距设计轮廓线的距离。

(4)炮孔利用率：以每月平均炮孔利用率来计算。

$$炮孔利用率 = \frac{每月掘进进尺}{月爆破次数×设计炮孔深度} ×100\%$$

(5)半眼孔痕率：爆炸后残留半眼痕迹的炮孔数与周边孔总数之比。

（6）轮廓平整度：隧道爆破后周边轮廓的不平整曲线与设计轮廓曲线比率。

5.3.4.2　层状围岩隧道爆破效果评价指标体系

1. 评价指标选取原则

在层状围岩隧道爆破效果评价过程中，首先要建立合理的评价指标体系，确定科学的评价方法和手段，这样才能使评价指标更加具有目的性，也能使评价方法更加容易让人们接受，这都应该建立在正确原则的基础上，因此选取评价指标的时候必须要遵守以下几个原则。

（1）科学性原则。这个原则要求评价指标的选择必须要能够真实、确切地反映事物的本质，评价层状围岩隧道爆破效果时只有坚持客观、公正、合理的科学性评价指标选取原则，评价结果才会客观可信。

（2）可行性原则。可行性原则要求评价指标必须要定义明确，评价指标基本数据采集切实可行。根据这个原则，应该选取有代表性，对评价目标有重要影响，并且容易采集数据的数据指标进行评价。

（3）实用性原则。实用性原则要求评价指标和实际情况紧密联系，选择能够体现层状围岩隧道爆破效果的评价指标，脱离实际情况去评价层状围岩隧道爆破效果是毫无意义的，所以说实用性原则是层状围岩隧道爆破效果评价体系的基础。

（4）协调性原则。协调性原则要求砂泥互层围岩隧道爆破效果评价指标不能是单一的、孤立的评价指标，单一评价指标反映的是层状围岩隧道爆破效果的一个方面，而一个优秀的评价体系应该包含各个方面的指标，并且能使评价指标之间不矛盾、不冲突、相互协调，全面地反映层状围岩隧道爆破效果。

2. 评价指标

首先，将层状围岩隧道爆破效果评价体系分解为若干个评价层来考虑，采用自上而下的层次设计方法，结合隧道实际情况，合理有效地确定各因素层的评价指标，从而建立起一个多层次、多项目的评价系统。由底层到中层再到顶层进行细致地研究。顶层为层状围岩隧道爆破效果，称为目标层。中间层描述层状围岩隧道爆破效果，称为描述层。底层为层状围岩隧道爆破效果评价指标及指标的表征量，称为指标层。最终得到层状围岩隧道爆破效果评价指标及评价体系，如图 5.32 所示。

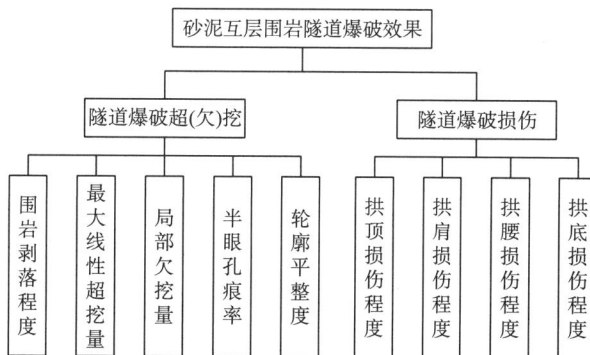

图 5.32　层状围岩隧道爆破效果评价指标体系图

由层状围岩隧道爆破效果评价指标体系图可得到层次因素集如下。

(1)第一层因素集为 $U=\{U_1,U_2\}$＝{隧道爆破超欠挖，隧道爆破损伤}。

(2)第二层因素集为 $U_1=\{u_{11},u_{12},u_{13},u_{14},u_{15}\}$＝{围岩剥落程度，最大线性超挖量，局部欠挖量，半眼孔痕率，轮廓平整度}，$U_2=\{u_{21},u_{22},u_{23},u_{24}\}$＝{拱顶损伤程度，拱肩损伤程度，拱腰损伤程度，拱底损伤程度}。

(3)评语集。结合相关行业爆破效果等级分类，将层状围岩隧道爆破效果分为 5 个等级，Ⅰ级为很好、Ⅱ级为好、Ⅲ级为一般、Ⅳ级为较差、Ⅴ级为差。为了便于表达，使评价结果定量化，以及定量地分析隧道爆破效果，采用百分制来表达稳定情况，见表 5.11。

表 5.11　层状围岩隧道爆破效果等级

效果等级	Ⅰ级(很好)	Ⅱ级(好)	Ⅲ级(一般)	Ⅳ级(较差)	Ⅴ级(差)
分值区间	[90,100]	[80,90)	[70,80)	[60,70)	[0,60)

最终得到抉择评语集合为 $V=\{v_1,v_2,v_3,v_4,v_5\}$，分别对应很好、好、较好、较差、差 5 个等级。

5.3.4.3　层状围岩隧道爆破效果评价方法

1. 层次分析法

见 3.3.4 节。

2. 指标评分方法

为了使评价结果更加准确，各个指标的评分主要根据试验、数值模拟结果等来进行，而不采用专家打分的方式一次性减小主观性，若有一些不明确的指标，则参照类似工程或试验来构建评分模型，对于一些没有办法定量化的数据，采用分级的方法，将相应的等级与相应的分数对应起来，得到评分模型。

1)隧道爆破超欠挖评分模型

对于第二层的第一个因素集，围岩自身及环境参数：$U_1=\{u_{11},u_{12},u_{13},u_{14},u_{15}\}$＝{围岩剥落程度，最大线性超挖量，局部欠挖量，半眼孔痕率，轮廓平整度}。

围岩剥落程度：按剥落程度将围岩分为不同的级别。围岩剥落程度等级越低，说明爆破后围岩的强度和完整性越好，相对应的分值也越高。

最大线性超挖量：隧道围岩爆破后最大超挖处到爆破设计开挖轮廓线的垂直距离。爆破后最大线性超挖量值越小，则说明隧道的爆破效果越好。因此，岩石最大线性超挖量值越小，得分越高。

局部欠挖量：隧道爆破开挖后，隧道爆破开挖轮廓欠挖处距设计轮廓线的距离。爆破后局部欠挖量值越小，则说明隧道的爆破效果越好。因此，岩石局部线性欠挖量值越小，得分越高。

半眼孔痕率：爆炸后残留半眼痕迹的炮孔数与周边孔总数之比。半眼孔痕率越高，对爆破效果越有利。因此选取这个指标是有必要的，这个指标的值越大，得分越高。

轮廓平整度：在隧道爆破过程中，非常强调爆破后周边围岩的壁面平整度。综合评定轮廓平整度等级，并划分为平整、较平整、一般、较差。轮廓平整度的值越大，得分越高。

根据以上所述，并参考类似工程评价的评分模型，最终给出层状围岩隧道爆破效果体系中爆破超欠挖评分模型，见表 5.12。

表 5.12　爆破超欠挖评分模型

指标	分值计算方法			
围岩剥落程度	严重剥落	剥落	轻微剥落	无剥落
得分	60	(70,80)	(80,90)	(90,100)
最大线性超挖量	>20cm	10～20cm	5～10cm	<5cm
得分	60	(70,80)	(80,90)	>90 分
局部欠挖量	>20cm	10～20cm	5～10cm	<5cm
得分	60	(70,80)	(80,90)	>90 分
半眼孔痕率	<70%	70%～80%	80%～90%	>90%
得分	<60	(60,70)	(70,80)	>90 分
轮廓平整度	较差	一般	较平整	平整
得分	70	80	90	100

2) 隧道爆破损伤评分模型

对于第二层的第二个因素，隧道设计参数及审核：$U_2=\{u_{21},u_{22},u_{23},u_{24}\}$＝{拱顶损伤程度，拱肩损伤程度，拱腰损伤程度，拱底损伤程度}。参考类似工程评价的评分模型，最终得出层状围岩隧道爆破效果体系中隧道爆破损伤评分模型，见表 5.13。

表 5.13　隧道爆破损伤评分模型

指标	分值计算方法			
拱顶损伤程度	无损伤	损伤程度较低	损伤程度较高	损伤程度高
得分	(90,100)	(80,90)	(70,80)	60
拱肩损伤程度	无损伤	损伤程度较低	损伤程度较高	损伤程度高
得分	(90,100)	(80,90)	(70,80)	60
拱腰损伤程度	无损伤	损伤程度较低	损伤程度较高	损伤程度高
得分	(90,100)	(80,90)	(70,80)	60
拱底损伤程度	无损伤	损伤程度较低	损伤程度较高	损伤程度高
得分	(90,100)	(80,90)	(70,80)	60

3. 模糊综合评价法

1) 模糊综合评价法简介

模糊数学是美国加利福尼亚大学的扎德 (L.A.Zadeh) 在 1965 年提出的，模糊理论与技术一个突出的优点就是能较好地描述与仿效人的思维方式，总结和反映人的体会与经验，对复杂事物和系统可进行模糊度量、模糊识别、模糊推理、模糊控制与模糊决策。L.A.Zadeh 提出这种精确的数学方法是一座桥梁，这座桥梁连接了模糊不定的现实世界和经典数学世界。模糊综合评价法就是借助模糊数学的原理，将一些边界不清、不易定量的因素进行量化处理，从多个指标因素对评价对象的隶属登记方面出发，进行综合评价的方法。

针对受多种因素影响的事物，模糊综合评价方法是一种十分有效的多因素决策方法，所以本节采用模糊综合评价法对层状围岩隧道爆破效果进行评估。模糊综合评价法的优点主要是要掌握相关的计算方法很简单，在实践中进行操作，建立相对简单的模型较容易。

同时它能处理好多层次多因素的复杂情况,对存在模糊性、不确定性特征的事物及现象具有强大的生命力,使用起来极为方便有效。

2) 模糊综合评价法的特点

(1) 模糊综合评价法的评价是多层次的,而且其评价过程也是可以循环的。一般来说,后一过程的输入数据是前一过程的评价结果。也就是说,对于一个较为复杂的评价对象其模糊综合评价是单级的或多级的。

(2) 模糊综合评价的结果是一个模糊向量而不是一个点,而且这个结果具有唯一性,这是由模糊综合评价法本身的性质决定的。因为模糊综合评价的对象是具有中间过渡性或亦此亦彼的事物,所以它的评价结果也就不应该是断然的,而只能用各个等级的隶属度来表示。模糊综合评价一般都是对被评对象逐个进行的,每个被评对象都可确定一个矩阵,最终也可得到一个向量,所以对同一个被评对象而言,只要评价指标权数相同、合成算子相同,模糊综合评价的结果就是具有唯一性的。

(3) 评价的权重处理。模糊综合评价中的权重系数向量是人为的估价权,是模糊向量,不是模糊综合评价过程中伴随生成的。

(4) 评价等级论域的设立。在模糊综合评价过程中,总设有一个评价等级论域,且各等级含义也必须是明确的。

3) 模糊综合评估数学模型

在复杂系统中,由于要考虑的因素很多,并且各因素之间往往还有层次之分,在这种复杂的情况下,如果运用综合评估初始模型进行评估,则难以比较系统中事物之间的优劣次序,得不出有意义的评估结果。因此,在这种情形下,可把因素集合按某些属性分成几类,先对每一类(因素较少)做综合评估,然后对评估结果进行"类"之间的高层次的综合评估。

设因素集合为 $U=\{u_1,u_2,\cdots,u_m\}$,抉择评语集合为 $V=\{v_1,v_2,\cdots,v_n\}$。

模型建立步骤如下。

(1) 划分因素集 U。对因素集 U 作划分,即 $U=\{U_1,U_2,\cdots,U_N\}$,式中,$U_i=\{u_{i1},u_{i2},\cdots,u_{ik}\}$,$i=1,2,\cdots,N$,即 U_i 含有 k_i 个因素,$\sum_{i=1}^{N} k_i = n$,并且满足以下条件:

$$\begin{cases} \bigcup_{i=1}^{N} U_i = U \\ U_i \bigcap U_j = \phi \quad (i \neq j) \end{cases} \tag{5.3.4.6}$$

(2) 初级评估模型。对于每个 $U_i=\{u_{i1},u_{i2},\cdots,u_{ik}\}$ 的 k_i 个因素,按初始模型做综合评估。设 U_i 的因素重要程度模糊子集为 A_i,U_i 的 k_i 个因素的总的评估矩阵为 R_i,于是得到 $A_i \times R_i = B_i = (b_{i1},b_{i2},\cdots,b_{im})$,$i=1,2,\cdots,N$,式中,$B_i$ 表示 U_i 的单因素评估。

(3) 二级评估模型。设 $U=\{U_1,U_2,\cdots,U_N\}$ 的因素重要程度模糊子集为 A,且 $A=(A_1,A_2,\cdots,A_N)$,则 U 的总的评估矩阵 R 为

$$R = \begin{bmatrix} B_1 \\ B_2 \\ \vdots \\ B_N \end{bmatrix} = \begin{bmatrix} A_1 \times R_1 \\ A_2 \times R_2 \\ \vdots \\ A_N \times R_N \end{bmatrix} \tag{5.3.4.7}$$

得出总的(二级)综合评估结果,即 $B=A×R$。这也是因素集 $U=\{U_1,U_2,\cdots,U_m\}$ 的综合评估结果,二级综合评估模型反映了客观事物因素之间的不同层次,可以避免因素过多导致的因素重要程度模糊子集难以分配的弊病。

5.4　本　章　小　结

本章基于层状围岩结构类型及层状岩体的地质特征,分析了层状围岩隧道应力场的主要影响因素,通过统计分析现有隧道围岩的破坏形式,总结出了水平层状围岩的失稳形式;提出了在连续介质的地层结构法中,使用含时间效应的本构模型,用有限元进行数值求解来实现隧道全过程动态模拟的方法;论述了岩石的爆破机理和爆破理论,提出了基于全过程模拟的爆破参数优化方法,并建立了层状围岩隧道爆破效果评价体系及方法。主要结论如下。

(1)层状岩体结构面可划分为原生结构面、构造结构面和工程结构面,其中,构造结构面又可细化为张性结构面、剪性结构面、压性结构面;层状围岩应力场影响因素主要包括原岩应力状态、岩石力学性质、岩体结构、地下水作用、岩体物理化学性质、人为因素。

(2)层状围岩隧道破坏模式包括顶板弯曲、斜顶弯曲、边墙弯曲溃曲、底板鼓起;隧道围岩稳定性判别依据主要是位移判别法、围岩极限应变判别依据、围岩强度判别法、塑性区尺寸判别法;以水平薄层状围岩中单层岩体为对象,根据弹性力学薄板理论中的假设,提出了两端简支力学模型和两端固支力学模型;分析了层理面在力学性质较弱及较强两种情况下的隧道失稳破坏机制。

(3)隧道施工全过程动态模拟方法的特征在于视隧道施工过程中的围岩体为一种与时间相关的结构体,因此借鉴模拟蠕变的方法,模拟不同施工阶段下的围岩的动态变化,进而达到模拟整个隧道开挖过程的目的。

(4)介绍了基于 ANSYS 的隧道初期支护参数方法,该方法采用最小二乘法,并由设计变量逼近来确定最小化设计变量的结构。

(5)岩石破岩机理作用可以分为爆轰气体的破坏作用、应力波的破坏作用及应力波与爆轰气体的共同作用,并细化为爆破的 3 个阶段和岩石爆破的 5 种模式;分析了影响隧道爆破效果的因素,主要涉及炸药性能、爆破对象的介质特性、爆破设计参数、爆破工艺、爆破技术、施工质量。

(6)提出了隧道爆破全过程动态模拟方法,其优点在于视隧道爆破过程中的围岩体为一种与应变率相关的结构体,模拟不同段别炮孔爆破后的围岩的动态变化,进而达到模拟隧道爆破全过程的目的。

(7)从围岩破坏程度、振动速度、最大线性超挖量、局部欠挖量以及炮孔利用率等方面建立了与砂泥互层围岩隧道光爆相关的质量评价标准;基于模糊综合评价法和层次分析法,构建了砂泥互层围岩隧道爆破效果评价体系。

| 应　用　篇 |

第6章 特殊地质隧道

6.1 瓦斯隧道——华蓥山隧道

6.1.1 工程概况

华蓥山隧道属特长隧道，为煤与瓦斯突出隧道。设计为双洞六车道，隧道左线（ZK23+467～ZK28+485）全长 5018m，右线（K23+467～K28+467）全长 5000m，总体走向约为 298°，为双向隧道，左右分修，两线相距 16～30m，隧道标准断面净空高度约为 7.55m，宽度约为 15.32m。隧道内路面纵坡进口端为 0.507%的上坡，出口端为 1.993%的上坡，进口路面横坡为-2%，出口路面横坡为 3%。隧道内有 11 个人行横通道、5 个车行横通道、单线 5 个紧急停车带。

6.1.2 工程地质状况

6.1.2.1 地形地貌

本标项目位于重庆市北部，属低山丘陵地貌。地形地貌严格受地质构造控制，由一系列走向北东的条形背斜、向斜相间排列的梳状构造和隔挡式构造形成构造地貌特征，北部收敛，南部撒开似帚状展布。观音峡背斜、沥鼻峡背斜轴部及两翼多为低山，由砂岩组成的脊状山脊线海拔大部在 1000～1300m，背斜中部灰岩出露地区，形成细长且与山体走向一致的岩溶槽谷，两侧为砂岩构成的脊状山或单斜山，呈"一山二岭一槽"或"一山三岭二槽"式地貌形态特征，总体地势较陡，一般地形坡角为 30°～50°，沟谷发育，纵坡降多大于 30%，切割较深，一般为几十米至数百米。北碚向斜、合川向斜轴部及两翼多为丘陵，海拔一般在 300～500m，因岩性为砂岩、泥岩互层，产状由背斜至向斜逐渐变缓，高程渐低，呈叠瓦状，向斜轴部坚硬砂岩厚度较大时，呈台状高丘，总体地势较为平坦，一般地形坡角为 10°～30°，沟谷较发育，纵坡降多小于 20%，切割深度多在 10～30m。隧道横穿观音峡背斜形成的背斜山，背斜核部为山脊线，标高一般在 750～870m；山脊两侧为岩溶槽谷，标高一般在 400～680m，翼部则为"屏障"式列峰山岭顺向斜坡，标高一般在 400～680m，坡角为 20°～68°。

6.1.2.2 地层岩性

隧道地层由新至老依次为第四系全新统松散堆积层(Q_4)，侏罗系新田沟组(J_2x)、自流井组($J_{1-2}z$)、珍珠冲组(J_1z)，三叠系须家河组(T_3xj)、雷口坡组(T_2l)、嘉陵江组(T_1j)、飞仙关组(T_1f)，二叠系长兴组(P_2c)、龙潭组(P_2l)。

6.1.2.3 地质构造

华蓥山隧道区域内构造较发育，以川东隔挡式构造为框架，形成具有明显特征的"重庆皱束"，其间在背斜中发育各期断层。重庆褶皱束由一系列平行雁行排列的隔挡式梳状褶皱构造和走向压性断裂组成，呈北北东-南南西向展布，在川东隔挡式褶皱中，华蓥山背斜、铜锣山背斜、明月山背斜延伸最长，而华蓥山复式背斜构造面端在合川三汇镇撒开，形成向北东收敛的重庆帚状构造带，包括沥鼻峡、温塘峡和观音峡背斜。

华蓥山隧道位于新华夏系华蓥山帚状褶皱束，隧址区内西山、沥鼻峡、温塘峡、观音峡、龙王洞等背斜及其间的向斜，是该帚状褶皱束的南延部分。主要特点是背斜褶皱紧密，两翼不对称多西陡东缓；背斜轴线扭摆多弯曲，呈反 S 形，轴向倾斜变化多，构造分支多，独立高点多，断裂多。隧道穿越构造为观音峡背斜，并发育多条断层，隧址区地质构造较为复杂。

6.1.2.4 水文地质

1. 地表水

隧址区树枝状支沟发育及岩溶作用形成较多的落水洞、洼地、槽谷，并有地下暗河分布，故地表基本无大的地表水体分布。区内出露的地表水体主要为地下水的径流排泄点，以泉及暗河出口的形式出露。据"初勘报告"地表调查，区内有暗河出口 17 处，流量为 5.8～85.6L/s，标高主要在 580～640m，总流量为 624L/s，主要分布在观音峡背斜的南东翼，北西翼由于受煤矿开采的影响分布少，多被临近场镇作为生活用水水源。区内有较大泉(井)点 66 个，流量为 0.1～15L/s，标高为 300～700m，总流量为 190L/s。

2. 地下水

本隧道穿过华蓥山隔挡式背斜，从两翼到核部穿越的地层依次为侏罗系新田沟组(J_2x)、自流井组($J_{1-2}z$)、珍珠冲组(J_1z)，三叠系须家河组(T_3xj)、雷口坡组(T_2l)、嘉陵江组(T_1j)、飞仙关组(T_1f)，二叠系长兴组(P_2c)、龙潭组(P_2l)地层。根据各地层岩性差异和含水特征不同，将隧址区地下含水岩组划分为碎屑岩类裂隙孔隙含水岩组、可溶性岩类溶洞溶隙含水岩组，但对隧道影响较大的为碳酸盐类裂隙溶洞水。

1)碎屑岩类裂隙孔隙水

侏罗系红层含水岩系：由新田沟组(J_2x)、自流井组($J_{1-2}z$)和珍珠冲组(J_1z)地层组成。岩系以泥岩、砂质泥岩、页岩为主，夹粉、细砂岩灰岩等。泥岩和页岩属软质岩，地表风化裂隙发育，透水性弱，为相对隔水层；砂岩单层厚度一般小于 10m，且层厚不稳定，其孔隙较发育，渗透性较好，具备地下水储备条件。由于该套地层总体为泥砂岩互层，各含水层地下水横向水力联系弱，仅在强降雨时暂以少量上层滞水的形式存在，调查地表一般无泉水出露，属孔隙裂隙弱含水层，地下水贫乏至中等。

须家河组(T_3xj)含水岩系：分布于背斜两翼，由砂岩与泥岩不等厚互层组成，总厚度：东翼约为 352m，西翼约为 620m。其中 T_3xj^5、T_3xj^3、T_3xj^1 为泥岩含煤段，张裂隙不发育，富水性、透水性弱，为相对隔水层，水量贫乏。T_3xj^6、T_3xj^4、T_3xj^2 为细-中粒薄至厚层状砂岩段。在砂岩中，张裂隙普遍较发育，多数未充填，纵向节理较横向节理发育，常切穿岩层层间结构面。裂隙和孔隙，特别是层间裂隙为地下水的储存、运移空间。且区内砂岩厚度大，出露广，可得到充分补给。整个砂岩构成主要含水岩层，受构造和地形影响，地下水上部具潜水性，深部具承压性，调查地下水多沿砂泥岩接触带以泉形式出露，流量一般为 0.01～3L/s，属孔隙富水性丰富的含水层，但富水性不均一。此外，在隧址区附近分布有煤窑多处，石门、煤巷和采空区为地下水储存、运移提供较大的集水空间和廊道，据调查老窑坑口流量在 10L/s 以上。因此，煤窑的分布情况对该套地层的含水性影响较大。

飞仙关组二、四段（T_1f^2、T_1f^4）含水岩系：分布于背斜两翼靠核部，主要由页岩、泥岩夹泥质灰岩、灰岩组成。总厚度：东翼约为 463m，西翼约为 378m。岩层透水性差，为相对隔水层，地下水贫乏。

龙潭组（P_2l）含水岩系：地表无出露，分布于背斜核部，主要岩性为泥岩、页岩夹煤层，岩层透水性差，为相对隔水层，地下水贫乏。地下水主要储存在采空区内，受采空区影响较大。

2）碳酸盐岩类裂隙溶洞含水岩组

水量丰富的可溶性岩类溶洞含水岩组由三叠系雷口坡组（T_2l）、嘉陵江组（T_1j）、飞仙关组三段（T_1f^3）地层的灰岩、白云岩、白云质灰岩、泥质灰岩，局部夹盐溶角砾岩等组成。经地表调查，该类型岩组岩深强烈发育-发育，地表多形成沟槽或者洼地，出露众多落水洞、漏斗、溶洞、暗河等，且分布复杂，为地下水补给提供了较好的条件。其中又以三叠系飞仙关组三段和嘉陵江组二、四段岩溶更为发育，地下水极为丰富。而其他组段的岩溶发育程度相对较低，地表出露的泉流量也比较小，富水性相对稍弱。

水量中等的可溶性岩类溶洞溶隙含水岩组主要由长兴组（P_2c）的燧石灰岩和飞仙关组一段的灰岩、页岩组成，分布于背斜核部山脊线附近，其顶部和底部分别被飞仙关组一段下部的页岩和龙潭组页岩所隔。由于该地层处于山顶、坡陡的特殊位置，不利于雨水充分入渗，该地层岩溶不甚发育。据调查地表岩溶漏斗、落水洞、竖井、溶洞等岩溶现象少，泉点也较少，且流量较小；该含水岩组地下水主要在岩溶裂隙中运动，于切层沟谷地带出露地表。

综上所述，碳酸盐岩类溶洞裂隙含水岩组在不同岩性接触带均是岩溶最发育的地段，隧址区的可溶岩类及不同的层序组合，岩溶发育有较大差异。因此，碳酸盐岩含水岩系水文地质条件较复杂，水量丰富，构成拟建隧道重要涌水或突水层段。

3）地下水补给和径流、排泄及动态特征条件

（1）补给。主要接受大气降雨补给，多年平均降雨量达 1204.3mm，丰沛的降雨给地下水提供了源泉。在非可溶岩地区，入渗系数较小，大气降雨大多沿地表斜坡向溪沟汇流，小部分入渗补给地下水。在可溶岩中，槽谷区地表岩溶由轴部向两翼发育程度降低，地表多为落水洞、漏斗、洼地，沿构造线方向呈串珠状排列，为地下水的补给区，接受大气降雨补给，沿垂直岩溶管道下渗，赋存于水平岩溶管道及溶蚀裂隙中。

（2）径流、排泄及动态特征条件。华蓥山背斜属于典型的隔挡式背斜，隔挡式背斜地下水径流限制在碎屑岩所夹持的可溶岩范围内，岩溶地下水主要沿背斜轴向，顺碳酸盐岩

地层走向流动，具体流向受当地侵蚀基准面控制。径流方式有沿岩溶管道和沿岩溶裂隙两种，地下水大部分集中在与构造线方向一致的管道中径流。岩溶水受地形和河流水文网的制约，大多在地形低洼处和河流切割部位排泄（主要以暗河和岩溶下降泉的形式排泄）。而在非可溶岩地区，地下水的排泄主要受沟谷控制，浅表部地下水向沟谷排泄。整个华蓥山隧道区段地下水主要沿构造线方向顺层径流，通过大泉和泄流排入嘉陵江。局部受沟谷切割，向沟谷排泄，最终汇入嘉陵江。嘉陵江为区域的排泄基准面。

4）隧道涌水量预测

本隧道在可溶岩段及可溶岩和非可溶岩接触带发生涌水突泥的可能性较大。在隧道进出口和中段均通过白邻煤矿、荣泰煤矿和太来煤矿等的采矿区，可能会遇到采空区积水，造成较大的涌突水。预测华蓥山隧道总的平均正常涌水量为 $60201m^3/d$，总的最大涌水量为 $190819m^3/d$。

6.1.3　气候水文状况

项目区属亚热带温湿气候区，湿度大，冬冷夏热，降雨丰富，夏季多暴雨，根据北碚气象局资料：多年平均气温为 18.8℃，极端最低气温为-3.8℃，极端最高气温为 43℃。全区多年平均降雨量为 1204.3mm，最大日降雨量达 263.8mm，一般集中在 5～9 月，并常有雷阵暴雨，占年降雨量的 70%。雾日全区年平均为 40 天，最多达 148 天，偶见降雪，无霜期长。

本隧址区属长江一级支流嘉陵江水系。区内观音峡背斜东翼地表水系为黑水滩河，西翼地表水系为梁滩河，南侧被嘉陵江切断，北侧地表水系多属局部小支流。受构造控制，地表两翼主河流由 NE 流向 SW，与背斜轴线一致。区内横向冲沟发育，平面上多属树枝状水系，次级支流部分为季节性溪沟，具暴涨暴落的特点，时有流水，而主沟常年有流水。地表植被发育，生态环境较好。

6.1.4　不良地质现场

隧道于 K25+879～K26+049（Z2K25+888～Z2K26+062）段以大角度（隧道中线与岩层走向平面交 87°～88°）穿越观音峡背斜核部的二叠系龙潭组（P_2l）含煤地层，该含煤地层由泥岩、砂岩、灰岩及煤组成，平均厚 142.39m。龙潭组地层共分为 5 个岩性段，其中一、三段共含煤 10 层，由下至上编号为 k1～k10，第一段含煤 4 层，煤层编号依次为 k1、k2、k3、k4；第三段含煤 6 层，煤层编号依次为 k5、k6、k7、k8、k9、k10。目前煤矿被占用和开采的有 k1、k2、k3、k4、k6、k8，煤层层位较为稳定。受 F1、F2 和 F4 斜冲压扭性逆断层影响，隧道两次通过 k8、k6、k4 及 k3 煤层，其中 k4 煤层为太来煤矿的主采煤层，k6 和 k8 煤层为大田煤矿的主采煤层，k2 和 k6 煤层为刘家沟煤矿的主采煤层。根据煤矿开采经历和《重庆市煤炭工业管理局关于北碚区 2011 年度矿井瓦斯等级鉴定结果的批复》，隧道上跨的刘家沟煤矿（开采 k2 和 k6 煤层）和穿越的大田煤矿（开采 k6 和 k8 煤层）（2011 年升级为煤与瓦斯突出矿井）被鉴定为煤与瓦斯突出矿井，大来煤矿（开采 k4、k6

煤层)为高瓦斯矿井，由此初步推断龙潭组(P_2l)的 k2、k8 煤层具有煤与瓦斯突出危险，k6 煤层采后瓦斯含量平均为 11.27m^3/t，煤尘爆炸指数为 21%～23%，煤层自然发火期为 4～6 个月。

6.2　石膏质岩隧道——礼让隧道

6.2.1　工程概况

礼让隧道位于梁平县七星镇、礼让镇境内。隧道进口位于七星镇金柱村蒋家沟；出口位于礼让镇河川村流长沟。隧道进、出口均与乡村简易公路相通，交通条件较为方便。

礼让隧道区为构造剥蚀、溶蚀形成的背斜山，山体呈北东南西向延伸。隧道进、出口段地形为单向自然斜坡。进口侧自然斜坡坡向北西，地形标高为 526.80～956.10m，地形坡度为 25°～30°，局部形成陡坎；出口侧自然斜坡坡向南东，地形标高为 491.70～818.40m，地形坡度为 35°～50°，局部大于 60°。明月山中部为北西南东向发育的溶蚀槽谷，宽 500～1500m，槽谷靠南东侧分布溶蚀残丘，呈线状分布，槽谷中地形标高为 581.0～768.30m，地形总体北西低南东高。隧道穿越段发育的溶蚀槽谷分为前槽、后槽，前槽地形标高为 627.40～689.20m，坡度为 5°～10°；后槽为狭窄的深切槽谷，宽 10～30m，地形标高为 574.10～590.30m，槽谷两侧地形坡度较大，一般为 30°～56°。

礼让隧道左线 ZK14+582～ZK14+907、右线 K14+599～K14+920 为石膏质岩地层，为典型的石膏质围岩隧道。

石膏质岩层主要位于沿背斜轴部分布的下三叠统嘉陵江组四段的地层中，具体分布范围：左线为 ZK14+582～ZK14+907，右线为 K14+599～K14+920。

6.2.2　地层岩性

隧址区出露地层为三叠系下统嘉陵江组(T_1j)、中统雷口坡组(T_2l)、上统须家河组(T_3xj)，侏罗系下统珍珠冲组(J_1z)、中下统自流井组($J_{1-2}z$)、中统新田沟组(J_2x)，第四系全新统(Q_4)，现将各层岩性由新至老分述如下。

1. 第四系全新统(Q_4)

第四系全新统残坡积(Q_4^{el+dl})黏土：灰、褐黄色，硬塑状，含较多角砾，角砾成分为灰岩、砂岩及页岩，粒径为 2～50mm，含量为 5%～15%，厚 0～22.96m，主要分布于隧道进、出口段及洞身段地形坡度较小的地段地表。

2. 侏罗系(J)

1) 中侏罗统新田沟组(J_2x)

顶部为杂色(水云母)粉砂质泥岩，含钙粉砂质团块、结核，呈藕节状构造，夹薄中厚层状岩屑亚长石砂岩、长石砂岩、深灰(粉砂质)水云母页岩、水云母粉砂质页岩与灰至浅灰色中厚层状岩屑亚长石砂岩互层；中部为灰绿、深灰色(含粉砂质)水云母页岩夹中厚层状含钙质岩屑石英砂岩、亚岩屑砂岩及少许介块状含砾岩屑砂岩、灰岩砾岩或岩屑石英砂岩。

2）中下侏罗统自流井组（$J_{1-2}z$）

中下侏罗统自流井组按岩性分为 3 段。

大安寨段（$J_{1-2}z^3$）：深灰、灰黑色（粉砂质）水云母页岩夹生物碎屑灰岩及灰白色厚层状结晶生物碎屑灰岩。

马鞍山段（$J_{1-2}z^2$）：灰色粉砂质页岩、杂色泥岩及中厚层状含钙质粉砂岩。区域厚度为 57～92m。

东岳庙段（$J_{1-2}z^1$）：黄绿、灰黑色页岩及灰色粉砂质水云母页岩，夹介壳灰岩、介壳砂岩，底部为 1.0m 的介壳泥质粉砂岩；顶部为 1.50m 的中厚层状灰岩。

3）下侏罗统珍珠冲组（J_1z）

上部为灰黄色粉砂质页岩、含水云母粉砂质页岩、紫红色泥岩、粉砂，夹薄至中厚层状岩屑石英砂岩。下部为灰色中至厚层状岩屑石英砂岩及岩屑硅岩夹粉砂质页岩、碳质页岩、煤层。区域厚度为 131～301m。

3. 三叠系（T）

1）上三叠统须家河组（T_3xj）

须家河组整合于中三叠统雷口坡组之上，属沼泽-湖相沉积。隧道区分布广，为隧道穿越的主要地层之一。

T_3xj^6：灰白色厚层-块状岩屑石英砂岩，中、粗粒结构，巨厚层状构造，主要矿物成分为长石、岩屑、石英及云母，钙质胶结。长石岩屑石英砂岩，泥质粉砂岩夹粉砂质泥岩，含菱铁矿结核及脉石英、燧石及少许火成岩砾石，砾石粒径大者为 8～10cm，风化后呈褐黄色。

T_3xj^5：下部为灰黑色碳质页岩及深灰色粉砂质泥岩，夹煤线及煤（煤层达 4～6 层以上，厚 0.1～0.5m）和菱铁矿透镜体或菱铁矿结核，中部为灰白、白灰色厚层-块状长石岩屑砂岩，中粒结构，孔隙式水云母胶结，具不清晰斜层理及交错层理，上部为灰黄、青灰色粉砂质泥岩、碳质页岩夹煤线和煤。

T_3xj^4：为厚层-块状长石岩屑石英，具不清晰的斜层理、交错层理，呈层状产出。

T_3xj^3：为深灰、灰黑色粉砂质页岩、粉砂岩、碳质页岩、煤层及煤线。含菱铁矿结核及少许海绿石，夹菱铁矿透镜体。

T_3xj^2：灰白色厚层-块状岩屑石英砂岩、长石岩屑石英砂岩，泥质粉砂岩夹粉砂质泥岩，含菱铁矿结核及脉石英、燧石及少许火成岩砾石，砾石粒径大者为 8～10cm，风化后呈褐黄色。

T_3xj^1：为灰、深灰色泥岩、粉砂岩及黑、黑灰色碳质页岩夹煤层，厚 20～35m。

2）中三叠统雷口坡组（T_2l）

该地层整合于下三叠统嘉陵江组之上，为一套滨-浅海相灰岩、钙质泥（页）岩沉积，上部为灰色薄-中层状灰岩，微含泥质，风化后呈灰黄色，夹薄层状泥质灰岩；中部为灰黄色、灰色薄-中厚层状泥灰岩夹薄至中层状页岩，节理发育；下部为灰黄色、灰绿、深灰色、黑灰色钙质泥岩，含粉砂质页岩，夹灰色、黄灰色薄-中厚层状泥质灰岩。节理较发育,沿节理面有方解石的细脉充填。下部为灰、浅灰色中-厚层状灰岩,含白云质灰岩,夹少许角砾状灰岩,具微粒状结构,节理发育,岩石局部较破碎,沿节理有方解石细脉充填成网状构造,风化后岩石中多空洞。裂隙经溶蚀作用形成溶缝,有黏土碎块石充填。

3) 下三叠统嘉陵江组(T_1j)

第四段(T_1j^4):上部为盐溶角砾岩夹水云母页岩;下部为浅灰色中厚层状灰岩、白云岩。

第三段(T_1j^3):灰色薄至中厚层状灰岩、含白云质灰岩及泥质灰岩,岩体中裂隙发育,沿裂隙面具方解石脉充填,分布于背斜轴部地段。

6.2.3 隧道水文地质

隧址区中下三叠统碳酸盐岩类分布于背斜轴部,因受两侧碎屑岩所构成的中、低山岭的夹持,具备有利的岩溶发育条件,形成了特有的隆脊型岩溶槽谷,岩溶发育与岩性、地貌条件关系密切;岩溶水运动和富集则受地质构造控制。上三叠统须家河组砂、页岩和下侏罗统珍珠冲组砂、泥岩分布于背斜两翼,岩层以倾斜状态产出,具有形成碎屑岩孔隙裂隙层间承压水和红层承压水的良好储水构造条件。尤其是北西翼为缓翼,为典型的自流斜地,是较富水的类型之一。

1. 地下水的类型与富水性

地下水可分为松散岩类孔隙水、碎屑岩类孔隙裂隙水、砂泥岩风化裂隙水和碳酸盐岩类岩溶水(岩溶裂隙、溶洞水)。其中松散岩类孔隙水分布零星,水量贫乏,对未来隧道涌水无显著影响,对隧道影响较大的是广泛分布的碎屑岩类孔隙裂隙水和碳酸盐岩类岩溶水。

1) 第四系松散岩类孔隙水

第四系松散岩类孔隙水地下水主要分布在明月峡背斜两翼自然斜坡段,松散堆积物的厚度较小,变化大,基岩透水性强,地形坡度大,不利于地下水的富集,就近补给、就近排泄,对隧道涌水影响较小。

2) 碎屑岩类孔隙裂隙水

碎屑岩类孔隙裂隙水的含水岩组主要为上三叠统须家河组,其地下水主要为砂岩孔隙裂隙水,分布的地下水受上下相对隔水岩组的阻隔,具承压性;明月峡背斜两翼上三叠统须家河组含水岩组分布最广。

3) 砂泥岩风化裂隙水

砂泥岩风化裂隙含水岩组主要为分布于隧道进、出口段的中侏罗统至下侏罗统地层的页岩、砂岩。该类地下水主要赋存于砂岩裂隙及泥岩网状风化裂隙之中。该层赋存条件较差,富水性较差。

4) 岩溶水

隧址区碳酸盐岩类分布于明月山背斜轴部发育的岩溶槽谷地段,沿槽谷发育方向呈条带状分布;出露地层为中三叠统雷口坡组(T_2l)、下统嘉陵江组(T_1j),主要岩性为泥灰岩、盐溶角砾岩、灰岩、白云岩。根据碳酸盐岩类含水岩组的水文地质特点及富水特性,可将隧道区岩溶水划分为碳酸盐岩类岩溶裂隙溶洞含水岩组、碳酸盐岩夹碎屑岩岩溶裂隙含水岩组两种类型。

(1)碳酸盐岩类岩溶裂隙溶洞含水岩组。该类含水岩组分布于隧道穿越的明月山背斜轴部地段的槽谷区，分布下三叠统嘉陵江组地层，其主要岩性为灰岩、白云岩、泥灰岩、盐溶角砾岩及石膏。岩溶水含水岩组孔隙度大，富水性极强，透水性好—极好，分布的规律性及均匀性较差，槽谷分布的碳酸盐岩类的岩溶较发育。

(2)碳酸盐岩夹碎屑岩岩溶裂隙溶洞含水岩组。隧道进口侧的中下侏罗统自流井组三段——大安寨段灰岩岩溶发育，分布的灰岩厚度较大，其间夹粉砂质页岩，灰岩受粉砂质页岩的间夹，岩溶水的径流、排泄受到阻隔，岩溶水沿岩层层面及走向方向径流，岩溶的发育受其间所夹粉砂质页岩的控制，沿岩层走向发育，该段灰岩的岩溶化程度较高。

隧址区穿越的岩溶槽谷两侧斜坡上分布中三叠统雷口坡组地层，灰岩含水岩组的岩溶发育程度、富水性受分布灰岩的厚度及上下分布的粉砂质页岩相对隔水岩组的控制，其岩溶发育程度较低，在隧道区未见大型溶洞的分布，岩溶泉出露的数量较少，流量小。中三叠统雷口坡组顶部分布的碳酸盐岩类地层的厚度较小，形成大型岩溶的可能性较小，分布的地下岩溶水以裂隙水为主，其富水性较弱；中三叠统雷口坡组一段地层中灰岩的厚度有所增大，雷口坡组一段存在地下岩溶水，且具有一定的承压性；中三叠统雷口坡组下段与下三叠统嘉陵江组四段的界面附近存在地下岩溶。因此，隧道施工中揭露中三叠统雷口坡组下段地层时可能遭遇规模较大岩溶。

2. 地表水体对隧道的影响

(1)地表水库。隧道穿越的岩溶槽谷中分布竹丰水库、盐井口水库两个面积较大的地表水库。竹丰水库位于隧道区的北侧，距隧道轴线 12～13km；盐井口水库位于隧道区的南侧。两水库相距 7～8km。岩溶槽谷中已存在的竹丰水库、盐井口水库对隧道的影响小，隧道的开挖造成水库库水向隧道排泄、径流的可能性较小。

(2) 地表溪流。隧道洞身穿越两个岩溶槽谷(前槽、后槽)时，隧道顶部有溪流分布。

3. 地下水水质类型及腐蚀性

根据地勘，煤矿矿井水及嘉陵江组四段膏盐层地段的地下水 SO_4^{2-} 含量较高，对混凝土结构具弱腐蚀性，按《公路工程混凝土结构防腐蚀技术规范》(JTG/T B07-01—2006)中表 3.0.4-3 "化学腐蚀环境分类及作用等级"划分为 C 级，地下水对钢筋混凝土结构中的钢筋具微腐蚀性。隧道区其余正常区段地下水对混凝土结构具微腐蚀性。

6.2.4　不良地质现象

1. 岩溶

1)可溶岩的出露和分布特征

三叠系下统嘉陵江组(T_1j)、中统雷口坡组(T_2l)以可溶性的薄-中厚层状灰岩、盐溶角砾岩及白云岩为主，分布于明月峡背斜轴部形成的岩溶槽谷段。明月峡背斜向北东侧倾伏，可溶性碳酸盐岩类地层逐渐从地表消失趋向隐伏；区内分布的可溶性碳酸盐岩类地层由北东至南西由窄变宽，出露宽度与背斜发育的槽谷宽度基本一致。碳酸盐可溶岩类地层的出露及分布与地质构造展布方向一致，其出露的宽窄与背斜枢纽的起伏及槽谷的切割深度相关。

隧道穿越明月峡背斜(ZK14+216～ZK16+100, K14+225～K16+100)可溶岩段, 受 T_1j^A 岩溶角砾岩和背斜核部构造的影响, 岩溶发育, 可能产生冒顶和突水、突泥, 应加强超前预测预报地质工作, 预防产生岩溶突水, 采取以堵为主的防治方案, 尤其是以下 3 个区段。

(1)在隧道 ZK15+170～ZK15+255、K15+171～K15+256 段分布的岩溶发育区分布高程为 560～580m, 位于隧道的顶部, 距隧道洞顶 1.20～6.80m, 对隧道有较大的影响, 进行隧道开挖易产生冒顶及突水、突泥。

(2)在隧道 ZK15+220～ZK15+430、K15+221～K15+431 段, 位于斜轴部位, 岩体受到下压上拉作用, 顶部形成张性裂隙, 岩体破碎, 裂隙发育, 见宽度为 0.1～0.15m 的溶蚀裂隙, 有黄色黏土充填, 隧道穿越轴部破碎带, 进行隧道开挖易产生冒顶及突水、突泥。

(3)在隧道 ZK15+980～ZK16+120、K15+981～K16+121 段钻孔均揭露存在溶洞, 内有黏土、碎石土充填, 揭露的溶洞距离隧道设计路面标高以下 8.31～18.29m, 对隧道的路面有较大的影响, 易产生岩溶水的涌突。

2)岩溶的发育特点和规律

(1)隧道区岩溶发育形态及规律。隧道穿越的岩溶槽谷地表岩溶形态主要为溶蚀残丘、溶蚀洼地、漏斗、落水洞、溶洞等, 地表出露的岩溶主要集中在隧道通过的槽谷以北地段。从构造上看, 岩溶集中发育于背斜轴部和岩相变化带附近; 从岩溶发育地层上看, 区内所见大型溶蚀洼地、落水洞、漏斗、岩溶洞穴等在三叠系上统雷口坡组下段、下统嘉陵江组第三段及第四段的岩性变化带分布相对较多。

隧道区分布的可溶岩类呈条带状分布, 地下岩溶的发育走向与可溶岩的分布是一致的; 地表水及地下水的径流方向与溶蚀槽谷的发育方向一致, 地下岩溶洞隙的发育宽度受可溶岩的厚度控制, 延伸方向与岩层走向相同。隧道穿越的槽谷区无地表水体分布, 盐井河在雨后有少量的地表径流, 大气降雨经地表发育的漏斗、落水洞、洼地进入地下岩溶系统, 以地下管道流的形式径流、排泄; 地下水不断地对可溶岩进行化学的或物理的破坏作用, 造成地下溶洞的不断扩大。

(2)岩溶发育的顺层性。明月峡背斜为斜歪背斜, 轴部地层受背斜隆起时构造应力的影响, 张性裂隙十分发育, 为地表水及地下水的循环创造了条件, 槽谷中分布三叠系中统雷口坡组、下统嘉陵江组第三段及第四段地层, 其中嘉陵江组第四段的盐溶角砾岩的透水性较强, 有利于地下水的下渗; 在明月峡背斜轴部槽谷中的岩溶水受制于背斜两翼三叠系上统须家河组和中统雷口坡组一、二段地层中的粉砂质页岩、碳质页岩、黏土岩及煤层等相对隔水层; 岩溶水仅能沿岩层走向方向运移, 区内发育的溶蚀洼地、漏斗及落水洞大多沿槽谷中三叠系下统嘉陵江组第三段、第四段和中统雷口坡组一段地层分布, 证明了地下岩溶是沿地层走向方向发育延伸, 同时也指明了地下岩溶水的运动方向。

(3)岩溶发育的垂直分带性。区内岩溶在垂向上分为 4 个带。①深层循环带: 标高在 500m 以下, 此带地下水的流动方向不受当地水文网排水作用的直接影响, 主要由地质构造情况决定, 水不向当地河底流动而排泄到更远处。②水平循环带: 标高为 500～538m, 地下水以水平径流为主, 岩溶以水平向岩溶管道为主。③季节变化带: 标高为 538～600m, 地下水受季节变化影响, 水平和垂直岩溶管道干湿交替变化。④垂直循环带: 标高 600m 以上以垂直向岩溶管道为主, 为垂直岩溶发育带。

隧道对应的岩溶槽谷中的设计路面标高：左线隧道设计路面标高为 555.78～539.27m；右线隧道设计路面标高为 555.78～539.10m；隧道设计路面标高均位于区内地下水季节变动带之中，岩溶水对隧道的影响有限。

(4)岩溶发育的不均匀性。区内盐溶角砾岩地层岩溶化程度高，易形成沟槽或溶隙、溶洞；其次为灰岩、白云质灰岩、白云岩、泥灰岩。据地勘 1：10000 水文地质补充调查结果，槽谷区分布的三叠系中统雷口坡组一段、下统嘉陵江组四段地层分布区岩溶化程度高；雷口坡组二段、三段由于灰岩的厚度小，其间为粉砂质页岩、泥灰岩分布，岩溶化程度相对较低。区内分布的碳酸盐岩类由于构造部位的不同，岩石成分存在差异，同一地层的岩溶发育也存在较大的差异。

3) 灰岩段突水、突泥

根据地勘物探和钻孔验证，ZK15+220～ZK15+430、K15+221～K15+431 段推测的岩层破碎带位于隧道洞身段穿越的下三叠统嘉陵江组三段地层中，其位于背斜轴部，岩体破碎，施工中易产生突水、突泥、冒顶；ZK15+170～ZK15+255、K15+171～K15+256 段分布的岩溶发育区分布高程为 560～580m，位于隧道的顶部，距隧道洞顶 1.2～6.8m，对隧道有较大的影响，隧道开挖易产生冒顶及突水、突泥；ZK15+370～ZK15+430、K15+371～K15+431 段推测的岩溶发育区位于背斜轴部，裂隙发育，裂隙的不断扩大可能形成溶洞，施工中易产生突水、突泥、冒顶；ZK15+980～ZK16+120、K15+981～K16+454 段穿越岩溶发育区，易产生岩溶水的涌突。

2. 煤层及采空区

煤炭主要分布于明月峡背斜两翼的上侏罗统珍珠冲组和上三叠统须家河组一、三、五段地层中，隧道穿越区分布的煤层虽然多，但煤层的分布不均，煤层名称也不统一，煤层厚度变化较大，具极不稳定的特点。各煤层受构造的影响，背斜两翼倾角变化较大，北西翼煤层倾角较平缓(25°～30°)；南东翼煤层倾角较陡，一般为 63°～73°，局部达 80°以上。

隧道区范围内分布规模较大且对隧道有较大影响的煤矿主要有重庆市邵新煤化有限公司邵新煤矿、梁平县铜桥煤矿、沙子沟煤矿及分布凌乱的煤窑。隧道范围内分布的采空区对隧道的主要影响为穿越煤层采空区时岩体的完整性差，以及采空区内的集水及有毒有害气体对隧道施工的影响。

3. 瓦斯

隧道区有毒有害气体为须家河组和珍珠冲组含煤地层瓦斯。根据隧道详勘报告，选择邻近的邵新煤矿作为测压点和采样点，将煤矿煤层瓦斯参数作为隧道瓦斯参数的参考依据。按《防治煤与瓦斯突出细则》，将煤与瓦斯突出危险程度分为 3 类，即严重突出、一般突出和无突出危险。应用地质指标分析法，针对影响突出的主控因素，选取煤层厚度、煤体结构、瓦斯压力、煤层坚固性系数、放散初速度、埋深、地质构造等地质指标，对隧道煤与瓦斯突出危险程度进行评价。根据详勘报告得出结论：隧道区分布的煤层无瓦斯突出的危险，但具有煤尘爆炸危险；煤层自燃倾向性等级为 I 级。隧道区瓦斯地段等级为三级，为低瓦斯隧道。

4. 石膏

根据详勘，隧道穿越段为下三叠统嘉陵江组四段(T_1j^4)地层，为石膏岩，巨晶结构，中厚层状构造，石膏属极软岩，围岩为碎裂结构，节理裂隙发育，岩体较完整，分布的石膏盐具膨胀性，对混凝土具强腐蚀性。隧道出水形式以潮湿、点滴状出水为主。石膏盐 RC=3.20MPa，完整性系数 K_v=0.53，K_1=0.20，K_2=0.40，K_3=0，[BQ]=172.10，具体分布范围：左线为 ZK14+582～ZK14+907，右线为 K14+599～K14+920。隧道穿越石膏岩地层的剖面图如图 6.1、图 6.2 所示。

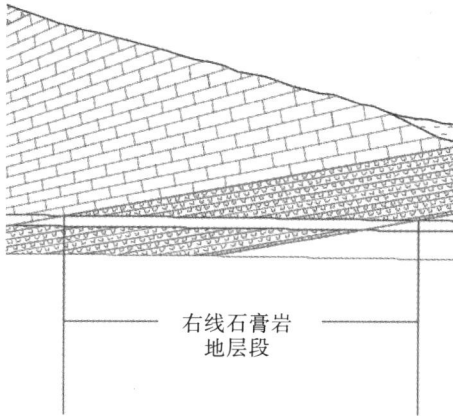

图 6.1　右线石膏围岩段剖面图　　　　　图 6.2　左线石膏围岩段剖面图

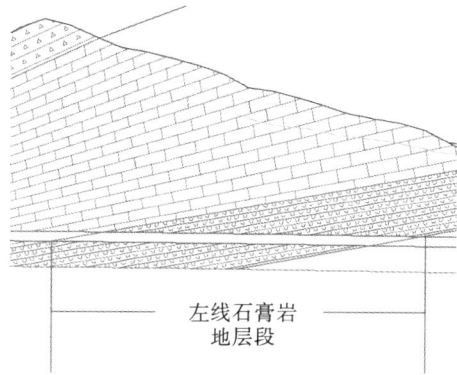

石膏层为弱透水层，在隧道中不存在干湿和冻融交替作用，判定为Ⅱ类环境，石膏对砼具有强腐蚀性(对应腐蚀作用等级为 D 级)，对钢筋混凝土结构中的钢筋有微腐蚀性，对钢结构有微腐蚀性。隧道施工中穿越石膏层建议对隧道衬砌层采用抗硫酸盐水泥，并需作抗溶出型腐蚀处理措施。

熟石膏在水化重结晶过程中产生体积增大，具有中-强膨胀性，对隧道的衬砌具有较大的危害。

6.3　近水平沙泥巨层隧道——四面山隧道

6.3.1　工程概况

1. 地理位置、地形地貌

四面山隧道进洞口位于重庆市江津区柏林镇青堰村 16 队境内，距离四面山景区约 10km，距离江津城区约 60km，进洞口附近有碎石公路通达，进口需修建施工便道长度约 100m；出洞口位于四面山镇燕子村，附近有省道 S107 公路通达，需要修建施工便道长度约 100m，交通较为方便。

隧址区属中低山地貌区。隧道进洞口段位于斜坡地带，高程为 540～570m，隧道进口与斜坡坡向呈切向相交进洞。隧道进洞口段为一处顺向坡，斜坡坡角为 15°～25°，局部较陡，达 35°，上覆土体。隧道出洞口段位于缓坡与陡崖过渡带，高程为 570～650m，拟建隧道出口延伸方向为 200°，隧道出洞口斜坡坡向约为 195°，隧道走向与斜坡坡向基本一致。斜坡坡角为 25°～30°，局部较陡，达 35°，上覆土体。

隧址区内最高点位于左线中部 LZK2+280 山脊线上，标高为 1197.100m，最低标高点位于隧道左线进洞口 LZK0+190，标高为 540.747m，相对高程差达 656.353m，隧道最大埋深为 614.790m。

2. 气象

隧址区地处亚热带季风湿润带，冬少严寒，夏多炎热，雨量充沛，由于地势从北向南逐渐增高，气温的高低和降雨量的多寡亦随之而异，气温北高南低，雨量北少南多。

据重庆市气象局资料：勘察区多年平均气温为 18.0～18.4℃，最高气温为 43.2℃，最低气温为-3.6℃，多年平均降水量为 1086.5～1312.5mm，一般平均降水量为 1090mm，最大月降水量为 183.5mm；最大日降水量为 204.6mm，多年平均最大日降水量为 108.90mm；每年 5～9 月的降水量约占全年降水量的 70%；12 月至次年 2 月降水较少，降水量在地域上分布不均，受地形控制明显；向长江两侧分水岭方向降水量差异逐渐拉大，高中山区降水量较大，低山、丘陵、河谷区降水量相对较小。

3. 水文

隧道进口处位于顺向坡中部，坡脚自南西向北东发育一条季节性冲沟，隧道进洞口处冲沟最高洪水位为 536m，低于洞口设计标高 542.833m，对隧道影响小。隧道入口的顺向坡底为笋溪河，笋溪河属长江水系的支流，为常年性河流；隧道出洞口南侧约 100m 处为茶坝河，属长江水系的支流，流程约为 40km，在中山镇龙塘村汇入笋溪河。据调查访问，茶坝河为常年性河流，在暴雨期间水位变幅约为 5.0m，最高洪水位 565.5m，低于洞口设计标高 619.623m，对隧道影响小。

在洞身里程 LYK4+900 东北侧 50m 处有一水塘，即 1#水塘，勘察时测得水面高程为 682.10m，该处设计标高为 616.552m；在洞身里程 LYK4+500 处为 2#水塘，勘察时测得水面高程为 691.30m，该处设计标高为 610.152m；在洞身里程 LYK4+200 北西侧 40m 处为 3#水塘，勘察时测得水面高程为 730.8m，该处设计标高为 605.352m。

6.3.2 地层岩性

隧址区分布地层主要为第四系残坡积层、崩坡积层、滑坡堆积层和上白垩统夹关组及上侏罗统蓬莱镇组地层。各层岩性由新至老分述如下。

1. 第四系(Q)

粉质黏土夹碎块石：黄褐色、灰褐色，主要由粉质黏土夹砂、泥岩块碎石组成，土体呈可塑状，干强度、韧性中等无摇振反应。厚度为 1.0～5.0m。主要分布于进、出洞口段局部表层位置。

2. 白垩系(K)

砂岩：区内缺失下白垩统，具中白垩统夹关组($K_2 j$)，为砖红色厚层状细粒砂岩夹泥岩、粉砂岩，下部夹透镜状砾岩。主要分布于山脊顶部位置。

3. 侏罗系(J)

泥岩：紫红色，中厚层状构造，泥质结构，以黏土矿物成分为主。强风化岩体易风化崩解，钻探岩心破碎；中风化岩体较完整，结合程度一般，为隧道区主要岩性，多与砂岩呈互层状产出，钻探揭露最大厚度为 87.34m（未揭穿）。

砂岩：灰白色，中厚层状构造，中细粒结构，主要矿物成分为长石、石英，钙泥质胶结。强风化岩体较破碎；中风化岩体较完整，结合程度较好——一般，钻探揭露最大厚度为 25.10m（未揭穿）。该层为场地主要岩层，多与泥岩呈互层状产出。

6.3.3　地质构造及地震

1. 地质构造

隧址区斜穿石龙峡背斜轴部，其中北东翼岩层产状为 70°～90°∠10°～13°；轴部岩层产状近水平；南西翼岩层产状为 185°～272°∠8°～10°。未见次级褶曲和断层，构造简单。

进洞口处测得岩体中主要发育有两组裂隙。

（1）J1：254°～266°∠72°～80°，裂面较平直，张开 0.50～2.00cm，泥质充填，延伸 0.50～2.00m，发育间距 1～3 条/m，结合程度差。

（2）J2：178°～186°∠80°～89°，裂面较平直，张开 0.30～2.00cm，泥质充填，延伸 0.20～3.00m，发育间距 2～3 条/m，结合程度一般。

洞身段测得岩体中发育有两组裂隙：

（1）J3：310°～332°∠76°～79°，裂面较平直，多呈闭合状，局部张开 0.05～1cm，泥质充填，延伸 0.5～1.5m，发育间距 2～3 条/m，结合程度一般。

（2）J4：223°～240°∠66°～72°，裂面较平直，张开 1～4mm，无充填或局部泥质充填，延伸 1～2m，发育间距 2～3 条/m，结合程度一般。

出洞口处测得岩体中发育有两组裂隙：

（1）J5：210°～225°∠75°～78°，裂面较平直，多呈闭合状，局部张开 0.5～2.0mm，泥质充填，延伸 0.5～1.5m，发育间距 2～3 条/m，结合程度一般。

（2）J6：170°～178°∠74°～79°，裂面较平直，张开 1～3mm，无充填或局部泥质充填，延伸 1～2m，发育间距 2～3 条/m，结合程度一般。

洞身地面山体稳定，地层分布连续，无断层破碎带，区域地质整体稳定性较好。穿越地层主要为上侏罗统蓬莱镇组砂岩、泥岩，隧道最大埋深左线为 614.7m，右线为 608.5m。根据区域资料，隧址区内无高地应力存在。隧址区内无煤层分布，无有毒有害气体，无采空区及岩溶现象，不会产生突水、突泥。

四面山左洞长 4880.00m，右洞长 4875.35m，为特长隧道，具体左右洞里程桩号见表 6.1。

表 6.1　隧道里程桩号一览表

名称	线路	起讫桩号	隧道长度/m
四面山隧道	左洞	LZK0+200～LZK5+080	4880.00
	右洞	LYK0+202～LYK5+077.35	4875.35
合计			9755.35

2. 地震

从地震活动现象看，本区为四川盆地东部，继承早期构造活动的特征，继续保持较为稳定状态，整体间平衡关系未发生剧烈变化。

据《建筑抗震设计规范》(2016 年版)(GB 50011—2010)，场地抗震设防烈度为 6 度。其抗震设计建议按《公路工程抗震规范》(JTG B02—2013)的有关规定执行。

6.3.4 隧道水文地质

隧址区水文地质条件较简单，岩层产状平缓，上侏罗统上沙溪庙组砂岩、泥岩出露，植被较发育，陡坎处基岩裸露，地表水排泄条件好，降水在进洞口处沿斜坡面排泄于东北侧的笋溪河内，洞身处排泄于中部的沟谷内，出洞口处排泄在茶坝河内。隧址区地下水类型主要有第四系松散土层孔隙水及基岩裂隙水。

1. 含水岩组及富水性

松散岩类孔隙含水岩组主要为第四系松散堆积土层，富水程度受控于松散堆积物的岩性、分布位置和地形切割破坏条件。区内土体分布于隧道进洞口及出洞口范围，为透水性差的黏性土，厚薄不一，受大气降水补给。地处斜坡，排泄条件好，富水性差，含水贫乏。

隧址区主要为上侏罗统蓬莱镇组泥岩、砂岩。地下水主要赋存于砂岩裂隙中，为浅层地下水，泥岩为相对隔水层。该地区砂岩中风化岩体较完整，裂隙不发育，层间剥离系数小，且由于砂泥岩互层，上部泥岩阻隔地下水渗入下部砂岩，因此总体上水量较小。隧道区未发现有泉水出露，地表泉水稀少，泉流量多小于 0.05L/s，并多呈季节性，泉井均为久晴即干，地面多呈贫水状，故富水性弱，地下水贫乏。

2. 地下水补、径、排及动态变化

隧道进洞口处到 LZK2+500 为一顺向坡，斜坡底部为笋溪河，为各类地下水的排泄基准面，也是各类地表水、地下水的汇集、排泄通道。LZK2+500～LZK4+100 处，地形较陡，地表水、地下水排泄较好，顺坡向作短途径流后排向中部的管溪，LZK4+100 至隧道终点段多穿越圆状山包斜坡地带，地下水多顺坡向作短途径流后排向地势低洼的南北两侧台地及沟谷内。

大气降水为地下水的主要补给源，隧道起点位于斜坡地带，地下水排泄条件好，但雨季该地带存在临时汇水条件，隧道在该段埋深为 0～30m，处于浅埋段，雨季地表水可能通过基岩裂隙补给隧道。隧道洞身 LZK2+500～LZK4+100 段地表地形较陡，地下水排泄条件较好。LZK4+100 至隧道终点段多穿越山脊斜坡地带，地下水多顺坡向作短途径流后排向地势低洼的东北侧沟谷及茶坝河内。

综上所述，地下水的季节性明显，隧道地形地质条件决定隧址区地下水较贫乏，赋存少量裂隙水。

基岩裂隙水主要赋存于隧址区基岩岩体内，富水性弱，地下水贫乏，受大气降水控制显著，地下水动态受季节影响明显，泉流量随季节变化而波动，变幅为 1～3 倍。

3. 地下水水质类型及腐蚀性

取样分析结果表明,区内地表水类型为 $HCO_3^{3-} \cdot SO_4^{2-}$-$Ca^{2+}$型。区内地表水及地下水对混凝土具有微腐蚀性。

6.3.5　不良地质现象

隧址区不良地质现象包括:隧道 LZK0+190～LZK0+385 段分布有进洞口顺向坡和进洞口崩坡积体;LZK0+435～LZK2+240 段分布有沙河 1#崩坡积体;LZK1+100～LZK1+550 段分布有下烂坝滑坡;LZK4+900～LZK5+080 段分布有出洞口崩坡积体。

1. 隧道进口段顺向坡稳定性评价

隧道 LZK0+190～LZK0+385 段为一处顺向坡,斜坡坡向为 45°～55°,坡角为 16°～22°,局部可达 50°,岩层产状为 70°∠13°,斜坡坡角大于岩层倾角,但该段斜坡岩层产状平缓,自稳能力好,该段斜坡基岩未见变形、滑动痕迹,斜坡基岩整体稳定。

2. 隧道进口段崩坡积体稳定性评价

该崩塌堆积体分布里程为 LZK0+190～LZK0+385,崩塌堆积体所处斜坡坡向为 45°～55°。崩坡积体厚度为 1.2～11.2m,主要物质组成为粉质黏土夹砂泥岩块石,岩土界面平缓,地表未见裂隙等变形特征,崩坡积体现处于稳定-基本稳定状态,隧道左洞进口约 50m(暗洞 30m)、右洞进口约 20m(基本为明洞)隧道上部处于崩坡积体内。

3. 沙河 1#崩坡积体稳定性评价

平面形态呈喇叭状,纵长 3.3km,横宽 1.9km,整个崩坡积体分布最高高程为 1000m,最低高程为 290m,最大高差约为 710m,整体呈斜坡地形,坡面形态总体平直,总体坡向为 54°～67°,坡角一般为 10°～13°,斜坡底部局部稍陡,可达 25°。隧道 LZK0+435～LZK2+240 段自东北向西南方向斜穿崩坡积体下方基岩,隧道的设计标高为 545.192～573.992m,地面标高为 622.436～972.925m,高差为 77～399m。

4. 下烂坝滑坡稳定性评价

下烂坝滑坡位于斜坡顶部、沙河 1#崩坡积体内,为 2012 年全市地质灾害排查所圈定的滑坡,通过现场调查及访问,该滑坡地表未见变形迹象,仅局部土房墙体开裂。拟建隧道 LZK1+100～LZK1+550 段斜穿该滑坡。

根据《重庆江津至贵州习水(重庆境)高速公路及江津四面山高速支线 K48+000～K52+600 顺向坡、崩坡积体及滑坡工程地质初步勘察》报告的结论可知,沙河 1#崩坡积体上部和下烂坝滑坡整体稳定性较好,不会产生整体或大范围的变形。拟建隧道从下烂坝滑坡下方基岩中斜穿,下烂坝滑坡现状稳定,对拟建隧道基本无影响。

5. 蔡伦屋基不稳定斜坡稳定性评价

主滑方向为 209°,纵长约 957m,横宽 249m,面积约为 23.8×10⁴m²,滑体厚 3～9m,平均厚 6m,体积约为 142.8×10⁴m³。该坡面形态总体平直,局部微突,斜坡总体坡角为 17°～25°。现场调查该滑坡地表未见变形迹象,仅局部土房墙体开裂。拟建隧道洞身 LZK2+800～LZK3+000 段在其北西侧 200m 通过,该斜坡基本稳定,对拟建隧道基本无影响。

6. 隧道出口段崩坡积体稳定性评价

该崩塌堆积体分布里程为 LZK4+900～LZK5+080，崩塌堆积体所处斜坡坡向约为195°。崩坡积体厚度为 3.1～8.3m，主要物质组成为粉质黏土夹砂泥岩块石，地表未见裂隙等变形特征，岩土界面平缓，崩坡积体现处于稳定状态。

7. 隧道围岩分级

隧址区主要岩性层有泥岩、砂岩，拟建隧道洞身段均位于该层之内，进出口段部分位于粉质黏土夹碎块石内。

隧道围岩综合分级为Ⅳ、Ⅴ级。

(1) Ⅳ级围岩稳定性。组成Ⅳ级围岩的地层岩性主要为上侏罗系蓬莱镇组地层砂岩夹薄层状泥岩或泥质条带，砂岩为较软岩，岩体较完整，层间结合较好——一般，拱部及侧壁无支护时可产生较大的坍塌。施工时可采取光面爆破，一次成洞，全断面开挖，一次支护。隧址区岩层呈水平状，顶部岩层易坍塌，应加强洞顶措施，短开挖，快支护，局部岩体完整性较差地段加强支护。

(2) Ⅴ级围岩稳定性。组成Ⅴ级围岩的地层岩性主要为上侏罗统蓬莱镇组泥岩、进出洞口浅埋段砂岩及第四系崩坡积土层，岩质多软弱，以软岩为主，风化裂隙较发育，层间结合一般。无自稳能力，洞口浅埋段洞顶易坍塌，侧壁经常出现小坍塌，浅埋时易出现地表下沉(陷)或坍至地表，洞身段拱部及侧壁无支护时可产生坍塌、失稳。施工时应采用导洞或台阶分部开挖，二次复合支护。

隧道Ⅳ级围岩段及Ⅴ级围岩段中各岩体的具体物理力学参数见表 6.2、表 6.3。

表 6.2　Ⅳ级围岩段各岩体物理力学参数表

岩性	重力密度/(kN/m³)	单轴饱和抗压强度/MPa	围岩弹性波速/(m/s)	岩体完整性系数 K_v	挡墙基底摩擦系数	地基承载力基本容许值/kPa
砂岩	24.5	23.5	3249	0.61	0.50	1400
泥岩	25.0	5.75	2925	0.61	0.40	500

岩性	弹性模量/10^4MPa	泊松比	抗拉强度/MPa	黏聚力/MPa	内摩擦角/(°)	弹性抗力系数 K/(MPa/m)	M30 砂浆与岩体黏结强度/kPa
砂岩	1.5	0.19	1.1	2.0	34.3	320	450
泥岩	0.1	0.29	0.4	0.60	26.3	200	200

表 6.3　Ⅴ级围岩段各岩体物理力学参数表

岩性	重力密度/(kN/m³)	单轴饱和抗压强度/MPa	围岩弹性波速/(m/s)	岩体完整性系数 K_v	挡墙基底摩擦系数	地基承载力基本容许值/kPa
泥岩	25.5	4.95	2725	0.58	0.40	400
砂岩	25.0	19.49	3508	0.61	0.55	1200

岩性	弹性模量/10^4MPa	泊松比	抗拉强度/MPa	黏聚力/MPa	内摩擦角/(°)	弹性抗力系数 K/(MPa/m)	M30 砂浆与岩体黏结强度/kPa
泥岩	0.17	0.29	0.09	0.36	27.35	160	180
砂岩	0.89	0.19	0.17	1.40	34.77	240	450

6.4　本 章 小 结

　　本章概述了华蓥山隧道、礼让隧道和四面山隧道的工程概况、岩层地质条件、地质构造、水文地质条件及不良地质现象。主要结论如下。

　　(1)华蓥山隧道属特长隧道，同时也是煤与瓦斯突出隧道，隧道全长 5018m；岩性为砂岩、泥岩互层，隧址区地质构造和水文地质条件较复杂，隧道穿越太来煤矿、刘家沟煤矿及大田煤矿。

　　(2)礼让隧道穿越石膏岩层，隧道全长 325m，岩体受地质构造及风化作用影响较大，裂隙较发育；隧址区广泛分布的碎屑岩类孔隙裂隙水和碳酸盐岩类岩溶水对隧道的影响较大。

　　(3)四面山隧道穿越上侏罗统蓬莱镇组砂岩、泥岩，具体里程桩号为左线 LZK0+200～LZK5+080，右线 LYK0+202～LYK5+077.35。四面山隧道围岩等级可分为 V 级、IV 级，泥岩段及砂岩夹薄层状泥岩段围岩等级为IV级，上侏罗统蓬莱镇组泥岩、进出洞口浅埋段砂岩及第四系崩坡积土层围岩段为 V 级，岩体受地质构造及风化作用影响较大，风化裂隙较发育。

第7章 华蓥山隧道瓦斯突出危险性预测及控制技术

7.1 华蓥山隧道瓦斯超前探测综合预报技术

根据华蓥山地勘资料可知，隧道于 K25+879～K26+049 段大角度(隧道中线与岩层走向平面交 87°～88°)穿越观音峡背斜核部的二叠系龙潭组(P_2l)含煤地层，该含煤地层由泥岩、砂岩、灰岩及煤组成，平均厚 142.39m。其中，龙潭组(P_2l)的 k2、k8 煤层具备煤与瓦斯突出危险，k6 煤层采后瓦斯含量平均为 11.27m³/t，煤尘爆炸指数为 21%～23%。

结合华蓥山煤层瓦斯分布特点，施工组织制定了地震波反射法、探地雷达法及超前钻探法相结合的瓦斯超前探测综合预报方法。采用地震波反射法和超前地质钻探法对全隧道(软弱夹层、非可溶岩接触带，地表物探异常带、差异风化带及可能出现的其他不良地质体、含煤地层)进行综合预报。针对含煤地层段隧道，采用地震波反射法、超前地质钻探法及地质雷达法进行综合预报，详细流程如图 7.1 所示。

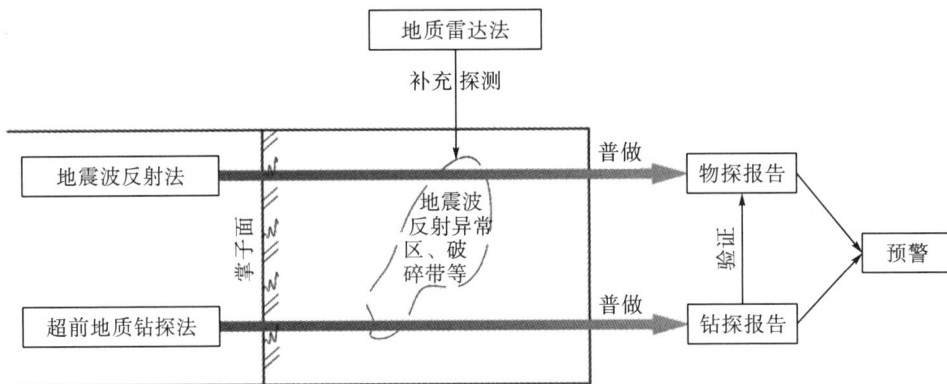

图 7.1 瓦斯超前探测综合预报流程

7.1.1 地震波反射法

1. 地震波反射法预报原理

1)地质分析法

利用断层影响带的特殊节理或集中带的分布规律,通过对断层影响带的系统编录所得经验公式，预报隧洞断层破碎带的位置和规模。由于大多数不良地质现象与断层破碎带有密切的关系，故依据断层破碎带推断其他不良地质体的位置和规模。

隧道施工中，及时对其开挖面(掌子面、边墙面和拱顶面)上的各种地质现象进行测绘和记录，利用已挖洞段地质情况来预测前方可能出现的不良地质现象。预测方法分为岩层岩性预测法、层位预测法和地质体延伸预测法。这些预测方法能够对开挖面地质情况如实而准确地进行反映。其主要内容包括地层岩性、构造和节理裂隙发育情况、地下水状态、围岩稳定性及初期支护采用方法等。

2)地震波反射法探测

隧道地震波超前预报是利用地震波在传播过程中，在声阻抗界面会产生地震反射波，利用仪器设备采集隧道岩体中地震波传播的信息，通过相关处理系统进行数据处理，结合已有的地质资料综合分析，实现对隧道前方地质条件的推断，达到超前地质预报的目的。地震波震源一般采用小药量炸药在隧道边墙的风钻孔中爆炸产生，激发炮孔在洞壁一侧沿直线布置，一般采用 24 个炮孔。地震波接收采用三分量采集模式，接收探头安置在与炮孔等高程的洞壁钻孔中，并与钻孔岩体良好耦合，在隧道同里程的左(右)壁钻孔中布置一个。地震波在岩体中呈球面波形式传播，当地震波遇到岩体中声波阻抗存在差异的界面时(如断层、岩体破碎带、岩性变化带或岩溶发育带等)，一部分地震波信号反射回来，一部分地震波信号透射进入前方岩体传播和继续发生反射，地震波信号传播的全过程被高灵敏度的地震检波器接收下来(图 7.2)。地震波信号的传播时间与传播距离成正比，与传播速度成反比；地震波信号的衰减和传播符号与岩体性质和界面的声阻抗性质有关。因此预报工作中要采集隧道地震波的全波列信息，实现全波列分析。隧道地震超前预报工作要贯穿隧道施工的全过程，在一定间隔距离内连续预报，这一方面是隧道安全施工工序的需要；另一方面是预报工作中资料分析的需要。连续无间断预报和资料的重复对比，有助于提高预报成果的质量和准确性。

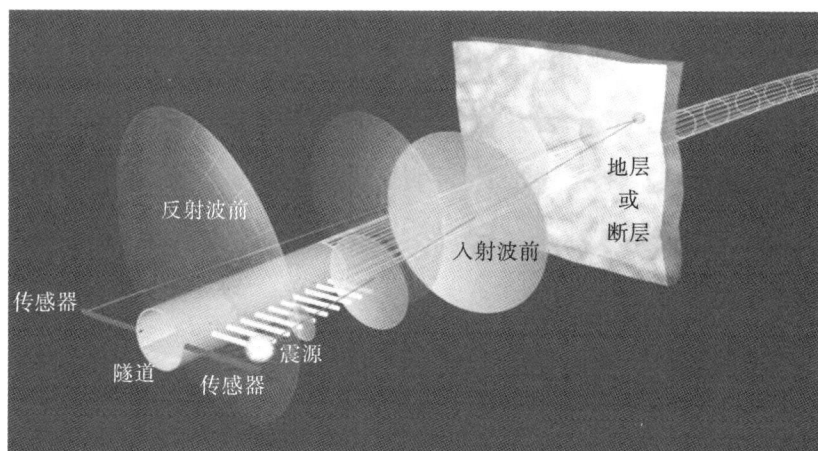

图 7.2　地震波反射法原理

2. 探测设备

采用 TGP206A 型超前地质预报系统，系统主要组成部分及其技术特性如下。

(1) 通道数：12 道。

(2) 双模数转换 A/D：20+。

(3) 采样间隔：0.01ms、0.02ms、0.05ms、0.1ms、0.2ms、0.5ms、1ms；

(4) 记录长度：20.48～8192ms。

(5) 频带宽度：10～5000Hz。

(6) 操作系统：Win XP。

(7) 存储介质：CF 卡，双卡双系统。

(8) 数据处理分析系统：TGPWIN5.0 版。

3. 预报内容

根据隧道工程地质条件，综合预报应该着重进行以下工作：

(1) 提供开挖掌子面前方的围岩工程类别；

(2) 预报掌子面前方可能出现的地质断层及岩石破碎带等地质情况；

(3) 开挖段周边水文情况和开挖掌子面前方的水文资料和涌水预报；

(4) 是否存在影响隧道开挖、支护方案的岩溶洞穴、充填物，预报掌子面前方及周边溶洞的尺寸和位置。

采用地震波反射法进行长距离物探，一般预报距离为 120～150m。探测溶腔、断层、煤层、采空区等不良地质体。华蓥山隧道地震波反射法现场探测如图 7.3 所示。

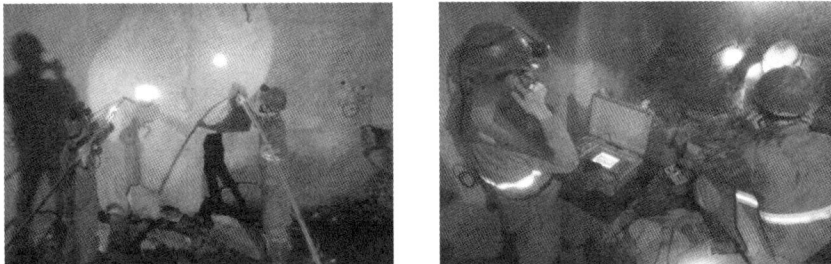

图 7.3　华蓥山隧道现场探测

7.1.2　地质雷达法

地质雷达法见 2.1.2 节。

7.1.3　超前钻探法

超前钻探法见 2.1.2 节。

华蓥山隧道全程采用超前地质钻探法对物探结论进行验证，并且在煤系地层不间断地采用了"长距离水平取心钻探"，前方地层中的煤层、采空区一目了然。现场钻探如图 7.4 所示。

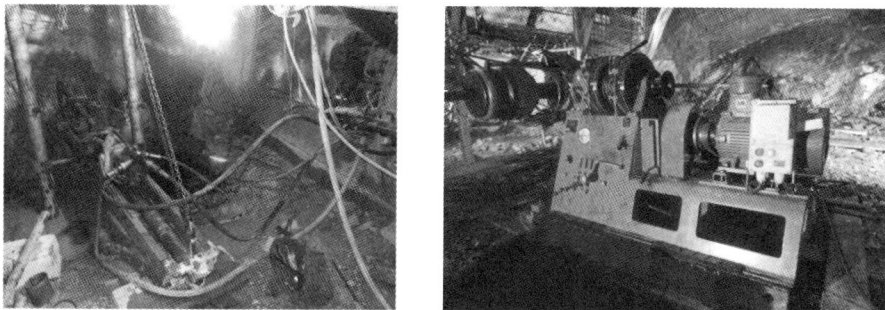

图 7.4　华蓥山超前钻探现场图

采用地震波反射法、地质雷达法、超前钻探法对隧道煤层瓦斯情况进行综合探测，能够及时地判断出华蓥山隧道施工前方的煤层瓦斯情况，准确率高，对华蓥山隧道安全施工起到了良好的推动作用。结果充分表明，利用多种手段相结合的瓦斯综合探测系统可以更加有效地指导瓦斯隧道安全顺利施工。

7.2　华蓥山隧道突出区段施工技术

7.2.1　区段煤层瓦斯赋存情况

隧道于 K25+879～K26+049（Z2K25+888～Z2K26+062）段大角度（隧道中线与岩层走向平面交 87°～88°）穿越观音峡背斜核部的二叠系龙潭组（P_2l）含煤地层，该含煤地层由泥岩、砂岩、灰岩及煤组成，平均厚 142.39m。龙潭组地层共分为 5 个岩性段，其中一、三段共含煤 10 层，由下至上编号为 k1～k10，第一段含煤 4 层，煤层编号依次为 k1、k2、k3、k4，第三段含煤 6 层，煤层编号依次为 k5、k6、k7、k8、k9、k10。目前煤矿占用和开采的有 k1、k2、k3、k4、k6、k8 六层煤，煤层层位较为稳定。受 F1、F2 和 F4 斜冲压扭性逆断层影响，隧道两次通过 k8、k6、k4 及 k3 煤层，其中 k4 煤层为太来煤矿主采煤层，k6 和 k8 煤层为大田煤矿的主采煤层，k2 和 k6 煤层为刘家沟煤矿的主采煤层。根据煤矿开采经历和《重庆市煤炭工业管理局关于北碚区 2011 年度矿井瓦斯等级鉴定结果的批复》，隧道上跨的刘家沟煤矿（开采 k2 和 k6 煤层）和穿越的大田煤矿（开采 k6 和 k8 煤层）（2011 年升级为煤与瓦斯突出矿井）被鉴定为煤与瓦斯突出矿井，大来煤矿（开采 K4、k6 煤层）为高瓦斯矿井，由此初步推断龙潭组（P_2l）的 k2、k8 煤层具有煤与瓦斯突出危险，k6 煤层采后瓦斯含量平均为 11.27m³/t，煤尘爆炸指数为 21%～23%，煤层自然发火期为 4～6 个月。其余煤层应在隧道施工过程中通过超前地质预报进行评估与鉴定。龙潭组所有煤层均有自然发火倾向和煤层爆炸性。所以，隧道中 Z2K25+883～Z2K26+049 段和 Z2K25+893～Z2K26+063 段须加强超前预报、煤与瓦斯突出评估与鉴定、揭煤防突措施等工作。

7.2.2　揭煤防突总则

(1)超前地质预报和煤层定位先行，准确探测与隧道空间位置关系。

(2)坚持"区域防突措施先行，局部防突措施补充"原则。对于各煤层揭煤前均应进行区域与局部的煤与瓦斯突出危险性预测，未进行突出危险性预测的工作面，均应被视为突出危险工作面；当有突出危险时，应采取防治突出措施、防治突出措施的效果检验、区域验证、安全防护措施等综合防治突出措施；当无突出危险时，也应采取安全防护措施，并保留足够的突出预测超前距或防突措施超前距。

(3)区域突出危险性预测、瓦斯预抽放与排放、揭煤施工均需做专项设计。

(4)揭煤实施性施工组织、揭煤作业应当由具有相应技术能力的专业队伍负责。

(5)建立独立可靠的揭煤施工通风系统，配备安全可靠的施工设备和个人自救设备。

(6)加强揭煤位置处隧道超前支护。

(7)左、右隧道不能同时揭煤，采用远距离爆破揭煤。

(8)加强瓦斯监测和通风，防止瓦斯超限。

7.2.3 揭煤防突施工流程

超前地质预报—Ⅰ部瓦斯排放、检验—Ⅰ部超前中管棚—Ⅰ部揭煤爆破—通风、检验瓦斯浓度—Ⅰ部揭煤成功—Ⅱ、Ⅲ、Ⅳ部瓦斯排放、检验—Ⅱ、Ⅲ、Ⅳ部逐步超前中管棚—Ⅱ、Ⅲ、Ⅳ部逐步揭煤爆破。

7.2.4 瓦斯等有毒气体钻孔排放处理方案

原则上对于煤层瓦斯等不良地质采用"一探、二排、三检查"的指导思想来处理。

(1)对于具有区域突出危险性(瓦斯压力 $P \geqslant 0.74\text{MPa}$ 或瓦斯含量大于等于 $0.8\text{m}^3/\text{t}$)的煤层瓦斯不良地质段，隧道采用交叉中隔壁法分部开挖，首先在Ⅰ部开挖距煤层垂直距离10m位置施作超前探孔(图7.5、图7.6)，超前探孔直径为89mm，探孔数量为3个，探孔应穿过煤层并进入岩层不小于0.5m，Ⅰ部开挖探孔在其拱顶及两侧拱墙所探范围为5m。

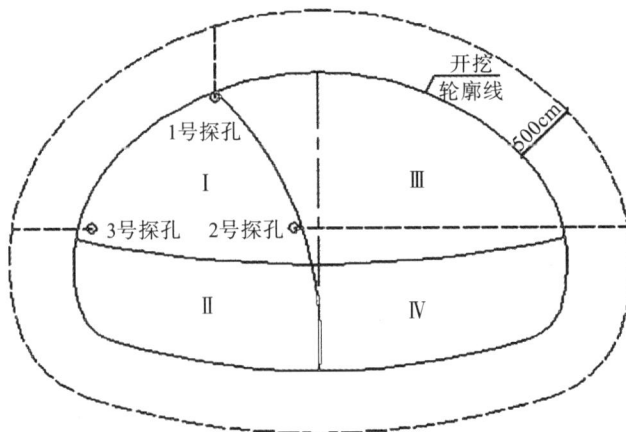

图7.5 探孔正面布设图

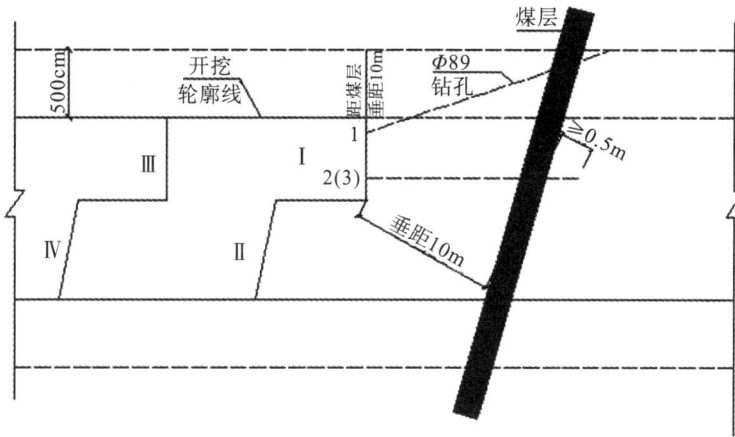

图 7.6　探孔纵断面布设图

　　当探测发现瓦斯气体未超标时,可采用安全等级不低于一级的煤矿许用炸药进行弱爆开挖;当探测到瓦斯气体超标时,应及时对隧道Ⅰ部瓦斯进行钻孔抽放,瓦斯抽放范围为Ⅰ部开挖断面及两侧开挖轮廓线外 14m,底部开挖轮廓线外 8m,抽放孔直径为 89mm,数量为 72 个,间距为 40cm,抽放孔必须进入煤层底板岩层不小于 0.5m,各孔在煤层厚度 1/2 处的孔距不应大于 2 倍抽放半径,即孔底间距不大于 4m,Ⅰ部施工抽放钻孔时,工作面距煤层顶板垂距应大于 10m,瓦斯抽放时,隧道应停止施工,并在瓦斯抽放结束前打 4 个检验孔,进行煤与瓦斯突出危险性检验。当仍有突出危险时,应延长抽放时间,采取增加抽放孔等补救措施,当确定无突出危险后,方可实施Ⅰ部揭煤防突工作。图 7.7、图 7.8 分别为Ⅰ部抽放孔布置正面图、纵断面图。

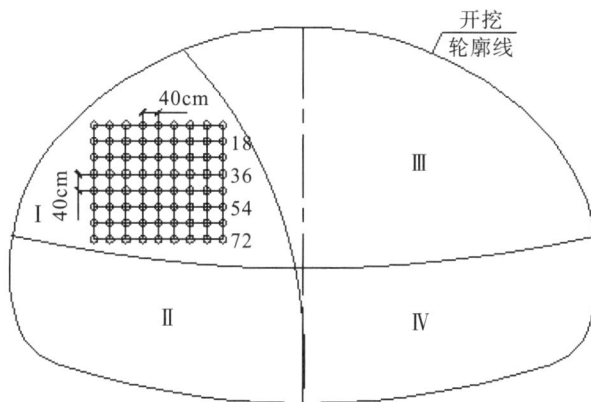

图 7.7　Ⅰ部瓦斯抽放孔正面布设图

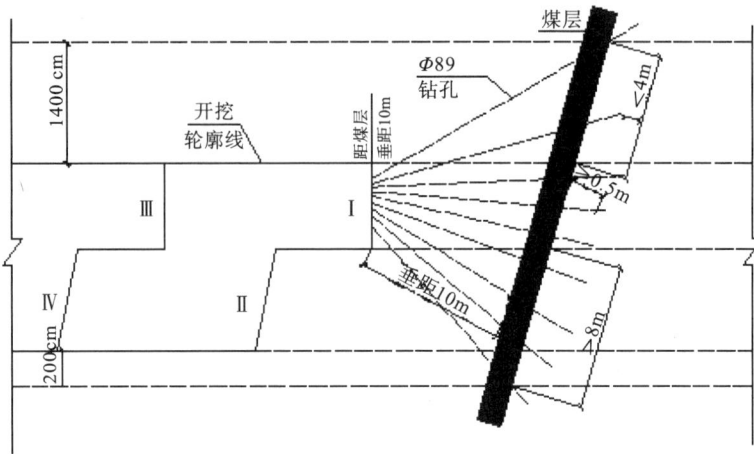

图 7.8　Ⅰ 部瓦斯抽放孔纵断面布设图

隧道 Ⅰ 部揭煤完成后，施作隧道 Ⅱ、Ⅲ、Ⅳ 部开挖面瓦斯抽放孔，瓦斯抽放范围为开挖轮廓线外 15m，抽放孔直径为 89mm，环向间距为 0.6m，沿煤层面扇形布置，各钻孔孔底间距不应大于 2 倍抽放半径，即孔底间距不大于 4m。图 7.9 为 Ⅱ、Ⅲ、Ⅳ 部开挖面瓦斯抽放孔布置示意图。

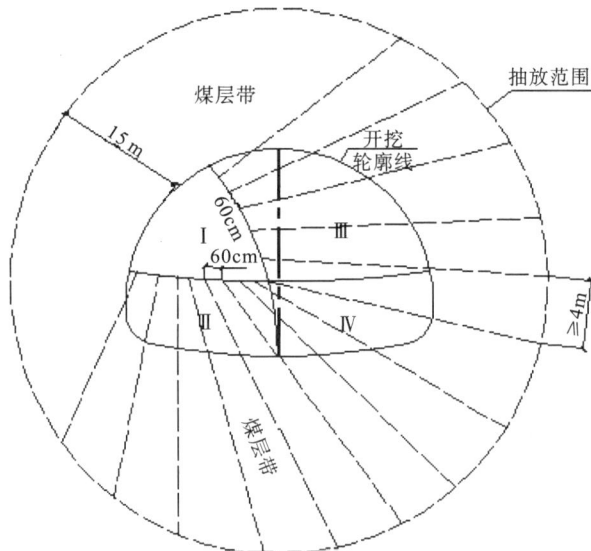

图 7.9　Ⅱ～Ⅳ 部瓦斯抽放孔布置示意图

当隧道 Ⅰ 部瓦斯抽放 30 天后，施作至少 4 个检验测试孔，进行煤与瓦斯突出危险性检验，为掌握控制范围边缘的防突效果，要求 4 个测试点中至少有 1 个位于钻孔控制区域中接近边缘的部位，即位于边缘线内侧 0～2m 范围内。而 Ⅱ、Ⅲ、Ⅳ 部瓦斯抽放 10 天后，沿煤层走向施作工作面防突效果检验孔，检查范围为隧道开挖轮廓线外 15m，检验孔至少布置 5 个，分别位于 Ⅰ 部的上部、中部、下部和两侧，检验孔避免与其他措施孔靠近或重叠。检验合格后方可按开挖步骤进行揭煤工作。图 7.10、图 7.11 为隧道 Ⅰ 部瓦斯抽放检验孔布置图，图 7.12 为 Ⅱ、Ⅲ、Ⅳ 部瓦斯抽放检验孔布置图。

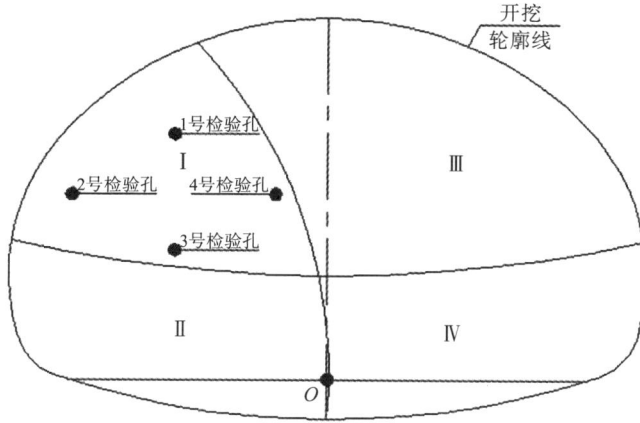

图 7.10　Ⅰ部瓦斯抽放检验孔正面布置图

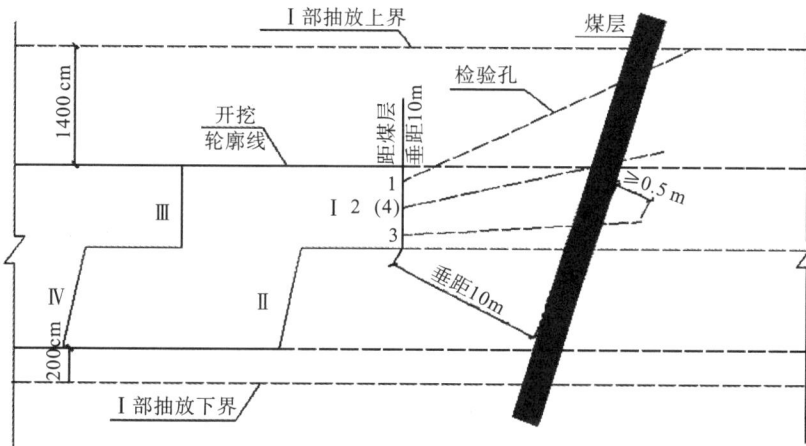

图 7.11　Ⅰ部瓦斯抽放检验孔纵断面布置图

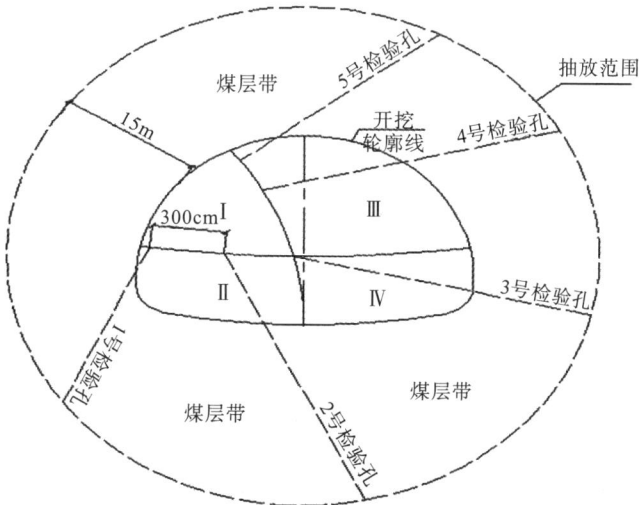

图 7.12　Ⅱ、Ⅲ、Ⅳ部瓦斯抽放检验孔布置图

(2)对于具有区域突出危险性(煤层综合指标 $D<0.25$,综合指标无烟煤 $K<20$,其他煤种 $K<15$)的煤层瓦斯不良地质段,隧道采用交叉中隔壁法分部开挖,首先在Ⅰ部开挖距煤层垂直距离 7m 位置施作超前探孔,超前探孔直径为 89mm,探孔数量为 4 个,探孔应穿过煤层并进入岩层不小于 0.5m。图 7.13、图 7.14 分别为Ⅰ部瓦斯探孔正面布置图、探孔纵断面布置图。

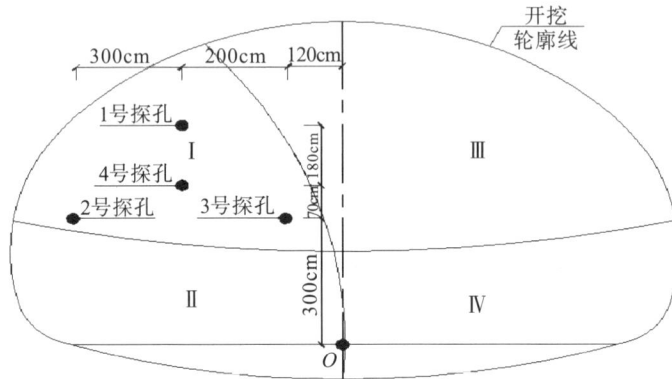

图 7.13　Ⅰ部瓦斯探孔正面布置图

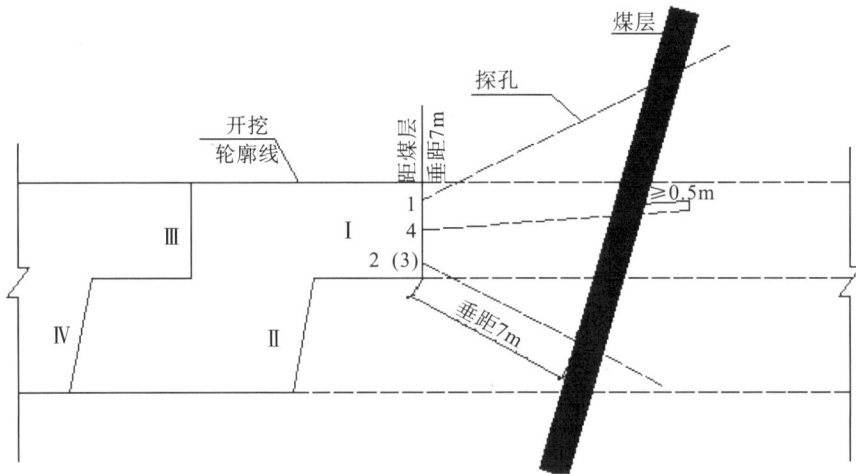

图 7.14　Ⅰ部瓦斯探孔纵断面布置图

当探测发现瓦斯气体未超标时,可采用安全等级不低于一级的煤矿许用炸药进行弱爆开挖;当探测到瓦斯气体超标时,应及时对隧道Ⅰ部瓦斯进行钻孔抽放,瓦斯抽放范围为Ⅰ部开挖断面及两侧开挖轮廓线外 8m,底部开挖轮廓线外 5m,抽放孔直径为 89mm,数量为 120 个,间距为 40cm,抽放孔必须进入煤层底板岩层不小于 0.5m,各孔在煤层厚度1/2 处的孔距不应大于 2 倍抽放半径,即孔底间距不大于 2m。Ⅰ部实施抽放钻孔时,工作面距煤层顶板垂距应大于 7m,瓦斯抽放时,隧道应停止施工,并在瓦斯抽放结束前打 5个检验孔,进行煤与瓦斯突出危险性检验。当仍有突出危险时,应采取延长抽放时间、增加抽放孔等补救措施，当确定无突出危险后，方可实施Ⅰ部揭煤防突工序工作。图 7.15、图 7.16 分别为Ⅰ部瓦斯抽放孔正面布置图、纵断面布置图。

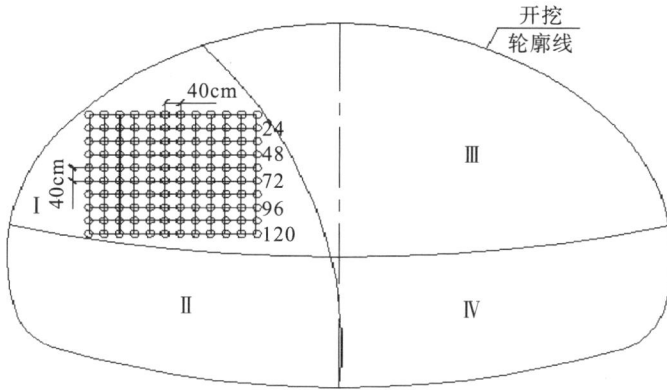

图 7.15　Ⅰ部瓦斯抽放孔正面布设置图

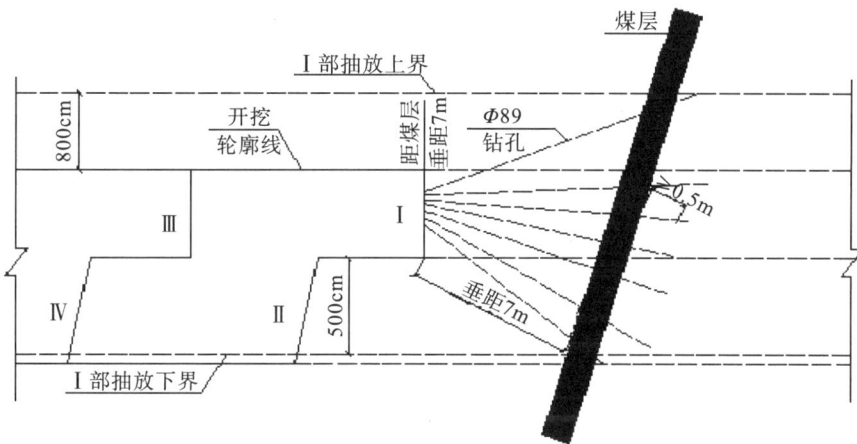

图 7.16　Ⅰ部瓦斯抽放孔纵断面布置图

具有区域突出危险性(煤层综合指标 $D<0.25$，综合指标无烟煤 $K<20$，其他煤种 $K<15$)的煤层瓦斯不良地质段Ⅱ~Ⅳ部瓦斯抽放孔与具有区域突出危险性(瓦斯压力 $P\geqslant 0.74\text{MPa}$ 或瓦斯含量大于等于 $0.8\text{m}^3/\text{t}$)的煤层瓦斯不良地质段布置相同，详见前文Ⅱ、Ⅲ、Ⅳ部瓦斯抽放孔布置图及参数说明。

当隧道Ⅰ部瓦斯抽放 30 天后，施作至少 5 个检验测试孔，进行煤与瓦斯突出危险性检验，检验孔分别位于Ⅰ部工作面的上部、中部、下部和两侧，检验孔避免与其他措施孔靠近或重叠。当瓦斯压力、含量低于突出限值后，按流程进行下一步施工和验证，如果仍具有突出危险，应延长抽放时间，直至检验效果达到区域防突要求，方可进行爆破揭煤工作。图 7.17、图 7.18 分别为隧道Ⅰ部瓦斯检验孔布置正面图和纵断面图。

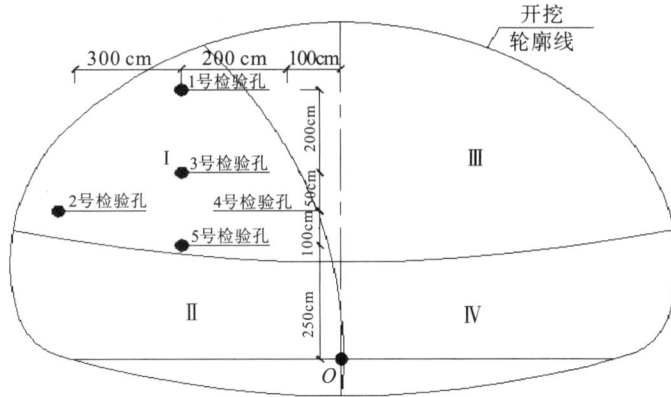

图 7.17　Ⅰ部瓦斯检验孔正面布置图

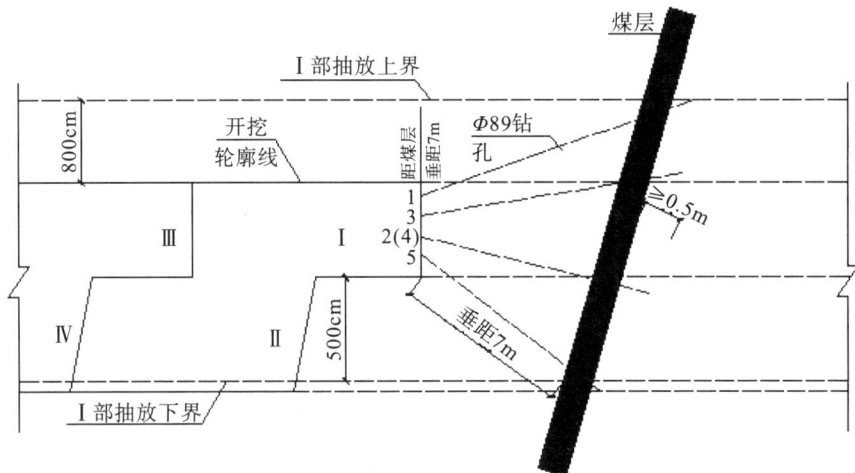

图 7.18　Ⅰ部瓦斯检验孔纵断面布置图

　　隧道Ⅱ、Ⅲ、Ⅳ部瓦斯抽放 10 天后，沿煤层走向施作工作面防突效果检验孔，检验范围为隧道开挖轮廓线外 15m，检验孔至少布置 5 个，分别位于Ⅰ部的上部、中部、下部和两侧，检验孔避免与其他措施孔靠近或重叠。检验合格后方可按开挖步骤进行揭煤工作。Ⅱ、Ⅲ、Ⅳ部瓦斯抽放检验孔布置图（瓦斯压力 $P \geqslant 0.74\text{MPa}$ 或瓦斯含量大于等于 $0.8\text{m}^3/\text{t}$）及参数说明同Ⅱ、Ⅲ、Ⅳ部瓦斯检验孔布置图及参数说明。

7.2.5　瓦斯区段揭煤施工

1. 隧道穿煤超前中管棚

　　当超前导坑Ⅰ部距煤层的垂距为 5m 时，隧道各部均停止开挖掘进，并采用 C20 喷射混凝土封闭Ⅰ部超前导坑作业面。同时施作 $\Phi89\text{mm}$ 超前中管棚及钢架支撑。$\Phi89\text{mm}$ 超前中管棚施工按顺序分部进行，优先施工Ⅰ部超前导坑作业面，待Ⅰ部超前导坑成功揭煤，

Ⅱ、Ⅲ、Ⅳ部瓦斯抽放完成后，方可依次逐步施作其余各部超前中管棚，但应注意每部管棚施作完成并成功揭煤后，才可进行下一步中管棚作业施工。超前中管棚拱墙钢架支撑采用 I20b 工字钢加工，中壁临时支撑及水平支撑采用 I16 工字钢加工，钢架之间采用螺栓机械连接，钢架拱脚和墙脚各设 2 根 Φ28mm 锁脚锚杆锁定钢架，钢架脚必须放置牢固，应清除脚底的虚渣及其他杂物，脚底超挖部分应用喷射混凝土填充，相邻两帮钢架间采用 Φ22mm 钢筋连接，纵向连接钢筋环向间距 1m，型钢拱架纵向间距根据现场实际情况及监测数据可适当调整。Φ89mm 超前中管棚外倾角不大于 5°，环向间距为 0.3m，纵向搭接长度不小于 1.5m，单根长度为 9m，设置在隧道拱墙及隧道中侧壁处。管棚应穿煤层底板不小于 0.5m，管棚采用 Φ89mm 热轧无缝钢管，壁厚 6mm，导管周壁钻孔注浆，孔径为 10～16mm，孔间距为 15～20cm，呈梅花形布置，管棚前段加工成锥形，尾部止浆板长度不小于 30cm。管棚注射水泥浆，注浆压力一般为 0.5～1MPa，浆液配合比为 1∶1，管棚应从两侧到顶部，由下而上，对称间隔注浆，浆液配合比及注浆压力根据现场试验调整。隧道穿煤层超前中管棚施工图如图 7.19～图 7.21 所示。

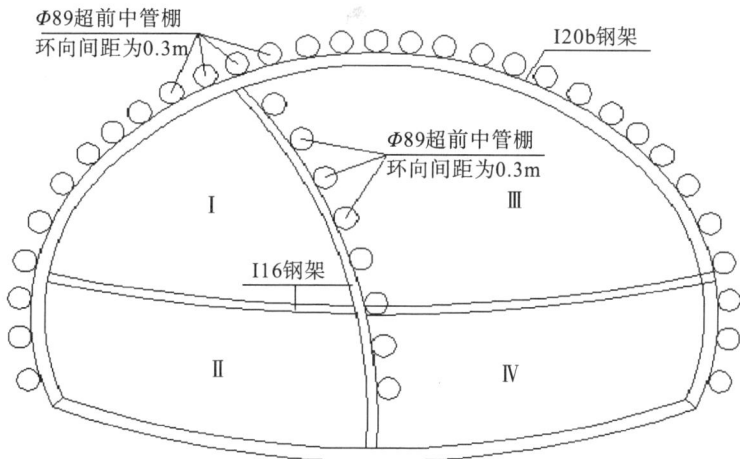

图 7.19　超前中管棚正面图

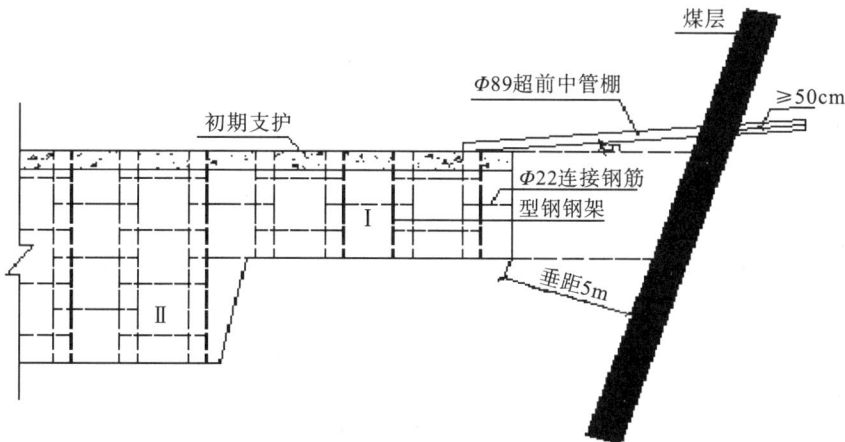

图 7.20　超前中管棚纵断面示意图

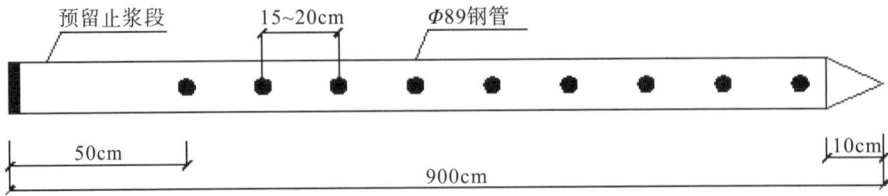

图 7.21　Φ89mm 中管棚大样图

2. 高瓦斯区段揭煤爆破

高瓦斯区段揭煤均采用远距离爆破、分部揭煤的方式施工，当超前导坑Ⅰ部 Φ89mm 超前中管棚施作完成后，进行Ⅰ部超前导坑揭煤爆破工作。按照"短进尺、弱爆破、多打眼、少装药"的基本原则在Ⅰ部超前导坑掌子面上钻孔布眼。高瓦斯区段爆破进尺控制在 1m 范围内，周边眼间距为 0.45m，单孔装药量为 0.6kg，掏槽眼采用楔形掏槽的方式，掏槽眼炮孔深度为 1.2～1.5m，掏槽眼单孔装药量为 1kg，辅助眼、底板眼炮孔深度取 1m，单孔装药量为 6kg，辅助眼炮孔深度取 1.1m，单孔装药量为 0.6kg。揭煤爆破施工必须使用煤矿许用瞬发电雷管或煤矿许用毫秒延期电雷管，使用煤矿许用毫秒延期电雷管时，最后一段的延期时间不得超过 130ms，严禁将不同厂家生产的或不同品种的雷管掺混使用，不得使用导爆管或普通导爆索，严禁使用火雷管，严禁将瞬发电雷管与毫秒电雷管在同一串联网络中使用。进入煤系地层段后，必须采用湿式钻孔，爆破作业采用煤矿许用炸药，并采用煤矿许用电雷管电力起爆，高瓦斯区段采用安全等级不低于二级的煤矿许用含水炸药。炮孔必须进行填塞封泥，填塞封泥应采用黏土、砂子或黏土和砂子的混合物等不燃性材料，填塞封泥材料不应含有煤粉、块状材料或其他可燃性材料，炮孔的堵塞长度应符合下列要求：①炮孔深度为 0.6～1m 时，封泥长度不应小于炮眼深度的 1/2；②炮孔深度大于 1m 时，封泥长度不应小于 0.5m；③炮孔深度超过 2.5m 时，封泥长度不应小于 1m。爆破作业面有两个或两个以上自由面时，在煤层中最小抵抗线不得短于 0.5m，在岩层中最小抵抗线不应短于 0.3m。在煤与瓦斯突出区段，揭煤爆破 30min 后由专业人员到开挖工作面对爆破效果、瓦斯浓度进行检查，确认安全后通知送电、开动风机。瓦检人员检测开挖工作面(煤与瓦斯突出区段通风 30min 后进行)、回风隧道瓦斯浓度，当瓦斯浓度小于 1%，CO_2 浓度小于 1.5%，H_2S 浓度小于 $10mg/m^3$ 时，方可通知工地负责人允许施工人员和施工机械设备进洞出渣和进行初期支护作业。当Ⅰ部成功揭煤且Ⅱ、Ⅲ、Ⅳ部瓦斯抽放完成后，方可依次逐步施作其余各部超前中管棚及揭煤爆破工作。原则上Ⅰ、Ⅱ部采用楔形掏槽方式钻爆，Ⅲ、Ⅳ部采用单向剥炮方式钻爆。隧道揭煤爆破炮眼布置图如图 7.22、图 7.23 所示。

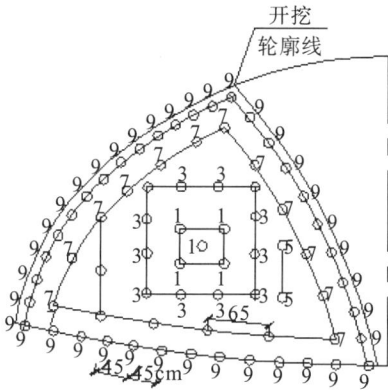

图 7.22 I 部揭煤爆破炮眼布置图

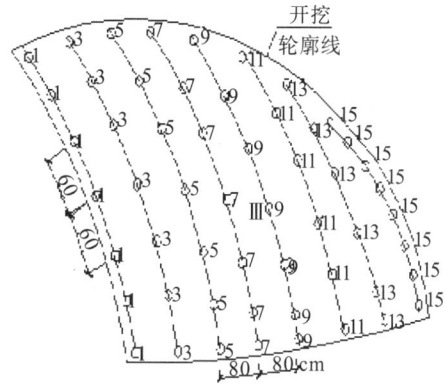

图 7.23 III 部揭煤爆破炮眼布置图

3. 隧道揭煤通风施工

揭煤爆破后，洞内停电，停止一切作业，15min 后由专门人员检测掌子面爆破情况，确认安全后通知供电，开启风机通风。通风 30min 后，由专门人员检测瓦斯浓度，当掌子面瓦斯浓度小于 1%时，允许施工人员进洞作业，并负责继续通风。揭煤施工通风平面布置示意图如图 7.24 所示。

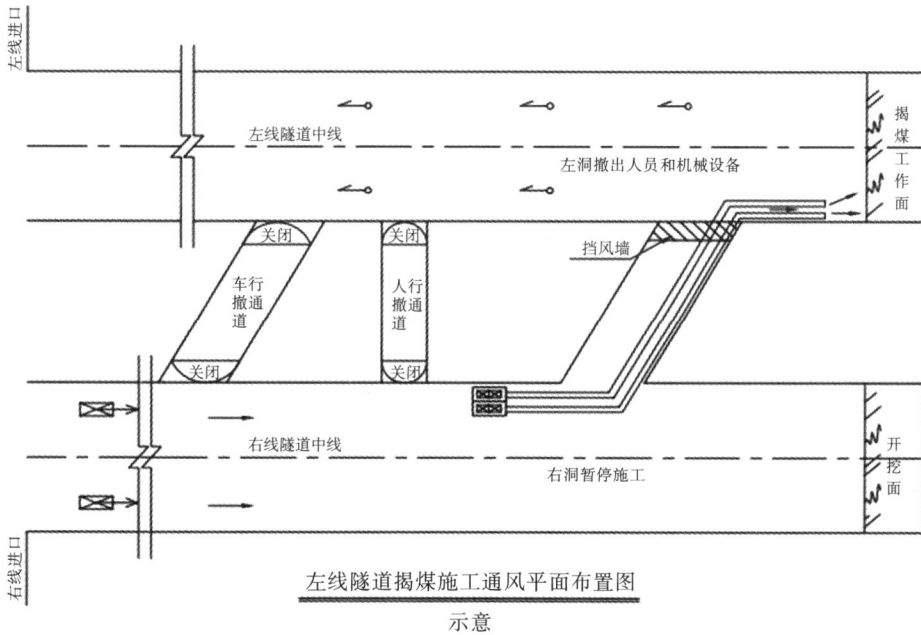

左线隧道揭煤施工通风平面布置图
示意

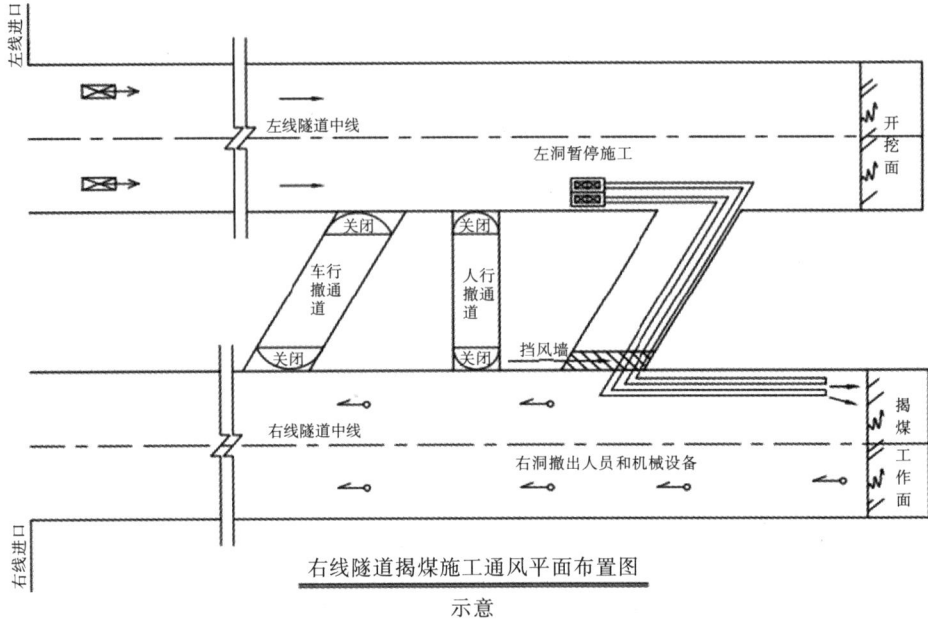

右线隧道揭煤施工通风平面布置图
示意

图 7.24 揭煤施工通风平面布置示意图

7.3 华蓥山隧道煤层采空区施工技术

7.3.1 煤层采空情况

华蓥山隧道穿越观音峡背斜两翼须家河组（T_3xj）和核部龙潭组（P_2l）两套含煤地层，其中背斜两翼须家河组一、三、五段含煤 9 层，分别为五段的外双连、独连、炮炭、硬炭、黄广连煤层，三段的独连（k12）、黄广连（k11）煤层，一段的正连、内大连煤层，背斜核部龙潭组含煤 10 层（k1～k10 煤层）。根据《华蓥山隧道工程地质详勘报告》及《华蓥山隧道煤层采空区专题调查报告》，背斜南东翼 T_3xj^1 的内大连煤层为红光煤矿主采煤层，其矿权范围内+418m 以上已采空，推算隧道于左线 Z2K24+611～636、右线 K24+605～630 段下穿煤层采空区，隧道顶开挖轮廓线距采空区底板最近处净距为 10m；背斜核部下伏 P_2l 的 k2、k6 煤层为刘家沟煤矿主采煤层，其矿权范围内-20m 以上已采空，推算隧道于左线 Z2K26+230～369、右线 K26+225～363 段上跨 k2 及 k6 煤层采空区，隧道底开挖轮廓线距采空区顶板最近处净距约为 195m；背斜西翼 T_3xj^1 的内大连煤层和 T_3xj^5 的外双连煤层为白岭矿主采煤层，其矿权范围内+260m 以上已采空，推算隧道于左线 Z2K27+731、右线 K27+733 处与内大连煤层采空区相交，于左线 Z2K28+091、右线 K28+088 处与外双连煤层采空区相交。以上煤层均采用倒台阶法开采，局部采用冲天法管理顶板，其中红光煤矿已于 1974 年停采，刘家沟煤矿与白岭煤矿为在产矿井。

7.3.2　煤层采空区处治流程

煤层采空区处治流程如下：超前地质预报—探测瓦斯并钻孔排放—探测煤层采空区位置并确定与隧道关系—依据隧道与煤层不同空间关系按相应措施处理。

7.3.3　煤层采空区处治措施

1. 采空区积水

(1)有稳定水源且可能发生涌突水(泥)危害时，根据具体情况采用超前全断面注浆、超前帷幕注浆或超前局部注浆等措施。

(2)无稳定水源但可能发生涌突水(泥)危害时，做好后方初期支护，采用钻孔安设孔口管及阀门，实行有控状态放水。

(3)水量较小时采用钻孔排水。

2. 采空区瓦斯

(1)当采空区瓦斯积聚呈有压力状态时，采用钻孔排放瓦斯。

(2)当呈常压状态时，采用钻孔送风排放，使瓦斯浓度降低至安全浓度。

(3)隧道二衬结构采用气密性混凝土对瓦斯进行封闭。

3. 采空区支护及其结构

(1)采空区位于隧道上部(开挖轮廓线以外)，且采空区底板距隧道顶开挖轮廓线净距大于 10m 时，不予处理；当采空区位于隧道上部(开挖轮廓线以外)，且采空区底板距隧道顶开挖轮廓线净距小于等于 10m 时，隧道拱部施作 $\Phi42mm$ 超前小导管，开挖采用"短进尺、弱爆破"，同时加强监控量测，防止拱部坍塌。隧道下穿煤层采空区措施图如图 7.25 所示。

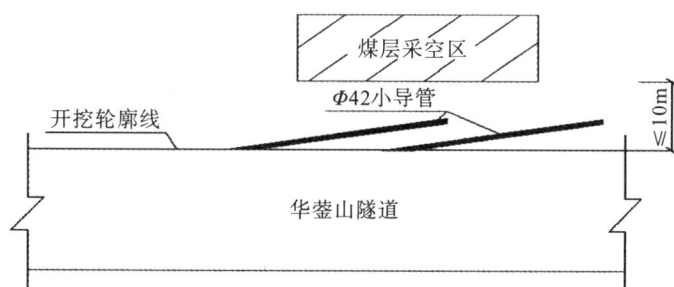

图 7.25　隧道下穿煤层采空区措施图

(2)隧道穿过煤层采空区段根据煤层采空区的走向、倾角、采煤、覆岩及其与隧道空间位置的关系分别处治。采空区影响范围内隧道衬砌结构纵向每 10m 设置一道变形缝；当采空区顶板坍塌、采空区已经被坍体充填时，隧道基底应采用 $\Phi89mm$ 钻孔注浆加固，加固深度为采空区底板以下 2m；采空区顶、底板完整性较好且采空区未被充填时，隧道采用桩基跨越，桩基须置于采空区底板下不小于 2m；隧道采用 VC 型加强复合衬砌和 Φ89mm 超前中管棚。隧道穿越煤层采空区措施为隧道下穿采空区及上跨采空区的结合。

（3）采空区位于隧道下部时，采空区影响范围内隧道衬砌结构纵向每 10m 设置一道变形缝；若采空区未坍塌充填，则当采空区顶板距隧道底开挖轮廓线净距小于等于 5m 时，根据采空区高度采用泵送混凝土充填或继续掘进至隧道不稳定，揭穿采空区顶板后采用 C15 混凝土回填，当采空区顶板距隧道底开挖轮廓线净距大于 5m 且小于等于 15m 时，揭穿局部隧道底板或待施工至前方揭穿采空区顶板后，再返回对隧道底板采用混凝土柱支顶；若采空区已坍塌充填，则当采空区顶板距隧道开挖轮廓线净距小于等于 15m 时，对隧道基底进行注浆加固处理。隧道上跨煤层采空区措施图如图 7.26～图 7.28 所示。

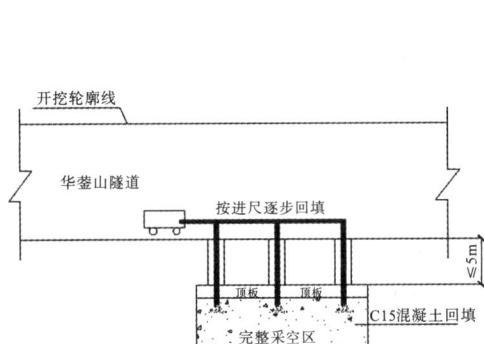

图 7.26　隧道上跨煤层采空区措施图 1

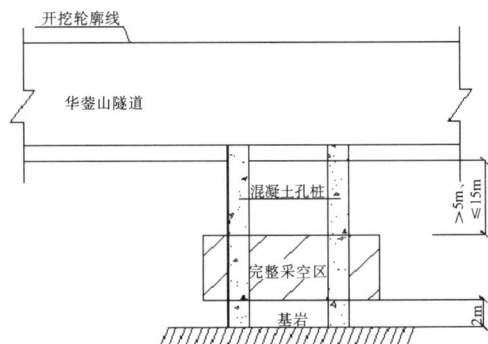

图 7.27　隧道上跨煤层采空区措施图 2

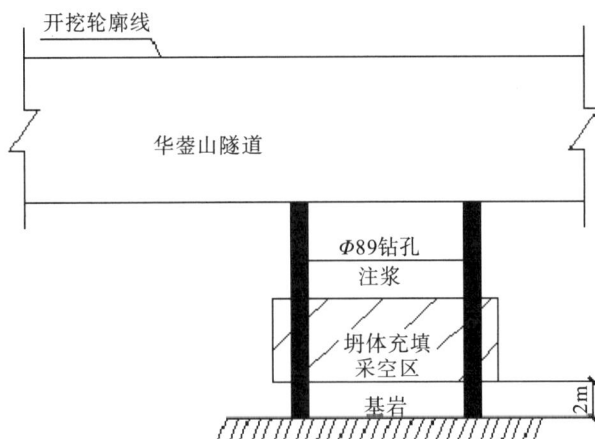

图 7.28　隧道上跨煤层采空区措施图 3

7.4　华蓥山隧道设备防爆改装

根据施工图纸（两阶段施工图设计、隧道土建）要求，本隧道施工机械及电气设备均应采用防爆型。

所需要的主要机械设备有挖掘机、装载机、柴油发电机、空压机、YT28 钻机、喷浆机、管棚钻机、自卸车等。

华蓥山隧道为瓦斯隧道，局部为高瓦斯隧道。而高瓦斯隧道大型作业机械设备配置及其防爆改装是确保施工安全的一大核心措施。

华蓥山隧道低瓦斯区段：K24+614～K25+752、K26+515～K27+710，Z2K24+626～Z2K25+768、Z2K26+510～Z2K27+709；高瓦斯区段：K24+308～K24+614、K25+752～K25+879、K25+879～K26+049、K26+049～K26+511、K27+710～K28+107，Z2K24+318～Z2K24+626、Z2K25+768～Z2K25+888、Z2K25+888～Z2K26+062、Z2K26+062～Z2K26+510、Z2K27+709～Z2K28+105。

7.4.1　主要作业机械防爆改装原则和目标

(1)对发动机尾气进行处理，彻底消除排气火焰，同时降低排气温度。发动机尾气中的明火不能与外界的可燃气体接触，而且高温尾气也不能直接排出车外与外界的可燃气体接触。

(2)对发动机温度较高的部位进行包裹，使其与外界隔离。

(3)改装电气系统，包括照明系统、启动系统、发电机系统、蓄电池系统、控制系统等，以消除电气系统的明火与外界接触的机会。

(4)增加监控装置，实时监测防爆系统的工作状态，以及工作环境的瓦斯浓度。作为一种预警措施，从而进一步增加系统的安全性。该方案的核心最终主要是通过控制明火以及机体表面温度两大途径使得改装车辆达到基本防爆的要求。

7.4.2　防爆改装机械设备配置

机械设备及其防爆改装一览表见表 7.1。

表 7.1　华蓥山隧道工程防爆改装设备计划表

序号	机械设备名称	规格型号	数量
1	液压反铲	1.4m^3	6 台
2	自卸汽车	25t	20 台
3	混凝土喷射机	PZ-7	8 台
4	混凝土泵送机	HBT6013-90S	4 台
5	气动潜孔钻	KSZ100	8 台
6	相复励交流发电机	TZH-150	1 台
7	注浆机		8 台
8	交流弧焊机	BX1-500-3	16 台
9	装载机	3m^3	9 台
10	电力变压器		4 台
11	高压开关柜		8 个

序号	机械设备名称	规格型号	数量
12	低压配电屏	GGD	8 台
13	电容补偿柜	GGJ	8 个
14	钢模台车		4 台
15	混凝土罐车	$6m^3$	8 台
16	变压器	220V 变 36V	20 台
17	鼓风机	132×2 防爆压入式	4 台
18	潜水泵	18.5kW	8 台
19	高扬程管道泵	75kW	3 台
20	防爆电缆	$240m^2(3+2)$	10000m
21	照明电缆	$35m^2$(单相)	10000m
22	照明电缆	$16m^2$(单相)	10000m
23	防爆照明灯具		2000 套
24	防爆电缆	MY120 防爆电缆	10000m

7.4.3 防爆改装关键项目

(1)尾气处理系统。
(2)电气系统。
(3)监控系统。
(4)原车电路系统。

7.5 本 章 小 结

本章结合第 3 章研究成果,以华蓥山隧道工程为依托,针对华蓥山隧道瓦斯特点,建立了华蓥山隧道瓦斯超前探测综合预报技术,提出了华蓥山隧道突出区段施工技术和煤层采空区施工技术,制定了华蓥山隧道设备防爆改装措施。

(1)采用地震波反射法、地质雷达法、超前钻探法对隧道煤层瓦斯情况进行综合探测,能够及时地判断出华蓥山隧道施工前方的煤层瓦斯情况,准确率高,对华蓥山隧道安全施工起到了良好的推动作用,有效地指导瓦斯隧道安全顺利施工。

(2)针对华蓥山隧道瓦斯赋存状况,依据"区域防突措施先行,局部防突措施补充"的原则,制定了华蓥山隧道揭煤防突施工方案和瓦斯等有毒气体钻孔排放处理方案,提出了华蓥山隧道煤层采空区处治措施。

(3)根据两阶段施工图设计要求,对隧道施工机械及电气设备均进行防爆改装。

第8章 礼让隧道石膏质岩段灾害控制及优化设计

8.1 礼让隧道石膏质岩段灾害控制技术

8.1.1 礼让隧道石膏质岩段防排水技术

地勘资料显示，礼让隧道石膏质岩段最大单位涌水量为 $0.00286L/(s \cdot m)$，最大涌水量能达到 $741.312m^3/d$，最大水压能达到 $0.71MPa$。石膏质岩段处于地下水包围中，因此必须进行防排水处理。同时，由于石膏质岩的软化性、膨胀性以及其对混凝土的腐蚀性都与水有关，因此解决好防排水问题是从源头上解决以上特性带来的工程灾害问题。基于礼让隧道石膏质岩的特殊性，对隧道从内到外的支护体系提出一系列具体的防排水建议。

1. 喷射混凝土防渗

喷射混凝土支护层是复合式衬砌的最外层支护及第一道防水屏障，不做任何处理的喷射混凝土的防水能力非常有限。为提高喷射混凝土支护层的防水质量，应对喷射混凝土的围岩基面进行处理，对喷射混凝土背后空隙进行注浆，调整混凝土配合比或掺加外加剂等，提高混凝土的抗渗能力。

(1)围岩基面注浆处理。对喷射混凝土背后空隙进行注浆，注浆液可选择水泥浆液、超细水泥浆液、自流平水泥浆液等。

(2)提高喷射混凝土的抗渗等级。建议使用 C30 以上高性能喷射混凝土，既可提高初期支护的强度，又使得初期支护本身具有一定的防水能力。

(3)采用喷膜防水新技术。对初期支护进行找平处理，处理后，通过喷枪喷射具有防水隔离功能的喷涂材料。找平层采用 $1:2.5$ 的普通水泥砂浆，厚度不得小于 2cm。喷涂材料可选用 CA-Me3 混合溶液为主液、氧化剂和还原剂为辅液聚合而成的高分子喷涂材料，也可选用防腐蚀方案中的纳米涂料。

2. 复合式防水层

山岭隧道复合衬砌中的防水层是隧道防排水技术的核心，是保证隧道防水功能的重要措施。建议礼让隧道石膏质岩段防水层采用复合防水方式：铺设土工布并加设 EVA(ethylene-vinylacetate copolymer，乙烯-醋酸乙烯酯共聚物)防水板。防水板之间采用搭接连接，搭接宽度不小于 10cm，搭接接头粘贴密实不漏水，防水卷材连接方式如图 8.1 所示。

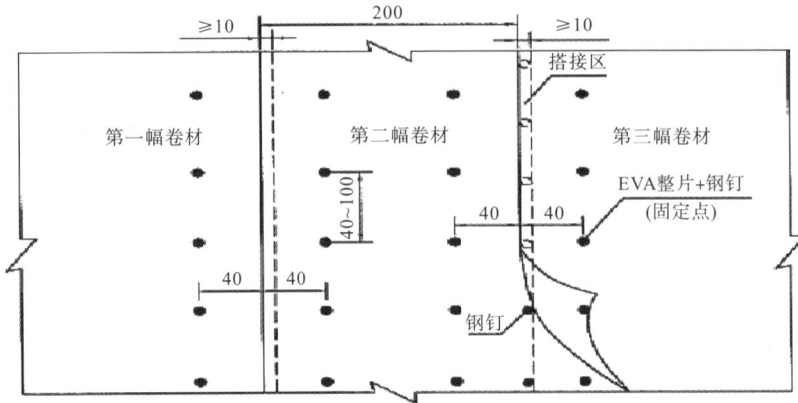

图 8.1　防水卷材连接示意图(单位：cm)

3. 施工缝防水措施

施工缝是由于隧道衬砌混凝土施工所产生的冷接缝，是防水的薄弱环节之一，也是隧道中最易发生渗漏的地方。隧道衬砌施工缝处理不好，不仅会造成衬砌混凝土裂缝及洞内漏水，严重影响隧道的正常使用和行车安全，而且还会降低结构的强度和耐久性。

施工缝设计建议统一采用预埋可全断面出浆的注浆管与单组分聚氨酯遇水膨胀密封胶组合的防水措施。

单组分聚氨酯密封胶是一种无溶剂单组分室温固化密封胶。该密封胶呈膏状，可挤出或涂抹施工。固化后的胶层为橡胶状，具有优良的弹性、耐磨性、耐油性和较高的拉伸强度。其广泛用于建筑物、广场、公路，是嵌缝密封材料。

全断面出浆注浆管是一种预埋注浆管系统，用于混凝土中的施工缝、冷接缝、管子渗缝、地墙之间空隙等处的永久密封。在新旧混凝土的接缝之间安装注浆管非常合适。当水渗入接缝时，通过设定在表面的 PVC 端口注入浆液并加以封堵。可以选择在混凝土养护结束后进行注浆。注浆管 6m 长一根，搭接环向布设，每处接头预留注浆孔至衬砌内，主体结构完工后如遇有渗水出现即通过注浆孔向整个施工缝进行注浆止水。其材料及布置情况如图 8.2～图 8.4 所示。

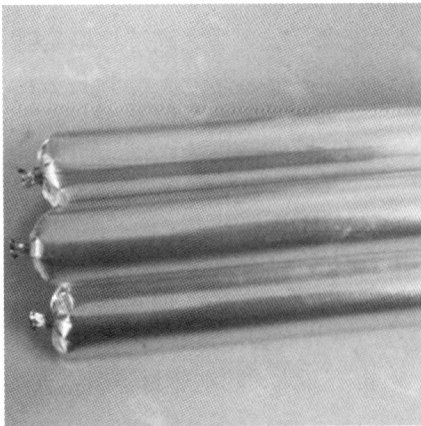

图 8.2　单组分聚氨酯密封胶

图 8.3　全断面出浆的注浆管

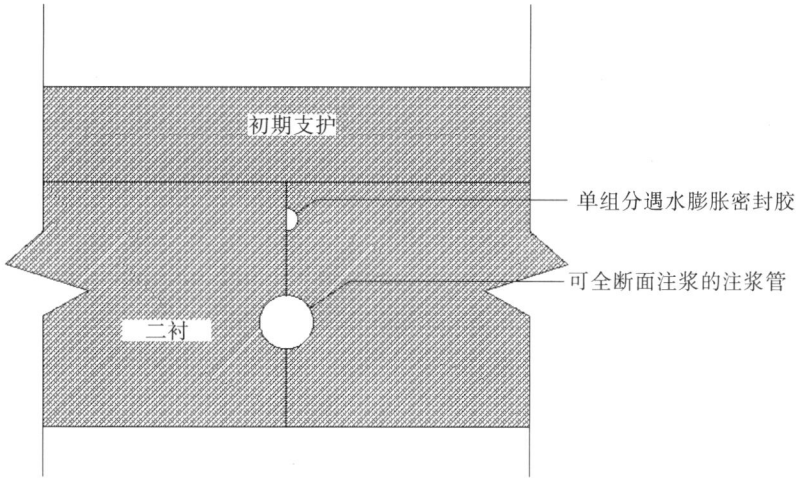

图 8.4　施工缝进行注浆止水布置图

4. 变形缝防水措施

建议变形缝防水采用背贴式橡胶止水带+中埋式钢边橡胶止水带+不锈钢接水盒的组合方式。背贴式止水带紧贴初支岩面进行布置；钢边止水带自重较大，且安装位置要求严格，施工中尤其注重对其安装的控制，使用 $\Phi 6.5mm$ 钢筋加工成卡环来固定钢边止水带的位置；衬砌内轮廓面设 1mm 厚不锈钢板接水盒，接水盒的作用是当变形缝出现渗漏水时，通过接水盒排至隧道排水边沟中。布置情况如图 8.5 所示。

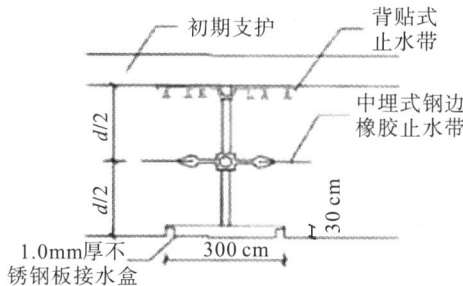

图 8.5　单组分聚氨酯密封胶

5. 隧道衬砌排水

隧道二衬混凝土既是外力的承载结构，也是防水的最后一道防线，因此要求衬砌既要有足够的强度，还要具有一定的抗渗性和耐久性。针对二衬结构，提出如下防排水建议。

(1) 根据计算，石膏质岩段最大水压为 0.71MPa。因此，二衬混凝土的抗渗等级应达到 P8 以上。

(2) 初期支护内轮廓与二衬外轮廓间应紧密结合，否则应进行回填。回填注浆必须要在衬砌混凝土达到一定强度后进行。在衬砌混凝土达到设计强度的 70%，注浆压力小于 0.5MPa 时进行注浆。

（3）环向盲沟与纵向盲管等的连接处需裹一层无纺布。无纺布的密度要达到 350g/m²。

（4）中心排水沟边长为 0.6m。中心排水沟是隧道内水排出的唯一途径，其尺寸不满足要求会直接影响隧道的整体排水能力。根据隧道防排水设计规范中的公式，验算其设计是否满足要求。

$$Q = \frac{1}{3n} R^{2/3} I^{1/2} A \qquad (8.1.1.1)$$

式中，Q 表示过水流量，m³/s；n 表示粗糙系数，可取 0.025；R 表示水力半径，取圆管直径 D 的 1/4，m；I 表示排水坡度；A 表示满水时的过水面积，m²。

礼让隧道采用的是矩形中心排水沟，在枯水期涌水量为 1497m³/d，丰水期考虑为枯水期涌水量的 4 倍，计算得到中心排水沟的边长为 0.4m。原设计中排水沟边长为 0.6m，符合要求。

（5）横向排水管间距要加密至 6m/根。假设所有地下水都要通过横向排水管排入中心排水沟，则根据下式计算横向排水管间距：

$$Q = wc\sqrt{RJ} \qquad (8.1.1.2)$$

式中，Q 表示过水流量；w 表示过水断面面积；c 表示谢才系数；J 表示水力梯度，取 0.025；R 表示水力半径，取圆管直径的 1/4，m。

计算得到每根横向排水管的流量为 55.02m³/d。由于整个隧道的最大涌水量能达到 5988m³/d，因此共需要横向排水管 109 根。礼让隧道石膏质岩段长度为 321m，计算得到横向排水管应为 5.89m/根，取整为 6m/根。原设计中横向排水管间距为 10m/根，密度偏小，因此要加密至 6m/根。

建议对排水沟表面涂抹纳米材料。隧道运营过程中，排水系统可能堵塞，必须考虑排水系统的防堵措施，避免由于排水系统的堵塞导致衬砌背后水压上升，对结构造成安全隐患。由于礼让隧道石膏质岩段的地下水含有硫酸根离子和碳酸根离子，会使排水沟钙化，导致排水沟堵塞，所以选择在排水沟进行表面处理，阻止其与水接触。表面处理材料仍然选用纳米涂料。

8.1.2　礼让隧道石膏质岩段围岩抗膨胀技术

1. 理论分析

石膏质岩的膨胀性会造成隧道的底鼓、衬砌破坏、围岩坍塌等灾害。基于石膏质岩工程资料，采用事件树的方法，分析其膨胀性对隧道的危害，分析结果如图 8.6 所示。可以看出，水是导致膨胀问题的根本原因；预留变形量设计不合理会导致初衬侵限；二衬强度不够，会被膨胀力破坏。

当地下水不可避免时，定量地确定预留变形量大小和二衬抗膨胀强度高低，能够有效地解决隧道膨胀问题。国内石膏质岩隧道设计上，存在如下不足：预留变形量大小通常根据工程经验确定，一般按 45cm 设计，没有一套科学的计算方法；现行的设计规范强调增加膨胀岩隧道的二衬强度，但没有给出明确的参考值。

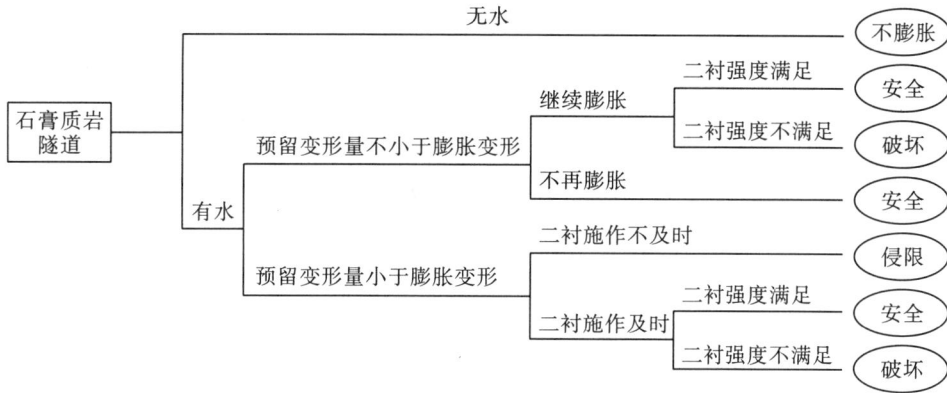

图 8.6　事件树分析结果

因此，基于事件树分析结果，并综合膨胀试验和膨胀本构模型研究，对礼让隧道石膏质岩段的抗膨胀措施进行研究。

1）防排水措施

水是导致膨胀的根本原因，因此做好防排水工作是从源头上解决膨胀问题，具体的措施见 8.1 节中的防排水技术。

2）施工期抗膨胀措施

施工期允许围岩变形，确定施工期的膨胀变形量能够指导抗膨胀设计。参考国内外膨胀岩隧道设计经验，围岩的膨胀变形与膨胀应变关系式如下：

$$U = MD\varepsilon_p \tag{8.1.2.1}$$

式中，U 为围岩的膨胀变形；M 为与隧道工程地质条件有关的系数（M 取值 0～1，隧道中没有水时取 0，涌水量特别大时可以取 1）；D 为隧道开挖影响半径；ε_p 为岩石的膨胀应变。

礼让隧道既含有石膏又含有硬石膏，由于硬石膏是主要膨胀成分，建立围岩膨胀变形、膨胀应力及时间的关系式如下：

$$U = MD \frac{k\left[\sigma - m(1 - e^{-nt})\right]^2}{m^2(1 + at^{-b})(1 - e^{-nt})^2} \tag{8.1.2.2}$$

通过式（8.1.2.2）计算围岩的膨胀变形。施工期，围岩膨胀可简化成侧限状态下的自由膨胀，即边界条件 $\sigma = 0$；隧道收敛时间按 36 天计算，即 $t = 36$；根据硬石膏膨胀试验结果，确定各参数，见表 8.1；考虑到工程安全性，按最不利的情况计算，M 取 1，D 为隧洞跨度，取 14m；最终计算出 $U = 16.63$cm。说明隧道围岩在膨胀作用下，至少产生 16.63cm 的膨胀变形。

表 8.1　各参数取值

参数	σ	M	D/m	t/d	a	b	m	n	k
取值	0	1	14	36	113.3	0.231	2456	0.0183	0.6

3)运营期抗膨胀措施

通过式(8.1.2.2)计算围岩的膨胀应力。运营期,二衬限制围岩的膨胀变形,即边界条件为位移约束。考虑到施工期已经释放了部分膨胀变形,即 U。为保证隧道修建后的长期稳定性,时间 t 取一较大值,$t=3650$;代入各参数的值(表 8.2),可得二衬承受的膨胀力 σ 与膨胀变形 U 的关系,如图 8.7 所示。

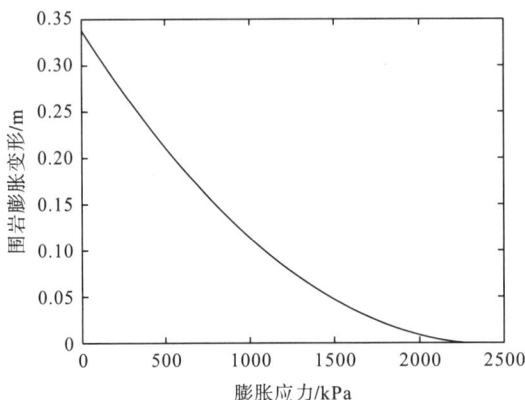

图 8.7   膨胀力与膨胀变形的关系

表 8.2   各参数取值

参数	M	D/m	t/d	a	b	m	n	k
取值	1	14	3650	113.3	0.231	2456	0.0183	0.6

因此,隧道的膨胀预留变形量至少为 16.63cm。若释放 16.63cm 的膨胀变形,隧道的二衬会额外承受 0.7MPa 的膨胀应力。

2. 抗膨胀措施

基于以上理论分析的结果,对礼让隧道石膏质岩段的修建提出如下抗膨胀措施。

(1)预留变形量:建议为 31cm。

(2)二衬设计:隧道二衬设计中,要额外考虑 0.7MPa 的静水压力。

(3)仰拱:石膏质岩段必须及时施作仰拱;仰拱部分建议超挖 30cm;在仰拱底部铺设碎石垫层作为柔性支护。二衬仰拱同样要考虑 0.7MPa 的静水压力。

(4)可缩性钢拱架:每榀钢支撑设两个可缩接头,每个可缩接头最大可缩量为 13cm。

(5)防排水:做好防排水工作,具体措施见 8.1.1 节防排水技术。

8.1.3   礼让隧道石膏质岩段支护结构防腐蚀技术

1. 混凝土防腐方案

基于腐蚀机理及试验研究结果,设计礼让隧道衬砌混凝土的防腐蚀方案。一方面,因为混凝土被腐蚀的实质是石膏质岩中溶出的硫酸根与混凝土材料发生物理化学作用,所以可以通过阻断水与隧道衬砌接触,达到防腐蚀的目的。另一方面,基于腐蚀试验研究结果,确定影响腐蚀的主要因素是抗渗等级和 C₃A 含量，通过改善混凝土抗腐蚀能力，达到防腐的目的。具体的防腐蚀技术路线如图 8.8 所示。

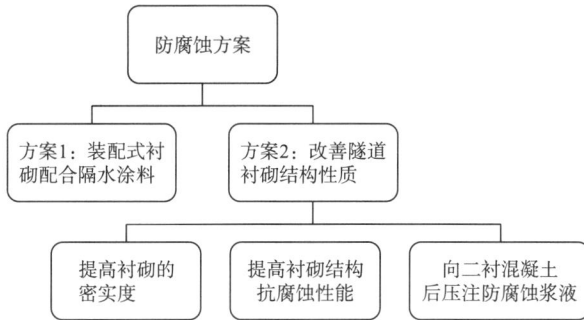

图 8.8　防腐蚀技术路线图

1）装配式衬砌配合隔水涂料

（1）方案介绍。

基于阻断水与隧道衬砌接触的原理，采用装配式衬砌配合隔水涂料的方法进行防腐蚀处理。具体做法：礼让隧道石膏质岩围岩段，二衬选择装配式衬砌，并在其与围岩接触的一侧涂抹隔水材料进行表面处理，从而避免混凝土与水接触，达到防腐效果。隔水材料有多种，常用的有纳米材料、水泥密封剂、憎水涂料等。

（2）方案效果验证。

设计试验对该方案的防腐效果进行验证。试验中防腐涂料选择纳米涂料，将纳米涂料涂在混凝土试件上，混凝土试件选择混凝土腐蚀性试验中的试件 9、试件 13 和试件 17，因为根据腐蚀性试验，C₃A 含量是影响混凝土腐蚀性最显著的因素，且这 3 个试件的 C₃A 含量为 8.5%，是最容易受腐蚀的试件，选择这几个试件可以比较好地说明纳米涂料的防腐蚀效果。

如图 8.9、图 8.10 所示，从腐蚀前后的图片可以看出，试件表面并没有孔隙增加等现象产生，前后变化不大，而且用手触摸试件表面并不能明显地感觉到试件变得粗糙，但是没有涂层的试件就能感觉到试件表面明显变得粗糙。而且有涂层的试件的颜色基本不变，但是没有涂层的试件表面颜色就明显变得暗淡了许多。需要说明的是，由于进行强度试验之前要对试件进行烘干处理，上覆涂层会被破坏，但是在烘干之前涂层是完整的，且与试件之间是紧密贴合的。

(a) 试件13实验前端面与侧面图　　　(b) 试件13实验后端面与侧面图

图 8.9　有涂层试件 13 腐蚀试验前后图片

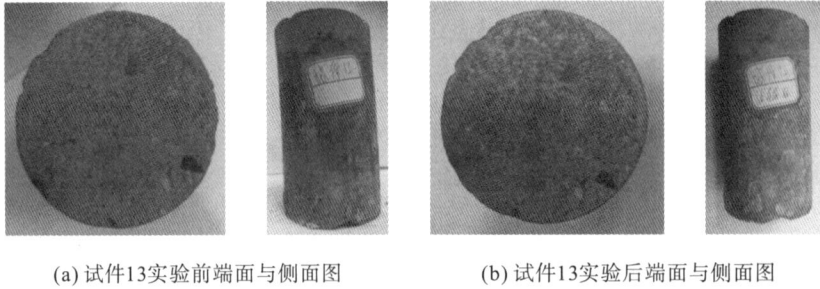

(a) 试件13实验前端面与侧面图　　　　　(b) 试件13实验后端面与侧面图

图 8.10　无涂层试件 13 腐蚀试验前后图片

从应力-应变曲线(图 8.11～图 8.13)也可以看出，进行腐蚀试验的有涂层试件的强度曲线与未进行腐蚀的试件的强度曲线是比较接近的，未腐蚀试件的强度参数与腐蚀后试件的强度参数是接近的，说明有涂层的试件能够保护混凝土内部不被硫酸根离子侵蚀。由以上分析可以看出，纳米涂料对混凝土的防腐蚀具有比较好的效果。

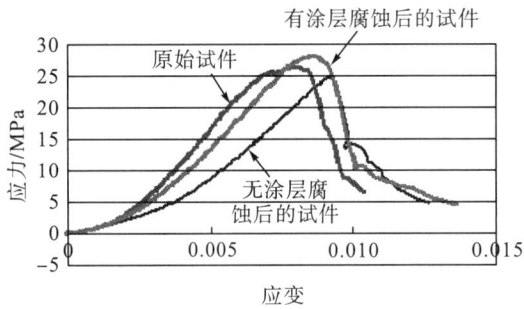

图 8.11　试件 9 应力-应变曲线

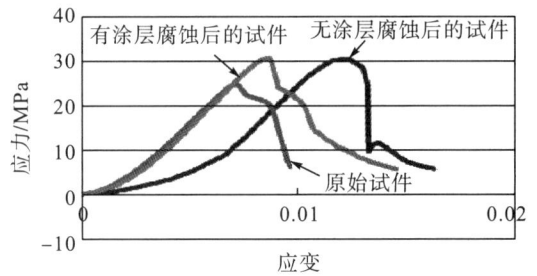

图 8.12　试件 13 应力-应变曲线

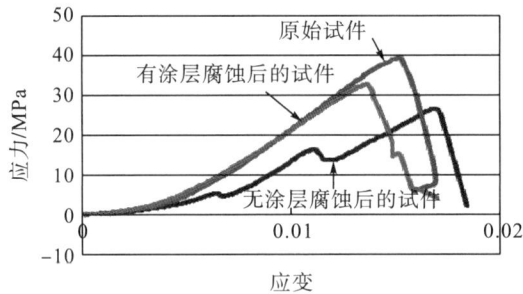

图 8.13　试件 17 应力-应变曲线

采用装配式衬砌，其优点主要有：一经装配成环，不需养护即可承受围岩压力；大量构件可以在工厂成批生产，在洞内进行机械化拼装，从而改善了劳动条件，节省了劳动力；拼装时，不需要临时支护，如拱架、模板等，从而节省了大量的支撑材料及劳动力；拼装速度因采用了机械化方式而提高，缩短了工期，还可能降低造价。但装配式衬砌在装配时，在坑道内需要足够的拼装空间，制备构件的尺寸要求有一定的精度，接缝多，防水较困难。

2) 改善隧道衬砌结构性质

基于提高混凝土自身抗腐蚀能力的原理，并结合腐蚀效果试验成果，采用如下方式进行防腐蚀。

(1) 提高衬砌的密实度。

混凝土的密实度越高，其内部的孔隙、裂隙就越小，腐蚀性溶液越不容易进入混凝土内部进而对混凝土内部造成损伤。在严重腐蚀环境 (D 级) 作用下，二衬混凝土抗渗等级不得低于 P8。

(2) 提高衬砌结构抗腐蚀性能。

采用抗硫酸盐水泥可以有效提高混凝土的抗硫酸盐侵蚀性能。抗硫酸盐水泥主要成分为硅酸钙，且含有较少的 C_3A。试验表明，无论是外部硫酸盐侵蚀还是内部硫酸盐侵蚀，均随着水泥中 C_3A 含量的增加而增强。中抗硫酸盐硅酸盐水泥一般用于硫酸根离子浓度不超过 2500mg/L 的纯硫酸盐的腐蚀。高抗硫酸盐硅酸盐水泥，一般用于硫酸根离子浓度不超过 8000mg/L 的纯硫酸盐的腐蚀。石膏质岩地段环境作用等级为 D 级，建议采用高抗硫酸盐混水泥。

在混凝土胶凝材料中添加适量的抗硫酸盐侵蚀防腐剂也可以提高混凝土的抗硫酸盐侵蚀性能。使用混凝土抗硫酸盐侵蚀防腐剂可以使混凝土具有抗盐类离子侵蚀、抗冻融循环破坏及高抗渗透等良好性能，特别适用于对混凝土建筑物既要求防腐又要求抗渗的工程。

(3) 向二衬混凝土后压注防腐蚀浆液。

向衬砌背后压注水泥砂浆，填充衬砌与围岩之间的孔隙，能加固衬砌并使其均匀受力，同时起良好的防水作用和防腐蚀作用。

2. 钢结构防腐蚀方案

1) 方案介绍

钢结构表面涂抹防腐涂料。虽然地勘资料显示石膏质岩对钢筋是微腐蚀，事实上，从之前的试验中可以看出，石膏质岩对钢筋的腐蚀非常明显，因此很有必要进行钢结构的防腐蚀处理。基于阻断钢结构与腐蚀介质接触的原理，采用钢结构表面涂抹防腐涂料，达到防腐的目的。防腐涂料可以选择纳米涂料。

2) 方案验证

设计试验，对钢结构防腐方案进行验证。本试验采用长度为 10cm、直径为 12mm 的钢筋进行试验。试验前，先将试件浸泡在盐酸中 20min 进行除锈，然后用纱布手工打磨去除盐酸浸泡以后还未清除的锈迹，直至试件表面光滑看不出锈迹。试验前称取试件质量，试验结束后将试件在 40℃ 条件下烘干 6h 并再次称取试件质量。仍然采用试件腐蚀后的质量增加量来表示试件的受腐蚀程度。试验时间定为 28 天。进行 3 组试验，试验编号为 3-1、3-2、3-3。

图 8.14　试验试件

试验中试件 3-1 刷涂纳米涂料两次，两次的间隔时间为 6h，在刷第二次之后再过 12h 放入腐蚀溶液中，进行试验。采用未做处理的试件 3-2 做对比试验，采用涂油试件 3-3 做另外一组对比试验。试验前后试件的差别如图 8.15～图 8.17 所示。

(a) 试件3-1试验前

(b) 试件3-1试验后

图 8.15　涂纳米涂料试件试验前后对比图片

(a) 试件3-2试验前

(b) 试件3-2试验后

图 8.16　未处理试件试验前后对比图片

(a) 试件3-3试验前

(b) 试件3-3试验后

图 8.17　涂油试件试验前后对比图片

从试验图片可以看出，采用纳米涂料进行防腐蚀试验的试件仍然具有金属光泽，其表面情况变化不大。未采取任何防腐措施的试件已经被腐蚀得比较严重，看不出金属光泽，涂油的试件从表面虽然仍可以看出依稀的金属光泽，但是试件表面变得暗淡，也有一些锈迹，说明试件仍被腐蚀了。

试验过程中采用试件的质量增加量来反映试件受腐蚀的程度，质量增加量越大，受腐蚀越严重。将试件从腐蚀性溶液中取出，在 40℃条件下烘干 6h，各个试验条件下试件的质量增加量见表 8.3。

表 8.3　试验结果表

试件编号	试验条件	试验前质量/g	试验后质量/g	质量增加量/g	质量增加百分比/%
3-1	涂纳米涂料	118.71	118.79	0.08	0.071
3-2	不做处理	135.68	135.86	0.18	0.136
3-3	涂油	138.38	138.51	0.13	0.094

从数据可以看出，涂纳米涂料试件的质量增加量最小仅为 0.071%，不做处理的试件其质量增加量最大，达到 0.136%，涂油的试件质量增加量为 0.094%，说明涂油这种方式对钢筋防腐蚀具有一定的作用，但是效果不好；涂纳米涂料对钢筋的防腐蚀有良好的效果。因为纳米涂料在试件表面会形成一层致密的保护膜，可以阻止试件与腐蚀性溶液接触，涂

油虽然也有隔离作用，但是油膜与试件之间的接触力不大，很容易被破坏，破坏后无法阻止试件与腐蚀性溶液接触。因此，建议在礼让隧道的建设中钢筋等钢结构的防腐蚀采用涂纳米涂料这种方法。

石膏质岩地层抗腐蚀应按"动态设计、信息化施工"的原则进行处置，同时应从多方面进行防腐蚀处置。

(1)喷射混凝土：采用 C30 高性能抗腐蚀喷射混凝土，对于喷射混凝土内设置的钢架(对钢架须进行防腐处理)，靠围岩侧钢筋的混凝土保护层厚度不小于 45mm，靠另一侧的保护层厚度不小于 2cm；采用全长灌浆式锚杆。

(2)二衬混凝土：在严重腐蚀环境(D 级)作用下，二衬混凝土标号为 C45，抗渗等级为 P8。水泥要求采用抗硫酸盐水泥(宜采用 C_2S 含量较高而水化热程度较低的硅酸盐水泥品种)，最大水胶比为 2：5，$1m^3$ 混凝土水泥最小用量为 340kg 且不宜大于 450kg，C_3A 含量低于 6%，水泥细度不超过 350m^2/kg，游离氧化钙不超过 1.5%，混凝土总含碱量不超过 3.0kg/m^3，并在混凝土中掺加 6%～8%抗腐剂(内掺法，等量代替水泥)作为防护层。钢筋混凝土保护层厚度不得小于 50mm。抗腐剂可选用 JQ-H 高效防腐剂、YBQK 防腐剂、SA-100A 抗硫酸盐侵蚀防护剂、BDY 型混凝土抗硫酸盐类侵蚀防腐剂等，但所选防腐剂物理化学性能指标均应满足表 8.4 的要求，同时须满足《混凝土抗硫酸盐类侵蚀防腐剂》(JC/T 1011—2006)的相关要求。

表 8.4　抗硫酸盐类侵蚀防腐剂理化性能指标

项目		指标
化学成分	氧化镁/%	≤5.0
	Cl 离子/%	≤0.05
物理性能	比表面积/(m^2/kg)	≥300
	凝结时间 初凝/min	≥45
	凝结时间 终凝/h	≤10
	抗压强度比/% 7d	≥90
	抗压强度比/% 28d	≥100
	膨胀率/% 1d	≥0.05
	膨胀率/% 28d	≤0.60
抗侵蚀性	抗侵蚀系数 K	≥0.85
	膨胀系数 E	≤1.50

(3)防水板：改用全包防水，防水板全周封闭。

(4)混凝土表面涂憎水涂料。

(5)设防段落需向非腐蚀性围岩延伸不小于 15m。

(6)所有临水混凝土均应按上述防护措施进行处理,包括排水沟(纵向边沟、中心排水沟)等。

8.2 礼让隧道石膏质岩段二衬结构时变可靠性分析

8.2.1 时变可靠度计算几何模型

根据地勘资料可知,礼让隧道石膏质围岩段分为3段,应分别对3段二衬结构可靠度进行分析,分别在3段中选择代表性断面,建立3段二衬结构可靠度的基本模型。选择ZK14+620、ZK14+750和ZK14+880断面分别代表礼让隧道3段石膏质围岩内二衬结构的基本情况。模型左右边界为隧道3倍洞径;上下边界距隧道3倍洞径,若超出石膏围岩范围按实际情况处理;为提高计算效率,上覆灰岩地层重力作用采用面荷载来代替。模型应与隧道建设实际情况基本相符,因此应包含喷锚支护,如图8.18所示。为方便采用之前建立的石膏质围岩腐蚀后有效承载体积减小来表达石膏质围岩对衬砌结构的腐蚀作用及衬砌结构不同位置强度参数分布模型,二衬结构的几何模型应分层分块建立,如图8.19所示。

图 8.18 隧道结构可靠度计算中双洞喷锚支护模型   图 8.19 二衬结构分层分块模型

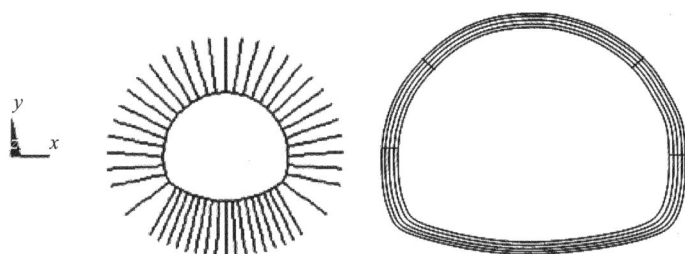

可靠度计算几何模型如图8.20所示。

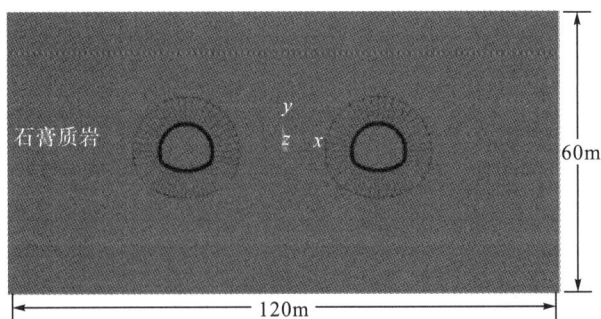

图 8.20 可靠度计算几何模型

8.2.2　材料参数的概率统计特征及时变特征

影响隧道衬砌结构和围岩稳定的不确定性因素有很多：对于衬砌材料，包括混凝土强度、密度、弹性模量和泊松比；对于围岩材料，包括弹性模量、泊松比、围岩弹性反力系数以及侧压力系数，外加时间等。这些因素均可被指定为隧道整体结构可靠度计算分析中的随机变量。计算过程中确保各随机变量所采用的均值、方差及概率分布等统计特征的准确性，能够直接影响结构可靠度分析结果。需要说明的是，各参数的概率特征并不是一成不变的，正确分析结构所受荷载的时变效应和结构抗力的时变效应在时变可靠度分析中具有重要意义。

1. 材料参数的概率分布类型

1）石膏质岩材料参数概率分布类型

通过对礼让隧道石膏质围岩的 3 个分段取样并进行常规力学试验，获得一系列石膏质围岩材料参数值，并进行假设检验，最终得到 3 段石膏质围岩各参数概率分布类型，见表 8.5。

表 8.5　石膏质岩材料参数概率分布类型

变量	石膏质岩弹性模量	石膏质岩密度	石膏质岩泊松比
分布类型	正态	正态	均匀

2）二衬结构材料参数概率分布类型

许多学者均对隧道二衬结构混凝土分布类型进行了研究，通过参考有关规范及现场实测，可得二衬材料参数的分布类型见表 8.6。

表 8.6　礼让隧道二衬结构材料参数概率分布类型

变量	分布类型
二衬混凝土黏聚力/MPa	正态
二衬混凝土内摩擦角/(°)	正态
二衬混凝土弹性模量/GPa	正态
二衬混凝土密度/(kg/m³)	正态
二衬混凝土泊松比	均匀
二衬混凝土厚度/m	对数正态

2. 材料参数的概率分布参数

1）石膏质围岩材料参数的概率分布参数

对石膏质围岩所分成的 3 段分别进行常规力学试验，获得 3 段的强度参数，并采用极大似然估计的方法分别获得石膏质围岩的弹性模量、泊松比和密度的概率分布参数，最终 3 段石膏质围岩材料参数的概率分布参数分别见表 8.7、表 8.8 和表 8.9。

表8.7　第一段石膏质围岩材料参数的概率分布参数

变量	均值	标准差
石膏质围岩弹性模量/GPa	4.25	0.64
石膏质围岩密度/(kg/m³)	2298	26
石膏质围岩泊松比	0.28	0.03

表8.8　第二段石膏质围岩材料参数的概率分布参数

变量	均值	标准差
石膏质围岩弹性模量/GPa	7.21	0.72
石膏质围岩密度/(kg/m³)	2903	38
石膏质围岩泊松比	0.21	0.02

表8.9　第三段石膏质围岩材料参数的概率分布参数

变量	均值	标准差
石膏质围岩弹性模量/GPa	4.13	0.62
石膏质围岩密度/(kg/m³)	2280	24
石膏质围岩泊松比	0.28	0.03

2) 二衬结构材料参数的概率分布参数

隧道二衬结构混凝土参数在有关规范中均有规定,通过参考有关规范、文献及一定的现场实测,可得隧道二衬结构材料参数的概率分布参数,见表8.10。

表8.10　隧道二衬结构材料参数的概率分布参数

变量	均值	标准差
二衬混凝土黏聚力/MPa	8	2.56
二衬混凝土内摩擦角/(°)	55	11
二衬混凝土弹性模量/GPa	33.5	2.875
二衬混凝土密度/(kg/m³)	2450	49
二衬混凝土泊松比	0.2	0.0142
二衬混凝土厚度/m	0.7	0.035

3) 二衬结构不同位置弹性模量分布参数

由上述内容可知,由于实际施工等原因,衬砌不同位置处各参数与实际参数有一定差异。其中衬砌结构弹性模量是对衬砌结构可靠度影响最大的参数。因此通过对多个隧道不同位置弹性模量的分布规律进行分析,得到隧道弹性模量偏差系数表,见表8.11。

表 8.11 不同隧道二衬结构混凝土弹性模量偏差系数表

隧道名称	混凝土强度等级	正常均值	均值偏差系数			正常标准差	标准差偏差系数		
			拱顶	拱肩	拱底		拱顶	拱肩	拱底
嘉华隧道	C40	32.5	0.913	1.041	1.091	0.70	0.902	1.007	1.119
大坪隧道	C35	31.5	0.913	1.012	1.124	0.750	0.906	1.016	1.020
共和隧道	C40	32.5	0.922	0.984	1.102	0.70	0.921	1.006	1.006

根据各隧道拱顶、拱肩、拱底的偏差系数，选择其均值作为礼让隧道衬砌结构相应三部分的偏差系数，最终礼让隧道二衬结构不同位置处弹性模量分布参数见表 8.12。

表 8.12 礼让隧道二衬结构弹性模量不同位置分布参数表

位置	弹性模量标准均值/GPa	均值偏差系数	弹性模量标准方差	标准差偏差系数
拱顶处 el1		0.916		0.910
拱肩处 el2	33.5	1.012	2.875	1.010
拱底处 el3		1.106		1.050

8.2.3 时变可靠度计算

设置样本数为 1 万，采用蒙特卡洛法的拉丁超立方抽样技术，以获得结构可靠度计算所需的主要随机变量样本值，并针对样本值数据范围将其划分为等间距子序列，对每个子序列中的样本数进行统计，进而得到每个序列的相对频率，完成随机变量频数分布直方图的绘制。

1. 第一段二衬结构时变可靠度计算

第一段左线桩号为 ZK14+582～ZK14+660，右线桩号为 K14+599～K14+680，主要成分为 $CaSO_4 \cdot 2H_2O$。

在所涉及的参数中石膏质岩弹性模量、石膏质围岩密度、二衬混凝土黏聚力、二衬混凝土内摩擦角、衬砌结构弹性模量、衬砌结构密度均服从正态分布；石膏质围岩泊松比、衬砌结构泊松比均服从均匀分布；衬砌结构厚度服从对数正态分布；各参数的概率密度函数及累积分布函数曲线如图 8.21 所示。

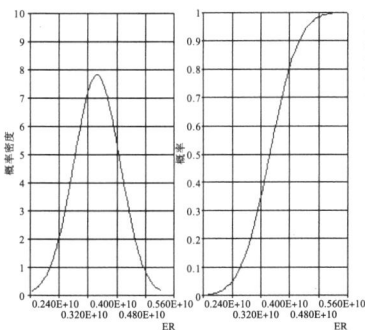

(a) 第一段石膏质岩弹性模量　　(b) 第一段石膏质岩密度

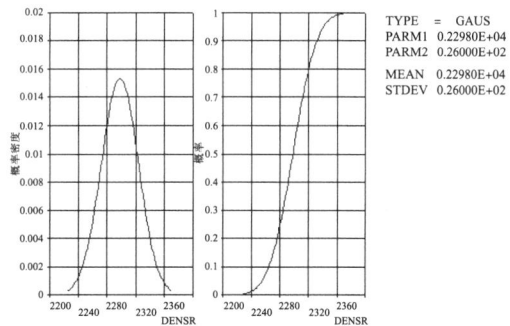

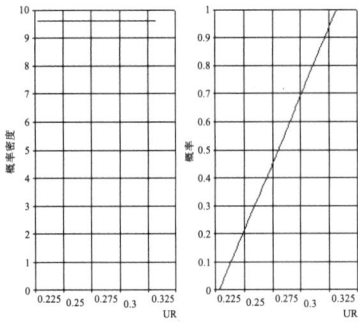

(c) 第一段石膏质岩泊松比

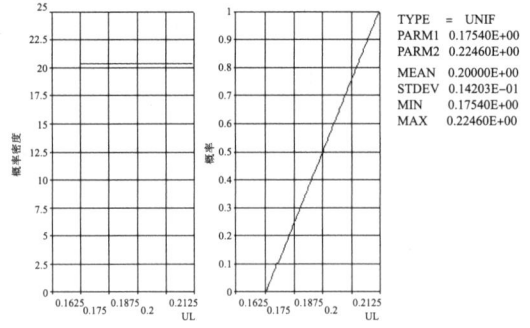

(d) 第一段二衬结构混凝土泊松比

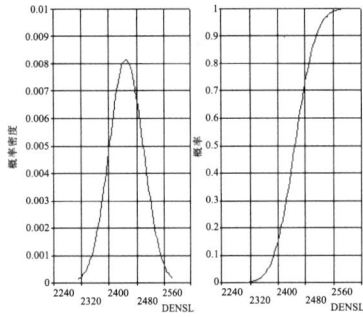

(e) 第一段二衬结构混凝土密度

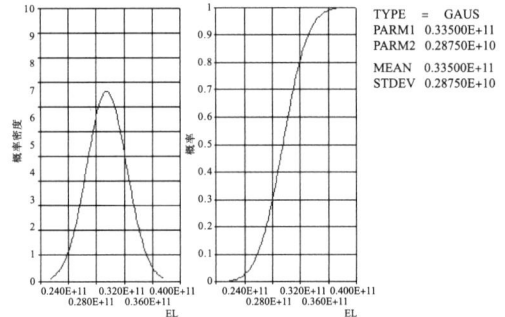

(f) 第一段二衬结构混凝土弹性模量

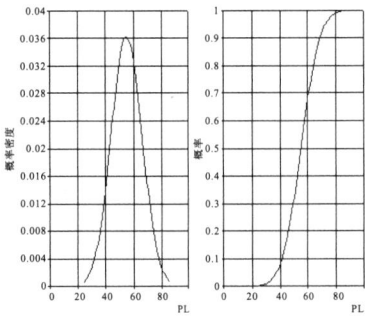

(g) 第一段二衬结构混凝土内摩擦角

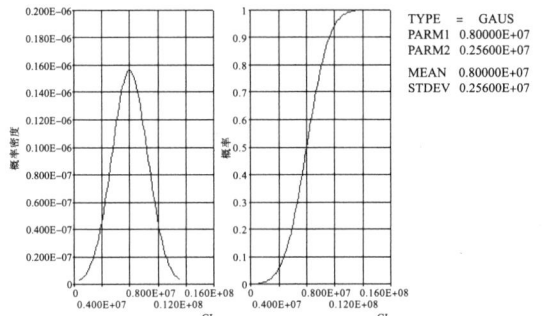

(h) 第一段二衬结构混凝土黏聚力

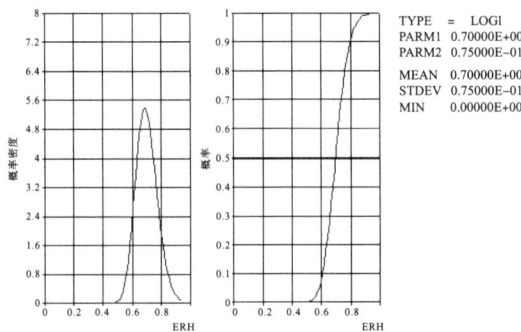

(i) 第一段二衬结构混凝土厚度

图 8.21　第一段各参数概率密度函数与累积分布函数曲线

样本抽样结果以石膏质围岩弹性模量为例进行说明，其频数分布直方图如图 8.22 所示，抽样累积分布概率如图 8.23 所示。可以看出，各个子序列之间均有数据，且无间隙，顶端连线较为光滑，可见随机变量比较充分。

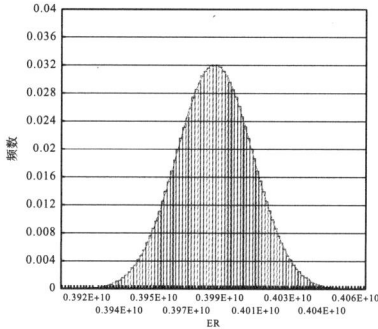

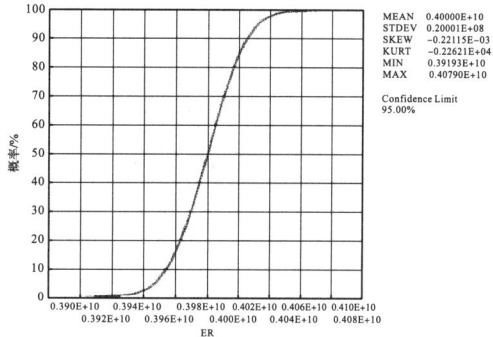

图 8.22　石膏质围岩弹性模量频数分布直方图　　图 8.23　石膏质围岩弹性模量抽样累积分布曲线

当随机变量确定以后，采用隧道全过程动态模拟方法对隧道衬砌结构时变可靠度进行计算。其中时变可靠度模型采用石膏质围岩隧道衬砌结构在综合破坏模式下的可靠度模型。衬砌结构失效临界状态下塑性区体积比的确定参考目前边坡稳定性分析中常用的判据，即塑性区贯通时边坡结构失效。本章采用一个最小单元的宽度乘以衬砌结构厚度的面积占衬砌结构的总面积的结果来作为衬砌结构失效临界状态时的塑性区面积的百分比，为 0.7%，分别对礼让隧道建立 10 年、20 年、……、100 年进行模拟，分析各时间点的衬砌结构可靠度。

经过计算，第一段石膏质岩隧道二衬结构在投入运营 10 年、20 年、……、50 年后其失效概率为 0，说明其可靠度指标很高，但在本章所设置的抽样次数和显著性水平下不能显示出来。

分别对礼让隧道使用 60 年、70 年、……、100 年时的衬砌结构可靠度计算结果进行分析，提取 PDS 模块中所设置的输出变量(即衬砌结构失效示性变量 Z)的频数分布直方图如图 8.24 所示，累积分布函数图如图 8.25 所示。对比可发现，随着时间的增加，失效示性变量 $Z<0$ 发生的次数增加，表明衬砌结构失效概率随时间的增加而增加。

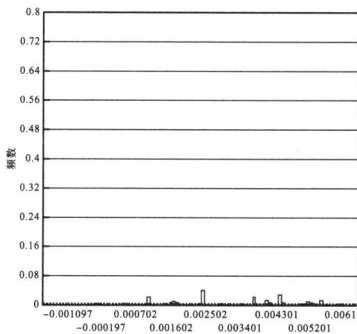

(a) 二衬结构使用60年　　　　　　　　　　(b) 二衬结构使用70年

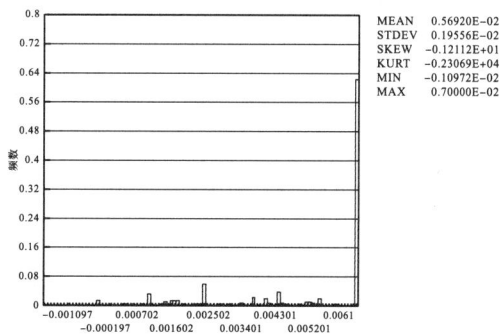

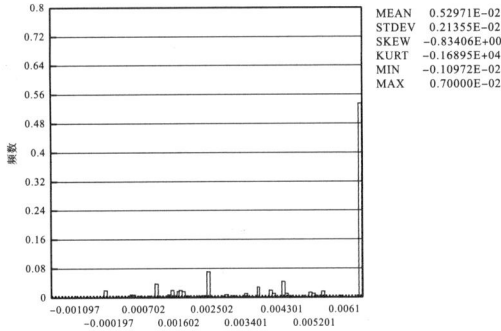

(c) 二衬结构使用80年

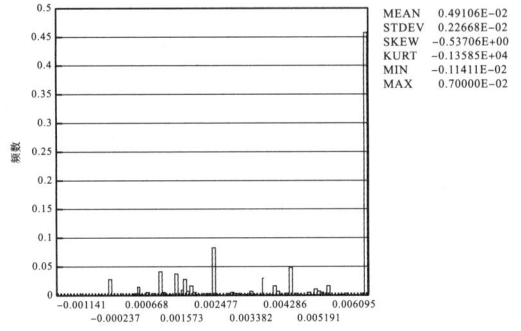

(d) 二衬结构使用90年

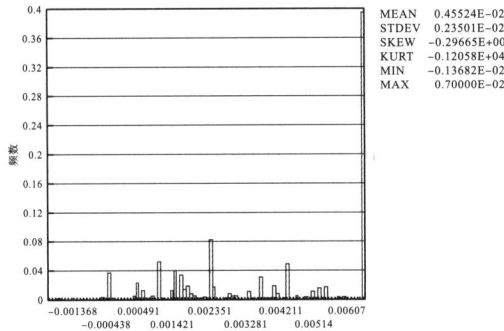

(e) 二衬结构使用100年

图 8.24　第一段二衬结构失效示性变量 Z 频数分布直方图

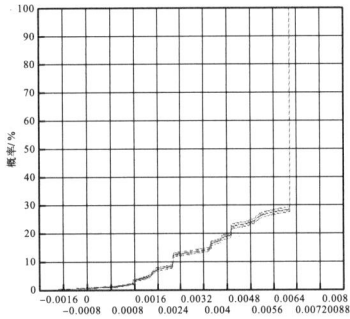

(a) 二衬结构使用60年

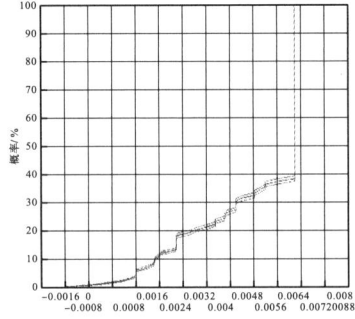

(b) 二衬结构使用70年

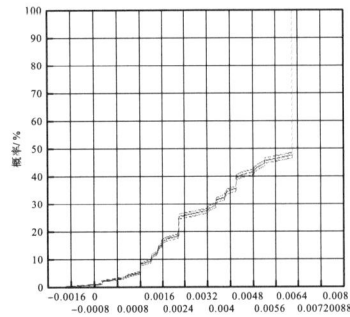

(c) 二衬结构使用80年

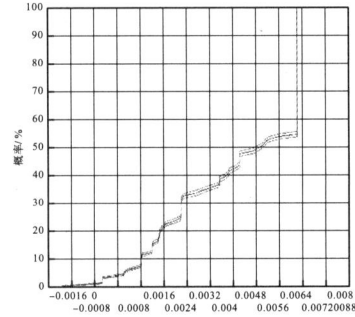

(d) 二衬结构使用90年

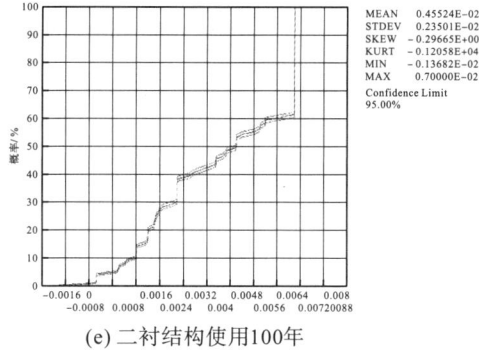

(e) 二衬结构使用100年

图 8.25　第一段二衬结构失效示性变量 Z 累积分布函数图

显然，Z<0 时，衬砌结构失效，提取衬砌结构使用 60～100 年时计算结果所得各累积分布函数图中 Z<0 的概率。为了更加清晰地表达二衬结构从建立开始到使用寿命结束全过程的可靠度变化情况，对其进行拟合［式(8.2.3.1)］，拟合度为 0.9833，最终结果如图 8.26 所示。

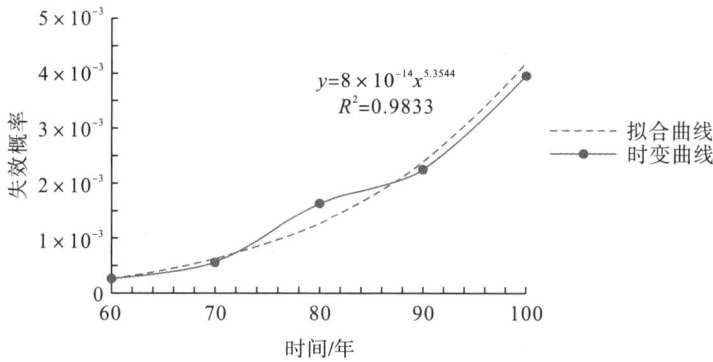

图 8.26　第一段二衬结构使用 60 年后失效概率时变曲线和拟合曲线

$$P_f = 8 \times 10^{-14} t^{5.3544} \tag{8.2.3.1}$$

采用式(8.2.3.1)分别计算第一段二衬结构使用 10～100 年时的失效概率，可得第一段二衬结构在使用全寿命周期内的可靠度指标及失效概率，见表 8.13。可靠度指标及失效概率变化趋势如图 8.27 所示。

表 8.13　第一段二衬结构时变失效概率及可靠度指标

衬砌结构建立时间/年	可靠度指标	失效概率
10	5.51	1.81×10^{-8}
20	4.81	7.4×10^{-7}
30	4.36	6.49×10^{-6}
40	4.01	3.03×10^{-5}

衬砌结构建立时间/年	可靠度指标	失效概率
50	3.72	1.0×10^{-4}
60	3.46	2.67×10^{-4}
70	3.26	5.64×10^{-4}
80	2.94	1.63×10^{-3}
90	2.84	2.26×10^{-3}
100	2.66	3.96×10^{-3}

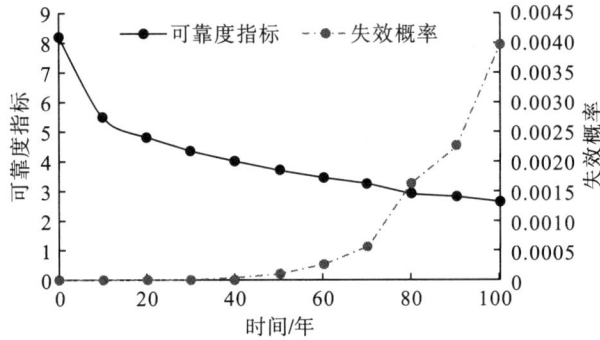

图 8.27　礼让隧道第一段衬砌结构时变失效概率及可靠度指标

可见，第一段二衬结构失效概率变化趋势符合"浴盆曲线"偶然失效期和损耗失效期规律。在前 70 年失效概率平稳增大，在 70 年以后，二衬结构迅速老化，失效概率速率增大。

从可靠度指标上来看，第一段二衬结构在 40 年时，可靠度指标将降至 4.01，100 年时可靠度指标将下降到 2.66。

2. 第二段二衬结构时变可靠度计算

第二段左线桩号为 ZK14+660～ZK14+855，右线桩号为 K14+680～K14+875，主要成分为 $CaSO_4$。

第二段二衬结构时变可靠度的计算过程与第一段衬砌结构一致，仅石膏质围岩参数的概率分布参数和时变参数与第一段有一定差异。

此处仅列出石膏质围岩参数的概率密度函数曲线与概率分布函数曲线，如图 8.28 所示。

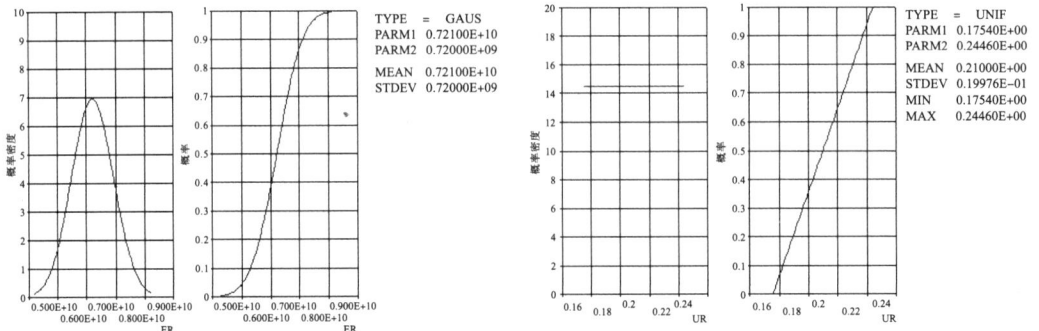

(a) 第二段石膏质岩弹性模量　　　　　　　　　(b) 第二段石膏质岩泊松比

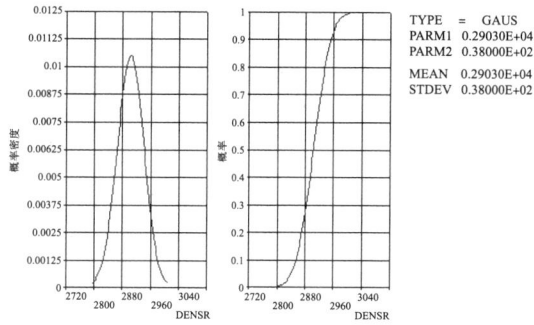

(c) 第二段石膏质岩密度

图 8.28　第二段石膏质岩参数的概率密度函数曲线与概率分布函数曲线

提取 PDS 模块中所设置的输出变量(即衬砌结构失效示性变量 Z)的频数分布直方图和累积分布函数图，如图 8.29 和图 8.30 所示。

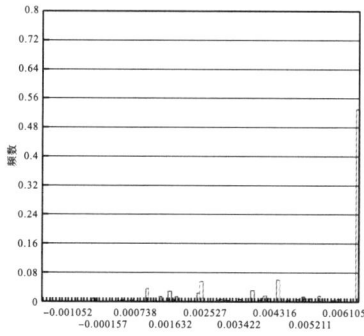

(a) 二衬结构使用70年

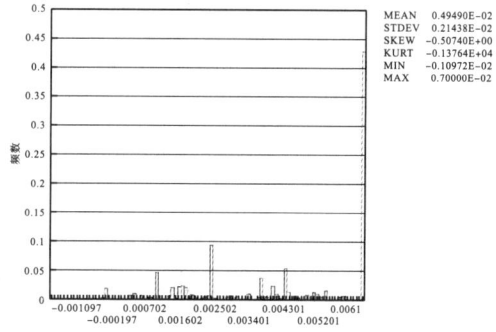

(b) 二衬结构使用80年

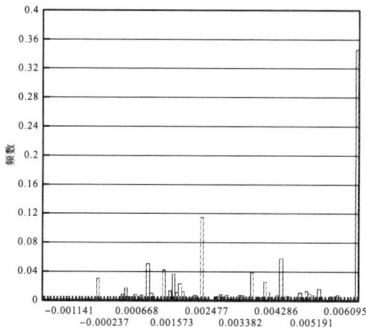

(c) 二衬结构使用90年

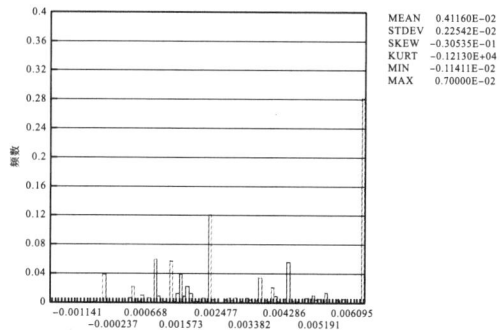

(d) 二衬结构使用100年

图 8.29　第二段二衬结构失效示性变量 Z 频数分布直方图

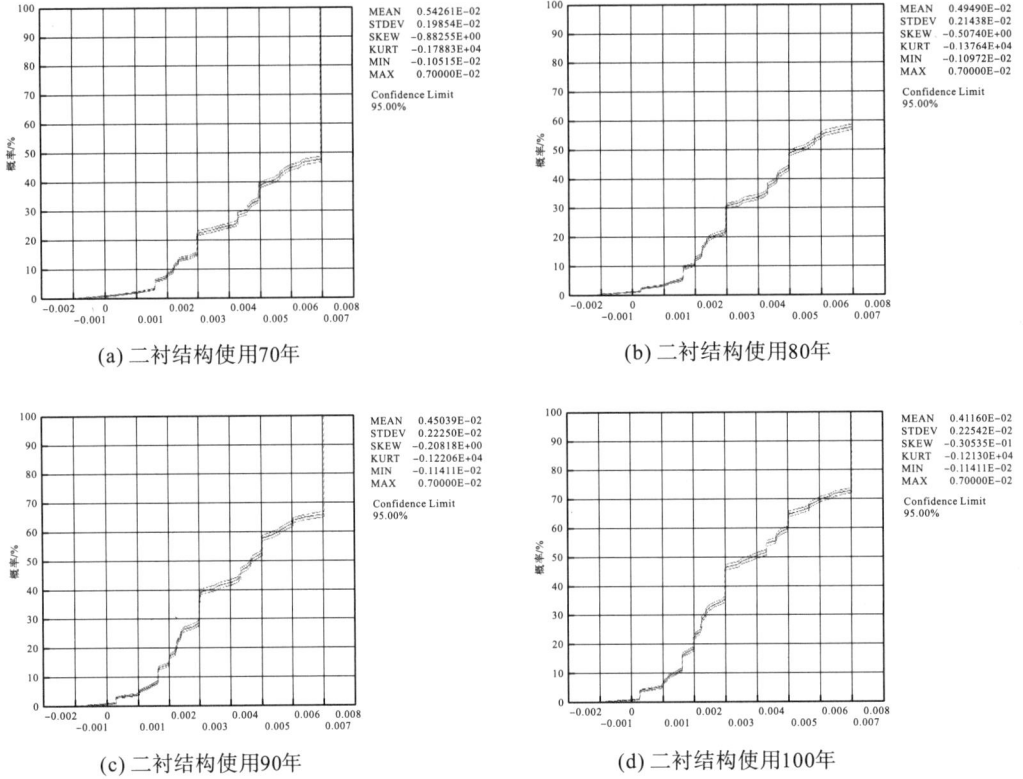

(a) 二衬结构使用70年

(b) 二衬结构使用80年

(c) 二衬结构使用90年

(d) 二衬结构使用100年

图 8.30　第二段二衬结构失效示性变量 Z 累积分布函数图

用 70～100 年二衬结构失效可靠度数据进行拟合，可得式（8.2.3.2），拟合度为 0.9964。拟合曲线如图 8.31 所示。

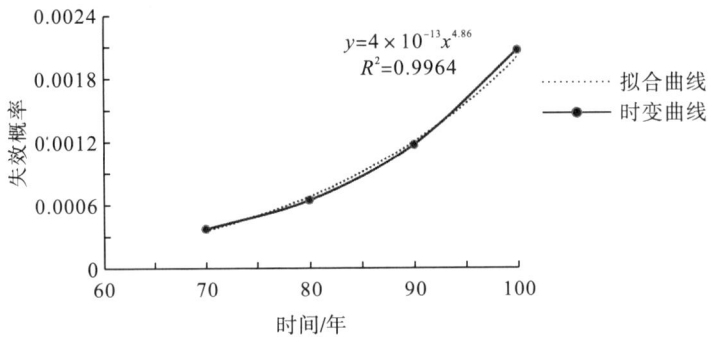

图 8.31　第二段二衬结构使用 70 年后失效概率时变曲线和拟合曲线

$$P_f = 4 \times 10^{-13} t^{4.86} \tag{8.2.3.2}$$

采用式（8.2.3.2）分别计算第二段二衬结构使用 10～100 年时的失效概率，可得第二段二衬结构在使用全寿命周期内的可靠度指标及失效概率，见表 8.14。可靠度指标及失效概率变化趋势如图 8.32 所示。

表 8.14　第二段二衬结构时变失效概率及可靠度指标

衬砌结构建立时间/年	可靠度指标	失效概率
10	5.35	4.35×10^{-8}
20	4.71	1.26×10^{-6}
30	4.29	9.06×10^{-6}
40	3.97	3.67×10^{-5}
50	3.70	1.08×10^{-4}
60	3.46	2.63×10^{-4}
70	3.46	3.66×10^{-4}
80	3.26	6.39×10^{-4}
90	2.94	1.16×10^{-3}
100	2.84	2.06×10^{-3}

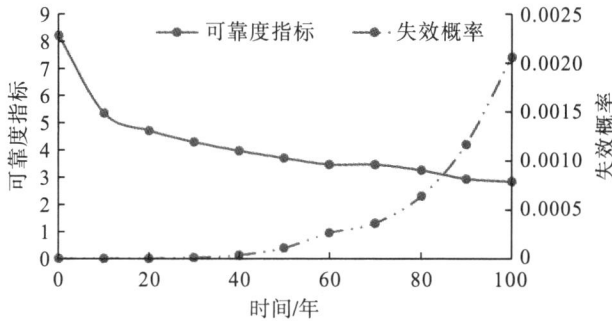

图 8.32　第二段二衬结构时变失效概率及可靠度指标

可见,第二段二衬结构失效概率变化趋势符合"浴盆曲线"偶然失效期和损耗失效期规律。在前 70 年失效概率平稳增加,在 70 年以后,隧道二衬结构迅速老化,失效概率速率增大。从可靠度指标上来看,在使用初期,第二段二衬结构相比第一段二衬结构可靠度指标略大;在后期,第二段二衬结构相比第一段二衬结构可靠度指标略低。这是因为第二段石膏质围岩是硬石膏岩,初期围岩承载能力较强,而后期由于膨胀性增加,导致衬砌结构可靠度指标降低。

3. 第三段二衬结构时变可靠度计算

第三段左线桩号为 ZK14+855～ZK14+907,右线桩号为 K14+875～K14+920,主要成分为 $CaSO_4 \cdot 2H_2O$。

第三段二衬结构时变可靠度的计算过程与第一段二衬结构可靠度计算过程一致,仅石膏质岩参数概率分布有一定差异。因此,仅列出石膏质围岩参数的概率密度函数曲线与概率分布函数曲线,如图 8.33 所示。

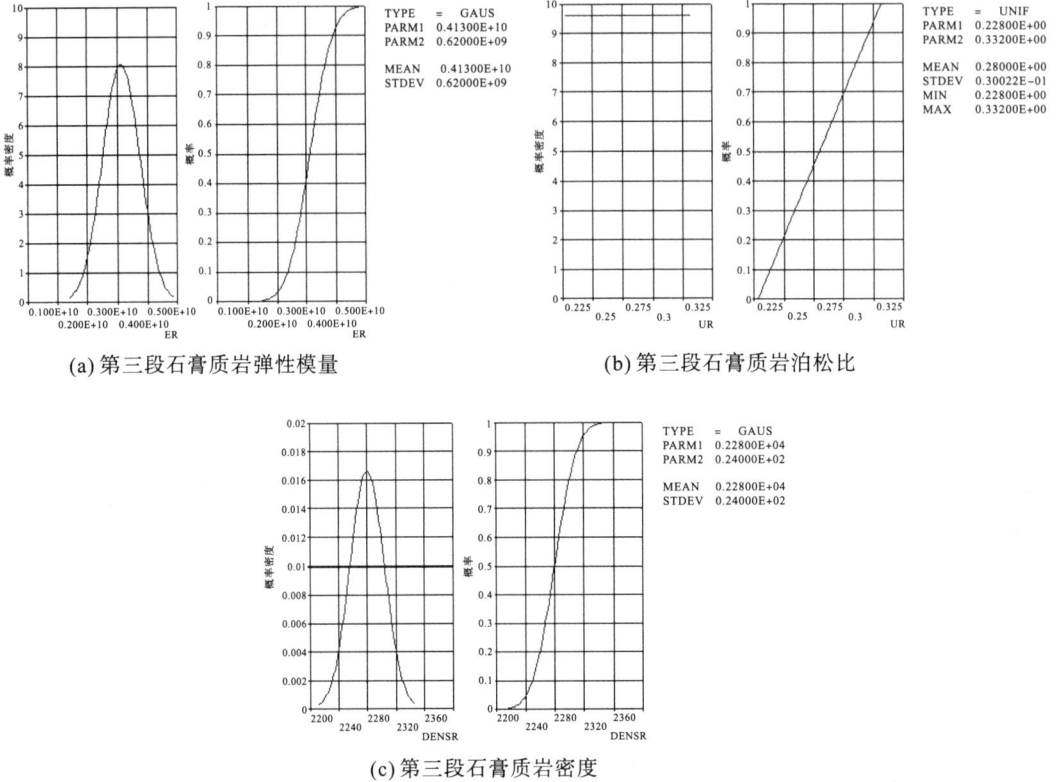

(a) 第三段石膏质岩弹性模量

(b) 第三段石膏质岩泊松比

(c) 第三段石膏质岩密度

图8.33 第三段石膏质岩参数的概率密度函数曲线与概率分布函数曲线

经过计算，第三段二衬结构在投入运营 10 年、20 年、……、50 年后失效概率约为 0，分别对礼让隧道使用 60 年、70 年、……、100 年时二衬结构可靠度计算结果进行分析，提取 PDS 模块中所设置的输出变量(即第三段二衬结构失效示性变量 Z)的频数分布直方图(图 8.34)。

用 60～100 年二衬结构失效可靠度数据进行拟合，可得式(8.2.3.3)，拟合度为 0.9964，曲线图如图 8.35 所示。

$$y = 6\times10^{-14}t^{5.3118} \tag{8.2.3.3}$$

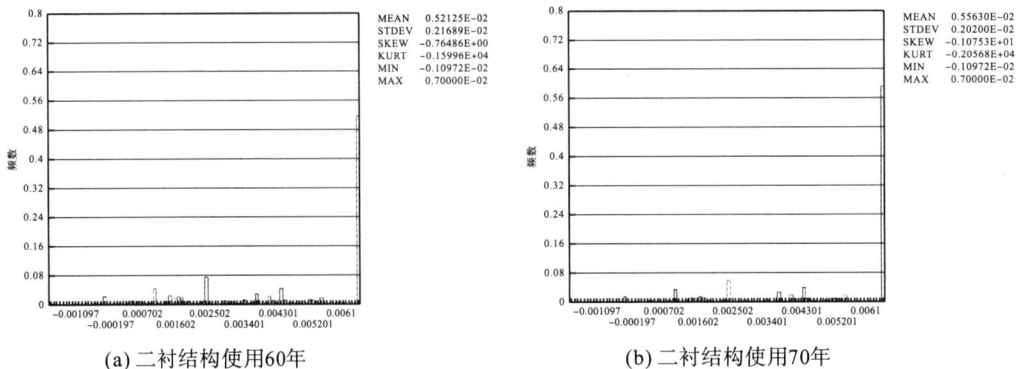

(a) 二衬结构使用60年

(b) 二衬结构使用70年

(c) 二衬结构使用80年

(d) 二衬结构使用90年

(e) 二衬结构使用100年

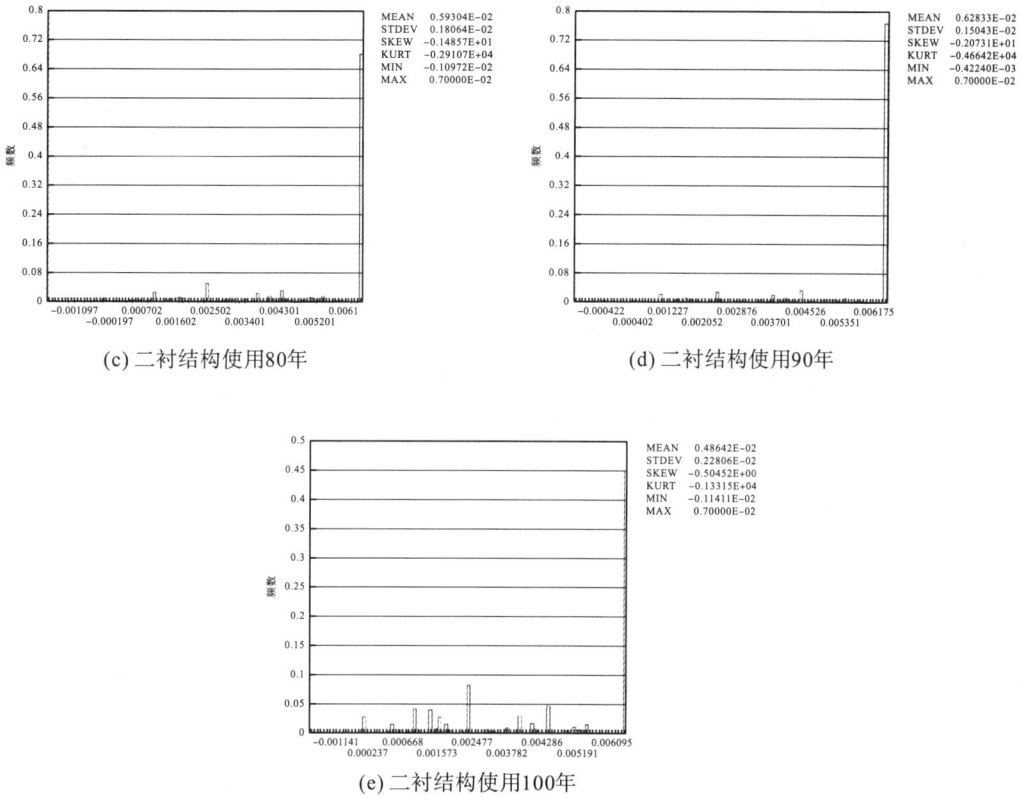

图 8.34 第三段二衬结构失效示性变量 Z 频数分布直方图

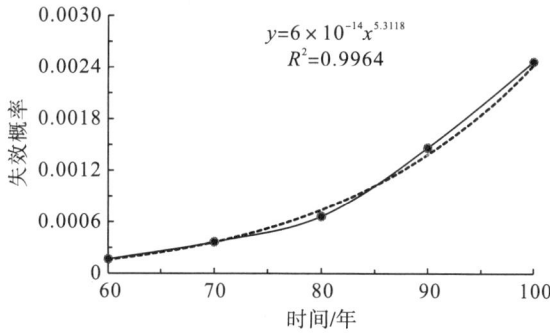

图 8.35 第三段二衬结构使用 60 年后失效概率时变曲线及拟合曲线

采用式(8.2.3.3)分别计算第三段二衬结构使用 10～100 年时的失效概率,可得第三段二衬结构在使用全寿命周期内的可靠度指标及失效概率,见表 8.15。可靠度指标及失效概率变化趋势如图 8.36 所示。

表 8.15　第三段二衬结构时变失效概率及可靠度指标

衬砌结构建立时间/年	可靠度指标	失效概率
10	5.56	1.36×10^{-8}
20	4.87	5.55×10^{-7}
30	4.42	4.87×10^{-6}
40	4.08	2.27×10^{-5}
50	3.79	7.50×10^{-5}
60	3.46	1.66×10^{-4}
70	3.26	3.66×10^{-4}
80	2.94	6.64×10^{-4}
90	2.84	1.46×10^{-3}
100	2.66	2.46×10^{-3}

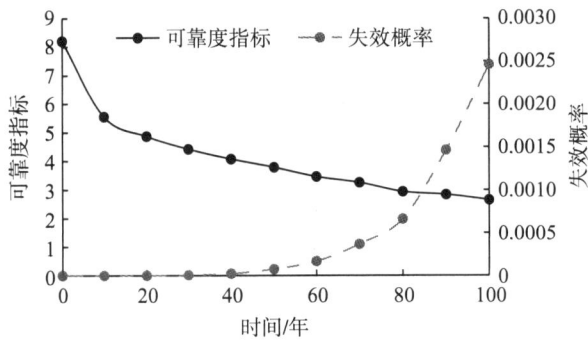

图 8.36　第三段二衬结构时变失效概率及可靠度指标

可见，第三段二衬结构失效概率变化趋势也符合"浴盆曲线"偶然失效期和损耗失效期规律。在前 70 年失效概率平稳增加，在 70 年以后，隧道衬砌结构迅速老化，失效概率速率增大。

从可靠度指标上来看，第三段二衬结构在 40 年时，可靠度指标将降至 4.08；100 年时可靠度指标将下降到 2.66。

8.2.4　时变可靠度的灵敏度分析

图 8.37～图 8.39 对比可以发现，它们的规律基本一致，影响因素按影响程度高低排序为二衬结构混凝土弹性模量、石膏质岩弹性模量、石膏质岩泊松比。随着时间的增加，二衬结构厚度对可靠度的影响逐渐增大。其他参数对二衬结构的影响相对很小。

(a) 二衬结构使用60年

(b) 二衬结构使用70年

(c) 二衬结构使用80年

(d) 二衬结构使用90年

(e) 二衬结构使用100年

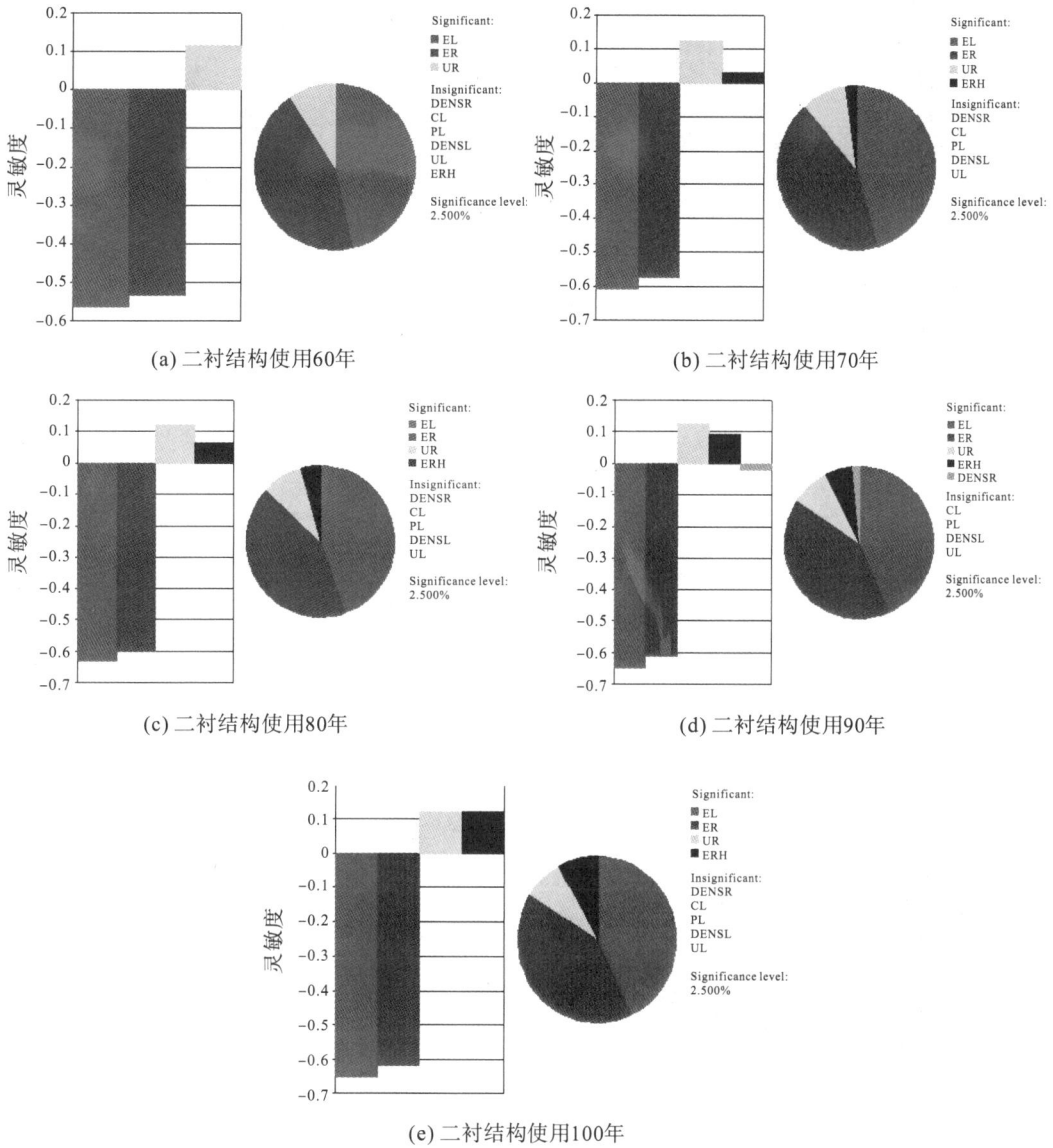

图 8.37　第一段二衬结构失效示性变量 Z 灵敏度条形图

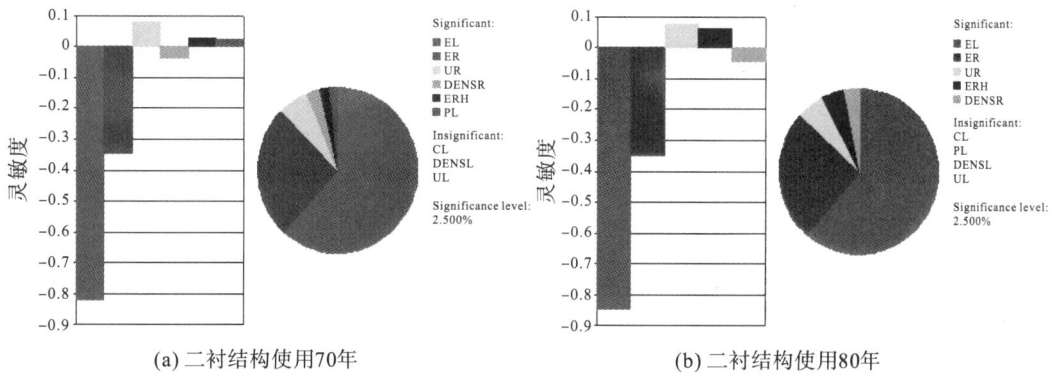

(a) 二衬结构使用70年

(b) 二衬结构使用80年

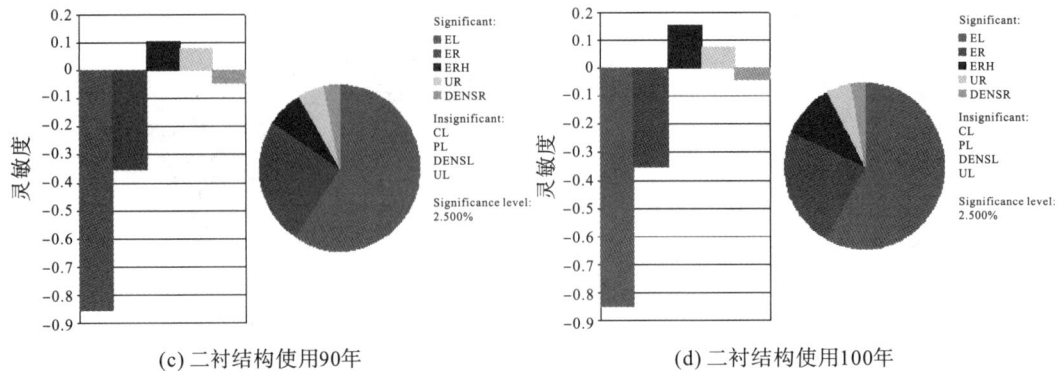

(c) 二衬结构使用90年

(d) 二衬结构使用100年

图 8.38　第二段二衬结构失效示性变量 Z 灵敏度条形图

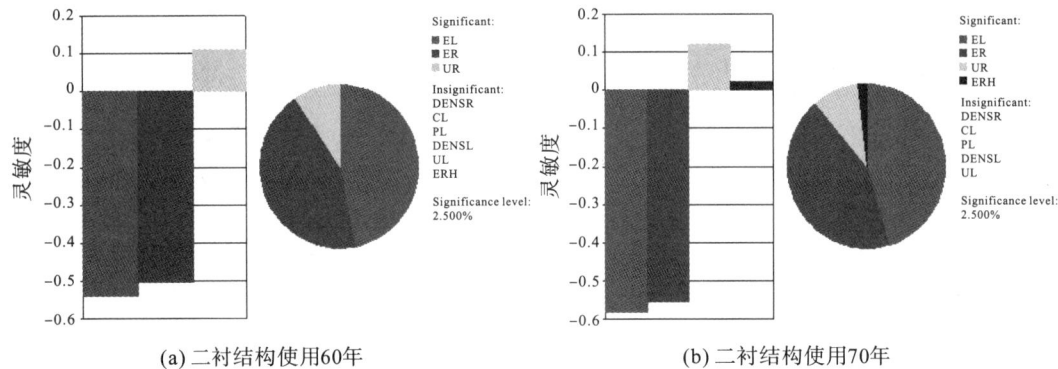

(a) 二衬结构使用60年

(b) 二衬结构使用70年

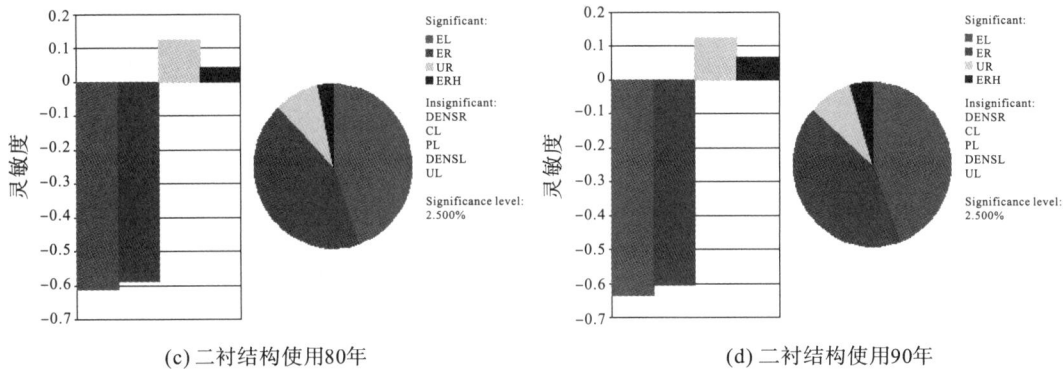

(c) 二衬结构使用80年

(d) 二衬结构使用90年

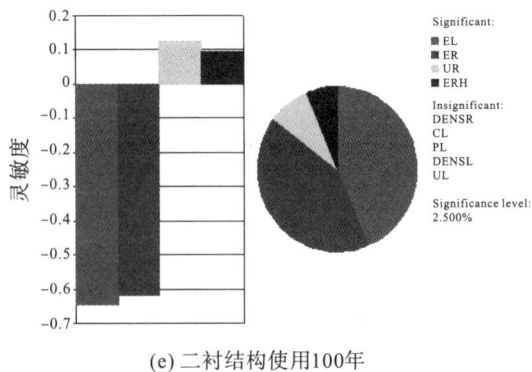

(e) 二衬结构使用100年

图 8.39　第三段二衬结构失效示性变量 Z 灵敏度条形图

　　石膏质岩密度影响较小的原因是其主要影响石膏质围岩的重力，而石膏质围岩自身具有一定的承载能力，上覆围岩重力并不是由二衬结构完全承担，大部分由石膏质围岩自身所承担；二衬结构密度影响二衬结构自身所承载的重力，而相对于围岩荷载，二衬结构重力较小；二衬结构混凝土内摩擦角、黏聚力直接影响二衬结构混凝土的屈服强度，但二衬结构所受荷载小于二衬结构混凝土的屈服强度极限很多，因此在内摩擦角、黏聚力波动时对其进入塑性区影响不大。

　　第二段二衬结构灵敏度结果与第一段、第三段基本一致，但是二衬结构弹性模量和二衬结构厚度对可靠度的影响相对较大，其中石膏质岩密度也对其有明显的影响。

　　由灵敏度分析可得，在施工过程中保证二衬结构弹性模量和二衬结构厚度是保证二衬结构可靠度的关键。

8.2.5　整体时变可靠度计算

　　由 8.2.3 节可得 3 段石膏质岩二衬结构的时变结构可靠度指标，采用 PNET 法对其进行分析，可得石膏质岩段二衬结构体系的时变可靠度，见表 8.16，其变化规律如图 8.40 所示。

表 8.16　石膏围岩隧道衬砌结构时变失效概率及可靠度指标

衬砌结构建立时间/年	失效概率	可靠度指标
10	7.51×10^{-8}	5.25
20	2.56×10^{-6}	4.56
30	2.04×10^{-5}	4.10
40	8.96×10^{-5}	3.75
50	2.83×10^{-4}	3.45
60	6.96×10^{-4}	3.20
70	1.30×10^{-3}	3.01
80	2.94×10^{-3}	2.75
90	4.89×10^{-3}	2.58
100	8.48×10^{-3}	2.39

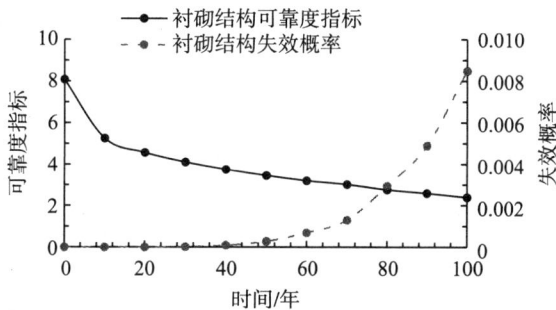

图 8.40　礼让隧道石膏质围岩段二衬结构失效概率及可靠度指标

可见其可靠度指标变化依旧符合"浴盆曲线"规律。服役初期，礼让隧道石膏质岩段整体可靠度指标高于 4.2；投入使用 30 年时，其可靠度指标降至 4.10；100 年时，可靠度指标降至 2.39。在全寿命周期内，可靠性较高。

8.2.6 原设计方案的时变可靠度计算结果

本节对原设计方案的初期支护参数不优化，对不采用抗膨胀衬砌结构状态下的石膏质岩段二衬结构时变可靠度进行了计算。因计算方法和过程与前面一致，不再赘述，仅给出最终结果。由图 8.41 可以看出，不采用优化参数和抗膨胀衬砌结构，隧道的二衬结构在膨胀应力的作用下，其可靠度指标下降迅速，在使用 10 年时将下降到 4.0 以内，20 年时将下降到 2.6，30 年时将降至 2.0，结构整体已不可靠。

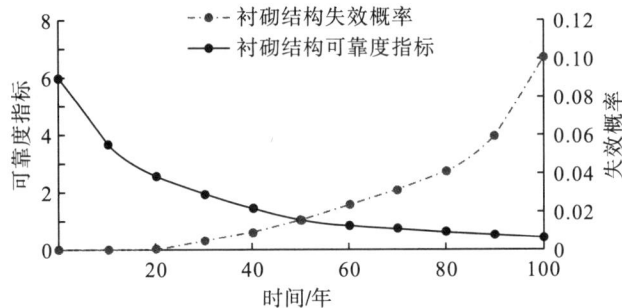

图 8.41 石膏质围岩段原设计方案二衬结构失效概率及可靠度指标

8.3 本 章 小 结

本章针对礼让隧道工程实际，提出了石膏质岩段灾害控制技术，对礼让隧道石膏质岩段进行了基于目标可靠度的设计优化，并计算分析了优化后隧道衬砌结构的可靠度。本章主要结论如下。

(1) 水对石膏质岩隧道的影响巨大，分别从喷射混凝土防渗、复合式防水层、施工缝防水、变形缝防水及衬砌结构排水 5 个方面提出石膏质岩隧道防排水技术。从预留变形量、二衬设计、仰拱、可缩性钢拱架、防排水方面提出石膏质岩隧道抗膨胀技术。提高衬砌的密实度、提高衬砌结构抗腐蚀性能、向二衬混凝土后压注防腐蚀浆液、钢结构采用涂纳米涂料等可以有效提高石膏质岩隧道支护结构的抗腐蚀性能。

(2) 不采用优化参数和抗膨胀衬砌结构，隧道的二衬结构在膨胀应力的作用下，其可靠度指标下降迅速，在使用 10 年时将下降到 4.0 以内，20 年时将下降到 2.6，30 年时将降至 2.0，结构整体已不可靠。优化后服役初期，礼让隧道石膏质岩段整体可靠度指标高于 4.2；投入使用 30 年时，其可靠度指标降至 4.10；100 年时，可靠度指标降至 2.39，在全寿命周期内，可靠性较高。

第9章　四面山隧道设计施工优化

9.1　四面山隧道施工工艺优化

隧道开挖方法对围岩稳定性及工程进度影响较大,近水平软硬互层围岩隧道层理效应较强,使得围岩变形特点明显,且使得初期支护在隧道各个部位的受力有很大的不同,二衬时间也相应缩短。因此,根据设计说明,本章采用 ANSYS 软件,建立三维模型,进行数值计算分析,分别对四面山隧道各围岩段进行隧道开挖围岩稳定性分析。

(1)《四面山隧道工程施工图设计说明》中,四面山Ⅴ级围岩隧道采用台阶法或导洞法施工,Ⅳ级围岩采用全断面法施工。因此,本章分别对四面山各围岩段进行施工方法优化,即分别采用上下台阶法、全断面法、单侧壁导坑法进行开挖模拟,研究对应施工方法下围岩变形及支护结构受力特征。

(2)根据近水平软硬互层隧道围岩变形特点,结合四面山隧道实际施工情况,对各类隧道围岩段采用上下台阶法施工,进行台阶长度、日进尺、二衬时间方面的优化。

(3)由隧道设计说明以及各勘察资料可知,隧址区围岩岩性主要分为砂泥互层Ⅴ级围岩、泥岩Ⅴ级围岩、砂岩Ⅳ级围岩和泥岩Ⅳ级围岩。本章对 4 种岩性围岩隧道进行数值模拟及初期支护优化。模型总长度为 300m,此时隧道开挖对模拟长度边界无影响。隧道所穿越的围岩不同,岩层在竖直方向的分布也不相同,高度按实际岩层分布取值,一定距离以上的岩层影响可忽略,模拟高度大于 100m。厚度为 100m,隧道开挖对模拟厚度边界无影响。

9.1.1　砂泥互层Ⅴ级围岩段隧道施工方法对比

砂泥互层Ⅴ级围岩段隧道模拟基于设计说明,施工方法优化模拟采用三维模型,SOLID187 实体单元模拟围岩,SOLID92 实体单元模拟衬砌,TARGE169 和 CONTA171 接触对单元模拟地层之间的弱面,模拟过程中考虑围岩随时间的变形。

砂泥互层Ⅴ级围岩隧道模型中,岩层分布情况如图 9.1 所示。模型中岩层分布情况来自隧道纵断面设计图,模型岩层自上而下为砂岩 31.5m(A1)、泥岩 24.5m(A2)、砂岩 9m(A3)、泥岩 7m(A4)、砂岩 10m(A5)、泥岩 9m(A6)、砂岩 23m(A7)。

其中,泥岩为软岩,砂岩为较软岩,砂岩与泥岩之间用接触分析方法考虑层理作用。

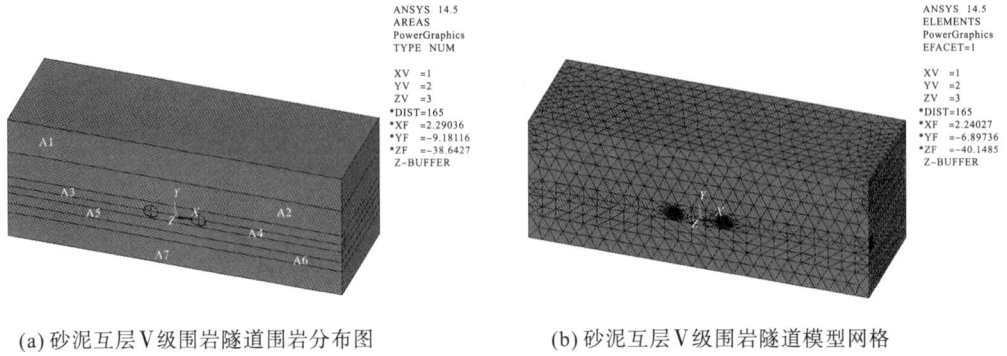

(a) 砂泥互层Ⅴ级围岩隧道围岩分布图　　　　　　(b) 砂泥互层Ⅴ级围岩隧道模型网格

图 9.1　砂泥互层Ⅴ级围岩隧道模型图

本模拟侧重研究砂泥互层Ⅴ级围岩隧道岩层弱面存在情况下,围岩稳定性及初期支护结构受力特征所受的影响。模拟过程中对左右两个隧道均进行开挖。开挖方法的模拟基于设计说明,围岩力学参数见表 9.1,初期支护参数取值见表 9.2。

表 9.1　Ⅴ级围岩力学参数

岩层	弹性模量/GPa	泊松比	密度/(kg/cm³)	内摩擦角/(°)	黏聚力/MPa
砂岩	8.9	0.19	2500	34.77	1.40
泥岩	1.7	0.29	2550	27.35	0.36
夹层	—	—	—	35.00	0.01

表 9.2　Ⅴ级围岩支护参数

支护	长度/m	弹性模量/GPa	泊松比	密度/(kg/cm³)
初衬	—	21	0.2	2200

根据隧道模型,对整个模型左右边界的节点进行约束,边界在水平方向(X 方向)位移为 0。对于竖直方向(Y 方向),底部位移同样进行限制,也为 0。同样,对模型的正面和背面(Z 方向)均进行约束。顶部是自由面,位移不受限制,在顶部施加重力荷载,模拟上覆岩层的自重。

根据《四面山隧道工程施工图设计说明》可知,对Ⅴ级围岩采用台阶法或导坑法进行隧道施工,因此本研究分别采用上下台阶法和全断面法以及单侧壁导坑法进行施工模拟。

(1)上下台阶法具体步骤:模拟重力场—上台阶开挖—上台阶支护—下台阶开挖—下台阶支护—隧洞成型,围岩在时间效应的作用下持续变形。

(2)全断面法具体步骤:模拟重力场—断面开挖—断面支护—隧洞成型,围岩在时间效应的作用下持续变形。

(3)单侧壁导坑法具体步骤:模拟重力场—左上侧开挖—左上侧支护—左下侧开挖—左下侧支护—右上侧开挖—右上侧支护—右下侧开挖—右下侧支护—拆除中隔墙—隧洞成型,围岩在时间效应的作用下持续变形。

1. 上下台阶法施工工艺数值模拟

表 9.3 表示在砂泥互层 V 级围岩中进行上下台阶法隧道施工,相应隧道围岩的位移场和应力场的最大变化值。由表中数据可以看出,上下台阶法施工对隧道稳定性的影响处于正常范围内。

表 9.3   围岩开挖模拟结果

隧道模型	水平收敛值/mm	拱顶沉降值/mm
砂泥互层隧道	6.12	10.77

图 9.2 为砂泥互层 V 级围岩隧道开挖位移场变化图。其中,砂泥互层围岩隧道的最大水平位移为 4.12mm(保留两位小数,后同),发生在拱脚处。由图中结果可知,隧道水平收敛值为 6.12mm;隧道竖直方向最大位移发生在拱顶处,为 10.77mm,隧道开挖后拱顶最大沉降量为 10.77mm;拱底位移为正值,即拱底由于隧道开挖产生底鼓,最大底鼓量为 15.68mm。

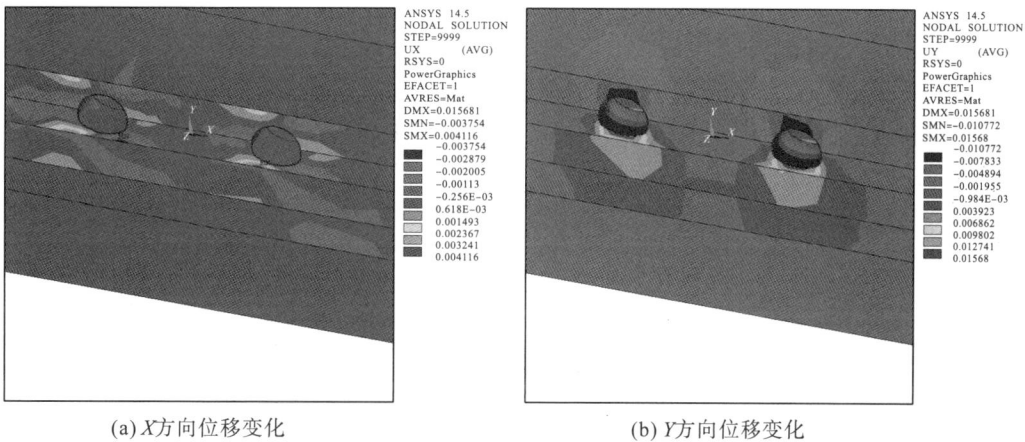

(a) X 方向位移变化   (b) Y 方向位移变化

图 9.2   砂泥互层 V 级围岩隧道上下台阶开挖位移场变化(单位:m)

2. 现场测试结果分析

在砂泥互层 V 级围岩段原有施工方案隧道左右洞分别选取 2 个断面进行结果对比,具体结果对比见表 9.4。

表 9.4   砂泥互层 V 级围岩隧道施工段各模拟数值与实测值对比

测试项目	断面桩号				均值	模拟值
	LZK1+460	LZK1+500	LYK1+440	LYK1+580		
拱顶沉降值/mm	10.36	10.13	10.09	9.92	10.12	10.77
水平收敛值/mm	5.76	6.09	5.62	6.06	5.88	6.12
位移比	1.79	1.66	1.79	1.63	1.72	1.76

可以看出,砂泥互层Ⅴ级围岩隧道拱顶下沉值是水平收敛值的1.5～2.0倍,具有明显的近水平软硬互层围岩隧道围岩变形特点。将隧道断面变形测试结果与模拟所得相应结果进行对比,得出优化后测试所得各结果与模拟所得结果基本吻合。

3. 全断面法施工工艺数值模拟

表9.5表示在砂泥互层Ⅴ级围岩中进行全断面法隧道施工,相应隧道围岩的位移场和应力场的最大变化值。由表中数据可以看出,采用全断面法施工对隧道稳定性的影响仍处于正常范围内。

表 9.5　围岩开挖模拟结果

隧道模型	水平收敛值/mm	拱顶沉降值/mm
砂泥互层隧道	8.76	14.52

图9.3为砂泥互层Ⅴ级围岩隧道全断面开挖位移场变化图。其中,砂泥互层围岩隧道的最大水平位移为5.92mm,发生在拱脚处。由图中结果可知,隧道水平收敛值为8.76mm;隧道竖直方向最大位移发生在拱顶处,为 14.52mm,隧道开挖后拱顶最大沉降量为14.52mm;拱底位移为正值,即拱底由于隧道开挖产生底鼓,最大底鼓量为21.73mm。隧道位移场变化量正常。

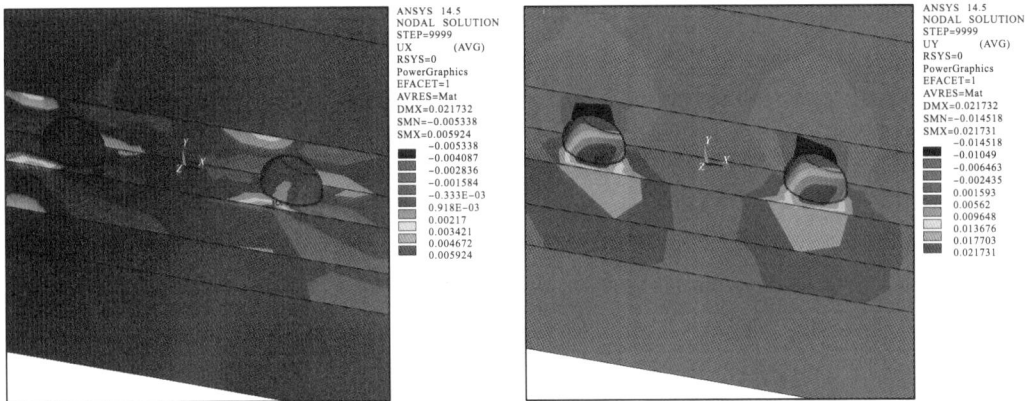

(a) X方向位移变化　　　　　　　　　　　(b) Y方向位移变化

图9.3　砂泥互层Ⅴ级围岩隧道全断面开挖位移场变化(单位:m)

4. 单侧壁导坑法施工工艺数值模拟

表9.6表示在砂泥互层Ⅴ级围岩中进行单侧壁导坑法隧道施工,相应隧道围岩的位移场和衬砌应力的最大变化值。由表中数据可以看出,单侧壁导坑法施工对隧道稳定性的影响处于正常范围内。

表 9.6　围岩开挖模拟结果

隧道模型	水平收敛值/mm	拱顶沉降值/mm
砂泥互层隧道	4.78	8.91

图 9.4 为砂泥互层 V 级围岩隧道开挖位移场变化图。其中，砂泥互层围岩隧道的最大水平位移为 3.10mm，发生在拱脚处。由图中结果可知，隧道水平收敛值为 4.78mm；隧道竖直方向最大位移发生在拱顶处，为 8.91mm，隧道开挖后拱顶最大沉降量为 8.91mm；拱底位移为正值，即拱底由于隧道开挖产生底鼓，最大底鼓量为 15.98mm。隧道位移场变化量正常。

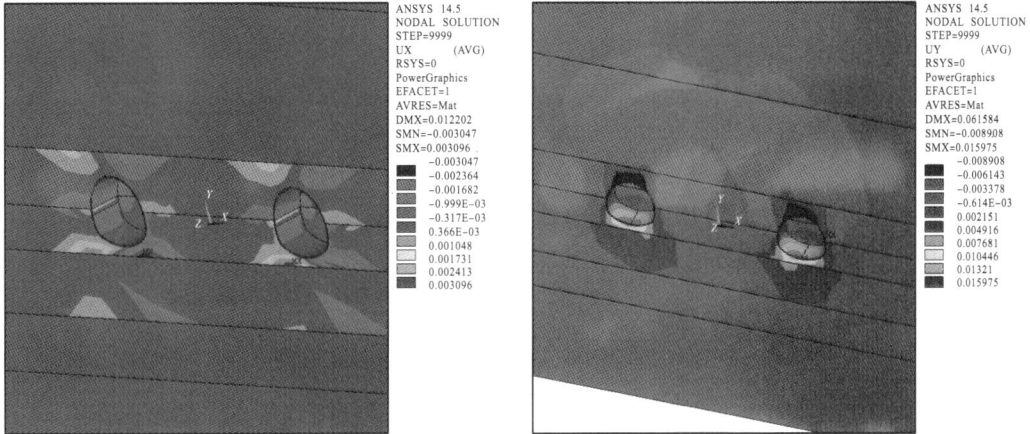

图 9.4　砂泥互层 V 级围岩隧道单侧壁导坑开挖位移场变化（单位：m）

5. 结论

在隧道施工过程中，考虑了砂泥岩之间的层理存在的影响，通过数值模拟的方法对四面山隧道砂泥互层 V 级围岩段的开挖方法进行了模拟，并对四面山砂泥互层 V 级围岩段隧道进行了施工工艺优化。砂泥互层 V 级围岩段隧道相应的围岩位移场、应力场变化具体情况对比见表 9.7。

表 9.7　砂泥互层 V 级围岩隧道优化前后隧道围岩稳定性对比

开挖方法	水平收敛值/mm	拱顶沉降值/mm
上下台阶法	6.12	10.77
全断面法	8.76	14.52
单侧壁导坑法	4.78	8.91

可以看出，对于近水平软硬互层围岩隧道，开挖对围岩 X 方向变形比对 Y 方向变形影响小。全断面开挖法和上下台阶法 X 方向最大位移，分别为单侧壁导坑法的 1.83 倍和 1.46 倍；全断面开挖法和上下台阶法 Y 方向最大位移，分别为单侧壁导坑法的 1.63 倍和 1.21 倍。

综上所述，对隧址区内存在的砂泥互层 V 级围岩隧道施工，采用全断面法时，工序相对更为简单，但隧道稳定性相对较差；采用单侧壁导坑法进行隧道开挖，对围岩稳定性影响最小。

9.1.2　砂泥互层 V 级围岩段隧道施工方法优化

由前面的模拟结果可以看出，全断面法施工快，但是对围岩扰动大，单侧壁导坑法对围岩扰动小,但是工序繁多,而上下台阶法对围岩的扰动效果与单侧壁导坑法相接近,且工序更简单,更有利于隧道及其支护结构的长期稳定。因此,在围岩条件较好的情况下,采用上下台阶法进行施工,并通过优化台阶长度,使其开挖效果与单侧壁导坑法更接近。

1. 模型建立

隧道模拟基于设计说明,模拟过程中采用三维模型,SOLID187 实体单元模拟围岩,SOLID92 实体单元模拟衬砌,TARGE169 和 CONTA171 接触对单元模拟地层之间的弱面,并采用上下台阶法模拟施工。

砂泥互层 V 级围岩隧道模型中,岩层分布情况如图 9.5 所示,模型岩层自上而下为砂岩 31.5m(A1)、泥岩 24.5m(A2)、砂岩 9m(A3)、泥岩 7m(A4)、砂岩 10m(A5)、泥岩 9m(A6)、砂岩 23m(A7)。其中,泥岩为软岩,砂岩为较软岩,砂岩与泥岩之间用接触分析方法考虑层理作用。

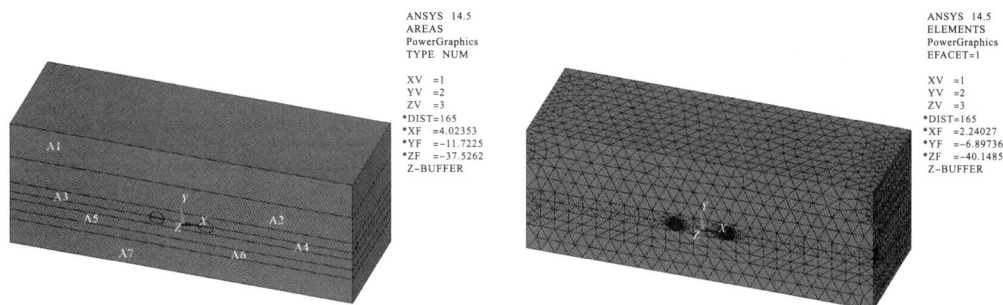

(a) 砂泥互层 V 级围岩隧道围岩分布图 (b) 砂泥互层 V 级围岩隧道模型网格

图 9.5 砂泥互层 V 级围岩隧道模型图

本模拟侧重研究砂泥互层 V 级围岩隧道岩层弱面存在情况下,围岩稳定性及初期支护结构受力特征所受的影响。模拟过程中对左右两个隧道均进行开挖。开挖方法的模拟基于设计说明,围岩力学参数见表 9.8,初期支护参数取值见表 9.9。

表 9.8 V 级围岩力学参数

岩层	弹性模量/GPa	泊松比	密度/(kg/cm³)	内摩擦角/(°)	黏聚力/MPa
砂岩	8.9	0.19	2500	34.77	1.40
泥岩	1.7	0.29	2550	27.35	0.36
夹层	—	—	—	35	0.01

表 9.9 V 级围岩支护参数

支护	长度/m	弹性模量/GPa	泊松比	密度/(kg/cm³)
初衬	—	21	0.2	2200

根据隧道模型,对整个模型左右边界的节点进行约束,边界在水平方向(X 方向)位移为 0,对于竖直方向(Y 方向),底部位移同样进行限制,也为 0。同样,对模型的正面和

背面（Z 方向）均进行约束。顶部是自由面，位移不受限制，在顶部施加重力荷载，模拟上覆岩层的自重。

根据《四面山隧道工程施工图设计说明》可知，对 V 级围岩采用台阶法进行隧道施工，因此本研究采用上下台阶法进行模拟，具体步骤如下：模拟重力场—上台阶开挖—上台阶支护—下台阶开挖—下台阶支护—隧洞成型，围岩在时间效应的作用下持续变形。

2. 优化计算

本研究采用 ANSYS 优化处理器，对上下台阶法的台阶长度进行优化，以其对围岩的扰动效果与单侧壁导坑法相近为最优。由前文可知，对于近水平软硬互层围岩隧道，水平收敛变形相对较小，即选用不同的开挖方法对隧洞围岩拱顶沉降的影响较水平收敛大，因此，本问题的数学描述如下。

1) 目标函数

$$\text{Min } z = |\, u_y - u_1 \,| \tag{9.1.2.1}$$

式中，u_y 为上下台阶法施工，断面成型后围岩的拱顶沉降值；u_1 为单侧壁导坑法施工，断面成型后围岩的拱顶沉降值，由前文可知 $u_1 = 8.91\text{mm}$。

2) 自变量

$$\begin{cases} 5\text{m} < L < 20\text{m} \\ 5\text{d} < t_1 < 20\text{d} \\ 20\text{d} < t_2 < 40\text{d} \end{cases} \tag{9.1.2.2}$$

自变量为所要优化的参数。其中 L 为上台阶长度，上台阶开挖 L 后，再进行下台阶开挖。由于围岩岩性较差，台阶不能过长，又由于台阶太短会造成机械设备集中，作业时相互干扰，因此综合施工经验，对 L 在 5～20m 范围内进行优化。t_1 为间隔时间，上台阶开挖支护 t_1 天后，再开挖下台阶，根据工程经验 t_1 取 5～20 天。采用一阶优化算法，求解最优结果。另外，通过优化算法，并结合蠕变考虑围岩随时间（即二衬时间 t_2）的变形，根据工程经验 t_2 取 20～40 天，得出围岩变形基本稳定时间的最优结果，并根据围岩特点，考虑缩短二衬时间。

3. 优化结果及分析

本着经济、安全、高效的生产原则，对四面山隧道砂泥互层 V 级围岩段上下台阶法的台阶长度、二衬时间进行优化。经 10 次迭代，得到最优结果，见表 9.10。从表中可以看出，当 $L = 13.305\text{m}$、$t_1 = 8.73$ 天时可以达到最优解 $z = 8.91\text{mm}$，且在 t_2 为 26.425 天时围岩稳定，即达到二衬时间。此时上下台阶法与单侧壁导坑法对围岩的扰动效果相近。同时，根据 L 和 t_1 可以计算出每天进尺量 $s = L/t_1 = 1.524\text{m/d}$。

表 9.10　模拟结果

累计收敛值/mm	拱顶最大沉降值/mm	台阶长度 L/m	间隔时间 t_1/d	最优值 z/mm	二衬时间 t_2/d
5.63	8.91	13.305	8.73	8.91	26.425

图 9.6(a)为隧道断面成型后，围岩 X 方向的位移量。最大变形在拱脚处，为 3.72mm，且可以看出拱腰处水平收敛数值为 5.63mm。图 9.6(b)为 Y 方向的变形，可以看出拱顶最大沉降量约为 8.91mm，由于拱底处泥岩本身的强度较砂岩更低的特性，拱底变形较大，约为 14.10mm。

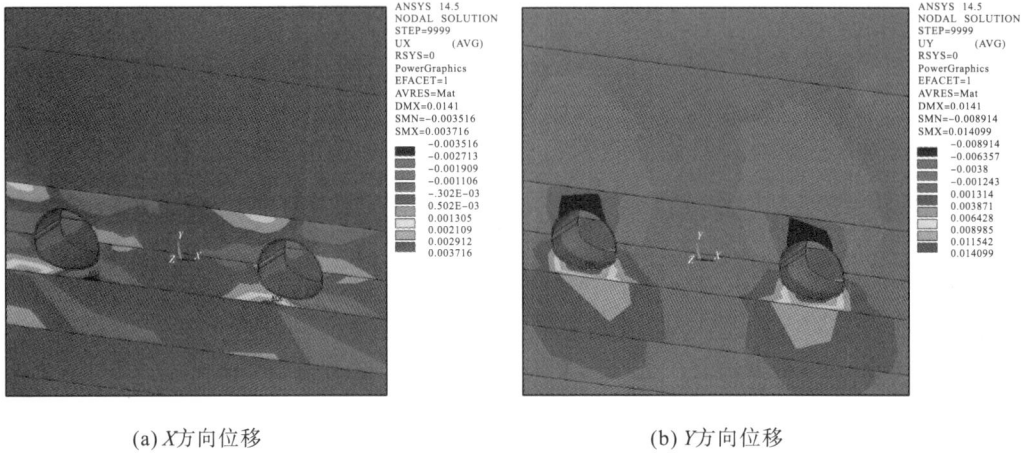

(a) X 方向位移   (b) Y 方向位移

图 9.6   上下台阶法台阶长度优化后围岩变形量(单位：m)

图 9.7 为砂泥互层 V 级围岩隧道台阶长度优化后衬砌的受力特征图，衬砌压应力最大值为 6.67MPa，出现在拱肩处，根据《公路隧道设计规范》(JTG D70—2004)可知，C20 喷射混凝土对应的弯曲抗压强度设计值为 11.0MPa，可见衬砌满足要求。

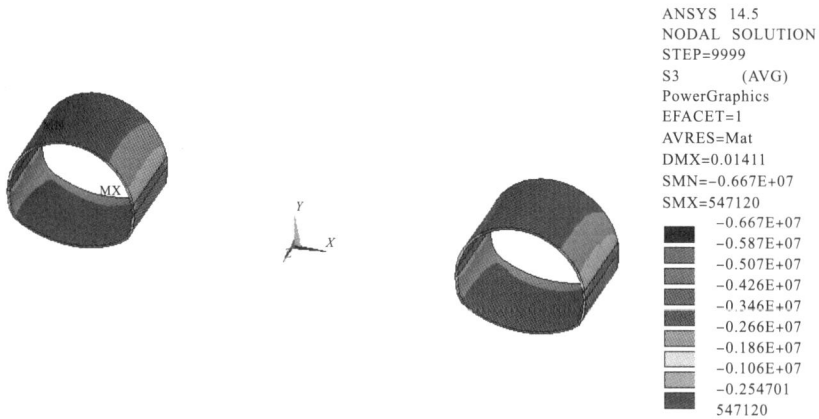

图 9.7   上下台阶法台阶长度优化后衬砌最小主应力变化图(单位：Pa)

4. 现场结果分析

在砂泥互层 V 级围岩施工工艺优化段隧道左右洞分别选取 2 个断面进行结果对比，具体结果对比见表 9.11。

表 9.11　砂泥互层 V 级围岩隧道施工段各模拟数值与实测值对比

测试项目	断面桩号				均值	模拟值
	LZK0+730	LZK0+820	LYK1+090	LYK1+100		
拱顶沉降值/mm	8.29	8.16	8.42	8.32	8.29	8.91
水平收敛值/mm	6.18	5.21	5.74	6.22	5.88	5.63
位移比	1.34	1.57	1.46	1.33	1.40	1.58

可以看出，砂泥互层 V 级围岩隧道拱顶下沉数值是水平收敛值的 1.5～2.0 倍，具有明显的近水平软硬互层围岩隧道围岩变形特点。将隧道断面变形测试结果与模拟所得相应结果进行对比，得出优化后测试所得各结果与模拟所得结果基本吻合。

9.1.3　泥岩 V 级围岩段隧道施工方法优化

泥岩 V 级围岩段隧道模拟基于设计说明，施工方法优化模拟采用三维模型，SOLID187 实体单元模拟围岩，SOLID92 实体单元模拟衬砌，TARGE169 和 CONTA171 接触对单元模拟地层之间的弱面，模拟过程中考虑围岩随时间的变形。

泥岩 V 级围岩隧道模型中，岩层分布情况如图 9.8 所示。模型中岩层分布情况来自隧道纵断面设计图，模型岩层自上而下为泥岩 35m（A1）、砂岩 31m（A2）、泥岩 24m（A3）、砂岩 7m（A4）、泥岩 9m（A5）、砂岩 23m（A6）。其中，泥岩为软岩，砂岩为较软岩，砂岩与泥岩之间用接触分析方法考虑层理作用。

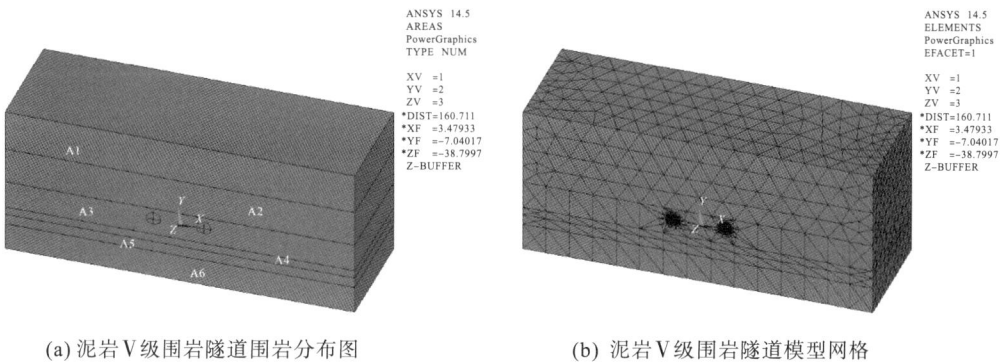

(a) 泥岩 V 级围岩隧道围岩分布图　　　　　　(b) 泥岩 V 级围岩隧道模型网格

图 9.8　泥岩 V 级围岩隧道模型图

本模拟侧重研究泥岩 V 级围岩隧道岩层弱面存在情况下。围岩稳定性及初期支护结构受力特征所受的影响。模拟过程中对左右两个隧道均进行开挖。开挖方法的模拟基于设计说明，围岩力学参数见表 9.12，初期支护参数取值见表 9.13。

表 9.12　Ⅴ级围岩力学参数

岩层	弹性模量/GPa	泊松比	密度/(kg/cm³)	内摩擦角/(°)	黏聚力/MPa
砂岩	8.9	0.19	2500	34.77	1.40
泥岩	1.7	0.29	2550	27.35	0.36
夹层	—	—	—	35	0.01

表 9.13　Ⅴ级围岩支护参数

支护	长度/m	弹性模量/GPa	泊松比	密度/(kg/cm³)
初衬	—	21	0.2	2200

根据隧道模型，对整个模型左右边界的节点进行约束，边界在水平方向（X方向）位移为 0，对于竖直方向（Y方向），底部位移同样进行限制，也为 0。同样，对模型的正面和背面（Z方向）均进行约束。顶部是自由面，位移不受限制，在顶部施加重力荷载，模拟上覆岩层的自重。

根据《四面山隧道工程施工图设计说明》可知，对Ⅴ级围岩采用台阶法或导坑法进行隧道施工，因此本研究分别采用上下台阶法和全断面法以及单侧壁导坑法进行施工模拟。

（1）上下台阶法具体步骤：模拟重力场—上台阶开挖—上台阶支护—下台阶开挖—下台阶支护—隧洞成型，围岩在时间效应的作用下持续变形。

（2）全断面法具体步骤：模拟重力场—断面开挖—断面支护—隧洞成型，围岩在时间效应的作用下持续变形。

（3）单侧壁导坑法具体步骤：模拟重力场—左上侧开挖—左上侧支护—左下侧开挖—左下侧支护—右上侧开挖—右上侧支护—右下侧开挖—右下侧支护—拆除中隔墙—隧洞成型，围岩在时间效应的作用下持续变形。

1. 上下台阶法施工工艺数值模拟

表 9.14 表示在泥岩Ⅴ级围岩中进行上下台阶法隧道施工，相应隧道围岩的位移场和应力场的最大变化值。由表中数据可以看出，上下台阶法施工对隧道稳定性的影响处于正常范围内。

表 9.14　围岩开挖模拟结果

隧道模型	水平收敛值/mm	拱顶沉降值/mm
泥岩隧道	7.65	13.27

图 9.9 为泥岩Ⅴ级围岩隧道开挖位移场变化图。其中，泥岩围岩隧道的最大水平位移为 4.18mm，发生在拱脚处。由图中结果可得，隧道水平收敛值为 7.65mm；隧道竖直方向最大位移发生在拱顶处，为 13.27mm，隧道开挖后拱顶最大沉降量为 13.27mm；拱底位移为正值，即拱底由于隧道开挖产生底鼓，最大底鼓量为 16.62mm。

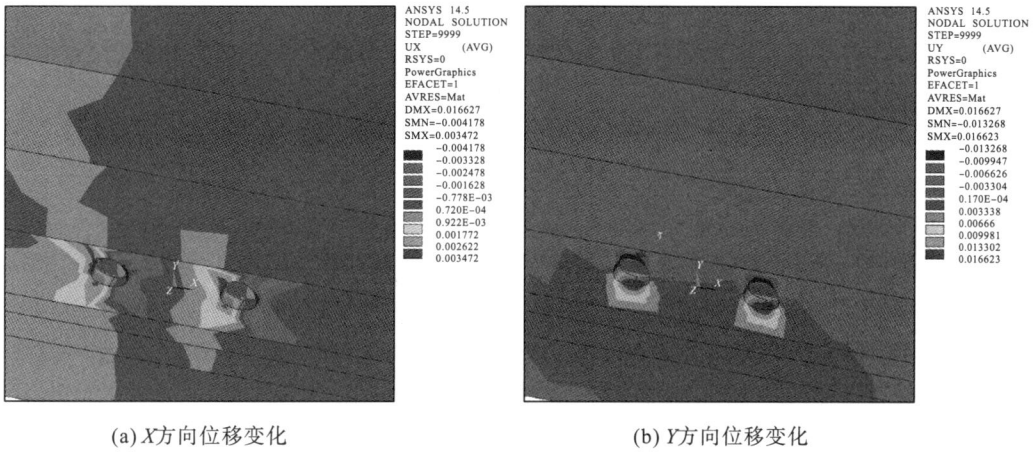

(a) X方向位移变化　　　　　　　　　　　　　(b) Y方向位移变化

图 9.9　泥岩Ⅴ级围岩隧道上下台阶开挖位移场变化(单位：m)

2. 现场测试结果分析

在泥岩Ⅴ级围岩段原有施工方案隧道左右洞分别选取 2 个断面进行结果对比,具体见表 9.15。

表 9.15　泥岩Ⅴ级围岩隧道施工段各模拟数值与实测值对比

测试项目	断面桩号				均值	模拟值
	LZK0+770	LZK1+050	LYK1+370	LYK1+580		
拱顶沉降值/mm	12.19	12.79	13.89	12.86	12.93	13.27
水平收敛值/mm	8.53	8.91	8.08	5.12	7.66	7.65
位移比	1.42	1.43	1.71	2.51	1.69	1.73

可以看出,泥岩Ⅴ级围岩隧道拱顶下沉数值是水平收敛值的 1.5~2.0 倍,具有明显的近水平软硬互层围岩隧道围岩变形特点。将隧道断面变形测试结果与模拟所得相应结果进行对比,得出优化后测试所得各结果与模拟所得结果基本吻合的结论。

3. 全断面法施工工艺数值模拟

表 9.16 表示在泥岩Ⅴ级围岩中进行全断面法隧道施工,相应隧道围岩的位移场和应力场的最大变化值。由表中数据可以看出,采用全断面法施工对隧道稳定性的影响仍处于正常范围内。

表 9.16　围岩开挖模拟结果

隧道模型	水平收敛值/mm	拱顶沉降值/mm
泥岩隧道	9.98	15.62

图 9.10 为泥岩 V 级围岩隧道开挖位移场变化图。其中，泥岩围岩隧道的最大水平位移为 5.01mm，发生在拱脚处。由图中结果可得，隧道水平收敛值为 9.98mm；隧道竖直方向最大位移发生在拱顶处，为 15.62mm，隧道开挖后拱顶最大沉降量为 15.62mm；拱底位移为正值，即拱底由于隧道开挖产生底鼓，最大底鼓量为 18.66mm。隧道位移场变化量正常。

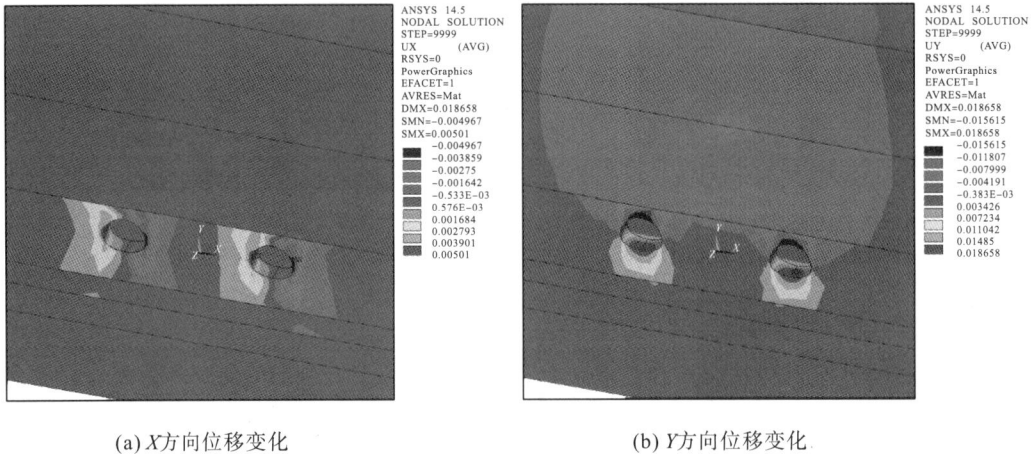

(a) X方向位移变化   (b) Y方向位移变化

图 9.10　泥岩 V 级围岩隧道全断面开挖位移场变化(单位：m)

4. 单侧壁导坑法施工工艺数值模拟

表 9.17 表示在泥岩 V 级围岩中进行单侧壁导坑法隧道施工，相应隧道围岩的位移场和衬砌应力的最大变化值。由表中数据可以看出，单侧壁导坑法施工对隧道稳定性的影响处于正常范围内，水平方向与竖直方向的变形及衬砌受力也较正常。

表 9.17　围岩开挖模拟结果

隧道模型	水平收敛值/mm	拱顶沉降值/mm
泥岩隧道	6.27	10.40

图 9.11 为泥岩 V 级围岩隧道开挖位移场变化图。其中，泥岩围岩隧道的最大水平位移为 3.14mm，发生在拱脚处。由图中结果可得，隧道水平收敛值为 6.27mm；隧道竖直方向最大位移发生在拱顶处，为 10.40mm，隧道开挖后拱顶最大沉降量为 10.40mm；拱底位移为正值，即拱底由于隧道开挖产生底鼓，最大底鼓量为 14.29mm。隧道位移场变化量正常。

5. 结论

在隧道施工过程中，考虑了砂泥岩之间的层理存在的影响，通过数值模拟的方法，对四面山隧道泥岩 V 级围岩段的开挖方法进行了模拟，并对四面山泥岩 V 级围岩段隧道进行了施工工艺优化。泥岩 V 级围岩段隧道相应的围岩位移场、应力场变化具体情况对比见表 9.18。

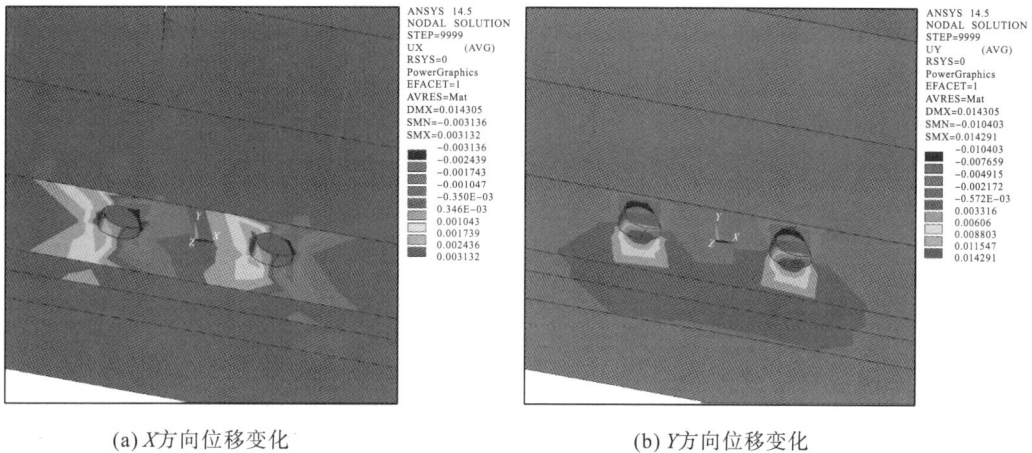

(a) *X* 方向位移变化   (b) *Y* 方向位移变化

图 9.11 泥岩 V 级围岩隧道单侧壁导坑开挖位移场变化(单位: m)

表 9.18 泥岩 V 级围岩隧道优化前后隧道围岩稳定性对比

开挖方法	水平收敛值/mm	拱顶沉降值/mm
上下台阶法	7.65	13.27
全断面法	9.98	15.62
单侧壁导坑法	6.27	10.40

可以看出,对于近水平软硬互层围岩隧道,开挖对围岩 *X* 方向变形比对 *Y* 方向变形影响小。全断面开挖法和上下台阶法 *X* 方向最大位移,分别为单侧壁导坑法的 1.59 倍和 1.22 倍;全断面开挖法和上下台阶法 *Y* 方向最大位移,分别为单侧壁导坑法的 1.50 倍和 1.28 倍。

综上所述,对隧址区内存在的泥岩 V 级围岩隧道施工,采用全断面法时,工序相对更为简单,但隧道稳定性相对较差;采用单侧壁导坑法进行隧道开挖,对围岩稳定性影响最小。

9.1.4 泥岩 V 级围岩段台阶日进尺及二衬时间优化

由前文的模拟结果可以看出,全断面法施工快,但是对围岩扰动大,单侧壁导坑法对围岩扰动小,但是工序繁多,而上下台阶法对围岩的扰动效果与单侧壁导坑法相接近,且工序更简单,更有利于隧道及其支护结构的长期稳定。因此,在围岩条件较好的情况下,采用上下台阶法进行施工,并通过优化台阶长度,使其开挖效果与单侧壁导坑法更接近。

1. 模型建立

隧道模拟基于设计说明,模拟过程中采用三维模型,SOLID187 实体单元模拟围岩,SOLID92 实体单元模拟衬砌,TARGE169 和 CONTA171 接触对单元模拟地层之间的弱面,并采用上下台阶法模拟施工。

　　泥岩Ⅴ级围岩隧道模型中，岩层分布情况如图 9.12 所示。模型中岩层分布情况来自隧道纵断面设计图，模型岩层自上而下为泥岩 35m(A1)、砂岩 31m(A2)、泥岩 24m(A3)、砂岩 7m(A4)、泥岩 9m(A5)、砂岩 23m(A6)。其中，泥岩为软岩，砂岩为较软岩，砂岩与泥岩之间用接触分析方法考虑层理作用。

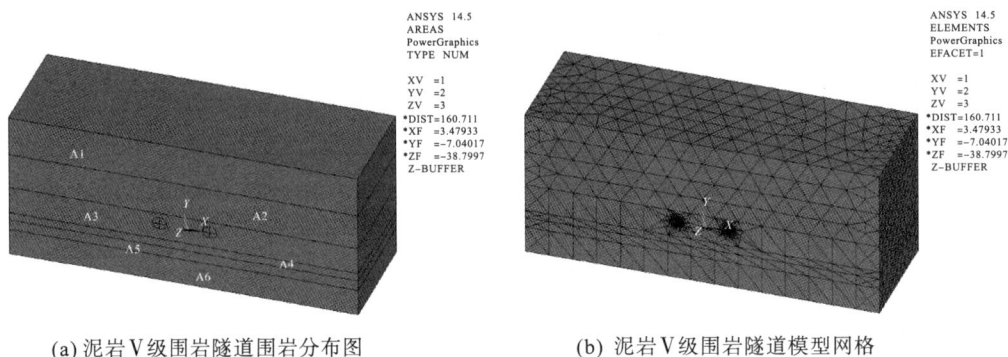

| (a) 泥岩Ⅴ级围岩隧道围岩分布图 | (b) 泥岩Ⅴ级围岩隧道模型网格 |

图 9.12　泥岩Ⅴ级围岩隧道模型图

　　本模拟侧重研究泥岩Ⅴ级围岩隧道岩层弱面存在情况下，围岩稳定性及初期支护结构受力特征所受的影响。模拟过程中对左右两个隧道均进行开挖。开挖方法的模拟基于设计说明，围岩力学参数见表 9.19，初期支护参数取值见表 9.20。

表 9.19　Ⅴ级围岩力学参数

岩层	弹性模量/GPa	泊松比	密度/(kg/cm³)	内摩擦角/(°)	黏聚力/MPa
砂岩	8.9	0.19	2500	34.77	1.40
泥岩	1.7	0.29	2550	27.35	0.36
夹层	—	—	—	35	0.01

表 9.20　Ⅴ级围岩支护参数

支护	长度/m	弹性模量/GPa	泊松比	密度/(kg/cm³)
初衬	—	21	0.2	2200

　　根据隧道模型，对整个模型左右边界的节点进行约束，边界在水平方向(X 方向)位移为 0，对于竖直方向(Y 方向)，底部位移同样进行限制，也为 0。同样，对模型的正面和背面(Z 方向)均进行约束。顶部是自由面，位移不受限制，在顶部施加重力荷载，模拟上覆岩层的自重。

　　根据《四面山隧道工程施工图设计说明》中 4.6.3 节，对Ⅴ级围岩采用台阶法进行隧道施工，因此本研究采用上下台阶法进行模拟，具体步骤如下：模拟重力场—上台阶开挖—上台阶支护—下台阶开挖—下台阶支护—隧洞成型，围岩在时间效应的作用下持续变形。

2. 优化计算

本研究采用 ANSYS 优化处理器，对上下台阶法的台阶长度进行优化，以其对围岩的扰动效果与单侧壁导坑法相近为最优。由前文可知，对于近水平软硬互层围岩隧道，水平收敛变形相对较小，即选用不同的开挖方法对隧洞围岩拱顶沉降的影响较水平收敛大，因此，本问题的数学描述如下。

1) 目标函数

$$\text{Min } z = |u_y - u_1| \tag{9.1.4.1}$$

式中，u_y 为上下台阶法施工，断面成型后围岩的拱顶沉降值；u_1 为单侧壁导坑法施工，断面成型后围岩的拱顶沉降值，由前文可知 $u_1 = 10.40\text{mm}$。

2) 自变量

$$\begin{cases} 5\text{m} < L < 20\text{m} \\ 5\text{d} < t_1 < 20\text{d} \\ 20\text{d} < t_2 < 40\text{d} \end{cases} \tag{9.1.4.2}$$

自变量为所要优化的参数。其中 L 为上台阶长度，上台阶开挖 L 后，再进行下台阶开挖。由于围岩岩性较差，台阶不能过长，又由于台阶太短会造成机械设备集中，作业时相互干扰，因此综合施工经验，对 L 在 5～20m 范围内进行优化。t_1 为间隔时间，上台阶开挖支护 t_1 天后，再开挖下台阶，根据工程经验 t_1 取 5～20 天。采用一阶优化算法，求解最优结果。另外，通过优化算法，并结合蠕变考虑围岩随时间的变形，即二衬时间 t_2，根据工程经验 t_2 取 20～40 天，得出围岩变形基本稳定时间的最优结果，并根据围岩特点，考虑缩短二衬时间。

3. 优化结果及分析

本着经济、安全、高效的生产原则，对四面山隧道泥岩 V 级围岩段上下台阶法的台阶长度、二衬时间进行优化。经 10 次迭代，得到最优结果，见表 9.21。从表中可以看出，当 $L = 10.03\text{m}$、$t_1 = 6.9434$ 天时可以达到最优解 $z = 10.42\text{mm}$，且在 t_2 为 27.478 天时围岩可稳定，即达到二衬时间。此时上下台阶法与单侧壁导坑法对围岩的扰动效果相近。同时，根据 L 和 t_1 可以计算出每天进尺量 $s = L/t_1 = 1.445\text{m/d}$。

表 9.21 模拟结果

累计收敛值/mm	拱顶最大沉降值/mm	台阶长度 L/m	间隔时间 t_1/d	最优值 z/mm	二衬时间 t_2/d
5.82	10.42	10.03	6.9434	10.42	27.478

图 9.13(a) 为隧道断面成型后，围岩 X 方向的位移量。最大变形在拱脚处，为 3.07mm，且可以看出拱腰处水平收敛数值为 5.82mm。图 9.13(b) 为 Y 方向的变形，可以看出拱顶最大沉降量约为 10.42mm，拱底变形量约为 13.03mm。

图 9.14 为泥岩 V 级围岩隧道台阶长度优化后衬砌的受力特征图，衬砌应力最大值为 8.03MPa，出现在拱肩处，根据《公路隧道设计规范》(JTG D70—2004) 可知，C20 喷射混凝土对应的弯曲抗压强度设计值为 11.0MPa，可见衬砌满足要求。

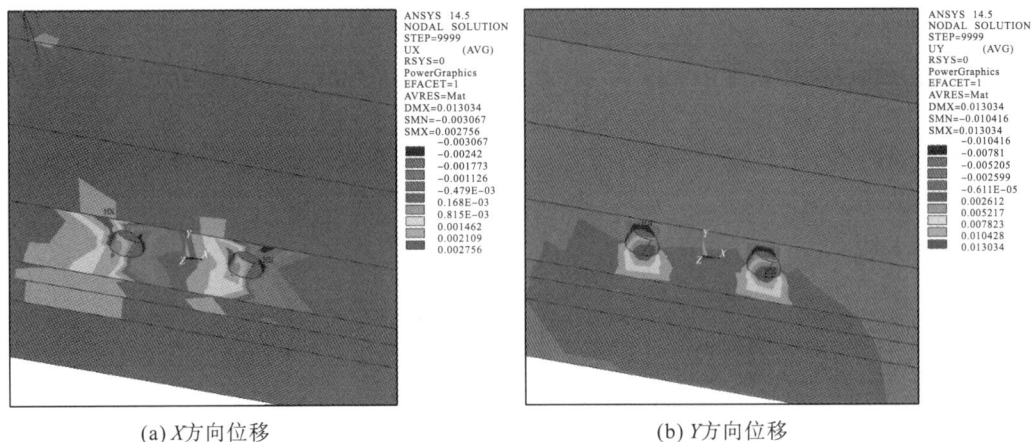

(a) X方向位移　　　　　　　　　　　　　　　(b) Y方向位移

图 9.13　上下台阶法台阶长度优化后围岩变形量(单位：m)

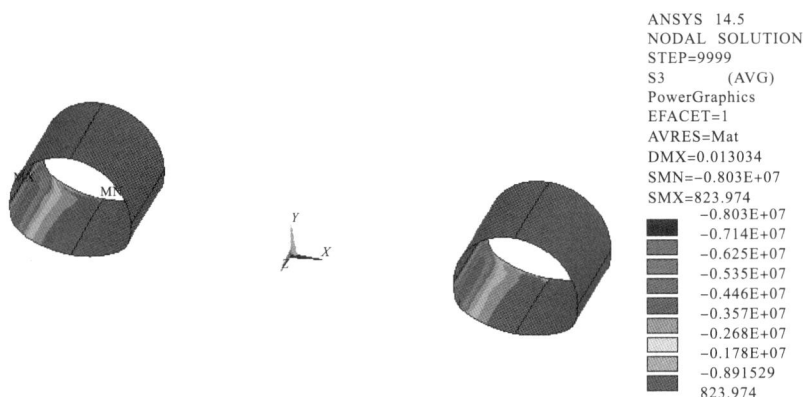

图 9.14　上下台阶法台阶长度优化后衬砌最小主应力变化图(单位：Pa)

4. 现场结果分析

在泥岩 V 级围岩施工工艺优化段隧道左右洞分别选取 2 个断面进行结果对比,具体见表 9.22。

表 9.22　泥岩 V 级围岩隧道施工段各模拟数值与实测值对比

测试项目	断面桩号				均值	模拟值
	LZK3+700	LZK3+670	LYK3+980	LYK3+550		
拱顶沉降值/mm	10.22	10.09	10.14	10.42	10.22	10.42
水平收敛值/mm	6.03	5.84	5.54	5.59	5.75	5.82
位移比	1.69	1.73	1.83	1.86	1.78	1.79

可以看出,泥岩 V 级围岩隧道拱顶下沉数值是水平收敛值的 1.5～2.0 倍,具有明显的近水平软硬互层围岩隧道围岩变形特点。将隧道断面变形测试结果与模拟所得相应结果进行对比,得出优化后测试所得各结果与模拟所得结果基本吻合。

9.2　四面山隧道初期支护参数优化

9.2.1　四面山隧道砂泥互层 V 级围岩段设计优化

根据文献及具体工程实际情况可知,在层状围岩中进行隧道施工及初期支护时,与岩层夹角较小的锚杆的支护作用对隧道稳定性影响相对较小。因此,本研究对初期支护的锚杆数量进行优化。具体的优化方案为,取消了与岩层夹角小于一定范围的锚杆,并进行相应的结果分析。隧道施工模型、具体岩层力学参数及支护力学参数与优化前相同。

1. 初期支护原设计数值模拟

隧道模拟基于设计说明,模拟过程中采用二维平面应变模型,PLANE42 平面单元模拟围岩,LINK1 杆单元模拟锚杆,BEAM3 梁单元模拟衬砌,TARGE169 和 CONTA171 接触对单元模拟地层之间的弱面,并采用上下台阶法模拟施工。

砂泥互层 V 级围岩隧道模型中,岩层分布情况如图 9.15 所示。原图来自主洞衬砌断面设计图,模型岩层自上而下为泥岩(A1)、砂岩(A2)、泥岩(A3)、砂岩(A4)、泥岩(A5)、砂岩(A6)。其中,泥岩为软岩,砂岩为较软岩,砂岩与泥岩之间用接触分析方法考虑层理作用。

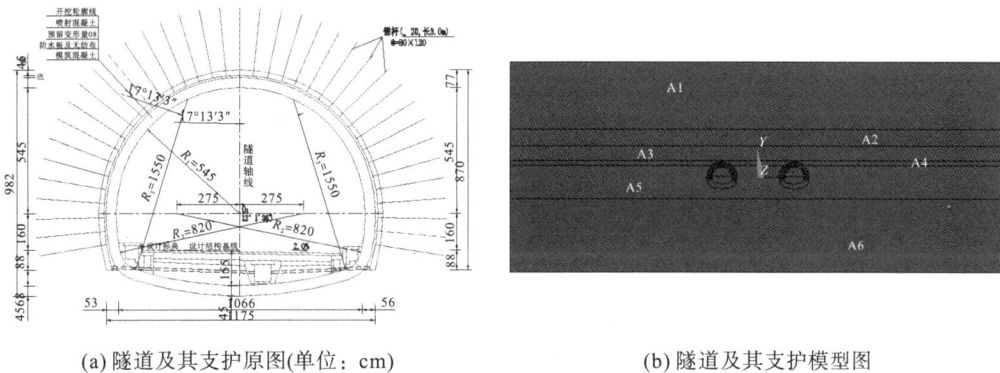

(a) 隧道及其支护原图(单位：cm)	(b) 隧道及其支护模型图

图 9.15　砂泥互层 V 级围岩隧道及其支护图

本模拟侧重研究砂泥互层 V 级围岩隧道岩层弱面存在情况下,围岩稳定性及初期支护结构受力特征所受的影响。模拟过程中对左右两个隧道均进行开挖。开挖方法的模拟基于设计说明,围岩力学参数见表 9.23,初期支护参数取值见表 9.24。

表 9.23　V 级围岩力学参数

岩层	弹性模量/GPa	泊松比	密度/(kg/cm³)	内摩擦角/(°)	黏聚力/MPa
砂岩	8.9	0.19	2500	34.77	1.40
泥岩	1.7	0.29	2550	27.35	0.36
夹层	—	—	—	35	0.01

表 9.24　Ⅴ级围岩支护参数

支护	长度/m	弹性模量/GPa	泊松比	密度/(kg/cm³)
锚杆	3.0	200	0.3	7800
初衬	—	21	0.2	2200

根据隧道模型，对整个模型左右边界的节点进行约束，边界在水平方向（X方向）位移为0，对于竖直方向（Y方向），底部位移同样进行限制，也为0。顶部是自由面，位移不受限制，在顶部施加重力荷载，模拟上覆岩层的自重。因为是平面应变问题，所有节点的水平方向位移和绕坐标轴的角位移，按惯例都被限制。

根据《四面山隧道工程施工图设计说明》中4.6.3节，对Ⅴ级围岩采用台阶法或导洞法进行隧道施工，因此本研究采用上下台阶法进行模拟，具体步骤如下：模拟重力场—上台阶开挖—上台阶支护—下台阶开挖—下台阶支护。

1）围岩稳定性分析

表 9.25 表示在砂泥互层Ⅴ级围岩中进行上下台阶法隧道施工，相应隧道围岩的位移场和应力场的最大变化值。由表中数据可以看出，上下台阶法施工对隧道的稳定性影响不大，水平方向与竖直方向的变形及受力较正常。

表 9.25　围岩开挖模拟结果

隧道模型	水平收敛值/mm	拱顶沉降值/mm	水平方向应力最大变化值/MPa	竖直方向应力最大变化值/MPa
砂泥互层隧道	6.42	11.33	1.45	2.0

图 9.16 和图 9.17 分别为砂泥互层Ⅴ级围岩隧道开挖位移场和应力场的变化图。其中，砂泥互层围岩隧道的最大水平位移为3.22mm，发生在拱脚处。由图中结果可得，隧道水平收敛值为6.42mm；隧道竖直方向最大位移发生在拱顶处，为11.33mm，隧道开挖后拱顶最大沉降量为11.33mm；拱底位移为正值，即拱底由于隧道开挖产生底鼓，最大底鼓量为8.25mm。隧道水平方向最大应力变化量为1.45MPa，竖直方向最大应力为2.0MPa。隧道位移场与应力场的变化量均正常。

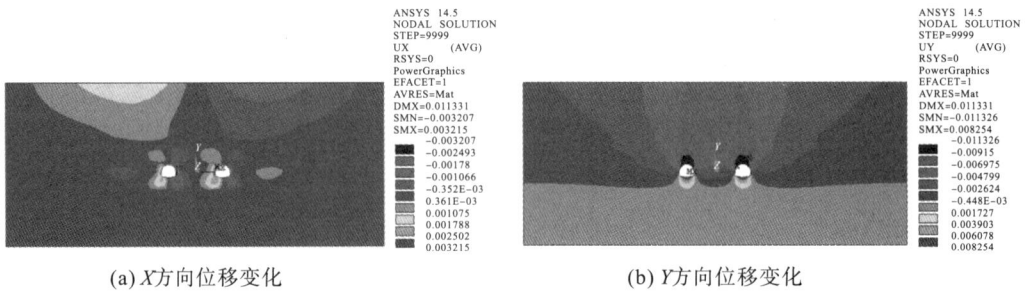

(a) X方向位移变化　　　　　　　　　(b) Y方向位移变化

图 9.16　砂泥互层Ⅴ级围岩隧道开挖位移场变化（单位：m）

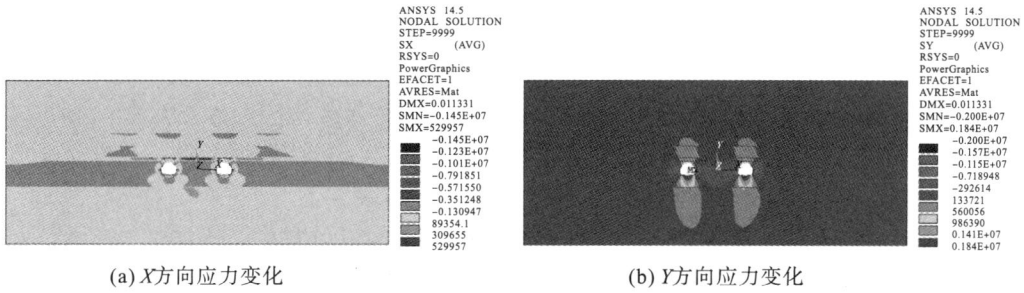

(a) X 方向应力变化　　　　　　　　　　　　(b) Y 方向应力变化

图 9.17　砂泥互层 V 级围岩隧道开挖应力场变化（单位：Pa）

2）衬砌及锚杆受力结果分析

表 9.26 表示在砂泥互层 V 级围岩中进行上下台阶法隧道施工，衬砌及锚杆的受力情况。锚杆最大拉力能达到 97.5kN，衬砌最大压力能达到 2810kN，最大剪力可达 142.5kN，弯矩最大可达 79.2kN·m。初期支护受力具体情况如图 9.18 所示。

表 9.26　支护模拟结果

隧道模型	初衬最大轴力/kN	初衬最大剪力/kN	初衬最大弯矩/(kN·m)	锚杆最大轴力/kN
砂泥互层隧道	2810	142.5	79.2	97.5

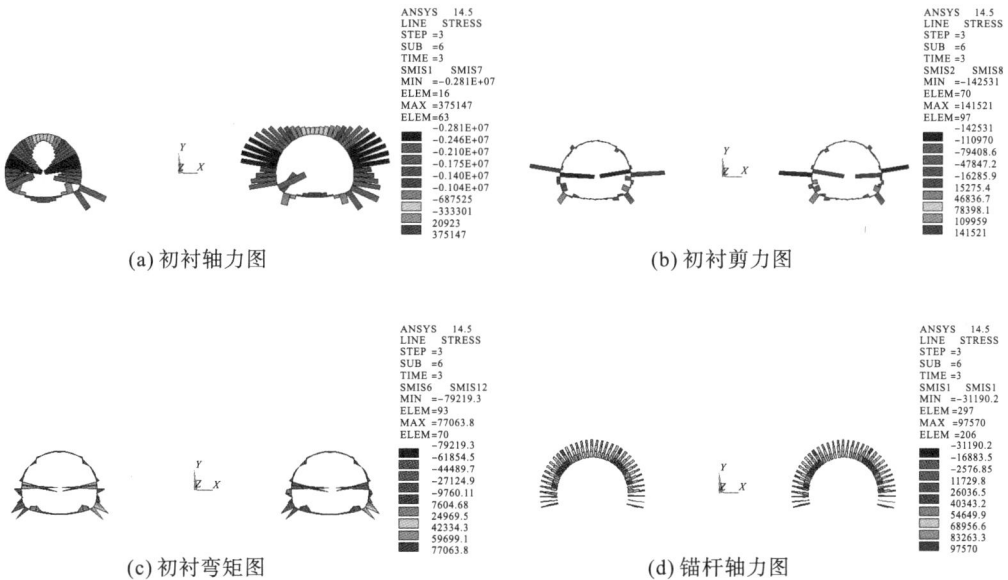

(a) 初衬轴力图　　　　　　　　　　　　　　(b) 初衬剪力图

(c) 初衬弯矩图　　　　　　　　　　　　　　(d) 锚杆轴力图

图 9.18　砂泥互层 V 级围岩隧道开挖衬砌及锚杆受力图（单位：N）

图 9.18(a)～图 9.18(c)为砂泥互层 V 级围岩隧道开挖后衬砌的受力特征图，衬砌的弯矩和剪力相对于衬砌轴力都非常小，衬砌的压应力主要受轴力影响。其中拱底衬砌受拉力，

这是因为隧道底鼓给衬砌一向上的作用力，但该作用力相对较小，为 37.5kN，无较大影响。衬砌轴力最大值为 2810kN，出现在拱肩处；剪力及弯矩的最大值均发生在拱肩。剪力最大值为 142.5kN，最小值 15.3kN，分布在拱顶；弯矩最大值为 79.2kN·m，最小值分布在拱顶，为 7.6kN·m。对应衬砌压应力为 9.8MPa，最大拉应力为 0.9MPa。根据《公路隧道设计规范》(JTG D70—2004)可知，C20 喷射混凝土对应的弯曲抗压强度设计值为 11.0MPa，抗拉强度设计值为 1.1MPa，可见衬砌满足要求。

图 9.18(d) 为砂泥互层隧道开挖后锚杆轴力图。由图可以看出，锚杆受力分布是对称的。锚杆端部受力最大，锚杆轴力最大值为 97.6kN，分布在隧道拱肩部分；离锚杆端部越远，受力越小，最小值分布在拱脚，拉力最小值为 11.7kN，拱脚水平下方锚杆部分还受压，这是因为地层滑移给锚杆造成一定压力，压力最大值为 31.2kN，仍在正常范围内。对应锚杆最大拉应力为 77.6MPa，最大压应力为 24.8MPa。可以看出，砂泥互层Ⅴ级围岩隧道下方的锚杆支护作用影响较小。

3) 层理作用结果分析

图 9.19(a)、(b) 为砂泥互层围岩层理滑移作用产生的水平方向位移变化图，开挖前层理在重力荷载作用下最大滑移量为 0.02mm，最小滑移量为 0.002mm；开挖后层理滑移最大值为 0.3mm，分布在靠近隧道开挖区域，离隧道开挖区域越远，滑移值越小，最小值为 0.03mm。图 9.19(c)、(d) 为层理层间剥离作用下产生的竖直方向位移图，开挖前层理在重力荷载作用下最大层间剥离量为 0.93mm，最小层间剥离量为 0.26mm；开挖后层理滑移最大值为 0.94mm，最小层间剥离量为 0.05mm。可见，砂泥互层Ⅴ级围岩隧道开挖后层理的滑移变化较突出，层理的层间剥离量相对变化不大。

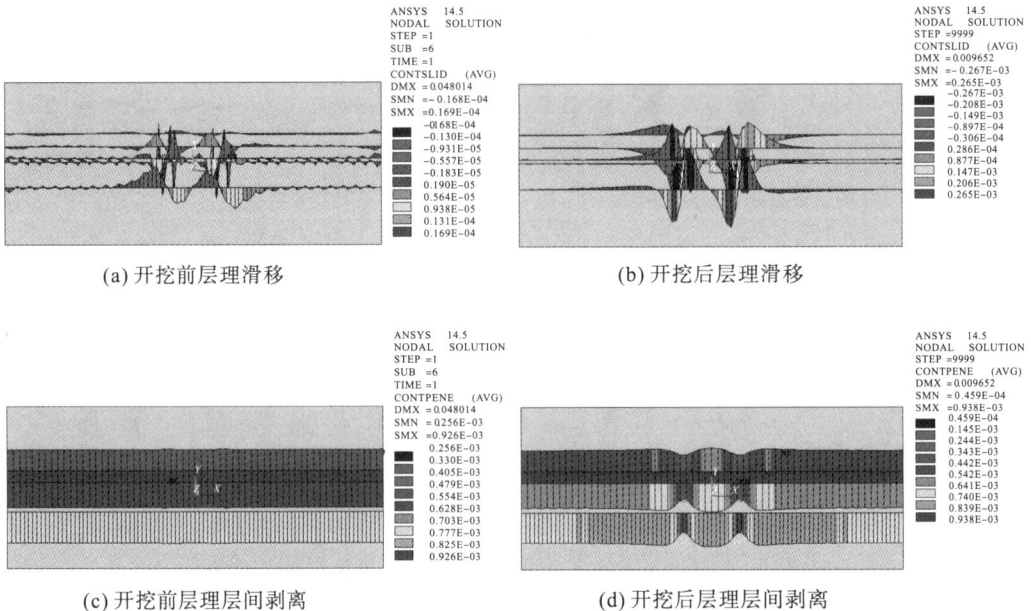

(a) 开挖前层理滑移

(b) 开挖后层理滑移

(c) 开挖前层理层间剥离

(d) 开挖后层理层间剥离

图 9.19　砂泥互层Ⅴ级围岩隧道开挖层理位移场变化(单位：m)

2. 现场测试结果分析

根据四面山隧道砂泥互层 V 级围岩隧道施工实际情况,进行现场测试来验证模拟方法的可靠性。另外,对于施工过程中忽略了层理存在而产生的变形特征,导致支护过剩的事实,提出了优化思路,并找出了最佳优化方案。

在砂泥互层 V 级围岩段隧道左右洞分别选取 3 个断面,断面间隔 10m,共 6 个断面进行测试,自测试日起,记录各断面的位移场变化,并测试锚杆拱腰部位受力,进而提出优化方案,具体结果对比见表 9.27。

表 9.27　砂泥互层 V 级围岩隧道施工段各模拟数值与实测值对比

测试项目	断面编号						均值	模拟值
	A1	A2	A3	A4	A5	A6		
拱顶沉降值/mm	12.27	10.68	10.29	10.21	10.52	11.34	10.89	11.33
水平收敛值/mm	6.37	6.26	6.13	5.97	6.71	6..84	6.38	6.42
位移比	1.93	1.71	1.68	1.71	1.56	1.66	1.71	1.76
拱腰锚杆轴力/kN	3.11	2.36	2.24	2.28	2.49	2.65	2.52	2.58

可以看出,砂泥互层 V 级围岩隧道拱顶下沉数值是水平收敛值的 1.5～2.0 倍,具有明显的近水平软硬互层围岩隧道围岩变形特点,拱腰处锚杆受力特点也较符合,即拱腰处锚杆受力较小,且为压力。将隧道断面变形测试结果及锚杆受力结果与模拟所得相应结果进行对比,得出测试所得各结果与模拟所得结果基本吻合。另外,拱腰处锚杆几乎不受力,因此,与岩层成一定角度范围内支护的锚杆可以取消,这对隧道稳定性影响较小,同时本研究也进一步对砂泥互层 V 级围岩隧道施工初期支护进行优化。

3. 初期支护优化

初期支护参数优化能给工程带来一定的经济效益,其中减少初期支护过程中使用的锚杆数量对于隧道工程施工优化具有明显的优点,不仅保证了锚杆受力充分,与围岩共同承载压力,而且减少了锚杆浪费,具有良好的经济性。根据文献描述以及地层因素的实际情况,得到砂泥互层 V 级围岩隧道施工后初衬及锚杆的受力结果,通过岩层与锚杆夹角的关系,设置梯度取消锚杆。优化的具体操作是,对隧址区内存在的砂泥互层 V 级围岩隧道初期支护优化设置锚杆数量梯度,即通过锚杆与岩层夹角的关系,分别取消其与水平岩层成 15°、20°、25°、30°、35°、40°、45°夹角以下的锚杆,观察初期支护的作用变化影响,并与优化前所得各结果进行对比分析。具体结果如图 9.20 所示。

由图 9.20 发现,初期支护受力在取消与岩层成 35°夹角以下的锚杆受力作用时,开始发生突变。考虑一定的安全性系数,且根据原模拟实际受力情况,因此具体的优化方案如下:对隧址区砂泥互层 V 级围岩隧道取消拱肩上方与岩层成 30°夹角以下的锚杆,其中下台阶拱脚处锚杆不取消。开挖方法的模拟基于设计说明,优化根据文献及实际工程状况分析得出。

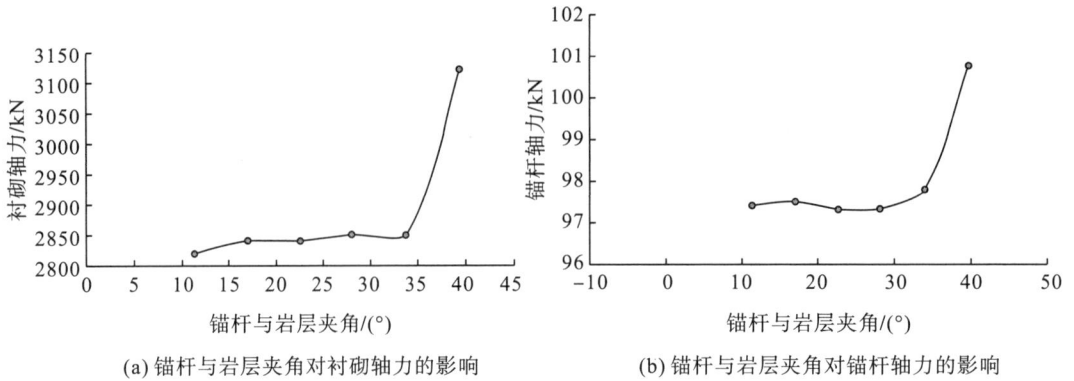

(a) 锚杆与岩层夹角对衬砌轴力的影响　　(b) 锚杆与岩层夹角对锚杆轴力的影响

图 9.20　锚杆与岩层夹角对支护受力影响曲线(单位：N)

1) 优化后围岩稳定性分析

表 9.28 表示对砂泥互层 V 级围岩隧道施工进行初期支护优化，相应隧道围岩的位移场和应力场的最大变化值。

表 9.28　砂泥互层隧道围岩优化开挖模拟结果

参数	水平收敛值/mm	拱顶沉降值/mm	水平方向应力最大变化值/MPa	竖直方向应力最大变化值/MPa
模拟值	6.54	11.33	1.45	1.94

图 9.21 和图 9.22 分别为砂泥互层 V 级围岩隧道优化后进行施工模拟所得的位移场和应力场的变化图。其中砂泥互层围岩隧道的最大水平位移为 3.27mm，发生在拱腰处。由图中结果可得，隧道水平收敛值为 6.54mm；隧道竖直方向最大位移发生在拱顶处，为 7.0mm，隧道开挖后拱顶最大沉降量为 11.33mm；拱底位移为正值，即拱底由于隧道开挖产生底鼓，最大底鼓量为 8.25mm。隧道水平方向最大应力变化量为 1.45MPa；竖直方向最大应力为 1.94MPa。隧道位移场与应力场的变化均正常。

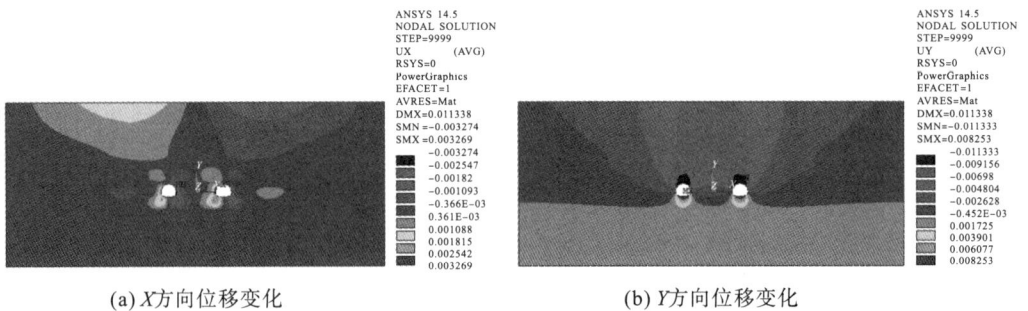

(a) X 方向位移变化　　(b) Y 方向位移变化

图 9.21　优化后砂泥互层 V 级围岩隧道开挖位移场变化(单位：m)

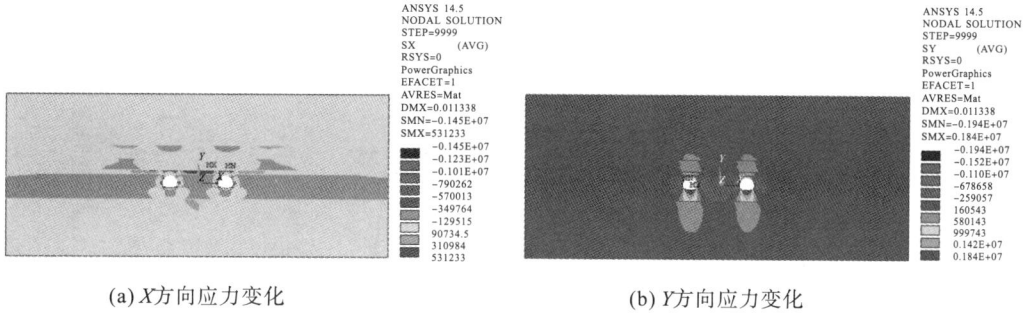

(a) X方向应力变化　　　　　　　　　　　　　(b) Y方向应力变化

图 9.22　砂泥互层 V 级围岩隧道开挖应力场变化(单位：Pa)

对砂泥互层 V 级围岩隧道施工进行优化，取消其与岩层夹角小于 30°的锚杆后，位移变化与应力变化很小，基本无影响。

2)优化后衬砌及锚杆受力结果分析

表 9.29 表示在砂泥互层 V 级围岩隧道中进行隧道施工初期支护优化后，衬砌及锚杆的受力情况。锚杆最大拉力达到 97.4kN，衬砌最大压力达 2840.0kN，最大剪力达 153.0kN，弯矩最大达 83.5kN·m。

表 9.29　砂泥互层隧道支护优化结果

支护参数	初衬最大轴力/kN	初衬最大剪力/kN	初衬最大弯矩/(kN·m)	锚杆最大轴力/kN
模拟值	2840.0	153.0	83.5	97.4

图 9.23(a)～图 9.23(c)为优化后砂泥互层 V 级围岩隧道开挖衬砌的受力特征图，衬砌的弯矩和剪力相对于衬砌轴力都非常小，衬砌的压应力主要受轴力影响。其中拱底衬砌受拉力但该作用力相对较小，为 374.1kN，无较大影响。衬砌轴力最大值为 2840.0kN，出现在拱肩处；剪力及弯矩的最大值均出现在拱肩，分别为 153.0kN、83.5kN·m，剪力最小值为 16.4kN，分布在拱顶，弯矩最小值为 8.1kN·m，分布在拱顶。衬砌对应最大压应力为 10.4MPa，对应最大拉应力为 1.0MPa。根据《公路隧道设计规范》(JTG D70—2004)可知，C20 喷射混凝土对应的弯曲抗压强度设计值为 11.0MPa，抗拉强度设计值为 1.1MPa，可见衬砌满足要求。

图 9.23(d)为优化后砂泥互层 V 级围岩隧道开挖锚杆轴力图。由图可以看出，取消与岩层的夹角小于 30°的锚杆后，锚杆受力分布仍是对称的。锚杆端部受力最大，锚杆轴力最大值为 97.4kN，分布在隧道拱肩部分；离锚杆端部越远，受力越小，最小值分布在远离锚杆端部处，拉力最小值为 11kN，锚杆受的压力最大为 31.5kN。锚杆最大拉力对应的拉应力为 77.5MPa，对应压应力为 25.1MPa。HRB400 钢筋的屈服强度为 400MPa(设计值为 360MPa)，换算成轴力为 500kN(设计值换算后为 450kN)，锚杆受力状态正常。

(a) 初衬轴力图

(b) 初衬剪力图

(c) 初衬弯矩图

(d) 锚杆轴力图

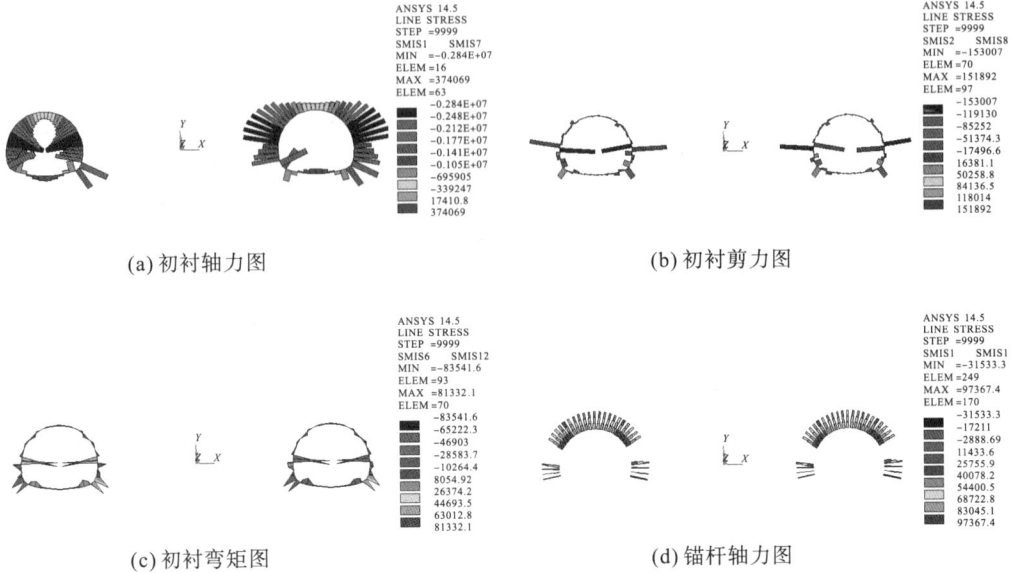

图 9.23 优化后砂泥互层Ⅴ级围岩隧道开挖衬砌及锚杆受力图(单位：N)

可以看出，对砂泥互层Ⅴ级围岩隧道取消拱肩处与岩层夹角小于 30°的锚杆后，拱肩衬砌受力增大，但增值较小，仍处于安全范围；锚杆受力影响较小，满足要求。

3) 层理作用结果分析

图 9.24(a) 为砂泥互层围岩层理滑移的位移变化图，层理滑移最大值为 0.3mm，分布在靠近隧道开挖区域，离隧道开挖区域越远，滑移值越小，最小值为 0.03mm；图 9.24(b) 为层理层间剥离，由于隧道的开挖，隧道附近层间剥离量最大，最大值为 0.9mm，层理层间剥离量最小值为 0.05mm。

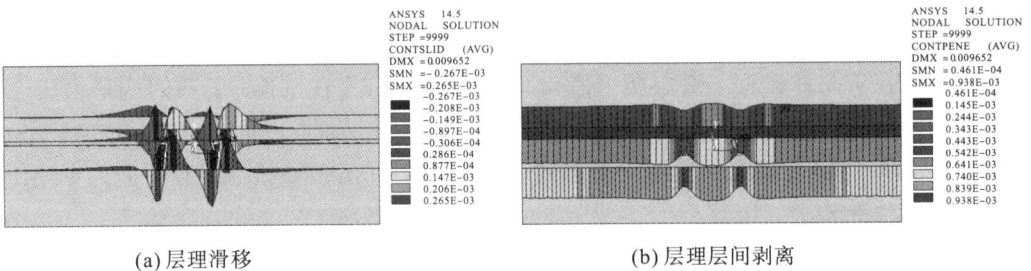

(a) 层理滑移

(b) 层理层间剥离

图 9.24 优化后砂泥互层Ⅴ级围岩隧道开挖层理位移场变化(单位：m)

层理滑移较层间剥离更易受隧道开挖影响，最大滑移量出现在隧道开挖区域附近，这是因为隧道开挖使得隧道附近岩体层间受应力重分布影响最大，离隧道开挖区域越远，受隧道开挖变形影响越小，因此层理的滑移量变化相对较小。层理层间剥离量分布同样符合上述规律。可见，层理的存在促进了隧道围岩层间错动和变形挤出等破坏现象发生。

4. 现场结果分析(优化后)

在砂泥互层Ⅴ级围岩段隧道左右洞分别选取 2 个断面,共 4 个断面进行测试,自测试日起,记录各断面的位移场变化,具体结果对比见表 9.30。

表 9.30　砂泥互层 Ⅴ 级围岩隧道施工段各模拟数值与实测值对比

测试项目	断面编号				均值	模拟值
	LZK2+275	LZK2+390	LYK2+270	LYK2+380		
拱顶沉降值/mm	11.30	11.22	9.21	9.20	10.23	11.33
水平收敛值/mm	6.97	6.07	6.13	5.77	6.23	6.54
位移比	1.62	1.84	1.50	1.59	1.64	1.73

可以看出,砂泥互层Ⅴ级围岩隧道拱顶下沉数值是水平收敛值的 1.5～2.0 倍,具有明显的近水平软硬互层围岩隧道围岩变形特点。将隧道断面变形测试结果与模拟所得相应结果进行对比,得出优化后测试所得各结果与模拟所得结果基本吻合。

5. 结论

在隧道施工过程中,考虑了砂泥岩之间的层理存在的影响,并通过数值模拟的方法,对四面山隧道砂泥互层Ⅴ级围岩段的开挖方法进行了模拟,对锚杆支护进行了优化,取消了拱肩处与岩层夹角小于 30°的锚杆。优化前后砂泥互层Ⅴ级围岩隧道相应的围岩位移场、应力场变化具体情况对比见表 9.31,优化前后隧道衬砌支护及锚杆的具体受力情况对比见表 9.32。

表 9.31　砂泥互层 Ⅴ 级围岩隧道优化前后隧道围岩稳定性对比

阶段	水平收敛值/mm	拱顶沉降值/mm	水平应力最大增量/MPa	竖直应力最大增量/MPa
优化前	6.42	11.33	1.45	2.00
优化后	6.54	11.33	1.45	1.94

表 9.32　砂泥互层 Ⅴ 级围岩隧道优化前后初期支护受力对比

阶段	初衬最大轴力/kN	初衬最大剪力/kN	初衬最大弯矩/(kN・m)	锚杆最大轴力/kN
优化前	2810.0	142.5	79.2	97.6
优化后	2840.0	153.0	83.5	97.4

综上所述,对隧址区内存在的砂泥互层Ⅴ级围岩隧道施工取消拱肩处与水平岩层成 30°夹角以下的锚杆(图 9.25)进行优化后开挖,对围岩稳定性影响不大,同时,衬砌的受力在正常范围内,未超出材料的屈服极限。

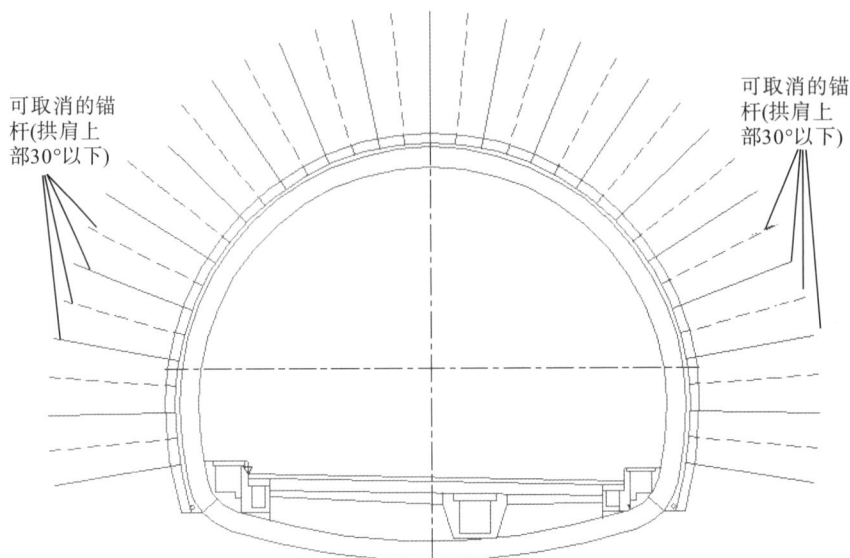

图 9.25　砂泥互层 V 级围岩隧道锚杆支护图

9.2.2　四面山隧道泥岩 V 级围岩段设计优化

在隧道施工过程中，考虑了砂泥岩之间的层理存在的影响，并通过数值模拟的方法，对四面山隧道泥岩 V 级围岩段的开挖方法进行了模拟，对锚杆支护进行了优化，取消了拱肩处与岩层夹角小于 30°的锚杆。优化前后泥岩 V 级围岩隧道相应的围岩位移场、应力场变化具体情况对比见表 9.33，优化前后隧道衬砌支护及锚杆的具体受力情况对比见表 9.34。

表 9.33　泥岩 V 级围岩隧道优化前后隧道围岩稳定性对比

阶段	水平收敛值/mm	拱顶沉降值/mm	水平应力最大增量/MPa	竖直应力最大增量/MPa
优化前	6.51	12.93	0.92	2.43
优化后	6.74	12.94	0.92	2.36

表 9.34　泥岩 V 级围岩隧道优化前后初期支护受力对比

阶段	初衬最大轴力/kN	初衬最大剪力/kN	初衬最大弯矩/(kN·m)	锚杆最大轴力/kN
优化前	2220.0	38.7	19.2	189.4
优化后	2240.0	42.3	20.7	189.4

综上所述，对隧址区内存在的泥岩 V 级围岩隧道施工取消拱肩处与水平岩层成 30°夹角以下的锚杆(图 9.26)进行优化后开挖，对围岩稳定性影响不大，同时，衬砌的受力在正常范围内，未超出材料的屈服极限。

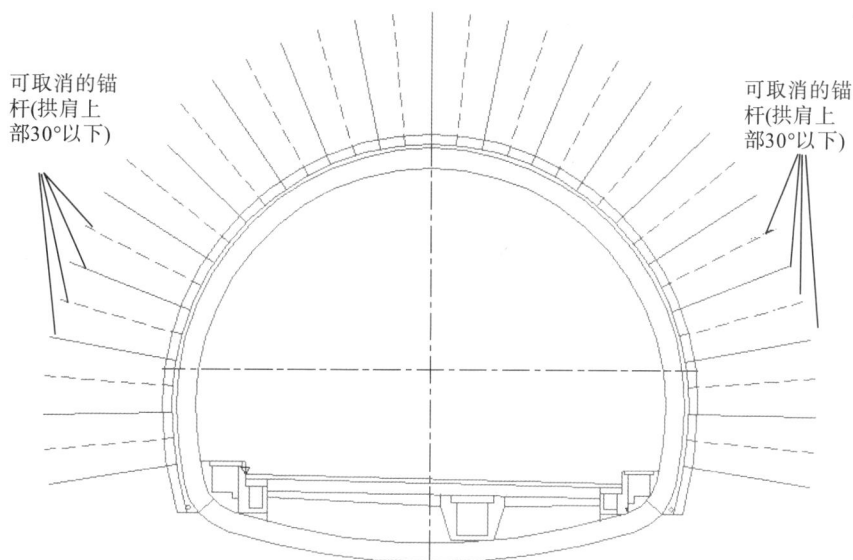

图 9.26　泥岩Ⅴ级围岩隧道锚杆支护图

9.2.3　四面山隧道砂岩Ⅳ级围岩段设计优化

在隧道施工过程中，考虑了砂泥岩之间的层理存在的影响，通过数值模拟的方法，对四面山隧道砂岩Ⅳ级围岩段的开挖方法进行了模拟，并对锚杆支护进行了优化，取消了拱肩处与岩层夹角小于 40°的锚杆。优化前后砂岩Ⅳ级围岩隧道相应的围岩位移场、应力场变化具体情况对比见表 9.35，优化前后隧道衬砌支护及锚杆的具体受力情况对比见表 9.36。

表 9.35　砂岩Ⅳ级围岩隧道优化前后隧道围岩稳定性对比

阶段	水平收敛值/mm	拱顶沉降值/mm	水平应力最大增值/MPa	竖直应力最大增量/MPa
优化前	5.63	9.88	1.05	1.75
优化后	5.67	10.26	1.09	1.75

表 9.36　砂岩Ⅳ级围岩隧道优化前后初期支护受力对比

阶段	初衬最大轴力/kN	初衬最大剪力/kN	初衬最大弯矩/(kN·m)	锚杆最大轴力/kN
优化前	971.2	30.1	14.2	25.4
优化后	971.7	30.3	14.2	25.4

综上所述，对隧址区内砂岩Ⅳ级围岩隧道施工取消拱肩处与水平岩层成 40°夹角以下的锚杆(图 9.27)进行优化后开挖，对围岩稳定性影响不大，同时，衬砌的受力在正常范围内，未超出材料的屈服极限。

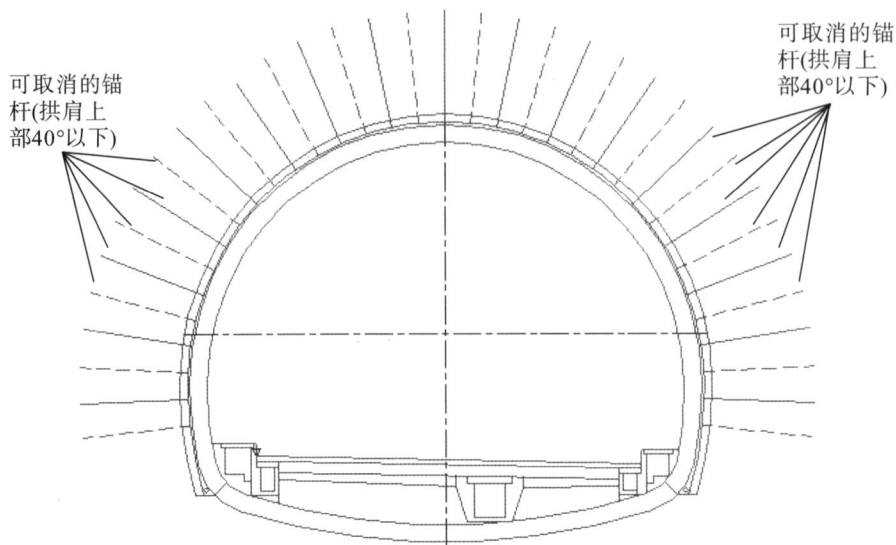

图 9.27　砂岩 IV 级围岩隧道锚杆支护图

9.2.4　四面山隧道泥岩 IV 级围岩段设计优化

在隧道施工过程中，考虑了砂泥岩之间的层理存在的影响，通过数值模拟的方法，对四面山隧道各围岩段的开挖方法进行了模拟，并对锚杆支护进行了优化，取消了拱肩处与岩层夹角小于 35° 的锚杆。优化前后泥岩 IV 级围岩隧道相应的围岩位移场、应力场变化具体情况对比见表 9.37，优化前后隧道衬砌支护及锚杆的具体受力情况对比见表 9.38。

表 9.37　泥岩 IV 级围岩隧道优化前后隧道围岩稳定性对比

阶段	水平收敛值/mm	拱顶沉降值/mm	水平应力最大增量/MPa	竖直应力最大增量/MPa
优化前	6.38	10.65	1.07	1.74
优化后	6.43	10.65	1.11	1.74

表 9.38　泥岩 IV 级围岩隧道优化前后初期支护受力对比

阶段	初衬最大轴力/kN	初衬最大剪力/kN	初衬最大弯矩/(kN·m)	锚杆最大轴力/kN
优化前	2440.0	120.5	66.0	101.9
优化后	2450.0	126.6	65.4	101.9

综上所述，对隧址区内泥岩 IV 级围岩隧道施工取消拱肩处与水平岩层成 35° 夹角以下的锚杆(图 9.28)进行优化后开挖，对围岩稳定性影响不大，同时，衬砌的受力在正常范围内，未超出材料的屈服极限。

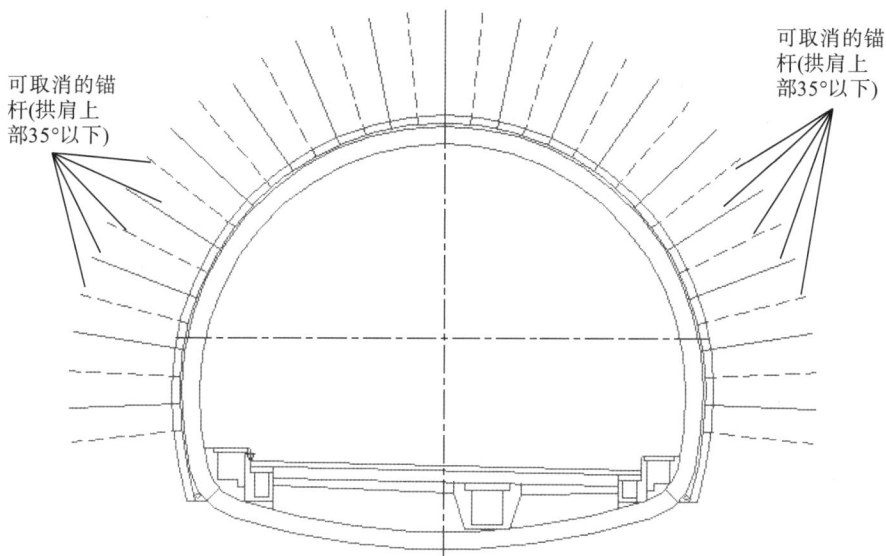

图 9.28　泥岩Ⅳ级围岩隧道锚杆支护图

9.3　四面山隧道爆破优化技术应用

9.3.1　四面山隧道爆破优化

根据四面山隧道地勘资料可知,四面山隧道构成Ⅴ级围岩的地层岩性主要为上侏罗统蓬莱镇组泥岩、进出洞口浅埋段砂岩。结合隧道施工现场情况,该隧道围岩含有大量的砂岩和泥岩,存在大量的砂泥互层Ⅴ级围岩,这类隧道围岩给隧道爆破施工增加了不少的难题。因此,本节以四面山砂泥互层Ⅴ级围岩为研究对象,采用数值模拟与现场试验相结合的方法,优化了砂泥互层Ⅴ级围岩段爆破方案,得到四面山层状围岩隧道爆破优化方案。

1. 砂泥互层Ⅴ级围岩隧道爆破优化

隧道爆破模拟过程中采用三维模型,围岩体、堵塞材料采用 SOLID164 实体单元,砂岩与泥岩之间的交界面采用接触算法进行模拟,综合考虑了黏结力、摩擦系数及接触刚度等因素。

砂泥互层Ⅴ级围岩隧道轮廓设计图和模型中的岩层分布情况如图 9.29 所示。模型中岩层分布情况来自隧道轮廓设计图,模型上部为泥岩(6.38m),下部为砂岩(2.47m)。泥岩为软岩,砂岩为较软岩,砂岩与泥岩之间用接触分析方法考虑层理作用。

本模拟主要研究砂泥互层Ⅴ级围岩隧道存在岩层弱面情况下,周边轮廓爆破成型效果及周边围岩所受的影响。根据隧道施工设计方案制定爆破模拟方法,围岩力学参数见表 9.39,原爆破设计参数见表 9.40。

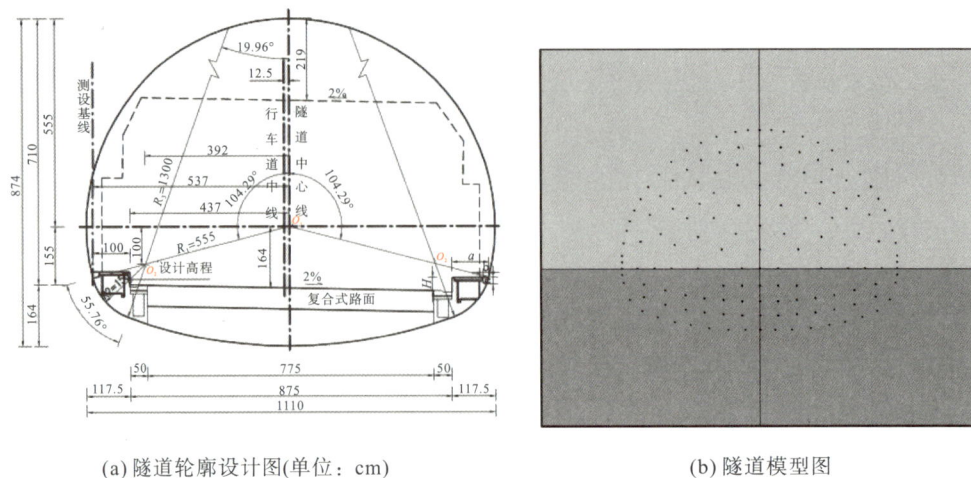

(a) 隧道轮廓设计图(单位：cm)   (b) 隧道模型图

图 9.29 砂泥互层 V 级围岩隧道轮廓及模型

表 9.39 V 级围岩力学参数

岩层	弹性模量/GPa	泊松比	密度/(kg/cm³)	内摩擦角/(°)	黏聚力/MPa
砂岩	8.9	0.19	2500	34.77	1.40
泥岩	1.7	0.29	2550	27.35	0.36
夹层	—	—	—	35.00	0.01

表 9.40 原爆破设计参数

炸药	炸药药径/mm	孔径/mm	孔间距/cm	总装药量/kg	光爆孔间距/cm	进尺/m
乳化炸药	32	42	37	45.95	50	1.2

对整个隧道模型左右边界的节点进行约束，水平方向(X方向)边界位移为 0，竖直方向(Y方向)及底部位移也为 0，顶部是自由面，位移不受限制，在顶部施加重力加速度，模拟上覆岩层的自重；同时，模型四周施加透射边界。

依照四面山隧道工程原爆破参数，通过数值模拟计算，得到砂泥互层 V 级围岩的原爆破模拟结果，如图 9.30 所示。

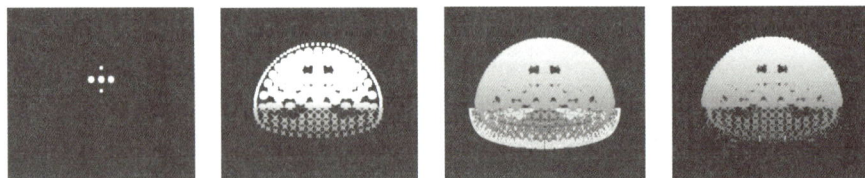

图 9.30 砂泥互层 V 级围岩隧道原爆破模拟结果

根据四面山隧道爆破模拟结果可以得出，上部泥岩爆破后轮廓较为平整，下部砂岩爆后存在较大范围欠挖，欠挖范围为 20~35cm，内部岩体也未完全炸开，总欠挖量超过 260cm²，整体爆破效果较差。

　　由于隧道原爆破方案较差，本节制定了砂泥互层 V 级围岩爆破方案，采用正交试验设计法设计了"五因素、五水平"的正交试验，共计 25 组试验，具体见表 9.41。

表 9.41　砂泥互层 V 级围岩爆破方案

试验编号	1(微差)	2(不耦合系数)	3(孔间距)	4(装药量)	5(装药集中度)
1	1(3ms)	1(1.44)	1(32cm)	1(43.81kg)	1(0.09)
2	1(3ms)	2(1.52)	2(34cm)	2(43.90kg)	2(0.10)
3	1(3ms)	3(1.60)	3(36cm)	3(43.94kg)	3(0.11)
4	1(3ms)	4(1.68)	4(38cm)	4(44.07kg)	4(0.12)
5	1(3ms)	5(1.76)	5(40cm)	5(44.16kg)	5(0.13)
6	2(5ms)	1(1.44)	2(34cm)	3(43.94kg)	4(0.12)
7	2(5ms)	2(1.52)	3(36cm)	4(44.07kg)	5(0.13)
8	2(5ms)	3(1.60)	4(38cm)	5(44.16kg)	1(0.09)
9	2(5ms)	4(1.68)	5(40cm)	1(43.81kg)	2(0.10)
10	2(5ms)	5(1.76)	1(32cm)	2(26.90kg)	3(0.11)
11	3(7ms)	1(1.44)	3(36cm)	5(44.16kg)	2(0.10)
12	3(7ms)	2(1.52)	4(38cm)	1(43.81kg)	3(0.11)
13	3(7ms)	3(1.60)	5(40cm)	2(43.90kg)	4(0.12)
14	3(7ms)	4(1.68)	1(32cm)	3(43.94kg)	5(0.13)
15	3(7ms)	5(1.76)	2(34cm)	4(44.07kg)	1(0.09)
16	4(10ms)	1(1.44)	4(38cm)	2(43.90kg)	5(0.13)
17	4(10ms)	2(1.52)	5(40cm)	3(43.94kg)	1(0.09)
18	4(10ms)	3(1.60)	1(32cm)	4(44.07kg)	2(0.10)
19	4(10ms)	4(1.68)	2(34cm)	5(44.16kg)	3(0.11)
20	4(10ms)	5(1.76)	3(36cm)	1(43.81kg)	4(0.12)
21	5(12ms)	1(1.44)	5(40cm)	4(44.07kg)	3(0.11)
22	5(12ms)	2(1.52)	1(32cm)	5(44.16kg)	4(0.12)
23	5(12ms)	3(1.60)	2(34cm)	1(43.81kg)	5(0.13)
24	5(12ms)	4(1.68)	3(36cm)	2(43.90kg)	1(0.09)
25	5(12ms)	5(1.76)	4(38cm)	3(43.94kg)	2(0.10)

　　采用 LS-DYNA 数值模拟软件，对上述 25 组试验进行数值模拟计算，由于篇幅有限，这里仅展示部分计算结果。

　　方案 1：微差为 3ms，不耦合系数为 1.44，孔间距为 32cm，装药量为 43.81kg。模拟结果如图 9.31 所示。由图可以看出，隧道掌子面各段炸药爆炸后，上部周边围岩轮廓较为平整，未出现裂隙，拱顶、拱肩处均没有出现超欠挖，但在砂泥岩交界面处，下部周边围岩爆破后存在一定的欠挖现象，拱腰处局部欠挖量超过 20cm，无超挖。

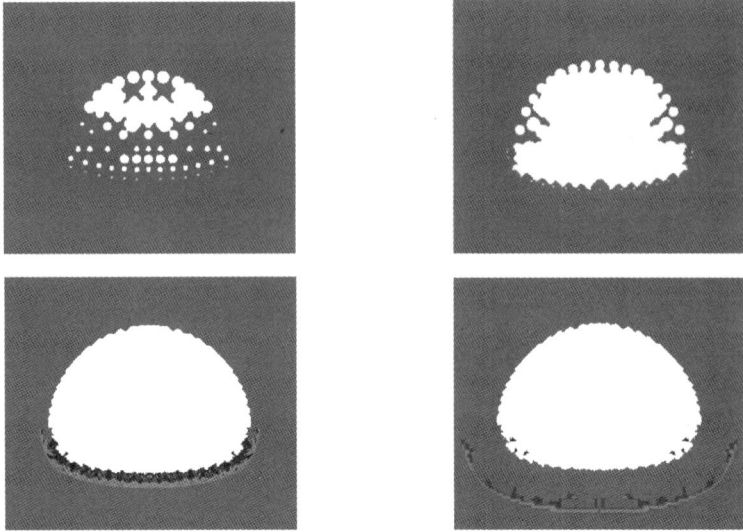

图 9.31　砂泥互层 V 级围岩爆破方案 1 效果图

　　方案 2：微差为 3ms，不耦合系数为 1.52，孔间距为 34cm，装药量为 43.90kg。从方案 2 的模拟结果(图 9.32)可以看出，各段炸药爆炸后，上部周边围岩轮廓较为平整，在仰拱处出现裂隙，拱顶、拱肩处均没有出现超欠挖，但在砂泥岩交界面处，下部周边围岩爆破后存在一定的欠挖现象，但欠挖范围较小，拱腰处局部线性欠挖量小于 15cm，无超挖。

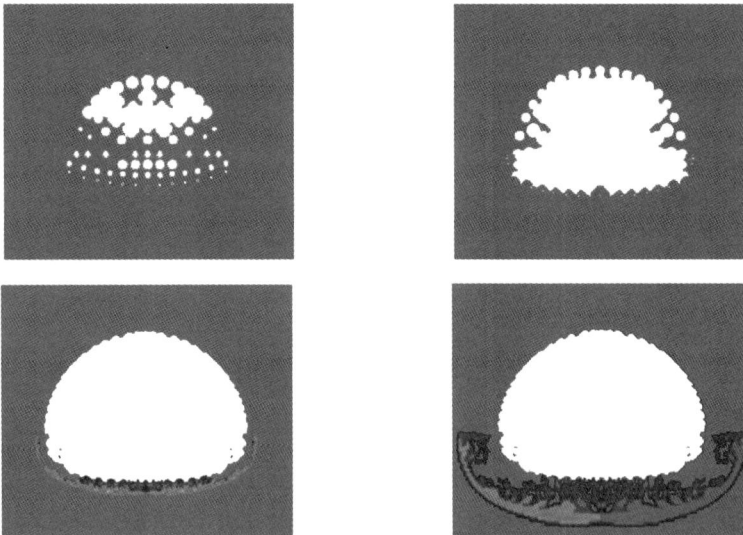

图 9.32　砂泥互层 V 级围岩爆破方案 2 效果图

　　方案 3：微差为 3ms，不耦合系数为 1.60，孔间距为 36cm，装药量为 43.94kg。从方案 3 的模拟结果(图 9.33)可以看出，各段炸药爆炸后，上部周边围岩轮廓较为平整，在仰拱处出现裂隙，拱顶、拱肩处均没有出现超欠挖，但在砂泥岩交界面处，周边围岩爆破后存在一定的欠挖现象，局部最大线性欠挖量达到 25cm，同时出现超挖，最大线性超挖量超过 10cm。

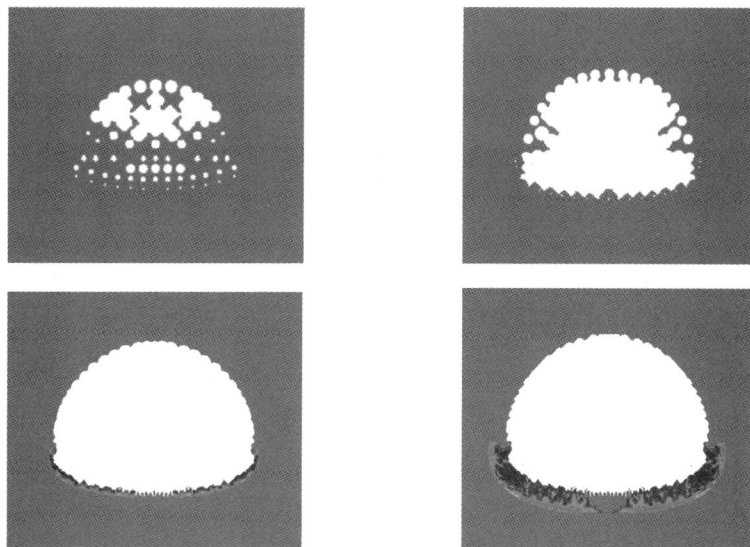

图 9.33　砂泥互层 V 级围岩爆破方案 3 效果图

　　方案 4：微差为 3ms，不耦合系数为 1.68，孔间距为 38cm，装药量为 44.07kg。从方案 4 的模拟结果(图 9.34)可以看出，各段炸药爆炸后，上部周边围岩轮廓较为平整，未出现较明显裂隙，对围岩的损伤扰动较小，拱顶、拱肩处均没有出现超欠挖，但在砂泥岩交界面下方砂岩区域，周边围岩爆破后存在一定的超欠挖现象，局部最大线性欠挖量超过30cm，同时出现超挖，最大线性超挖量超过 15cm。

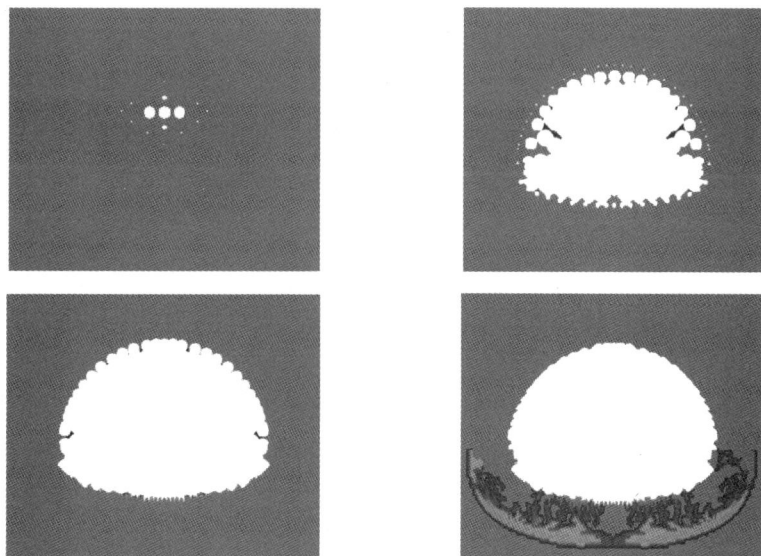

图 9.34　砂泥互层 V 级围岩爆破方案 4 效果图

　　方案 5：微差为 3ms，不耦合系数为 1.76，孔间距为 40cm，装药量为 44.16kg。由方案 5 的模拟结果(图 9.35)可知，各段炸药爆炸后上部周边围岩轮廓较为平整，未出现较明显裂隙，对围岩的损伤扰动较小，拱顶、拱肩处均没有出现超欠挖，但在砂泥岩交界面下方砂岩区域，周边围岩爆破后超欠挖现象较为严重，局部最大线性欠挖量超过 30cm，同时出现超挖，最大线性超挖量超过 20cm。

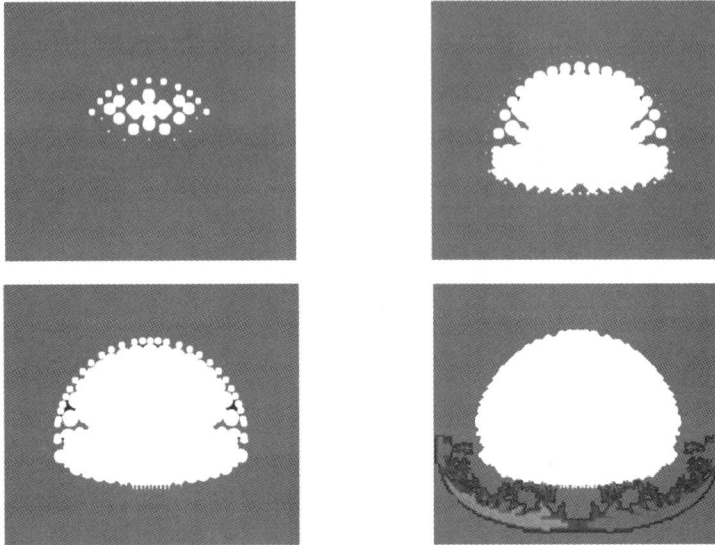

图 9.35 砂泥互层Ⅴ级围岩爆破方案 5 效果图

方案 6：微差为 5ms，不耦合系数为 1.44，孔间距为 34cm，装药量为 43.94kg。从方案 6 的模拟结果(图 9.36)可以看出，各段炸药爆炸后，上部周边围岩轮廓较为平整，未出现较明显裂隙，对围岩的损伤扰动较小，其中，拱顶欠挖量小于 5cm，拱腰处最大线性超挖小于 5cm，总欠挖量小于 20cm^2，爆破效果较好。优化后欠挖量减少 83%，每循环减少药量 2kg，半眼孔痕率大于 60%，围岩扰动深度小于 1m，并提高了炸药利用率，达到标准。

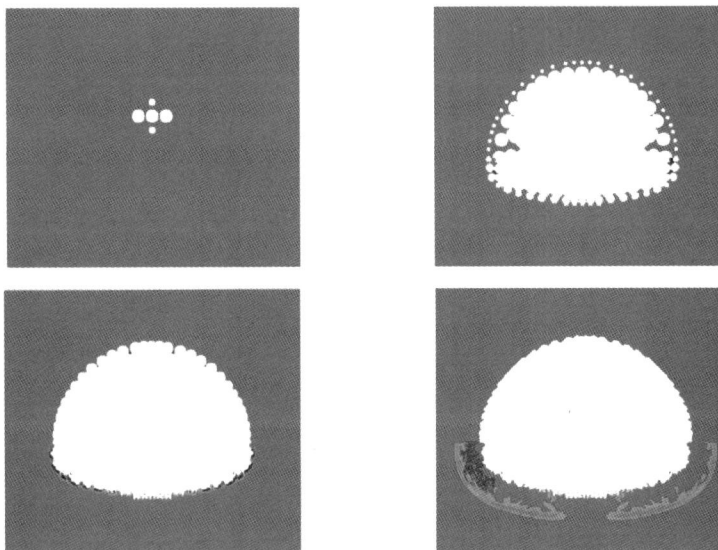

图 9.36 砂泥互层Ⅴ级围岩爆破方案 6 效果图

方案 7：微差为 5ms，不耦合系数为 1.52，孔间距为 36cm，装药量为 44.07kg。从方案 7 的模拟结果（图 9.37）可以看出，各段炸药爆炸后，上部周边围岩轮廓较为平整，未出现较明显裂隙，对围岩的损伤扰动较小，拱顶、拱肩处均没有出现超欠挖，但在砂泥岩交界面下方砂岩区域，周边围岩爆破后出现一定程度超欠挖，其中，局部最大线性欠挖量超过 30cm，同时出现超挖，最大线性超挖量超过 20cm。

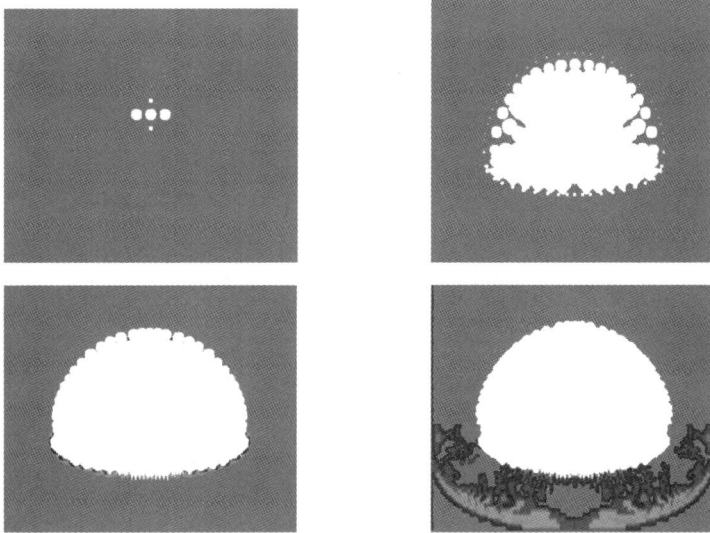

图 9.37　砂泥互层 V 级围岩爆破方案 7 效果图

方案 8：微差为 5ms，不耦合系数为 1.60，孔间距为 38cm，装药量为 44.16kg。从方案 8 的模拟结果（图 9.38）可以得出，在各段炸药爆炸后，上部周边围岩轮廓较平整，未出现裂隙，拱顶、拱肩处均没有出现超欠挖，但在砂泥岩交界面下方砂岩区域，周边围岩爆破后出现超欠挖。

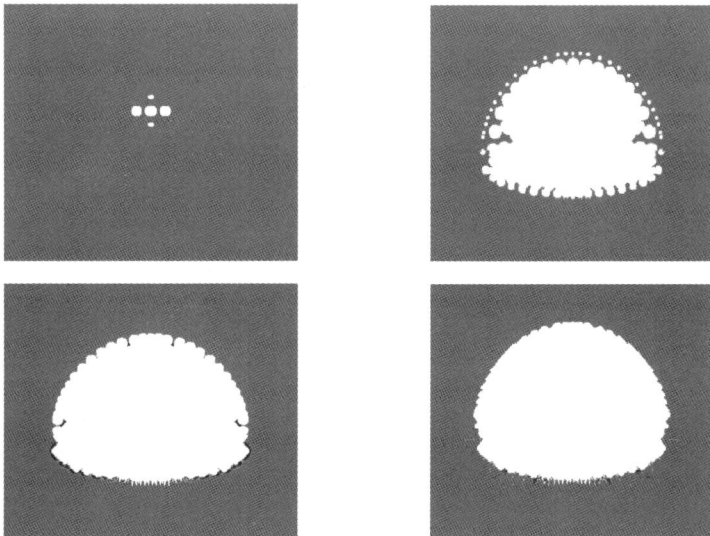

图 9.38　砂泥互层 V 级围岩爆破方案 8 效果图

方案 9：微差为 5ms，不耦合系数为 1.68，孔间距为 40cm，装药量为 43.81kg。从方案 9 的模拟结果(图 9.39)可以看出，各段炸药爆炸后，上部周边围岩轮廓平整，未出现裂隙，拱顶、拱肩处均没有出现超欠挖，但在砂泥岩交界面下方砂岩区域，周边围岩爆破后出现超欠挖。

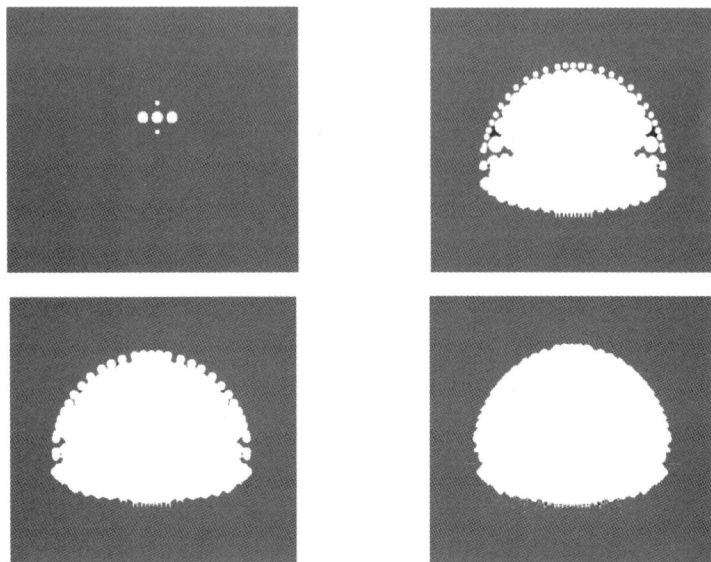

图 9.39　砂泥互层 V 级围岩爆破方案 9 效果图

方案 10：微差为 5ms，不耦合系数为 1.76，孔间距为 32cm，装药量为 43.90kg。由方案 10 的模拟结果(图 9.40)可知，各段炸药爆炸后上部周边围岩轮廓平整，未出现裂隙，对围岩的损伤扰动较小，拱顶及拱肩处没有出现超欠挖，在砂泥岩交界面下方砂岩区域，周边围岩爆破后出现较小范围超欠挖，其中，局部最大线性欠挖量小于 5cm，最大线性超挖量小于 5cm。

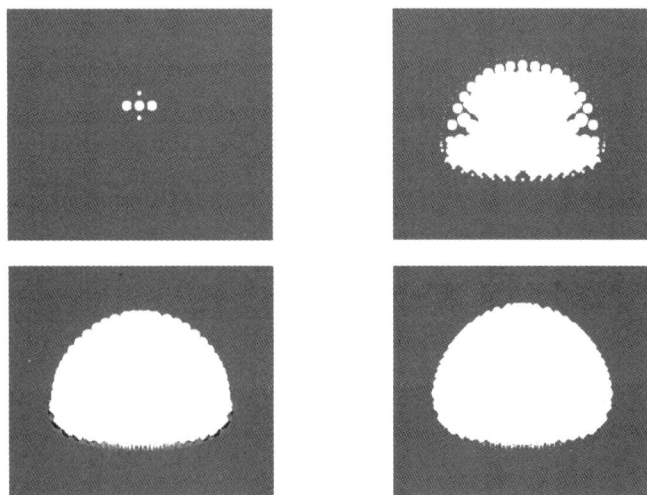

图 9.40　砂泥互层 V 级围岩爆破方案 10 效果图

通过对比分析上述 25 组爆破数值模拟结果，得出了最优爆破方案，分别为方案 6 和方案 10，爆破效果如图 9.41 所示。

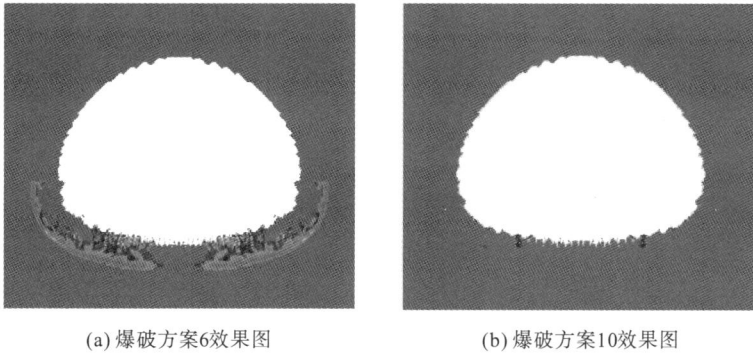

(a) 爆破方案6效果图　　　　　　　　(b) 爆破方案10效果图

图 9.41　砂泥互层 V 级围岩方案 6 与方案 10 效果图

由图 9.41 可知，两组方案爆破效果都较好，都未出现超欠挖现象，周边轮廓都非常平整，围岩损伤范围都较小。在相同爆破微差条件下，方案 10 的空气隙厚度要比方案 6 大，方案 10 的装药量小于方案 6。但是，方案 10 在较小药量的情况下，通过充分利用空气隙的气楔作用，有效缓解了爆破峰值压力，保证了周边轮廓的规整。所以，对于砂泥互层围岩隧道爆破，应优选方案 10，遵循"少装药，多钻孔"的原则。

将优选得到的方案 10 与原爆破方案进行比较，结果如图 9.42 所示。

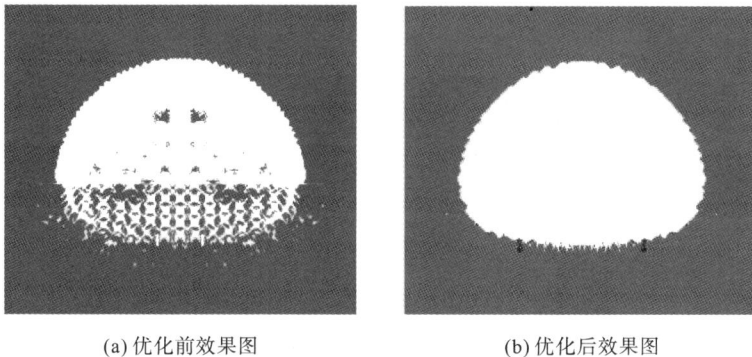

(a) 优化前效果图　　　　　　　　(b) 优化后效果图

图 9.42　砂泥互层 V 级围岩爆破方案优化前后效果比较图

由图 9.42 可以看出，优化后砂泥互层 V 级围岩隧道周边轮廓较为规整，未出现明显超欠挖现象，隧道拱顶欠挖量小于 5cm，总欠挖量小于 $60cm^2$，爆破效果较好。优化后欠挖量减少 83%，每循环减少药量 2kg，半眼孔痕率大于 60%，围岩扰动深度小于 1m，并提高了炸药利用率，达到标准，具体结果见表 9.42。

将优化前模拟结果与优化后模拟结果进行对比，可以明显看出优化后的模拟结果比优化前的模拟结果要好，周边轮廓平整，超欠挖量小，整体爆破效果好，围岩损伤少，且优化后的装药量要小于优化前的装药量。对比光面爆破质量评价准则，优化后的爆破方案满足相关爆破要求。

表 9.42   砂泥互层Ⅴ级围岩爆破结果

阶段	围岩剥落情况	最大线性超挖量	局部欠挖量	半眼孔痕率	炮孔利用率	轮廓平整度
优化前	有剥落	<5cm	>40cm	<50%	<50%	不规整
优化后	无剥落	<3cm	<5cm	>60%	100%	平整

2. 现场测试结果分析

根据四面山隧道砂泥互层Ⅴ级围岩隧道施工实际情况,进行现场测试来验证模拟方法的可靠性,如图 9.43、图 9.44 和表 9.43 所示。另外,对施工过程中因忽略了层理对周边轮廓的影响而导致的周边轮廓平整度不足的事实,提出了优化思路,并找出了最佳优化方案。

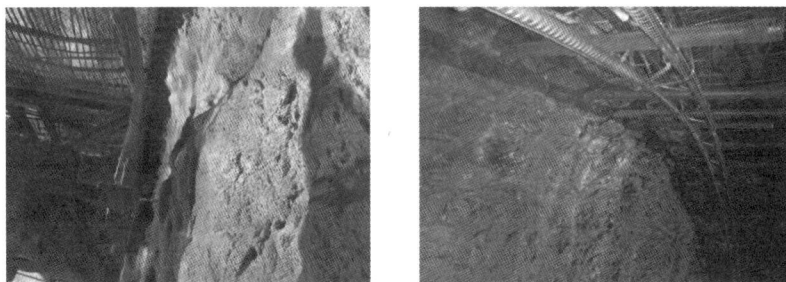

图 9.43   现场实测结果

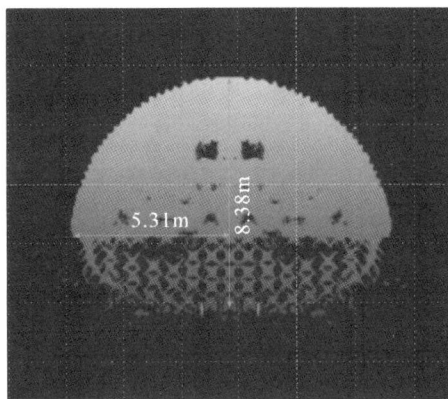

图 9.44   模拟结果

表 9.43   砂泥互层Ⅴ级围岩隧道模拟数值与实测值对比

项目	拱顶线性超挖量	局部欠挖量	围岩	轮廓平整度
实测值	<5.5cm	44.6cm	有剥落	不平整
模拟值	<5.0cm	45.1cm	有剥落	不规整

3. 优化结果对比分析

在隧道施工过程中，考虑了砂泥岩之间的层理存在的影响，并通过数值模拟的方法，对四面山隧道砂泥互层 V 级围岩段的开挖方法进行了模拟，得到优化后的爆破最优方案参数，即微差为 5ms，交界面处炮孔不耦合系数为 1.76，周边孔孔间距为 32cm，孔径为 44mm，装药量为 43.90kg，交界面处周边孔装药集中度为 0.11。优化前后砂泥互层 V 级围岩隧道轮廓对比如图 9.45 所示，优化前后爆破效果对比结果见表 9.44。

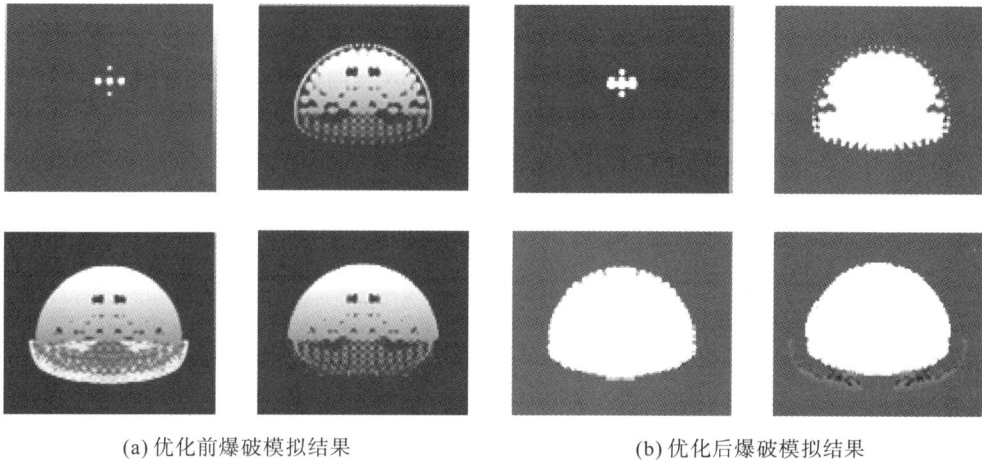

(a) 优化前爆破模拟结果　　　　　　　　　　(b) 优化后爆破模拟结果

图 9.45　V 级砂泥互层段爆破结果

表 9.44　四面山隧道 V 级砂泥互层段优化前后爆破效果对比

阶段	围岩剥落情况	最大线性超挖量	局部欠挖量	半眼孔痕率	炮孔利用率	轮廓平整度
优化前	有剥落	<5cm	>40cm	<50%	<50%	不规整
优化后	无剥落	<3cm	<5cm	>60%	100%	平整

根据数值模拟所优选出的爆破方案，应用到四面山层状围岩隧道实际工程中，得到现场经过优化改进的爆破效果，并与模拟效果进行对比验证，如图 9.46 和表 9.45 所示。

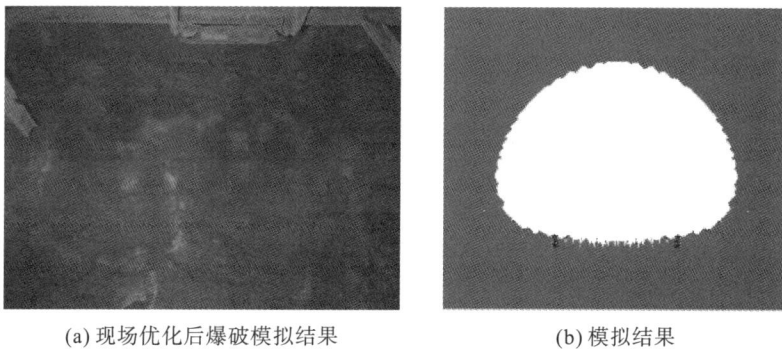

(a) 现场优化后爆破模拟结果　　　　　　　　(b) 模拟结果

图 9.46　结果对比

表 9.45　砂泥互层 V 级围岩隧道优化后模拟数值与实测值对比

项目	拱顶线性超挖量	局部欠挖量	围岩剥落情况	轮廓平整度
实测值	<3.5cm	<4.5cm	无剥落	平整
模拟值	<3.0cm	<5.0cm	无剥落	平整

9.3.2　四面山隧道爆破效果综合评估

根据四面山隧道地勘资料可知，四面山隧道各围岩段主要包括砂泥互层 V 级围岩、泥岩 V 级围岩、砂岩 IV 级围岩及泥岩 IV 级围岩。本节选取四面山隧道砂泥互层 V 级围岩为研究对象，开展隧道爆破优化前和爆破优化后的效果评估。

1. 砂泥互层 V 级围岩隧道原爆破效果评估

1）确定四面山隧道权重

根据上述分析，并结合层次分析法得到各因素的权重。首先对所建立的评价砂泥互层围岩隧道爆破效果的评价指标体系进行分析，构造判断矩阵。然后求取判断矩阵的最大特征值及最大特征值向量并将最大特征值向量做归一化处理，实现这一目标的最方便的方法是利用 MATLAB 软件的$[V,D]=\mathrm{eig}(A)$命令，这样就分别得到了各个因素的权重，本次研究所构造的矩阵见表 9.46～表 9.48。

表 9.46　第一层因素集 U 判断矩阵、一致性检验及权重值

因素集	U_1	U_2	W_i	一致性检验
U_1	1	2	0.6667	$\lambda_{\max}=3$
U_2	0.5	1	0.3333	CI=$(\lambda_{\max}-n)/(n-1)=0$ CR=CI/RI=0<0.1

表 9.47　第二层因素集 U_1 判断矩阵、一致性检验及权重值

因素集	u_{11}	u_{12}	u_{13}	u_{14}	u_{15}	W_{1i}	一致性检验
u_{11}	1	1/4	1/4	1	1/2	0.0813	$\lambda_{\max}=11.5286$
u_{12}	4	1	1	4	2	0.3253	
u_{13}	4	1	1	6	2	0.3553	CI=$(\lambda_{\max}-n)/(n-1)=0.05286$
u_{14}	1	1/4	1/6	1	1/2	0.0754	
u_{15}	2	1/2	1/2	2	1	0.1626	CR=CI/RI=0.02624/1.49=0.0348<0.1

表 9.48　第二层因素集 U_2 判断矩阵、一致性检验及权重值

因素集	u_{21}	u_{22}	u_{23}	u_{24}	W_{2i}	一致性检验
u_{21}	1	2	2	2	0.3952	
u_{22}	1/2	1	1	2	0.2322	$\lambda_{\max}=9.4124$ CI=$(\lambda_{\max}-n)/(n-1)=0.0515$
u_{23}	1/2	1	1	2	0.2322	CR=CI/RI=0.0353<0.1
u_{24}	1/2	1/2	1/2	1	0.1404	

2) 初级模糊综合评估

根据上述评估模型和二级指标的值，按照上述评分模型对其进行打分，最后得到各个二级指标的分数值，见表 9.49。

表 9.49　原设计各二级指标情况及分值

指标	子指标	具体情况	分值
爆破超欠挖	围岩剥落程度	严重剥落	70
	最大线性超挖量	无超挖	90
	局部欠挖量	>20cm	60
	半眼孔痕率	70%以下	60
	轮廓平整度	较差	70
爆破损伤	拱顶损伤	无损伤	95
	拱肩损伤	无损伤	95
	拱腰损伤	损伤程度较高	75
	拱底损伤	损伤程度较高	75

根据各指标评分模型计算得到各指标分值，将其代入梯形分布隶属函数，并将其做归一化处理之后，得到模糊综合矩阵 $\boldsymbol{R}$。

从表 9.49 中的评语集可以看出各项指标的分值越大越好，因此采用偏大型梯形分布隶属度函数如下：

$$f_1(u_{ij}) = \begin{cases} 1 & , \ 90 \leqslant u_{ij} \leqslant 100 \\ \dfrac{u_{ij}-80}{90-80} & , \ 80 \leqslant u_{ij} < 90 \\ 0 & , \ u_{ij} < 80 \end{cases} \qquad (9.3.2.1)$$

$$f_2(u_{ij}) = \begin{cases} \dfrac{100-u_{ij}}{100-90} & , \ 90 \leqslant u_{ij} \leqslant 100 \\ 1 & , \ 80 \leqslant u_{ij} < 90 \\ \dfrac{u_{ij}-70}{80-70} & , \ 70 \leqslant u_{ij} < 80 \\ 0 & , \ u_{ij} < 70 \end{cases} \qquad (9.3.2.2)$$

$$f_3(u_{ij}) = \begin{cases} 0 & , \ 90 \leqslant u_{ij} \leqslant 100 \\ \dfrac{90-u_{ij}}{90-80} & , \ 80 \leqslant u_{ij} < 90 \\ 1 & , \ 70 \leqslant u_{ij} < 80 \\ \dfrac{u_{ij}-60}{70-60} & , \ 60 \leqslant u_{ij} < 70 \\ 0 & , \ u_{ij} < 60 \end{cases} \qquad (9.3.2.3)$$

$$f_4(u_{ij}) = \begin{cases} 0 & , \ 80 \leqslant u_{ij} \leqslant 100 \\ \dfrac{80 - u_{ij}}{80 - 70} & , \ 70 \leqslant u_{ij} < 80 \\ 1 & , \ 60 \leqslant u_{ij} < 70 \\ \dfrac{u_{ij} - 50}{60 - 50} & , \ 50 \leqslant u_{ij} < 60 \\ 0 & , \ u_{ij} < 50 \end{cases} \tag{9.3.2.4}$$

$$f_5(u_{ij}) = \begin{cases} 0 & , \ 70 \leqslant u_{ij} \leqslant 100 \\ \dfrac{70 - u_{ij}}{70 - 60} & , \ 60 \leqslant u_{ij} < 70 \\ 1 & , \ 0 \leqslant u_{ij} < 60 \end{cases} \tag{9.3.2.5}$$

3) 二级模糊综合评估

根据上述利用层次分析法求出的一级评估指标权重 $\boldsymbol{W}$=[0.67 0.33]，将单因素评估结果组合起来形成总的二级评估矩阵 $\boldsymbol{R}$：

$$\boldsymbol{R} = \begin{bmatrix} B_1 \\ B_2 \\ B_3 \end{bmatrix}$$

按照二级模糊综合评估模型对系统进行总的综合评价，按照最大隶属度原则，则单因素评价公式为

$$\boldsymbol{B} = \boldsymbol{WR} \tag{9.3.2.6}$$

按照表 9.47 效果等级分值的均值计算出该系统的评估总分为 77.3145。查表可知砂泥互层围岩隧道原爆破效果等级为Ⅲ级，即爆破效果一般。

2. 砂泥互层Ⅴ级围岩隧道爆破优化后效果评估

1) 初级模糊综合评估

根据爆破优化后的结果，对四面山隧道爆破效果评价体系中的各个指标进行重新打分，具体见表 9.50。

表 9.50　优化设计各二级指标情况及分值

指标	子指标	具体情况	分值
爆破超欠挖	围岩剥落程度	无剥落	95
	最大线性超挖量	<5cm	90
	局部欠挖量	<5cm	90
	半眼孔痕率	80%	70
	轮廓平整度	平整	100
爆破损伤	拱顶损伤	无损伤	95
	拱肩损伤	无损伤	95
	拱腰损伤	无损伤	95
	拱底损伤	损伤程度较低	85

2) 二级模糊综合评价

按照表 9.48 效果等级分值的均值计算出该系统的评估总分为 91.2765，查表可知该砂

泥互层围岩隧道爆破效果等级为 I 级，即爆破效果很好。

9.4　本　章　小　结

本章结合第 5 章理论研究成果，以四面山隧道工程为依托，对四面山隧道的开挖方法、开挖台阶长度、日进尺量、二衬时间及初期支护参数进行了优化，采用数值模拟与现场试验相结合的方法，优化了砂泥互层 V 级围岩段爆破方案，得到四面山层状围岩隧道爆破优化方案。

参 考 文 献

白羽, 2014. 地应力影响下岩石爆破损伤模型及其数值试验[D]. 沈阳: 东北大学.

鲍先凯, 李义, 2011. 地下工程围岩稳定性分析及工程应用[J]. 现代矿业, 27(11): 90-91.

曹萍萍, 2007. 区间概率基础上的模糊概率的研究[D]. 沈阳: 东北大学.

陈钒, 吴顺川, 任松, 等, 2017. 石膏围岩隧道衬砌结构破坏模式及时变可靠度模型[J]. 工程科学学报, 39(11): 1626-1633.

邓涛, 2012. 含瓦斯煤岩卸围压试验及上解放层解放范围的研究[D]. 重庆: 重庆大学.

董国凤, 2006. 地面沉降预测模型及应用研究[D]. 天津: 天津大学.

范书立, 2007. 混凝土重力坝的动力模型破坏试验及可靠性研究[D]. 大连: 大连理工大学.

顾德祥, 2009. 低透气性突出煤层强化增透瓦斯抽采技术研究[D]. 淮南: 安徽理工大学.

贵州路桥集团有限公司, 2013. 公路瓦斯隧道施工及安全技术[M]. 北京: 人民交通出版社.

郭炳跃, 2006. 岩质边坡安全性评价集成分析系统[D]. 南京: 河海大学.

郭丽英, 2008. 数据库中查询重写及基于遗传算法的多连接查询优化研究[D]. 沈阳: 东北大学.

韩振鹏, 范平, 2012. 首山一矿煤与瓦斯突出机理及防治技术的探索与研究[J]. 内江科技, 33(8): 103, 108.

黄金旺, 2010. 近水平红砂岩隧道钻爆法施工超欠挖控制技术研究[D]. 长沙: 中南大学.

黄兴, 2017. 循环荷载作用下石膏岩疲劳损伤特性及其本构模型[D]. 西安: 长安大学.

康小兵, 2009. 隧道工程瓦斯灾害危险性评价体系研究[D]. 成都: 成都理工大学.

刘亚翀, 2013. 浅谈煤与瓦斯突出的防治[J]. 科技资讯, (11): 96-97, 99.

刘志, 2017. 硬岩顶板深孔爆破增透技术抽排瓦斯的方案设计与应用[D]. 淮南: 安徽理工大学.

卢泽霖, 2018. 水平层状围岩隧道顶板力学模型与稳定性研究[D]. 西安: 西安工业大学.

卢志诚, 1983. 中国石膏矿床成因类型[J]. 地质评论, 29(5): 457-458.

彭海雁, 2013. 影响煤与瓦斯突出的主控因素研究[D]. 沈阳: 东北大学.

祁佳, 2008. 粒子群算法的改进与应用研究[D]. 南京: 南京信息工程大学.

渠爱巧, 2008. 鞍千矿矿岩特性与可钻性研究[D]. 沈阳: 东北大学.

任松, 李振元, 陈钒, 等, 2017. 石膏围岩隧道衬砌结构腐蚀模型研究[J]. 东北大学学报(自然科学版), 38(7): 1049-1054.

任松, 欧阳汛, 姜德义, 等, 2018a. 硬石膏膨胀特性及其湿度应力场膨胀本构模型[J]. 重庆大学学报, 41(4): 71-79.

任松, 吴建勋, 欧阳汛, 等, 2018b. 压力水作用下硬石膏岩膨胀性研究[J]. 岩土力学, 39(12): 4351-4359.

任松, 周闽江, 赵云峰, 等, 2018c. 石膏岩隧道衬砌结构防腐技术试验研究[J]. 工业建筑, 48(10): 142-147.

沈扬, 2011. 浅谈矿井瓦斯危害与防治[J]. 中小企业管理与科技(上旬刊), (7): 173-174.

宋昌, 2015. 配置HRB600级高强箍筋约束混凝土短柱抗震试验研究[D]. 天津: 河北工业大学.

田永军, 2007. 基于ANSYS优化的巷道断面设计研究[D]. 天津: 天津大学.

王光德, 2011. 中小型煤矿氡监测等关键技术研究[D]. 成都: 成都理工大学.

王海涛, 2008. 深基坑开挖有限元模拟及实测数据分析研究[D]. 天津: 天津大学.

王泓华, 2007. 岩石应变软硬化特性转化的统计损伤理论研究[D]. 长沙: 湖南大学.

吴建勋, 2018. 硬石膏岩吸水——膨胀演化及其对隧道施工期可靠性影响研究[D]. 重庆: 重庆大学.

徐海清, 2004. 刻槽控制爆破有限元数值模拟[D]. 武汉: 武汉理工大学.

杨艳荣, 2011. 基于随机场理论的土质边坡可靠度分析[D]. 郑州: 郑州大学.

张春华, 2007. 石门揭煤过程中围岩的力学特征数值模拟[D]. 淮南: 安徽理工大学.

张大伟, 冯松宝, 汪伟民, 等, 2010. 任楼煤矿 7_2 煤顶板岩体特征研究[J]. 中国煤炭地质, 22(2): 40-42.

张国华, 2004. 本煤层水力压裂致裂机理及裂隙发展过程研究[D]. 阜新: 辽宁工程技术大学.

周炼, 2003. 南秦岭造山带显生宙沉积岩 Sm-Nd 同位素地球化学及其构造意义[D]. 武汉: 中国地质大学.

朱立仁, 黄玉凯, 焦向东, 2011. 有限元法在宝日希勒露天煤矿边坡稳定性分析中的应用[J]. 露天采矿技术, (5): 7-8, 11.

彩　　版

图 4.1　混凝土试件图

(a) 试件3试验前　　　　　　　　　　(b) 试件3试验后

图 4.3　试件 3 试验前后对比图

图 4.6　钢筋试件

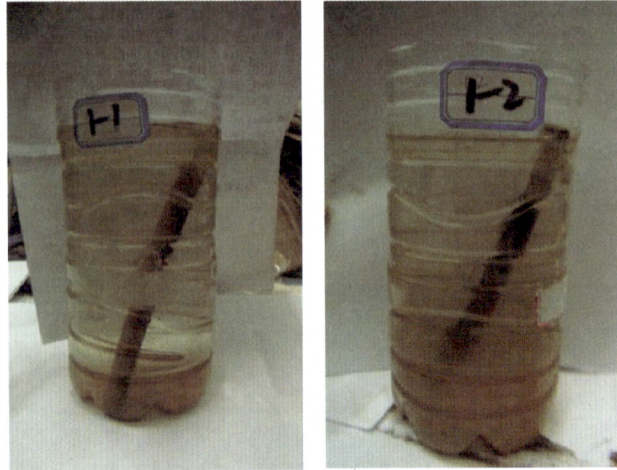

图 4.7　钢筋腐蚀性试验图

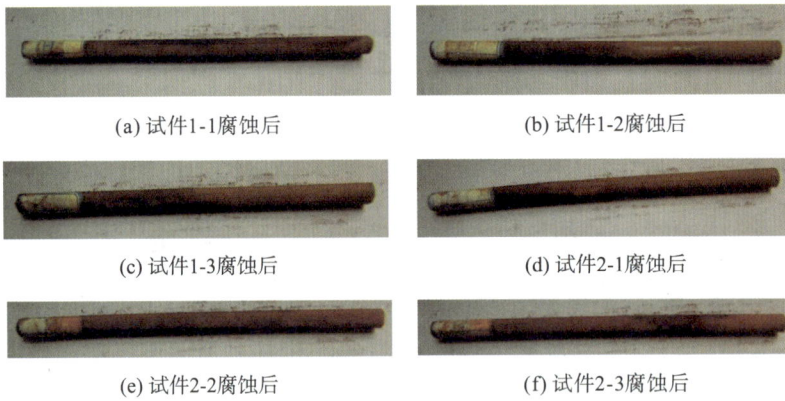

(a) 试件1-1腐蚀后

(b) 试件1-2腐蚀后

(c) 试件1-3腐蚀后

(d) 试件2-1腐蚀后

(e) 试件2-2腐蚀后

(f) 试件2-3腐蚀后

图 4.8　试验后试件

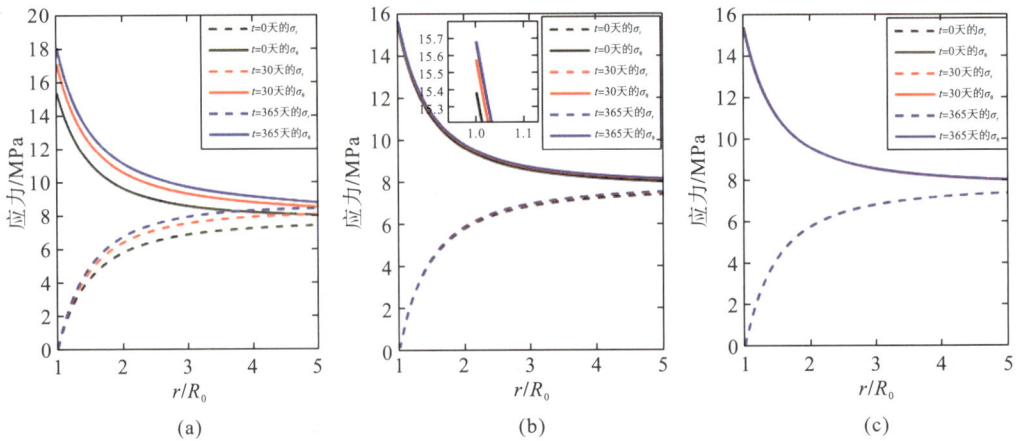

(a)

(b)

(c)

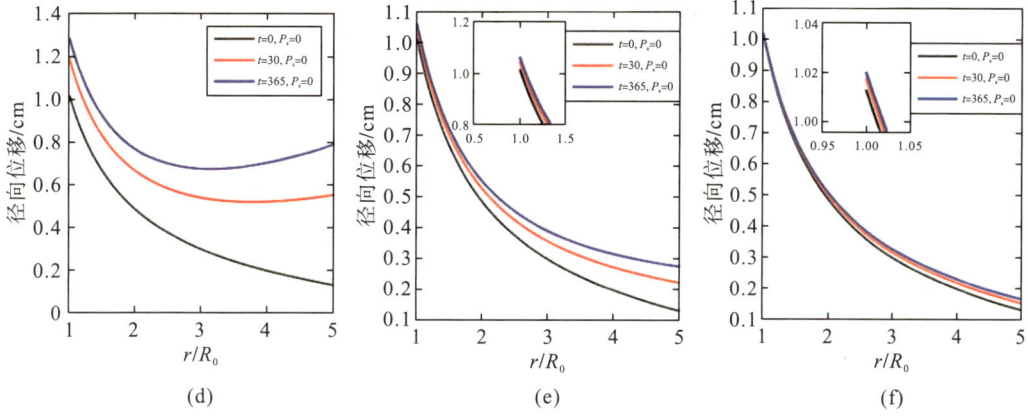

图 4.33　各工况下弹-膨胀围岩隧道的应力及位移分布

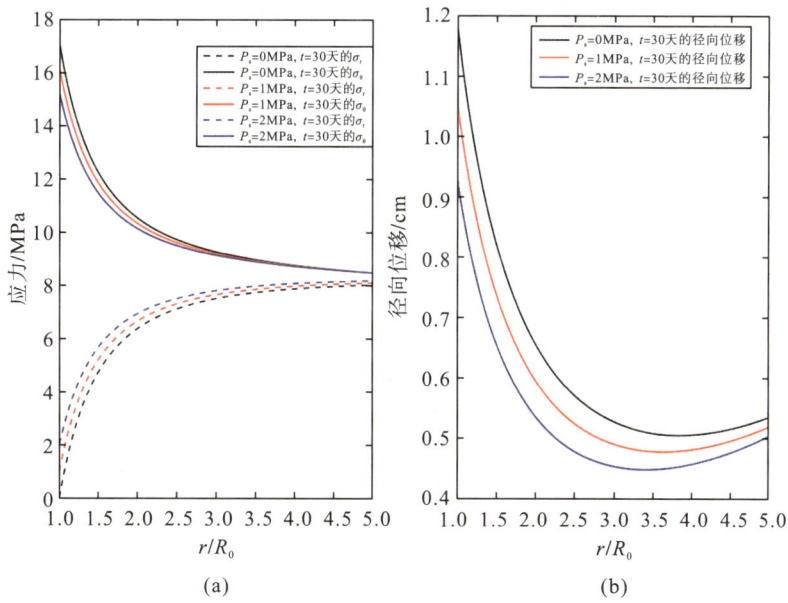

图 4.34　支护力作用下工况 1 的应力及径向位移分布

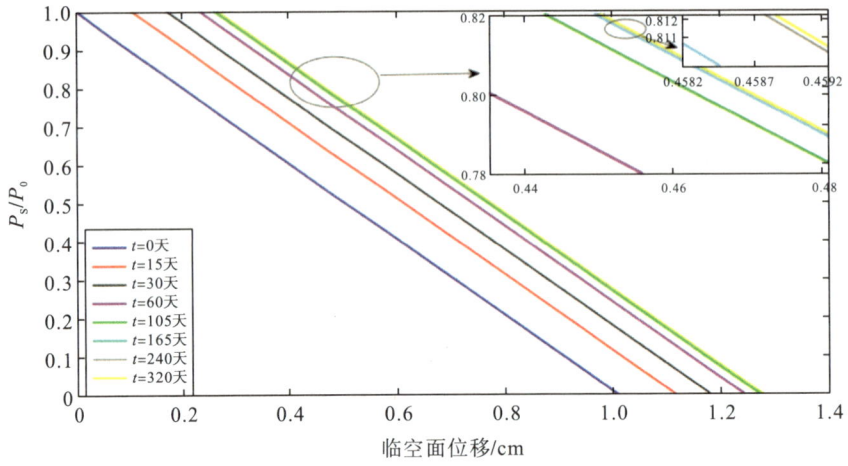

图 4.35　不同时间下工况 1 的 GRC

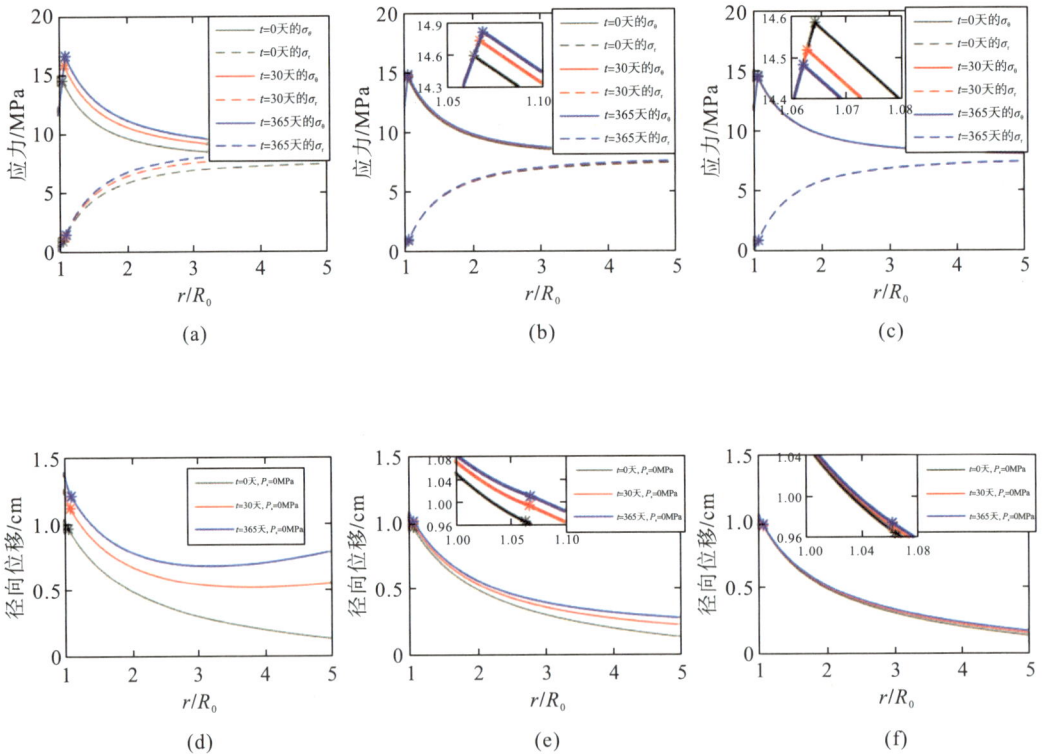

图 4.40　各工况下弹-塑-膨围岩隧道的应力分布及位移分布

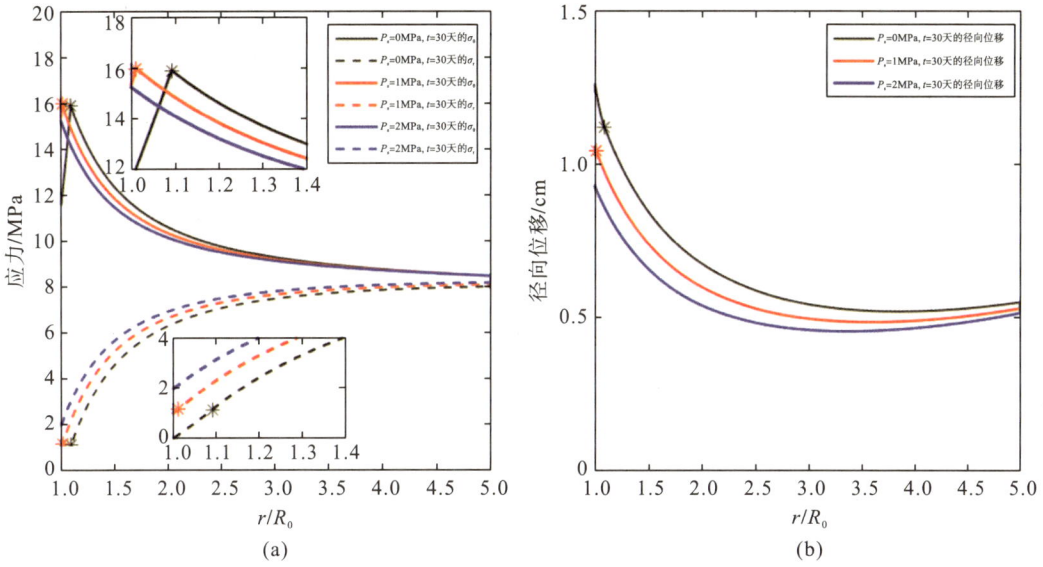

图 4.41　支护力作用下工况 1 的应力及径向位移分布

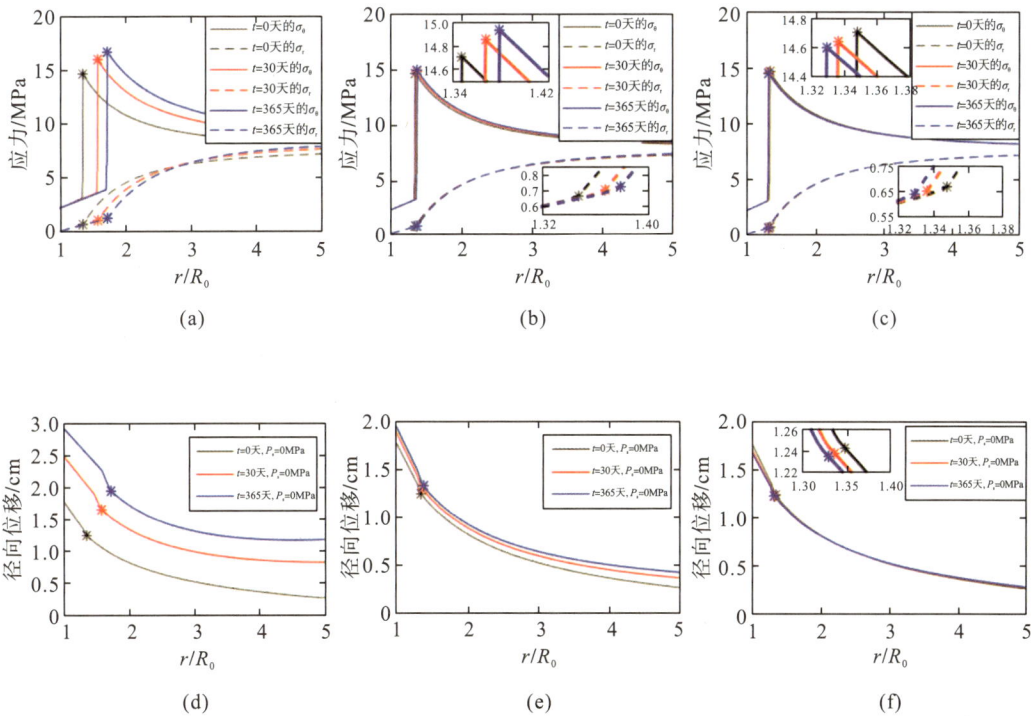

图 4.45　各工况下弹-脆-膨围岩隧道的应力分布及位移分布

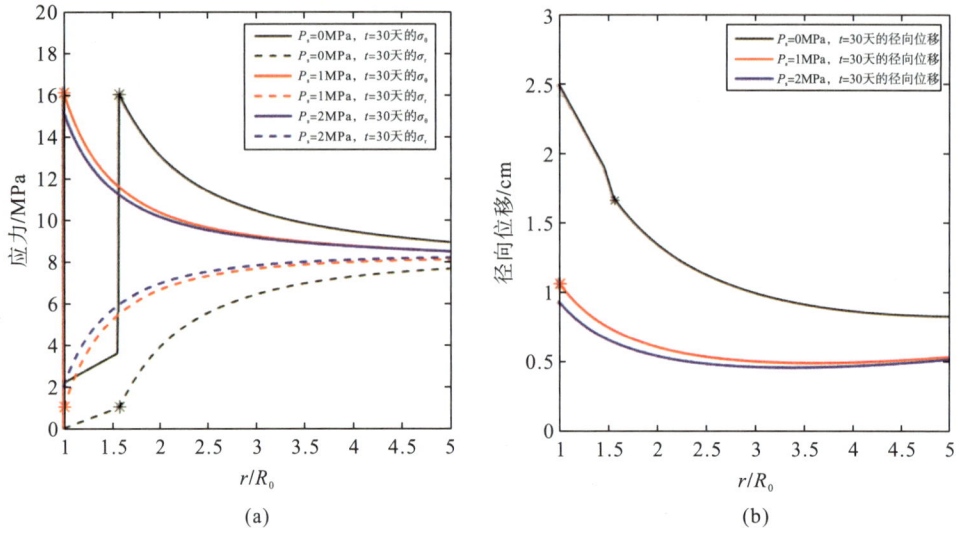

图 4.46   支护力作用下工况 1 的应力及径向位移分布